"十二五"普通高等教育本科国家级规划教材

企业知识产权战略丛书 ①
ENTERPRISE
IP Strategy Series

（第4版）

企业知识产权战略

冯晓青 著

知识产权出版社
全国百佳图书出版单位

图书在版编目（CIP）数据

企业知识产权战略/冯晓青著.—4版.—北京：知识产权出版社，2015.4（2023.2重印）
（企业知识产权战略丛书）
"十二五"普通高等教育本科国家级规划教材
ISBN 978-7-5130-3567-5

Ⅰ.①企… Ⅱ.①冯… Ⅲ.①企业—知识产权—中国—高等学校—教材 Ⅳ.①D923.4

中国版本图书馆 CIP 数据核字（2015）第 130666 号

内容提要

本书运用经济学、管理学和法学等方法，全面、系统而深入地探讨了我国企业启动并有效实施知识产权战略的原则、方法与策略，并对国内外企业知识产权战略的成功经验作了剖析。特别是，作者充分研究了将企业知识产权战略融入企业技术开发、生产经营管理、市场营销战略的路径与实现机制，为企业全面提高知识产权创造、运用、保护和管理水平提供了颇为实用的理论与方法。本书对强化我国企业知识产权管理创新工作、有效实施知识产权战略具有重大的理论指导作用与实践操作价值，也是工商管理类专业理想的教材。

读者对象：企业经营管理者、知识产权界有关人士、高校相关专业师生以及对知识产权感兴趣的其他读者。

责任编辑：李 琳 倪江云	责任校对：孙婷婷
装帧设计：麒麟轩文化	责任出版：刘译文

企业知识产权战略丛书
"十二五"普通高等教育本科国家级规划教材

企业知识产权战略（第4版）
QIYE ZHISHICHANQUAN ZHANLÜE（DI 4 BAN）

冯晓青 著

出版发行：知识产权出版社有限责任公司	网　址：http://www.ipph.cn
社　址：北京市海淀区气象路50号院	邮　编：100088
责编电话：010-82000887/82000860转8335	责编邮箱：wangyumao@cnipr.com
发行电话：010-82000860转8101/8102	发行传真：010-82000893/82005070/82000270
印　刷：北京九州迅驰传媒文化有限公司	经　销：各大网上书店、新华书店及相关专业书店
开　本：720mm×1000mm 1/16	印　张：25.25
版　次：2015年4月第4版	印　次：2023年2月第3次印刷
字　数：503千字	定　价：76.00元
ISBN 978-7-5130-3567-5	

出版权专有　侵权必究
如有印装质量问题，本社负责调换。

序

在科学技术迅猛发展、知识产权制度不断建立和完备的今天，知识产权不仅是一种重要的法权和无形财产，也是经济主体一种强有力的竞争武器，在经济生活中不仅作为无形资产具有可观的经济价值，而且作为一种法定的智力成果权或工商业标记权具有巨大的商业竞争价值，是一种重要的竞争资源，是企业参与竞争、求得生存与发展的开路先锋和坚强后盾，并且成为发挥知识资源经济竞争效能的重要保证。知识产权在企业乃至国家的经济、科技发展中的战略地位无疑也将增强。企业站在战略的高度处理知识产权问题，有效地实施知识产权战略管理以开拓市场、占领市场并取得市场竞争优势，则成为时代的必然要求。

正是基于知识产权战略在当代经济社会生活中的极端重要性，国务院在2008年6月5日颁布了《国家知识产权战略纲要》，在党的十七大报告中则首次提出要"实施知识产权战略"。党的十八大提出了创新驱动发展战略，党的十八届三中全会则提出要"加强知识产权的运用和保护"。大力推动企业知识产权战略，是新形势下我国经济社会发展的必然要求。冯晓青教授撰著的《企业知识产权战略（第4版）》正是适应上述形势需要而修订完成的一部力作。

冯晓青教授长期从事知识产权方面的教学、研究及实务工作，是我国知识产权学者中屈指可数的在知识产权法学、知识产权战略、知识产权管理理论研究与实务方面均有很深造诣的著名学者，他入选了2014年度国家百千万人才工程，并被国家人力资源和社会保障部授予"有突出贡献中青年专家"荣誉称号。在企业知识产权战略领域，他发表论文60余篇，主持国家级、省部级相关研究课题多项，并承担了大量关于企业知识产权战略与管理方面的咨询与培训工作。

《企业知识产权战略（第4版）》一书从我国各类企业特别是国有大中型企业知识产权运用与保护的现状出发，紧扣我国企业面临的国内外新形势，剖析我国企业在知识产权战略运用上的现状、问题、成因与对策，借鉴发达国家企业在知识产权战略运用上的成功经验，为我国企业特别是国有大中型企业适应新的国际竞争形势，科学有序地实施知识产权战略进行市场经营，占领市场并取得市场竞争优势，获得最佳经济效益，不仅提供了系统的理论框架，而且给出了实用的解决方案。该研究成果对于我国广大企业，特别是国有大中型企业启动和有效实施知识产权战略工程，开发自主知识产权具有切实的指导作用。同时，该书拓宽了企业战略管理和知识产权研究领域，促进了企业战略学、知识管理学和知识产权学科建设的发展。

《企业知识产权战略（第4版）》一书的特点与创新主要表现在：

第一，从企业战略管理与竞争战略的角度研究知识产权问题，既为知识产权研究开辟了一个新的视野，也顺应了企业战略管理发展趋势，弥补了从知识产权的角度研究企业战略管理与竞争战略的不足，并且为知识产权研究找到了一个具有重大应用价值的领域。

第二，从无形（知识）权利的获取、利用、保护与控制着手谋划企业经济活动，为企业管理、经营策略提供了一个新的思路。

第三，从企业知识产权战略管理的机制进行分析研究，为企业无形资产的有效管理、保护、控制提供了新的渠道。

第四，为我国企业如何在激烈的全球性市场竞争中立于不败之地并取得市场竞争优势提供了切实可行的策略。

此外，作为国家级规划教材，除了对于企业实施知识产权战略具有重大指导作用以外，对于我国培养既懂知识产权法学、又懂知识产权管理的知识产权复合型人才也具有重大意义。

我祝愿作者继续努力，在知识产权研究领域有更多更好的佳作问世。

北京大学教授

陈美章

2014年12月

目录

导 论 ... 1
第1节 企业知识产权战略概论 ... 1
第2节 企业知识产权战略管理 ... 26

第1篇 企业专利战略及其运用

第1章 企业专利战略的制定与实施 ... 39
第1节 企业专利战略的概念、特征及其在企业战略中的地位 ... 39
第2节 企业专利战略的构成要素与体系 ... 42
第3节 企业专利战略的制定与实施 ... 47

第2章 企业常用专利战略的运用 ... 61
第1节 企业专利战略的类型 ... 61
第2节 企业进攻型专利战略 ... 62
第3节 企业防御型专利战略 ... 71
第4节 进攻型、防御型专利战略在我国企业中的运用 ... 78
第5节 企业专利战略模式定位的一种实用方法介绍 ... 81

第3章 企业专利挖掘、专利布局与专利组合战略 ... 83
第1节 企业专利挖掘战略 ... 83
第2节 企业专利布局战略 ... 93
第3节 企业专利组合战略 ... 101

第4章　企业专利申请战略　　108
- 第1节　企业专利申请战略的运用　　108
- 第2节　企业国际专利申请战略　　119
- 第3节　企业专利申请与商业秘密相结合战略　　121

第5章　企业专利运营战略　　123
- 第1节　企业专利运营战略概述　　123
- 第2节　企业专利实施战略　　126
- 第3节　企业专利许可战略　　130
- 第4节　企业专利权转让战略　　138
- 第5节　企业技术引进与输出中的专利运营战略　　145

第6章　企业专利技术标准化战略　　153
- 第1节　技术标准与专利战略　　153
- 第2节　发达国家企业专利技术标准化战略　　157
- 第3节　我国企业专利技术标准化战略　　158

第7章　国外企业专利战略及其对我国的启示　　163
- 第1节　美国企业专利战略　　163
- 第2节　日本企业专利战略　　167
- 第3节　国外跨国公司对华专利战略　　171
- 第4节　国外企业专利战略对我国企业的启示与借鉴　　173

第2篇　企业商标与品牌战略及其运用

第8章　企业商标战略的制定与实施　　179
- 第1节　企业商标战略的概念与特点　　179
- 第2节　企业商标战略的构成要素　　181
- 第3节　企业商标战略的制定与实施　　183

第9章　企业商标战略运用　　189
- 第1节　企业商标设计、选择与及时申请注册策略　　189
- 第2节　企业商标国际注册及商标国际化经营战略　　193
- 第3节　企业商标使用策略　　197
- 第4节　企业联合商标及防御商标策略　　210
- 第5节　企业商标与商号一体化策略　　211
- 第6节　企业商标延伸策略　　213
- 第7节　企业商标形象及广告宣传战略　　218

| 第8节 | 企业商标特许经营战略 | 224 |

第10章　企业创立驰名商标战略　228
第1节	驰名商标与名牌战略思想	228
第2节	企业创驰名商标的策略	231
第3节	企业驰名商标防止被通用名称化策略	235
第4节	企业驰名商标反淡化保护策略	236
第5节	企业驰名商标域外保护策略	238

第11章　企业在建立现代企业制度过程中处理商标权的策略　240
| 第1节 | 我国企业改制中在商标权方面存在的问题 | 240 |
| 第2节 | 企业改制中对商标权处理的策略 | 242 |

第12章　企业品牌战略　246
第1节	企业品牌战略概述	246
第2节	企业品牌定位战略	248
第3节	企业品牌形象战略	254
第4节	企业品牌国际化战略	261

第3篇　企业著作权与商业秘密保护战略

第13章　企业著作权战略　269
| 第1节 | 企业著作权战略概述 | 269 |
| 第2节 | 企业著作权战略的实施 | 270 |

第14章　企业商业秘密合法获取与保护策略　277
第1节	企业商业秘密的合法获取策略	277
第2节	企业商业秘密保护的实用策略	280
第3节	网络环境下企业商业秘密的保护策略	287
第4节	企业商业秘密保护中的竞业禁止策略	291

第4篇　企业知识产权资本运营战略

第15章　企业知识产权投资战略　299
第1节	企业知识产权投资战略概述	299
第2节	企业专利权投资战略	302
第3节	企业商标权投资战略	306
第4节	企业并购中的知识产权战略	310

第16章　企业知识产权融资战略　　316
第1节　企业知识产权融资战略概述　　316
第2节　企业知识产权质押融资　　318
第3节　企业知识产权证券化　　321
第4节　企业知识产权信托　　328
第5节　企业知识产权保险　　331

第17章　企业知识产权价值化战略　　334
第1节　企业知识产权评估概述　　334
第2节　企业专利权的评估　　346
第3节　企业商标权的评估　　349
第4节　企业著作权的评估　　354
第5节　企业商业秘密的评估　　357

第5篇　企业知识产权战略实施的保障

第18章　企业知识产权战略协同　　365
第1节　企业知识产权战略协同的概念、特征与必要性　　365
第2节　企业知识产权战略协同的运作　　368

第19章　企业知识产权战略实施绩效评估　　376
第1节　企业知识产权战略实施绩效评估现有成果
　　　　介绍与述评　　376
第2节　企业知识产权战略绩效评估指标的确立　　380

图表索引　　383

主要参考文献　　384

后　　记　　394

导论

第1节 企业知识产权战略概论

一、知识产权及其战略在当代社会生活中的地位

（一）知识产权在国家和企业中地位不断提升的过程

在现代社会，知识产权已经取代土地、劳动和资本而成为企业制胜的关键，成为现代社会财富的主要体现。知识、技术、信息含量在企业市场竞争中的地位越来越高。实证研究表明，20世纪中叶以来，随着科学技术的迅猛发展，知识产权资源在世界经济增长中所作的贡献一直在大幅度提高，这在发达国家表现得尤为明显。特别是，随着信息化时代的到来，知识创造型发展模式居于越来越重要的地位。知识创造型模式立足于知识创新及其应用，这一切都离不开知识产权。难怪美国当代著名经济学家李斯特·索罗指出："知识和技能才是优势的惟一来源，它们成为20世纪末经济活动分布的要素。"我国原科技部部长徐冠华则指出：当今世界，在科技、经济和综合国力竞争日趋激烈的国际环境下，知识产权制度作为激励创新、促进科技投入、优化科技资源配置、维护市场竞争秩序的重要法律机制，在国家经济、社会发展和科技进步中的战略地位进一步增强，成为世界各国发展高科技，增强国家综合竞争能力的战略选择之一。

我国有学者指出，在当代多元化的社会环境中，知识产权工作的重点发生了重要变化。这种变化主要体现在：知识产权从重点解决立法问题逐步向重点解决执法、司法和守法问题转化；从重点强调相应的法律制度健全到重点强调法制

环境的优化;从重点关注知识产权的权利属性到重点关注知识产权的财产属性和资源属性转化;从重点致力于知识产权的确认和保护到重点致力于知识产权与经济、科技、社会、文化等之间可持续协调发展转化等。❶ 无疑,这种变化趋势使知识产权在社会经济生活中的地位日益提高。

在当代,知识产权已成为企业十分重要的经营资源、战略资源和竞争资源,构成了企业核心竞争力的重要组成部分。知识产权不仅在一个国家中的地位不断提高,而且是企业参与市场竞争并获得竞争优势的战略武器。知识产权在企业中的战略地位,将随着其在一个国家和社会生活中地位的增强而不断提升。

(二) 知识经济时代的知识产权战略

在知识经济时代,企业的财产结构发生了很大变化,企业固定资本、金融资本的重要性已让位于"知识资本"。知识资本,顾名思义,是以知识形态体现的资本,是企业在生产、销售产品或者提供服务过程中所投入的知识和技术。企业知识资本的内容通常包括商誉、信誉等体现企业市场竞争力的知识资本,专利、商标、著作权等体现智力劳动的知识资本,企业文化、经营管理模式等体现企业内在发展动力的知识资本,以及企业员工知识能力、创新能力等体现人力资源的知识资本。企业知识资本是以知识产权为核心相互转化、相互促进的。❷ 换言之,在知识经济中,知识产权与知识资本之间具有十分密切的联系。知识产权是知识经济的重要组成部分,其出现反映了人们对知识价值认识的拓展和深化。不过,知识资本不等于知识产权本身,而知识产权是知识资本运作后产生的成果。无论如何,"知识资本"概念的提出,为人们探讨知识经济社会中知识流转及其应用价值提供了新的视角和途径。

对于知识产权在知识经济时代的重要地位,无论是政府部门还是相关专家学者都存在一种共识,即知识经济时代的知识产权对于国家和企业竞争力的提高具有关键性的意义。例如,美国凯文・G. 里韦特 (Kevin G. Liweite)、戴维・克兰 (David Crane) 认为:"在通往新千年的路上,法律、技术、经济领域相继发生巨大变化,并产生了一种新的财富魔力。在创造财富过程中,知识产权作为一种战略资源和竞争武器,扮演着强有力的新角色";"在今天的知识经济时代,知识产权不能再视为法律工具,也不能仅被看成是保护你的技术或者产品免被盗用等问题。实际上,它是与商业战略密切相关的问题,打好知识产权这张战略牌也是首席执行官义不

---

❶ 蒋坡. 知识产权管理 [M]. 北京:知识产权出版社,2007:前言.
❷ 郑友德,焦洪涛. 面向知识经济的知识产权管理 [J]. 华中理工大学学报:社会科学版,1999 (1).

容辞的责任"。❶

需要进一步看到的是,在知识经济时代,知识产权资源在一个国家中的创造、优化配置及有效利用,离不开这个国家实施富有成效的知识产权战略,就企业而论也莫不如此。在国际层面上,国家之间的竞争越来越集中于技术实力的竞争;在企业层面上则突出地表现为专利技术、商标信誉等知识产权资产的竞争。企业拥有的专利技术和高信誉商标等知识产权资产的数量和质量,在很大程度上决定了企业竞争力的高低。专利技术、高信誉商标等知识产权资产的开发与有效利用,则离不开知识产权战略的有效实施。知识产权战略的实施,不仅可以严密保护企业的知识产权,而且可以为企业创造巨大的财富,是成功企业普遍采取的战略手段。面对知识经济的到来,发达国家的企业不断加大利用知识产权抢占市场的力度,人们甚至将这种现象称为知识经济时代新的"圈地运动"。这种对知识产权的"圈地运动"不仅在企业之间进行,在国家层面上也愈演愈烈。知识产权已成为国家综合实力的重要表现,是各国特别是发达国家在经济全球化过程中维持其竞争优势的有力武器。一些国家明确提出本国的知识产权战略,将其作为振兴本国经济、增强国际竞争力的战略措施。

在当代社会,知识产权的意义已远远超出了保护公司、企业、个人等主体的财产权这一狭隘范围,甚至在很大程度上脱离了其最初制度设计者的初衷,而在很多领域成为政治家和企业家的战略武器。凯文·G.里韦特、戴维·克兰指出:过去执行官惧怕的是其竞争对手是否在产品数量或市场占有率方面超过自己,而现在他们关注的重点转移到了如何确保核心技术,或者根本性商业模式的专有权不受侵扰,以便自己在商界中始终立于不败之地。❷

二、企业知识产权战略基本原理

过去人们对于知识产权的认识,一般都强调知识产权制度的保护功能。对于企业而言,知识产权保护固然重要,但最重要的还是需要在保护的基础上服务于企业战略。因此,要从战略资产的价值认识和运作知识产权,知识产权在企业中将发挥更重要的作用,"知识产权的真正价值是企业利用其作为战略资产,与其他战略相配合提升企业在市场竞争中的优势。将知识产权视为一项资产,而不仅是业务运营的成本。知识产权管理战略将会为企业最大化资产回报和股东价值,同时又能将知识产权在业务核心方面

---

❶ 凯文·G.里韦特,戴维·克兰. 尘封的商业宝藏:启用商战新的秘密武器 专利权 [M]. 陈彬,杨时超,译. 北京:中信出版社,2002:43.

❷ 凯文·G.里韦特,戴维·克兰. 尘封的商业宝藏:启用商战新的秘密武器 专利权 [M]. 陈彬,杨时超,译. 北京:中信出版社,2002:3.

的风险降低到最低点"。❶ 由此可见，就企业而言，从战略高度认识和运作知识产权具有重要意义。

（一）关于战略的几点认识

"战略"一词源于军事学，是与"战役""战术"相对存在的概念。从军事学的角度看，战略可以定义为研究战争全局的规律性的科学，是指对战争全局的谋划、指导。随着社会的发展，"战略"一词的内涵在不断扩大，现已扩展到带有全局性的谋划、指导活动，并广泛地运用于政治、经济、文化教育、科技等方面。我国《辞海》对"战略"一词所下的定义则是：战略是重大的、带有全局性的或决定全局的谋划。

从以上讨论，可以对战略得出以下几点结论：第一，战略涉及的是带有全局性的、影响发展全局的重大问题。它一般被理解为决定全局的策略。第二，战略具有系统结构，包括战略思想、战略目标、战略方案、政策法律、动态调节机制等相互联系的方面。其中战略思想属于观念范畴，是形成战略的前提，也是决定战略的总方针。战略目标是沿着战略思想所指引的方向应实现的要求，它应建立在对客观形势的分析判断上，符合历史发展趋势。战略方案是实现战略目标而采取的方案、手段，包括实施战略的策略、战略步骤、战略重点等。政策和法律既是保证战略符合当前社会需要的条件，也是保证战略目标实施的基础。动态调节机制体现的则是战略实施的灵活性，即战略各要素应针对不同情况的变异表现出一定的可调节性。第三，战略本身具有层次性。战略本身的层次性是将不同类型的战略归入不同层次。宏观方面的战略和微观方面的战略也可以从不同角度进行细分。

（二）企业知识产权战略的概念与特征

企业知识产权战略显然属于战略研究范畴。同时，它既属于企业战略范畴，也属于知识产权战略范畴。因此，认识企业知识产权战略，需要先对企业战略与知识产权战略分别做些了解。

1. 企业战略的概念与特征

关于企业战略，国外学者研究较早。这里不妨介绍一些有代表性的观点：❷

1962 年，钱德勒（Chandler）在《战略与结构》一书中，将企业战略描述为确定企业基本长期目标，选择行动途径和为实现这些目标而进行资源分配。认为企业战略应当适应环境变化，满足市场需求。

1999 年，英国学者杰森（Jason）与舒勒（Schuler）认为，企业战略是通过有效组合企业内部资源，在变化的环境中确定企业的发展方向和经营

---

❶ 王丰. 技术创新与企业知识产权战略选择 [J]. 江苏科技信息，2012（10）.
❷ 王铁男. 企业战略管理 [M]. 哈尔滨：哈尔滨工业大学出版社，2006：4-5.

范围，从而获取竞争优势，以满足市场的需求和企业拥有人的需求。

国内学者认为，企业战略是企业为了生存、发展和收益而制定的组织使命和目标一致的最高管理层的计划，或者是在组织内部条件与外部环境互动的基础上实现组织目标的规划。❶

上述关于企业战略的定义，从组织行为、内部和外部环境、内容、形成过程等方面加以考察，各有其合理性。由于企业战略涉及企业活动的不同方面，对其认识也可以从不同层面和视角加以理解。例如，从企业战略的本质看，它涉及企业整体活动，在管理学科上属于综合性的管理理论；从具体内涵来看，它包括战略内容研究与战略实施过程研究等内容；从与环境协调角度看，企业战略与企业内部环境和外部环境息息相关。另外，从战略的层次看，企业战略也具有层次性，包括企业总体战略、经营单位战略和职能部门战略三个重要的层次。

一般来说，企业战略具有全局性、长远性、竞争性、纲领性（指导性）、与企业管理模式特点相适应等特点。这些特点的内涵，将在下面以企业知识产权战略为研究对象加以阐述。

2. 知识产权战略的概念

关于知识产权战略的定义，有不同的认识。如有的学者认为："所谓知识产权战略是指运用知识产权及其制度去寻求企业在市场竞争中处于有利地位的战略。"❷ 依本书观点，知识产权战略可定义为：运用知识产权保护制度，为获得与保持竞争优势并遏制竞争对手，谋求最佳经济效益而进行的总体性谋划。

3. 企业知识产权战略的概念与特征

企业知识产权战略，可以简单地定义为企业为获取与保持市场竞争优势并遏制竞争对手，运用知识产权保护手段谋取最佳经济效益的总体性谋划。最重要的企业知识产权战略是专利战略和商标战略，这也是本书研究的重点。

企业知识产权战略具有以下特征。

一是全局性。全局性是指企业知识产权战略是关于企业知识产权工作的全局性指导方针、原则以及相应的行动方案，而不是某一具体的知识产权工作或某一局部内容。它体现了企业知识产权工作的方针政策和企业各部门之间达成的对企业知识产权管理的共识。在具体的企业知识产权战略方案中，它表现为企业对知识产权的创造、运用、保护、管理一体化的知识产权工作的实施原则、指导方针、行动策略和步骤，直接关系到企业自

---

❶ 王铁男.企业战略管理 [M].哈尔滨：哈尔滨工业大学出版社，2006：6；王光甫，等.企业战略管理 [M].北京：中国财政经济出版社，2000：3.

❷ 吴汉东，肖志远.入世后的知识产权应对：以企业专利战略为重点考察对象 [J].国防技术基础，2002 (4).

主知识产权数量和质量、核心竞争能力的提高以及技术创新能力[1]的增强。全局性特点表明企业知识产权战略追求的是企业知识产权方面的总体行动和总体效果，而不仅是某一局部方面的成效。该特点也表明企业知识产权战略具有系统性和综合性特点。

二是长远性。长远性是指企业在对现有经济和技术实力、竞争对手知识产权状况和知识产权制度发展动态进行充分认识和把握的前提下，以企业的长远目标规划当前的行动方案，并随着环境的变化适时加以调整，以求得当前与长远的协调发展。在制定企业知识产权战略时，这一特点体现为在立足于现有内部条件和外部环境的基础上，能够对企业未来相当长的一段时间的知识产权工作起到指导性、方向性作用，为企业未来相当长的一段时间内知识产权的总体发展描述蓝图。在具体的企业知识产权战略方案中，这一特点体现为企业在确定知识产权战略目标、战略定位、战略重点、战略措施、实施策略和战略步骤等方面，依照一定的时序步骤以战略管理的方式推进，而不局限于实现企业的短期营利目标。

三是竞争性。竞争性是企业知识产权战略的实质性特点。这一特点源于企业战略的竞争性，即企业战略本质上是一种竞争战略。如日本公司战略研究权威学者大前研一认为：经营战略就是如何实现企业竞争优势，以最有效的方式努力提高相对于竞争对手的实力。波特认为：战略形成的本质，本来就是为了应付竞争所需；最能左右产业的竞争作用力，也是影响战略形成的最重要因素。在当代，企业之间的竞争越来越激烈，企业制定与实施战略的根本目的就是为了在与竞争对手的抗衡中赢得竞争优势，从而获得最大限度的经济效益。这种竞争立足于市场，具有丰富的内涵，但以产品、技术竞争为主导形式。从竞争性特点看，企业战略和日常的经营活动中为提高经济效益而实施的行动方案是不同的，因为它强调获得企业竞争优势、实现企业长远发展目标。

四是纲领性。企业知识产权战略谋划的是企业未来一定时期内知识产权工作的长远目标、发展方向和重点，以及围绕这一目标、方向和重点采取的基本措施，包括确定企业知识产权基本方针、原则、重大措施和主要步骤等。企业知识产权战略是对企业相当长一段时间知识产权工作的方向和目标所进行的宏观规划和设计，对企业知识产权工作具有普遍的指导意义，因而具有明显的纲领性和指导性特点。同时，这一特点也决定了企业知识产权战略的推行需要具有可操作性的行动计划和措施加以落实和保障。

五是法律性。企业知识产权战略是依托于知识产权法律制度的。它是建立在企业知识产权管理制度和其他职能充分发挥的基础上的。离开知识产权法调整的企业知识产权战略是不可想象的。企业知识产权战略的法律

---

[1] 在经济学上，技术创新能力包括创新资源投入能力、创新管理能力、创新倾向、研究开发能力、制造能力和营销能力等。参见：陈昌柏. 自主知识产权管理［M］. 北京：知识产权出版社，2006：15-16.

性体现了知识产权战略的启动和实施应建立在有效的法律保护基础上。实际上，企业知识产权战略和知识产权的保护之间本身具有双向互动的关系：企业知识产权战略以法律保护为基础，而其有效运行又反过来能够使企业知识产权得到更加有效的保护。

六是保密性。企业知识产权战略制定涉及对企业内部很多部门相关数据、资料、文件的把握和分析，以及对企业总体发展战略意图的理解和渗透；其实施涉及企业经济和科技情报分析、市场预测、新产品动向，以及经营者在某一阶段经营战略意图等很多具有商业秘密性质的信息与资料。这些内容如果被企业竞争对手掌握，将对自己造成极为不利的影响。因此，企业知识产权战略中这些带有商业秘密性质的内容宜加以保密，企业知识产权战略具有保密性的特点。

七是整体上的非独立性。这是针对企业知识产权战略的系统相关性而言的。以企业知识产权战略中的商标战略为例，它与企业市场营销战略、广告宣传战略、市场竞争战略、❶ 企业形象战略紧密相关，而不能代替这些运营战略。基于整体上的非独立性这一特征，在研究和实施企业知识产权战略时，不能将其作用无限夸大。不过，整体上的非独立性并不排斥企业知识产权战略的相对独立性，因为企业知识产权战略有其自身的发展规律和非常独特的应用价值。

八是与企业经营管理战略紧密结合并成为其重要组成部分。这一特点是上述整体上的非独立性特点的延伸。在当代全球竞争环境下，企业已进入了战略制胜时代。企业的生存与发展离不开其长远谋划和规划，这一长远谋划和规划就是企业的经营发展战略。企业知识产权战略则属于企业经营发展战略的一部分，也是企业全局战略的重要组成部分，是为实现企业总体战略目标服务的。其目标的实现与企业其他战略往往相互包含、相互交错，单纯运用难以收到满意的效果。也就是说，企业应将知识产权的创造、运用、保护、管理作为一个有机联系的整体，并将其融入企业的整体发展战略之中。

国外学者丹尼·赛门萨恩（Danny Samson）也指出：当人们想到知识产权时，会自然地想到通过专利、商标和著作权进行法律保护，而知识产权的真正价值是企业利用它作为战略——资产增值、研究开发和企业发展整体营销战略的一部分。专利等形式的知识产权被认为是企业经营战略的一个基础组成部分。❷ V. K. 那雷安安（V. K. Narayanan）提出了知识产权战略选择机制，认为企业为了保持其市场竞争优势而采取的诸如技术创新合作

---

❶ 根据波特的观点，公司在产业范围内的竞争优势是由其竞争范围所决定的。通用的竞争战略模式有成本领先战略、产品差异化战略、目标集中战略等。

❷ DANNY SAMSON. Intellectual Property Strategy and Business Strategy: Connections through Innovation Strategy [C]. Intellectual Property Research Institute of Australia Working Paper, No. 08/05, June, 2005. 引自：李培林. 企业知识产权战略研究综述 [J]. 经济经纬，2006 (6).

和制定技术标准等市场措施，需要将其与专利、商标、商业秘密等法律策略结合起来。这样就揭示了企业知识产权战略在法律保障基础上与企业市场战略结合和融合的内在机理。韦格曼（Wagman）与斯科菲尔德（Scofield）则从知识产权制度史的角度考察了知识产权、技术创新、企业战略和收益率之间存在的密切关系。他们认为：知识产权战略的目标是提供给发明者保护和享有创新成果，以此来促进企业战略。❶ 不仅如此，企业知识产权战略还需要与企业发展阶段相适应。这既是其应与企业整体发展战略相配合的要求，也是动态地适应企业发展需要的要求。这一特点表明，企业在不同发展阶段，其知识产权战略应采取不同形式，而在特定阶段采取的知识产权战略形式，需要仔细分析企业技术和经济实力、市场环境、竞争者状况等因素。从现实中企业运作知识产权的经验看，企业采取什么样的知识产权战略以及怎样实施知识产权战略，在很大程度上取决于企业经营管理战略以及企业希望知识产权战略在其中发挥的作用。

在实践中，企业知识产权战略的实施通常是通过对知识产权资源的充分利用，与企业其他经营资源紧密结合，实现企业的战略目标。例如，根据2005年国资委政策法规局组织部分中央企业和地方国资委有关负责同志赴德国考察和培训总结材料介绍，德国企业围绕自身发展战略，制定了明确的知识产权战略和指导方针。它们并没有将知识产权战略当成是独立或者孤立的战略去研究，而是将其作为企业整体战略的一部分加以综合系统考虑。❷ 又如，在中兴通信公司，知识产权战略被纳入公司总体的发展战略中，与研究开发和市场开拓有机结合，根据本行业核心技术和配套技术的发展方向和目的，熟悉行业技术标准，在已有知识产权工作成果的基础上，逐步形成"战略—战术—基础业务"三个层面配套的企业知识产权战略，成为支撑公司发展的核心动力之一。❸

总体上看，企业知识产权战略是对知识产权法律及其制度的综合运用和战略性运作，是企业将知识产权制度的特点、技术特点、市场经营特点和商业化经营模式的有机结合，也是企业以技术开发和创新、品牌支撑为核心，有效抵御竞争对手，开拓和占领国内外市场，获得竞争优势的动态运行过程。可见，它也是现代企业知识产权管理的主要形式。

（三）企业知识产权战略研究的主要内容

企业知识产权战略是一个集法律、经济、管理、科技、文化、社会学、

---

❶ WAGMAN G, SCOFIELD S. The Competitive Advantage of Intellectual Property [J]. SAM Advance Management Journal, Cincinnati, 1999 (Summer): 4-10. 引自：李培林. 企业知识产权战略研究综述 [J]. 经济经纬, 2006 (6).

❷ [EB/OL]. [2014-10-08]. http://www.qyflgw.com/onews.asp?id=841.

❸ 企业知识产权战略与工作实务编委会. 企业知识产权战略与工作实务 [M]. 北京：经济科学出版社, 2007: 39.

心理学等学科于一体的边缘学科，其立足点则是法律、经济、管理方面。依本书的看法，企业知识产权战略的研究主要有以下内容：（1）企业知识产权战略的基本理论，如企业知识产权战略的概念、特征、结构要素，企业知识产权战略的制定和实施原则，企业知识产权战略的体系，企业知识产权战略与企业发展的关系等；（2）知识产权资源如何在企业经济中实现优化配置；（3）企业知识产权战略的类型和具体的实施策略；（4）不同类型企业的知识产权战略；（5）企业知识产权战略的定位与实施环境；（6）企业知识产权战略管理过程；（7）企业知识产权战略绩效评估；（8）其他国家特别是发达国家企业知识产权战略的实施及其对我国企业的启示等。

（四）企业知识产权战略的类型、体系结构及在知识产权战略体系中的地位

1. 企业知识产权战略的类型

企业知识产权战略可以从知识产权内容及对权利的管理、利用、保护等方面加以分类。

其一，从知识产权权利内容分类。按照这一标准，企业知识产权战略可以分为企业专利战略、企业商标战略、企业商业秘密战略、企业著作权战略等。这一分类对于认识企业知识产权战略的宏观内容，从而从整体上对企业知识产权战略加以把握具有重要意义。有关内容将在相关章节中专题探讨。

其二，从对知识产权的运作分类。按照这一标准，企业知识产权战略可以分为：企业知识产权管理战略[1]、企业知识产权利用战略、企业知识产权资本运营战略、企业知识产权保护战略等。仅以企业知识产权保护战略而论，知识产权保护既是企业知识产权战略中的一个重要环节，也是其基本前提和重要内容。国外学者韦格曼（Wagman）和斯科菲尔德（Socfield）指出：知识产权战略，无论是专利战略还是商标战略等，其基本目标是授予给发明者市场贸易权或者对创新成果的控制权，旨在促进这种类型的企业战略。[2] 前述分类的意义在于，具体把握企业知识产权战略的内涵，为实现知识产权战略的不同目标提供理论指导。具体内容亦将在本书展开研究，在此不赘述。

其三，从对知识产权的管理分类。企业知识产权战略与知识产权管理

---

[1] 企业知识产权管理战略可以纳入广义的企业知识产权战略的范畴。有学者将其定义为：是从本企业长远发展出发，充分利用知识产权这一武器，在以技术创新、知识创新为主导的现代市场竞争与合作中谋求最佳社会经济效益的战略思想与战术行为的综合集成。参见：何敏. 企业知识产权管理战略 [M]. 北京：法律出版社，2006：144.

[2] Wagman, Socfiel. The Competitive Advantage of Intellectual Property Right [J]. SAM Advance Management Journal, 1999 (3).

具有十分密切的关系。可以认为：企业知识产权管理是企业知识产权战略的基础，而企业知识产权的管理又可以分为内部管理和外部管理。其中，企业知识产权的内部管理涉及企业知识产权部门的运行及与企业相关部门的协调，外部管理主要涉及与其他企业知识产权方面的相互协作与协调。针对上述特点，可将企业知识产权战略分为企业知识产权内部战略和外部战略。其中内部战略主要是指以企业知识产权资源的创造、保护、管理为目标的企业内部资源的管理；外部战略主要是指将知识产权作为企业整体战略的重要资源，对企业知识产权外部往来的管理。❶ 这一分类对于认识知识产权战略与知识产权管理的密切联系，具有比较重要的理论意义。

其四，其他分类。企业知识产权战略还可以被置于特定的生产经营管理范畴认识。例如，从企业市场营销的角度看，将市场营销原理与企业知识产权运作高度结合，可以形成企业知识产权营销战略。如果再考虑到营销策略，还可以分为企业知识产权组合营销战略、关系营销战略等类型。以企业知识产权关系营销战略为例，它是立足于关系营销原理，研究如何在知识产权的运作中建立持久的顾客联系，向顾客提供超越其期望的价值，由此树立企业形象，增进企业利益。此外，从实现企业知识产权价值最大化的角度看，企业知识产权价值战略也是企业知识产权战略的一种重要类型。

2. 企业知识产权战略的构成要素（体系结构）

第一，从西方管理学界关于企业战略构成要素的观点认识企业知识产权战略的构成要素（体系结构）。

关于企业战略的构成要素，西方管理界学者认为，企业战略构成要素一般由以下几方面构成：产品与市场范围、资源配置、竞争优势以及协同作用。

其中，产品与市场范围可以说是企业经营范围，它是企业从事生产经营活动的领域，是其从事市场竞争的场所和活动空间。产品与市场范围反映了企业在市场竞争中所处的地位是否具有优势，也反映了企业从事的生产经营活动与外部环境相互作用的程度和范围。

资源配置是对企业存量资源和技能配置的构架和模式，它能够产生增加市场供给的效果，但也受到市场需求的约束。一般来说，企业资源配置以市场供给和市场需求相适应为基本标准。资源配置对实现企业战略具有极端重要的意义，因为资源是企业从事生产经营必不可少的部分，优化资源配置能够使企业获得竞争对手不能或难以获得的稀缺资源，在生产经营中发挥独特的优势。资源配置被申德尔德（Deut Deerde）等国外战略管理研究学者视为企业战略中最为重要的方面，甚至被战略管理学者安索夫

---

❶ ROBERT H PITKETHLY. Intellectual Property Strategy in Japanese and UK Companies：Patent Licensing Decisions and Learning Opportunities [J]. Research Policy，2001（30）：425-442.

（Ansoff）等视为企业战略的核心，认为所谓战略性行动就是组织通过改变内部资源配置和行动方式，使之与环境相互作用的过程。

竞争优势是指企业在市场上获得的相对于竞争对手的竞争能力，是通过资源配置和选择产品与市场范围而形成的独特优势。企业竞争优势的获得与维持是其战略制胜的关键。因此，企业既要明确自身所具有的竞争优势，也要设法创造和培育特有的竞争优势。企业竞争优势的获得有多种形式。

协同作用是指企业内部各经营单位联合起来产生的收益大于这些单位各自努力创造的收益的总和、企业总体资源收益大于企业各部分资源收益的总和。协同作用又称为战略协同，它一般包括投资协同作用、作业协同作用、销售协同作用和管理协同作用等类型，涉及市场协调、操作与技术协调以及管理协调等内容。

以上这些构成要素共同构成了企业战略，而这些构成要素在企业战略中的地位和作用是不同的，如产品与市场范围界定了企业从事生产经营的空间，为企业总体战略定位奠定了基础，资源配置明确了企业有效运用资源从事生产经营的模式，为企业开展经营战略创造了条件，竞争优势指明了企业所具有的市场竞争优势和核心能力，为企业实现其使命和目标提供了充分保障，而协同作用则指出了企业提高整体经济效能和效益的手段。当然，这些构成要素在实现企业战略目标和企业使命与任务方面又是相辅相成的，而不是孤立的。例如，企业产品或市场范围、资源配置与竞争优势共同决定着企业经济效能实现的程度，而协同作用决定着企业经济效益，并在企业各种资源和特殊能力以及产品与市场之间形成与发展。

就企业知识产权战略而言，其构成要素（体系结构）也可以从上述几方面认识。

产品或市场范围（经营范围）是企业知识产权战略需要首先解决的基本定位问题。无论是专利战略、商标战略还是著作权战略，都需要在产品、市场范围内明确具体的产品、市场背后知识产权的地位和状况，高度重视产品及其背后的技术、品牌与市场的融合性。在制定与实施企业知识产权战略时，需要从产品、市场范围考虑战略环境及其定位。

资源配置也是企业知识产权战略中具有非常重要地位和作用的构成要素。企业知识产权战略的运行，不但需要有足够的有形资源加以保障，而且需要在无形资源之间以及有形资源与无形资源之间进行合理的配置，以实现有形与无形的有机结合，最大限度地提升企业的营利能力。

竞争优势更是企业知识产权战略构成要素所不可缺少的。知识产权本身的排他性特点决定了它成为企业获取竞争优势的关键性资源。例如，通过设置合法的专利技术壁垒、专利池、技术标准，可以阻止新的竞争对手进入目标行业，也可以在本行业和市场中谋取垄断优势。还如，通过重大发明、革新，依托专利技术优势，加快产品更新换代，企业可以将竞争对手甩在后边。由于知识产权对企业获取竞争优势具有巨大作用，在当前的知识产权理论中，甚至形成了"知识产权优势理论"。

协同作用（战略协同）在企业知识产权战略中也同样存在，也应视为其构成要素之一。这是因为，企业知识产权战略本身的非独立性决定了制定与实施企业知识产权战略需要与企业的各个职能部门和事业部进行联系与沟通，并且关注与适应外界环境的变化，以便通过内部的战略信息系统做出适应性反应与调整。在企业知识产权战略中，战略协同同样能够产生经济效益，因为它能够促使企业内部的各种知识和技能、信息有机利用。特别是在企业内部的知识管理系统比较健全的条件下，战略协同能够更好地整合企业内部的知识资源❶，实现资源共享。

第二，从我国管理学界关于企业战略构成要素的观点认识企业知识产权战略的构成要素（体系结构）。

我国管理学界关于企业战略的构成要素的观点则是从企业战略本身内在的系统角度加以研究的。具体地说，以企业总体战略为代表的企业战略由战略指导思想（战略思想）、战略目标、战略重点、战略定位、战略实施环境、战略步骤、战略实施策略等内容构成。

战略指导思想又称为战略思想，它是指导战略制定和实施的基本思想，是企业战略的神经中枢，对企业战略的其他内容如战略目标、战略定位、战略实施策略等都具有指导意义。企业战略思想是在企业管理实践中产生和发展的。迄今为止，企业战略思想已具备比较丰富的内容，如竞争观念、市场营销观念、价值创新观念、满足市场需要的观念、系统化思想等。

战略目标是基于战略思想的指引而为实现企业一定时期总任务而确立的目标与要求。战略目标表明了企业在一定时期内制定与实施战略的总任务与努力的方向，它的实现需要综合考虑企业内部条件和外部经营环境，并随着战略的推进而在必要时作出适应性调整。企业战略目标总的来说是赢得市场竞争优势、最大限度地获得利润。但在企业发展的不同阶段和战略实施的不同环节，战略目标具有不同的表现和特点，如成长性目标、竞争性目标和稳定性目标等。不过，企业战略目标由于取决于企业经营目的和企业使命与任务，它在总体上仍具有概括性和需要较长的时间保障，和企业具体的经营目标、工作目标不同。

战略定位是企业对产品、技术、市场等关系其生存与发展的关键因素确立其地位的谋划。战略定位关系到企业发展战略方向，在不同的战略定位下，企业实施战略的效果可能大不相同。例如，在 20 世纪 40 年代，IBM

---

❶ 企业的知识资源，是企业拥有的以知识为基础的、能够为其带来持续财富积累的资源。企业知识资源与其拥有的有形资源不同，它可以被反复利用并不存在可消耗性，也难以被模仿和替代。

还是一个默默无闻的制造商业数据处理机的中型公司。1947年，当世界上第一台电子计算机问世后，主流观点认为计算机将主要用于科学计算。当时IBM的创造者托马斯·沃森（Thomas Watson）却敏锐地发现将来计算机的主要用途是数据处理。于是，公司决定进行重大战略调整，集中力量研制商业数据处理用计算机，终于获得了巨大成功。如果当时IBM未能进行正确的战略定位，恐怕难以使其成为世界上最大的计算机企业。

战略重点是企业战略中需要重点解决的环节和问题。一般来说，企业战略都应具有自己的重点。战略重点的确立能够使在确立战略目标上抓住主要矛盾，重点突破，在企业资源配置和运用上重点保障，在战略实施上分清轻重缓急，重点解决要害问题。由于企业资源有限，且外部竞争日益激烈，企业战略如果没有重点，将失去战略重心，因而容易遭受失败。另外，战略重点选择是否科学、合理，对战略实施的成功也具有决定性的意义。例如，在多元化战略上，"海尔""春兰"的成功与石家庄"环宇"的失败就比较典型。

从企业知识产权战略本身内在的系统角度看，也可以对企业知识产权战略构成要素或者说体系结构加以认识。这一体系结构涉及企业知识产权战略的思想、战略目标、战略定位、战略重点、战略实施环境与支撑条件、战略原则、战略实施策略等内容。

企业知识产权战略思想是企业制定和实施知识产权战略的指导方针和理念，关系到企业知识产权战略的全局。企业知识产权战略思想是企业知识产权战略的灵魂，对于企业开展知识产权战略具有极端重要的意义。

企业知识产权战略目标是企业知识产权战略需要实现的目的，一般而言，占领市场与获得市场竞争力是企业知识产权战略的主要目标。不过，战略目标本身也是一个体系，它可以具体量化为一些具体的分目标，如阶段目标、行动目标、功能目标、数量目标等。还有学者指出，在企业知识产权战略目标层次上，可以分为宏观目标、中观目标和微观目标。对于具体的企业来说，可以根据自己的经营战略需要确定其知识产权战略目标。如中兴公司制定了企业知识产权战略的短期目标和长期目标，其中短期目标是每年制定年度知识产权战略规划，将知识产权战略贯彻到当年的具体行动；其长期目标则是通过有效的知识产权管理，在公司形成强大的知识产权保护网，有效地防范和规避知识产权风险，使知识产权有效增值。华为公司的知识产权战略目标是：在积累并形成自主知识产权的基础上，以国际化公司的知识产权为基线，充分保障公司知识产权的安全和取得参与国际市场竞争的资格；在积累知识产权能力的基础上，主导或者加入跨国公司知识产权集合体（专利池）；形成与公司经营战略相配套的从公司层面到公司业务层面的关于知识产权的创立、运用、保护和防御的战略。[1] 该公司确立的知识产权战略目标值得其他企业借鉴。

企业知识产权战略定位是企业知识产权战略选取的某种特定模式，如追随型与创新型就是不同的专利技术创新战略定位，单一品牌战略与多品牌战略则是不同的品牌定位战略。企业知识产权战略定位关系到企业知识产权战略选择和方向问题，对于企业知识产权战略的实施具有基础性保障作用。如果企业知识产权战略定位错误，将会对战略实施的全局产生灾难性后果。因此，企业知识产权战略定位是企业知识产权战略结构体系中不可忽视的重要因素。

企业知识产权战略重点是实现企业知识产权战略目标中具有关键性意义方面、环节以及为实现企业知识产权战略目标采取的重要措施和手段。企业知识产权战略重点，需要在调查研究、文献检索、科学论证的基础上确定。企业知识产权战略重点的确定，需要根据其自身情况考虑。以德国企业为例，其依据所在行业特点，确定了知识产权战略重点。如德国奔驰公司的专利战略注重汽车制动系统的研究及申请专利，汉高公司则将知识产权战略的重点置于商标注册和保护方面。在企业知识产权战略实施中，企业知识产权战略重点也需要随着形势的变化而及时调整，保持一定的灵活性。

企业知识产权战略实施环境与支撑条件是企业实施知识产权战略的内外部环境与条件，如涉及企业内部的有人员配备与素质、硬件建设、信息网络、组织机构与企业文化建设等，涉及企业外部的如国家知识产权法律状况、国际知识产权立法走向、知识产权执法环境、国内外企业的竞争环境、国家知识产权战略意识与知识产权战略启动状况等。

企业知识产权战略原则是企业为实现知识产权战略目标而应当遵守的若干准则，法律原则、获取竞争优势原则、利益原则等是其中的重要内容。以获取竞争优势原则而论，企业知识产权战略的一切活动都是围绕获取竞争优势这一核心进行的。为获取竞争优势，企业知识产权战略需要遵循竞争战略的一般原则和规律，着重于创立企业自身的知识产权优势，形成核心竞争力，而不在于一时的得失。

企业知识产权战略实施策略是企业知识产权战略在不同阶段和时间内为实现特定知识产权战略目标而采取的技巧、方法、步骤，是依据企业知识产权战略所确定的原则和重点，用以实现企业知识产权战略目标所采用的策略。从一定的意义上说，企业知识产权实施战略就是由各种各样的知识产权实施策略构成的。该策略或对策需要讲究战略的预见性、灵活性和针对性，并随着战略模式或格局的变化而调整。

---

[1] 企业知识产权战略与工作实务编委会. 企业知识产权战略与工作实务［M］. 北京：经济科学出版社，2007：97.

总的来说，企业知识产权战略体系结构中的各因素是相互联系和相互影响的，这一特点决定了企业知识产权战略的实施要注重系统性，而不能顾此失彼。

3. 企业知识产权战略在知识产权战略体系中的地位

完整的知识产权战略可以划分为国家层次、地区（区域）层次、行业层次和企业层次四个不同层次，这四个不同的层次也构成了整个知识产权战略的体系（见图0-1）。在上述知识产权战略体系中，国家知识产权战略属于宏观性的知识产权战略，也是最高层次的知识产权战略。国家知识产权战略的主要原则包括政府主导原则、创新为本原则、统筹协调原则、衔接配套原则、立足国情原则等。国家知识产权战略对地区（区域）、行业和企业知识产权战略具有重要的指导作用，它为地区（区域）、行业和企业知识产权战略制定与实施提供了方向和指南。

地区（区域）知识产权战略是在特定的地区（区域）范围内制定与实施的知识产权战略形式，其主要内容与任务是制定本地区（区域）知识产权战略规划及其实施方案，利用知识产权制度推动本地区（区域）经济、科技、文化发展，提高地区（区域）综合竞争力，为国家知识产权制度在本地区（区域）的有效推行提供政策性、制度性保障。

行业知识产权战略是指针对特定行业制定与实施知识产权战略规划，其主要内容和任务是研究如何通过在本行业内制定与实施知识产权战略提高行业知识产权创造、运用、保护和管理能力，提高行业整体的技术创新能力和核心竞争力。

企业知识产权战略则是利用知识产权制度实现提高其自身竞争力的总体性谋划。由于企业是实施知识产权战略的主体，任何方式的知识产权战略最终需要由企业去实现，企业层次的知识产权战略就成为落实整个知识产权战略的基本保障和基础，并且在知识产权战略体系中处于核心地位。同时，企业知识产权战略与其他层次的知识产权战略也具有十分密切的关系，如基于企业战略以国家战略和市场需求为支撑，企业知识产权战略离不开国家知识产权战略的指导，一些涉及整个行业和国家经济安全的技术开发和应用，需要纳入国家战略给予支持。企业知识产权战略的构建与推行需要各级政府的有力扶持与帮助，特别是企业知识产权外部战略的实施更离不开政府提供良好的支撑环境和实施条件。但是，国家知识产权战略也不能替代企业知识产权战略。

总体上，在上述知识产权战略体系中，企业知识产权战略居于基础和核心地位，但它也需要与国家知识产权战略、区域知识产权战略和行业知识产权战略互相呼应，以形成一种总体协同、动态整合的良性运行状态。

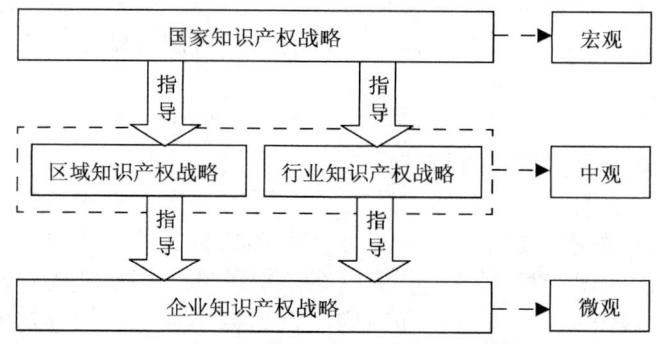

图 0-1 知识产权战略层次划分模型

资料来源：李培林．企业知识产权战略研究综述［J］．经济经纬，2006（6）．

（五）企业知识产权战略与建立现代企业制度的关系

现代企业制度是企业知识产权战略的组织基础，企业知识产权战略与建立现代企业制度具有十分密切的联系。

1. 现代企业制度要求实行科学管理，建立包括知识产权管理在内的科学管理制度

现代企业制度本质上是一种组织管理科学制度。它要求建立科学的企业组织制度和管理制度。在当代信息社会，由于以知识产权为核心的无形资产在企业经济活动中的地位日益提高，企业管理制度中知识产权管理越来越重要，并且知识产权管理有向战略管理迈进的趋向和目标。从建立现代企业制度的角度看，现代企业制度必然要求企业重视知识产权这一无形的财产权的作用。

2. 企业知识产权战略对实现其产权结构调整、资源优化配置的作用

从经济学角度看，产权安排属于制度结构中的一个重要因素。知识产权属于无形财产权，在经济学上则表现为一种经济资源，在企业中还表现为一种经营资源。知识产权在企业产权结构中占据越来越重要的地位。随着科学技术的发展，科学技术在经济中所占的份额不断上升。随着商品技术含量的提高，当前世界正由物化商品向非物化商品发展。作为重要无形资产的知识产权资源如何优化配置，就成为各国经济发展战略的重要内容。

从经济发展意义上说，所谓资源，是指对产出创造具备有效增长功能的各种投入的集合，但这些投入必须为创造产出的投资者通过一定的方式所能选择。企业知识产权资源的优化配置则属于微观经济范畴，它是企业为实现经济效益的最大化而对投入的知识产权资源与其他各投入要素的有机组合。知识产权资源本身的投入，不仅是企业经济资源存量增加的表现，更重要的是它能促进企业各种经济资源和投入要素的有机组合，促使企业资源发挥出最佳整体效用。

知识产权资源在促进企业经济增长和资源优化配置方面的作用，与企

业产权结构、产业结构的调整是协同进行的，这主要表现在创造各名牌产品上。创名牌产品正是企业实施知识产权战略的目标。名牌产品是企业长期经营的结果，其背后意味着企业有着良好的信誉、技术实力和管理能力。名牌产品企业容易通过合并、兼并、联营、控股等多种形式建立以名牌产品为龙头的现代企业集团。在实现资产重组过程中，低效率资源以各种方式步入效率高、科技实力强的企业，社会新的投资也逐渐向名牌优势企业集中，这样就实现了企业资源优化配置。

3. 企业知识产权战略对企业经济增长方式的影响

经济增长方式由粗放型向集约型转变，这也是我国企业建立现代企业制度的一个目标。它是在我国经济进入工业化中期，市场竞争日益成为我国经济发展动力的形势下提出的。就企业而言，集约型经济表现为企业的集约经营，即用少量的投入得到同量的产出，或者用同样的投入获得更多的产出，生产的增加主要依靠技术创新、技术进步和科学管理，而不是活劳动和物质投入的增加。企业集约经营的结果是形成产品开发与研究、产品生产与市场营销的规模经济，以低成本优势和产品高附加值利润获得市场竞争中的丰厚回报。

企业集约经营是当代企业发展的一个重要特点。从本质上讲，企业集约经营是以企业技术创新、技术进步为基础的。在当代，技术对经济增长的贡献已取代劳动力和资本成为首要因素。企业实现经济增长方式的这种变化，不是一蹴而就的，它涉及企业技术创新、提高产品质量与经济效益等重大问题，而这些因素都与企业实施知识产权战略有内在联系。

就我国企业现状而论，集约型经营尚未充分实现。许多企业由于忽视技术在产品开发、市场开拓方面的运用，许多产品技术含量低、原材料消耗大、效益低。这种状况只有通过建立以企业为主体的科技创新运行机制、加强企业质量管理和知识产权的策略性运用等才能改变。

（六）企业知识产权战略柔性及其动态适应能力

1. 企业知识产权战略柔性

企业知识产权战略柔性属于企业战略柔性的范畴，因此有必要先对战略柔性的基本内涵做一了解。"战略柔性"概念的提出及其理论，是近年来随着对战略灵活性问题的研究深入而产生的。战略管理资源学派主张的具有稀缺性、不可替代性、难以模仿性的异质性资源成为企业获得竞争优势的关键，资源、能力学说则在此基础上重视资源与能力的整合、通过获得能力优势来适应外部环境的变化。这些理论对于指导企业充分重视自身资源，提高自身创新能力具有重要作用。但由于战略与适应环境的高度关联性，资源学说对如何通过构建资源、能力与外部环境的有效结合，从而实现对资源的有效配置与使用，则未加以足够的重视。战略柔性在此基础上往前推进了一步，"使在战略内容中更多地考虑环境变化并加入可能的措施"。❶ 在战略柔性概念基础上，人们还提出了"柔性战略"的概念，认为它是"为更有效地实现企业目标，在动态环境下主动适应变化、利用变化和制造变化以提高自身竞争能力而制定的一组可选择的行动规则及相应方案。柔性战略的范围包括竞争的各类因素：资源柔性、能力柔性、组织柔性、生产柔性和文化柔性"。❷ 战略柔性特别将企业战略建立在对环境保持高度的弹性的基础上，强调企业战略与现行环境的匹配以及对战略实施环境变化作出的及时而灵活的反应。可见，它是对已有的产业组织理论和资源基础理论的发展，在重视资源和能力的基础上增加了对未来环境变化相适应的内涵，该理论的提出对于在企业战略中高度重视未来不确定问题，积极主动地适应环境变化开展市场竞争具有很强的现实指导意义。基于此，本书也运用该概念分析企业知识产权战略柔性问题。

战略柔性的一个重要表征是企业战略转型，它是企业面临新的市场机遇或者摆脱现有经营困境的战略决策。企业走在市场前面，及时进行战略转型能够获取巨大的市场竞争优势。美国 GE 公司总裁杰克·韦尔奇（Jack Welch）关于企业与市场的关系有一个观点，即企业赖以生存和发展的空间是市场，企业需要适应市场的变化。为了在市场中领先于竞争对手、在市场竞争中获胜，还需要走在市场前面。在其于 20 世纪 80 年代执掌公司之后，即实行从传统的制造业向服务业的战略转型。他认为随着竞争的加剧，在产品同质化越来越明显的环境下，企业差异化体现于服务上。为此，公司将经营战略的重点由制造销售产品转向为以客户为中心，在提供高质量产品的同时向用户提供解决方案，以服务导向取代产品导向。尽管该战略转型受到了很多人的反对，但在其坚持下仍然被大力推行。结果，在三四年后几乎所有企业都感到市场变化的巨大压力而纷纷转向服务型企业时，GE 公司已走在前面好几年了。❸

企业知识产权战略柔性体现于知识产权战略对不确定的外界环境的适应能力和动态变化能力。它属于企业战略柔性的范畴，而企业战略柔性特别强调企业对外部环境的主动适应能力和适应的节奏。以企业电子商务为例，它是随着全球信息网络化而出现的新的运营模式。在电子商务发展之初，如果能够敏锐地捕捉到其蕴含的巨大商机，就能够在相关竞争领域取得优势。例如，美国波音公司即是如此，其在电子商务发展之初即进行网络运作，取得了良好绩效。

---

❶ 汪应洛，李垣，刘益. 企业柔性战略：跨世纪战略管理研究与实践的前沿［J］. 管理科学学报，1998（1）：23.

❷ 李平，萧延高. 产业创新与知识产权战略：关于深圳实践的深层分析［M］. 北京：科学出版社，2008：11.

❸ 包晓闻，刘昆山. 企业核心竞争力经典案例：美国篇［M］. 北京：经济管理出版社，2005：128-129.

企业知识产权战略柔性的内在缘由，可以从战略环境学派的观点加以认识。在战略环境学派的观点看来，战略与环境之间具有互动关系。企业在制定战略时，需要认真考虑环境因素和条件，适应环境的变化来调整战略的内容，亦即当环境发生变化时，企业应改变原来的战略，实施新的战略模式。原因在于，企业制定和实施战略的基本依据和出发点是其内外部环境。企业知识产权战略柔性的内在缘由，还可以在一定程度上运用企业战略结构学派的理论加以理解。企业战略结构学派主张，在大多数场合可以将组织描述为一种比较稳定的结构，而立足于这种特定的组织结构，存在与之相适应的组织行为和特定的战略模式。企业战略的形成是一个转变的过程，它在不同发展阶段发挥相应的作用，在相对稳定的时期也会被存在的一些特殊因素影响而转向另一结构，而这里的所谓结构就是"组织和组织周围的环境状况"。

市场和技术环境的变化导致企业竞争结构的变化，这会使企业知识产权战略的运行表现出一定的不确定性。企业知识产权战略需要以内在的动态调节机制表现出足够的战略柔性。如IBM公司在2005年宣布开放500件软件专利，这体现了公司知识产权战略柔性的变化。开放部分技术是公司的一种知识产权战略考量，因为随着技术环境的变化和技术创新的发展，相关行业和企业之间越来越需要共享相关的技术标准和信息，通过开放部分技术，有助于企业在相关技术领域培育市场和机会。实际上，跨国公司为了培育高端市场，创造高端技术市场需求，有时往往乐于采取免费发布和使用相关技术。例如，微软在推出Windows系列前在网上免费发布测试版就是一例。

企业知识产权战略柔性较多地体现于企业知识产权战略定位的及时改变、战略目标的重大调整和战略实施策略的重大变化，反映了企业知识产权战略的开放性、灵活性和对外部环境的适应能力。企业知识产权战略柔性往往通过及时实施知识产权变换战略反映出来。企业知识产权战略柔性理论对于同一企业在不同发展阶段实施与其相适应的知识产权战略模式也具有重要的指导意义。

2. 企业知识产权战略的动态适应能力

从后面还将探讨的企业战略管理的角度看，其强调"战略匹配性"，也就是企业拥有的资源和能力与其经营活动和外部环境相协调，寻求战略匹配。战略匹配强调寻找企业外部环境的机会、避免或减少其对企业的负面影响，以适当的资源和能力相匹配，并制定出相适应的战略。战略匹配性特点有助于理解企业知识产权战略柔性，而该战略柔性本质上反映了企业知识产权战略的动态适应能力。

前述企业知识产权战略柔性可以从企业能力理论尤其是企业动态能力理论作出解释。企业能力理论主张，企业是一个资源和能力体，其获得的竞争优势来源于企业内部。在企业能力理论中，"动态能力理论"具有一定的代表性。美国加利福尼亚大学伯克利分校蒂斯（David Teece）教授等提出了"动态能力"理论，该理论假设"组织的动态能力能够使其适应环境的变化，从而获得持久的竞争优势"，认为企业能力具有动态变化性，企业整合、建设、重构组织内部和外部资源、技能与能力以适应环境快速变化的能力即为动态能力。这里的动态是指企业适应不断变化的环境，保持不断更新能力的能力，能力则是指管理者在采纳、整合、重组企业内外技能、资源以便与变化的环境相匹配的过程中所扮演的关键角色。企业能力理论对于企业知识产权战略和管理理论与实践具有指导意义。根据企业能力理论，企业知识产权的战略运作需要将知识产权资源发展为动态的知识产权能力。

在企业知识产权战略实践中，战略柔性不仅体现于在企业知识产权战略实施中根据企业面临的内外部环境的变化而采取灵活的应对策略和措施，而且尤其体现在实施知识产权变换战略以及因应知识产权战略风险而采取的企业知识产权战略风险应对策略和措施。就企业知识产权变换战略而言，它是企业知识产权战略在实施中，由于知识产权战略赖以实施的战略环境发生了重大变化，按照原来的战略部署和战略实施方案实施将无法实现知识产权战略目的，而重新进行知识产权战略部署，修订原有实施方案的战略。企业知识产权变换战略的理论基础是"企业战略管理从根本上强调的是企业对环境变化的适应"。❶ 根据权变理论和战略管理理论中的环境学派规制理论的观点，企业组织应根据环境的要求加以构建，企业知识产权战略应与面临的环境相适应。❷ 以华为公司为例，公司在相当长时间内实行的局部技术核心技术突破取得了很大成效，经过多年的技术研究开发和积累，加之稳定的研究开发投入，公司在现有技术基础上实现了一系列技术突破，申请了数万件专利，缩小了与国外跨国公司的差距。然而，公司在总体上仍然缺乏基础技术的核心专利，特别是在原创性程度极高的基础性专利技术方面所取得的技术成果多为经过二次创新而来。随着通信领域国际竞争的激烈，公司认识到由二次创新技术向基础性专利技术转化的重要性和紧迫性。其 3G 商用系统的开发就体现了对基础性核心技术突破的用心。

IBM 公司曾在 20 世纪 90 年代初面临严重的经营困境，如 1993 年的亏损达到 81.01 亿美元。造成这种困境的原因在于，20 世纪 80 年代个人计算机发展具有巨大前景，但 IBM 由于没有捕捉到这一点而失去了机会，反而培育了像微软和英特尔这样的竞争对手。90 年代以来，随着个人电脑市场的迅速发展，计算机市场逐渐由卖方市场转变为买方市场，加之企业科技创新投资萎缩和外包加工的崛起，IBM 公司面临巨大困境。在这种情况下，公司不得不进行战略改组和转型。1993 年 8 月，首席执行官路易斯·V. 郭

---

❶ JUDGE W Q, MILLER A. Antecedents and Outcomes of Decision Speed in Different Environmental Contexts [J]. Academy of Management Journal, 1991, 34 (2): 449-463.

❷ 周勇涛，朱雪忠，文家春. 企业专利战略变化风险研究 [J]. 研究与发展管理，2010 (2): 33.

士纳（Louis V. Gerstner）确立了"以技术为核心，以服务为包装的"经营理念，通过建立全球服务事业部、要求代理商保持 IBM 品牌在全球范围内的统一和活力，以及公司收购等手段，建立了自身的产品和服务差异化优势，终于摆脱困境而屹立于世界 500 强企业前列。❶

三、新形势下我国企业实施知识产权战略的紧迫性与重大意义

由于知识产权是一种法定的垄断权，知识产权制度存在将技术优势变成市场优势的机制，而且知识产权在经济全球化背景下成为企业竞争的制高点，研究和实施知识产权战略就成为应对国际竞争新形势挑战的重要措施。

（一）我国企业在国际竞争方面面临严峻形势

1. 我国国内市场竞争的国际化和国际市场竞争的全球化

随着世界经济一体化，我国国内市场与国际市场逐步接轨，国内市场已成为国际市场的一部分，我国企业面临的市场竞争环境日益严峻，出现了国内市场竞争的国际化和国际市场竞争的全球化局面，特别表现在外国企业的国内市场占领方面。跨国公司通过在国内设厂或者组织加工返销等方式将本来在国际范围内的产品竞争引入国内。国外跨国公司和企业纷纷出于战略考虑，以知识产权为盾牌，在我国设置了一道道知识产权的"封锁线"和"地雷阵"，严重制约我国企业的生存和发展。面对这种新形势，我国企业需要有效运营知识产权参与国内市场的国际化竞争。

2. 跨国公司对我国知识产权战略运用力度在逐渐加强

在知识经济时代，市场竞争是知识产权的竞争。知识产权作为非关税壁垒的主导形式之一，在国际上一直是全球化背景下企业竞争的一个制高点，在企业开拓市场和保护市场的过程中发挥着至关重要的作用。发达国家的跨国公司一方面从知识产权信息中获取创新资源，另一方面又利用知识产权保护手段来提高自身的垄断地位和竞争力。面对中国的巨大市场，跨国公司纷纷在中国设立知识产权部，对其在华知识产权活动进行系统管理。跨国公司对市场的垄断，就是通过对品牌输出和技术专利化等垄断手段加以实施的。它们凭借在高新技术领域的知识产权优势，以知识产权壁垒严密地保护自己的利益。近年来，我国受理的国外专利申请越来越多，特别是在一些可能成为经济增长点的高新技术领域，大多数专利被外国专利所覆盖，在一些高科技领域外国在华专利申请占主导地位，对我国的科

---

❶ 包晓闻，刘昆山. 企业核心竞争力经典案例：美国篇 [M]. 北京：经济管理出版社，2005：204-206.

技创新和高新技术的产业化产生了严重影响。这些密集的专利布局体现了发达国家施行以专利预先分割我国市场的战略，这也就是在经济全球化时代企业竞争的一个所谓"赢者通吃"的竞争规则。

在实践中，跨国公司实施知识产权战略还普遍重视实施策略的运用，以最大限度地发挥知识产权战略的实施效果。具体地说，跨国公司重视专利权、商标权、著作权、商业秘密保护等知识产权的组合运用，综合性地发挥知识产权保护、管理、运营效能，使技术优势转化为知识产权优势，并由知识产权优势转化为市场优势，增强其核心竞争力。跨国公司还重视充分挖掘不同性质知识产权战略的运作技巧。如在专利战略上遵循技术专利化、专利标准化、标准垄断化的技术路线，最大限度地拓展专利技术的竞争效能。在商标战略上，重视驰名商标战略和商标国际化经营战略，综合运用合资联营、品牌的本土化、品牌收购、定牌生产等多种形式，发挥商标的声誉聚合效应，打造强势品牌。在技术与投资战略上，严格控制核心技术向发展中国家转移，尽量以技术标准的形式控制其技术成果，以专利等技术为先导，通过特许经营、投资入股、虚拟经营等多种形式渗透，优化资源配置，强化其竞争优势。其战略策略性运作的结果是充分地利用了知识产权的保护机制和竞争效能，全方位实现其全球战略目标。

（二）我国企业知识产权战略运作仍存在严重问题

当前，由于我国很多企业没有掌握核心技术和自主知识产权，在产业价值链中始终处于低端。我国很多企业对发达国家利用知识产权优势形成合围的策略仍缺乏应有的冷静和思考，没有充分注意到自身核心技术缺乏的潜在危机，也没有充分认识到在新的竞争环境下知识产权越来越成为企业提升核心竞争力的战略选择。我国已成为全球制造中心，但技术、资本和市场仍处于外围，特别是很多企业存在"有制造无创造、有创造无产权、有产权无运用"的现象。这与跨国公司利用知识产权战略大举进攻我国市场形成了强烈的反差。同时，我国很多企业知识产权战略运作情况堪忧，知识产权战略管理大多停留在保护层面而没有进入资本化运作。并且，企业运用和掌握知识产权的能力和水平不高。这种形势和局面与我国进入世界经济大市场所扮演的角色极不相称。

（三）实施知识产权战略是提高我国企业市场竞争力的重要手段

在日益激烈的国际竞争中，知识产权已成为国际经济、科技竞争的焦点。企业是否拥有知识产权以及拥有知识产权的数量和质量成为决定其生存和发展的关键因素。特别是在经济全球化和知识产权国际化的环境中，知识产权制度日益成为各国发展本国科技、经济和开拓与占领国际市场的重要武器。随着科技成果的商品化与产业化、知识产权的国际化，以及市场竞争的白热化，企业对知识产权的保护、运营的重要作用越来越突出。

在新的国际竞争形势下，企业通过知识产权战略提高企业竞争力也就具有极其重要的意义。正如中集集团总裁麦伯良指出其公司知识产权工作的基本定位是："要从战略高度加强知识产权管理，充分发挥知识产权在推动行业健康发展，提升集团核心竞争力的作用；知识产权是领导型企业的核心战略之一，如何发挥知识产权的作用是一个重大课题。"❶

知识产权就其性质来说是一种法定的垄断权，这种垄断权体现为由国家强制力保障的合法的专有与垄断。而且，知识产权与市场是紧密联系在一起的，知识产权甚至可以被视为对市场份额的控制权。它作为企业的重要的无形资产，在企业形成市场支配地位的过程中具有举足轻重的意义。获得了一项知识产权就等于有了一个受一个国家或地区知识产权法律保护的特定市场。与其他竞争手段相比，通过知识产权来占领和控制市场具有独特的优势，也更直接和有效。如获得专利权意味着独占相关技术领域市场，商标知名度的大小则反映了企业市场占有率大小。从某种意义上说，企业的竞争就是知识产权的竞争，有了知识产权优势就等于有了占据市场的法宝，能够在激烈的市场竞争中获胜。

近年来，知识产权保护制度的加强与完善之所以成为国际潮流，是因为随着经济的全球化和知识产权制度的国际化，市场竞争日益表现为知识产权的竞争。技术成果的产生本身并不意味着市场竞争优势，因为其本身还没有实现产权化。知识产权是实现企业技术成果产权化的基本法律形式，也是技术成果取得市场垄断权的保障。只有通过知识产权保护最终才能获得独特的市场竞争优势，特别是随着知识经济的来临，以知识产权为核心的无形资产成为企业重要的生产要素和提升竞争力的关键因素，从而与企业的发展息息相关。在这一全新的时代，信息成为资源、技术成为商品、知识成为财富，使得知识这种无形的资源在经济发展中起着越来越大的作用。从这一角度看，知识产权保护的目的与意义并不在于知识产权保护本身，而在于维护其背后蕴藏的巨大的经济利益，发掘其背后隐藏的巨大市场空间。这就不难理解，企业拥有和利用知识产权的数量和质量往往是决定一个企业市场竞争力的决定因素，知识产权在相当大的意义上成为市场准入的资格。

（四）知识产权战略对培育我国企业核心竞争力的重要意义

如前所述，当前我国企业已经直接面临国际市场的激烈竞争和挑战，知识产权壁垒不仅存在而且发挥着更大的作用。在新的国际竞争环境下，知识产权对于保护市场和占领市场的作用不仅没有被减弱，反而被大大强化，并成为国际市场竞争的主要形式。前些年发生的 DVD 案、思科诉华为案只是比较有代表性的部分而已。在新的竞争态势下，构筑和提升我国企

---

❶ 崔静思. 中集集团：善用知识产权的行业领导者［N］. 中国知识产权报，2012-02-10（03）.

业的核心竞争力是我国企业发展与壮大的重中之重。这是因为企业能否在国际竞争中取胜,最终取决于企业核心竞争力的强弱,而知识产权在实质上是企业核心竞争力的外在表现,并成为企业核心竞争力的强大支撑。

国外经济学家莱斯特·瑟曼(Leicester Thurman)指出:知识产权具有巨大价值的最重要的原因是,技能和知识已成为长期可持续竞争优势的惟一资源。国外一管理杂志登载的文章则认为:在现有的市场经济条件下,公司的竞争优势并不取决于公司的市场地位,而是取决于公司的知识资产,以及使用知识资产的独一无二的方法。如何创造及使用竞争力与知识资产,对形成企业的竞争优势和商业成败有决定性影响。[1] 这些观点也表明,知识产权以及知识产权战略的实施与企业的核心竞争能力的培育具有紧密联系,知识产权战略的实施是增强企业核心竞争能力的保障。这里所说的企业的核心竞争力是指企业独特的、能够为消费者带来特殊效应并使其在市场上长期具有竞争优势的能力资源。美国密歇根大学商学院普拉哈拉德(Prahalad)教授和伦敦商学院加里·哈梅尔(Gary Hamel)教授在《公司的核心竞争力》一书中认为:企业核心竞争力是蕴含于企业内质中的,在企业长期发展过程中形成的,企业独有的能够为其带来价值的竞争优势,它能使企业在竞争环境中取得核心能力。核心竞争力的发展要经过三个阶段:开发与获取构成核心竞争力的专长和技能阶段、整合核心能力要素阶段、核心产品市场的开发阶段。

在企业核心竞争力的培育中,知识产权战略发挥着不可替代的作用,因为知识产权本身是企业核心能力的一种表现形式。国外学者也认为:知识产权与企业战略具有十分密切的联系。知识产权是知识资本的子集,是企业核心能力的要素(见图0-2)。[2] 通过知识产权战略的实施,如通过实施技术创新中的专利战略、企业技术开发中的基本专利战略,企业的技术创新能力得到提高。无论是产品创新能力还是工艺创新能力的提高,对企业核心技术创新能力的提高都具有关键意义。企业核心竞争力的提高最终是要通过市场检验并通过市场实现的,企业的市场拓展能力也构成了企业核心竞争力的一环。通过实施驰名商标战略或专利、商标收买战略拓展企业的市场空间,提高了企业自身品牌价值并提升了企业形象,从而增强了企业的市场拓展能力。还如通过知识产权战略的动态调节机制促进企业的技术开发、市场营销、竞争策略作出适应性调整与整合,培育了企业适应市场环境变化的组织管理与协调能力,这样也同时适应了企业核心竞争力培育的要求。

---

[1] 凯文·G. 里韦特,戴维·克兰. 尘封的商业宝藏:启用商战新的秘密武器 专利权[M]. 陈彬,杨时超,译. 北京:中信出版社,2002:55.

[2] STEWART A T. Intellectual Capital: The New Wealth of Organizations [M]. New York: Crown Business Doubleday, 1998. 引自:李培林. 企业知识产权战略研究综述[J]. 经济经纬,2006(6).

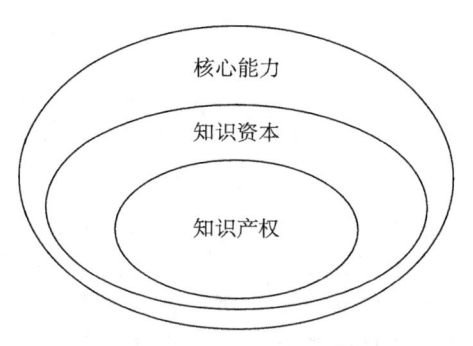

图 0-2　知识产权与企业战略的关系

（五）实施知识产权战略是落实我国创新驱动发展战略的重要举措

党的十八大报告提出了我国应实施创新驱动发展战略。创新驱动发展战略是当前我国经济社会发展的必然要求，是我国提出提高创新能力、建设创新型国家宏伟目标的深入推进。创新驱动发展战略与当前我国正在实施的知识产权战略之间具有十分密切的关系。知识产权战略目前已形成我国国家战略的一种形式，其依托的知识产权制度是我国创新驱动发展战略实施的关键制度支撑和保障，知识产权战略本身属于我国广义上创新战略的范畴。

根据吴汉东教授的观点，知识产权战略与创新驱动发展战略之间的密切联系可以通过处理以下四个方面的关系加以体现：一是政府推动与市场导向之间的关系，也就是在建设国家创新体系时，着力构建以企业为主体、市场为导向、产学研相结合的技术创新体系，通过产学研联盟等科技协同创新的形式建立良好的协调沟通机制、利益分配和激励机制，激发自主知识产权创造；二是处理好国家发展与社会公众利益关系，通过完善知识创新体系，强化基础研究和前沿技术研究等的同时，建立社会公益技术创新机制；三是整体推进与重点突破之间的关系，即通过实施国家重大科技专项，掌握自主知识产权，提升国家竞争力；四是科技创新与机制完善之间的关系，即实施技术创新、知识创新、国防科技创新、区域创新的同时，完善创新评价机制、激励机制、转化机制，提高科技水平，推动创新成果产业化。❶

从知识产权战略与创新驱动发展战略的密切关系可知，我国正在推进的知识产权战略是落实我国创新驱动发展战略的重要举措。由于企业知识产权战略在我国国家知识产权战略中具有基础和核心地位，实施企业知识产权战略也是推进和保障我国创新驱动发展战略所需。

---

❶ 吴汉东. 知识产权战略：创新驱动发展的基本方略［N］. 中国教育报，2013 - 02 - 22 (004).

第 2 节　企业知识产权战略管理

企业知识产权战略管理是与企业知识产权战略既密切相关又相互区别的概念。一般来说，后者是前者的基础，前者是落实后者的保障。因此，对企业知识产权战略的研究也需要重视其知识产权战略管理问题。本章将在探讨企业战略管理一般原理基础上，分析企业知识产权战略管理的有关问题，特别是企业知识产权战略管理过程。

一、企业知识产权战略管理概论

（一）企业战略管理概论

1. 企业战略管理的概念和意义

在当代，战略管理已成为企业管理研究的热门话题和重要领域。企业战略管理的概念有不同表述。如有的认为它是决定公司长期绩效的管理决策和措施，包括（外部和内部）环境分析、战略制定（战略规划）、战略实施和评价与控制；强调从公司优势和劣势出发，监测、评估外部的机会和威胁，从而为公司找到新战略方向并付诸实施。❶ 有的认为：企业确定其使命，根据组织外部环境和内部条件设定企业的战略目标，为保证目标的正确落实和实现进行谋划，并依靠企业内部能力将这种谋划和决策付诸实施，以及在实施过程中进行动态管理过程即为企业战略管理。❷

在当代，战略管理已成为企业管理学领域一门非常重要的学科，它被认为是企业求得生存与发展、获取竞争优势的重要手段与工具，是企业高层管理人员最重要的使命之一，也是企业管理活动的神经系统。因此，加强对企业战略管理的研究具有非常重要的意义。

2. 企业战略管理基本过程

企业战略管理是一个系统管理过程。具体地说，包括战略分析、战略制定、战略实施、战略评估与控制等内容。

战略分析又称为环境分析。环境分析主要是 SWOT（Strengths，Weakness，Opportunity，Threats）分析，即企业内部环境中的优势和劣势以及企业外部环境中的机会和威胁。企业内部环境是企业可以控制或改变的环境，但在

---

❶ J. 戴维·亨格，托马斯·L. 惠伦. 战略管理精要 [M]. 3 版. 王毅，译. 北京：电子工业出版社，2005：4-5.
❷ 王铁男. 企业战略管理 [M]. 哈尔滨：哈尔滨工业大学出版社，2006：7.

短期内企业不一定能够改变或控制。根据国外战略管理学派中设计学派的观点，企业战略是使组织自身的条件与所处环境的机会相适应。再根据战略学派中定位学派的观点，形成竞争战略的实质是将一个公司与其环境建立联系。国外战略管理理论中的环境学派即将战略环境作为战略形成的中心角色，认为组织必须适应环境力量。

图 0-3 是一种实用的进行战略（环境）分析的 SWOT 分析框架：[1]

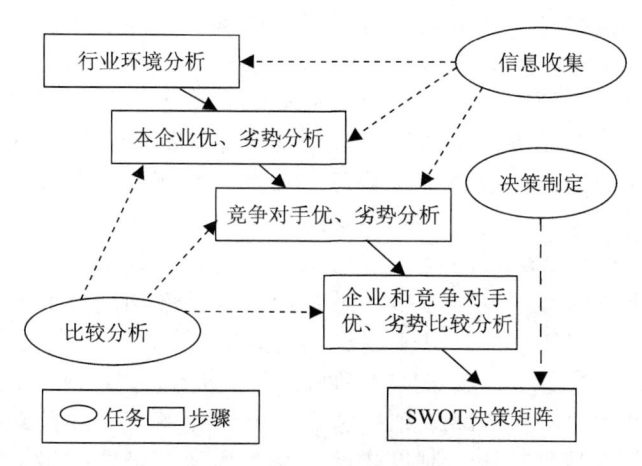

图 0-3　SWOT 分析框架

战略制定是企业根据其所面临的内外环境而确立的长期规划，这一长期规划包含了企业的基本使命、明确的战略目标和具体的战略选择。

战略制定阶段又被称为战略规划、战略选择，实质上是创制出明确的战略方案的过程。这一阶段的主要程序和工作包括：（1）在战略分析的基础上，确定候选的几种战略方案；（2）对拟采用的战略方案进行评价、分析，最终选择一种予以执行的战略；（3）对被采纳的战略方案制定战略规划和计划。

战略实施是将战略实施方案付诸实践的行为和过程。战略实施涉及企业众多领域和部门的配合与协调，既可能牵涉日常的企业经营管理活动过程，也可能涉及企业管理系统的变革与发展。通常认为，企业战略实施阶段应做好以下工作：在企业各部门之间分配资源；设计与战略相一致的结构，该组织结构应能保证战略任务、责任和决策权限在企业中合理分配；保证企业文化与战略的匹配；发挥领导作用；处理各项矛盾和冲突。[2]

战略评估与控制是根据战略市场的情况，参照既定的战略目标而进行的比较、监察与调整，以确保战略实施朝着预定方向前进，或者修正战略方案、战略目标以适应变化了的战略环境。战略评估与控制也是监察、评

---

[1] 侯延香. 基于 SWOT 分析法的企业专利战略制定 [J]. 情报科学，2007 (1).
[2] 王铁男. 企业战略管理 [M]. 哈尔滨：哈尔滨工业大学出版社，2006：15.

判企业战略实施情况与结果的过程。战略评估与控制需要将战略实施的实际结果与预期结果进行对照，以便进行信息反馈，及时进行调整或者采取补救措施。

（二）企业知识产权战略管理的概念和特点

企业知识产权战略管理可以理解为，企业在对其内部条件的优势和劣势以及外部环境的机会和威胁进行把握的前提下，确定知识产权战略目标和指导方针并制定有效的知识产权战略，以实现企业知识产权战略目标的管理决策、程序和行动。企业知识产权战略管理可以从管理对象、管理主体和管理手段等方面进一步认识：从管理对象方面看，管理的是知识产权以及相关的活动，即用战略手段管理企业知识产权；从管理主体来看，是企业；从管理手段看，则是以战略的形式实现。

企业知识产权战略管理是一个系统，包括相互联系的不同方面。它首先需要根据企业的经营发展战略，对企业自身条件和面临的外部环境进行充分的评估、把握和分析，以便制定出与企业经营发展战略相吻合的知识产权战略规划。接着，企业需要在对知识产权战略规划进行选择、评估后，制定出具体的知识产权战略规划实施计划并予以落实，涉及企业的研究开发、技术创新、品牌建设、制度规范、组织体系、经费保障、人力资源配备、信息网络建设等多方面内容。在知识产权战略规划实施过程中，则存在动态的监控和评估、反馈，以使知识产权战略规划的实施沿着既定的目标前进。实际上，企业知识产权战略管理本身就是一个前后相继、相互联系的运行过程，通常称为企业知识产权战略管理过程。下一节将进行更具体的分析。

二、企业知识产权战略管理过程

（一）企业知识产权战略管理过程的概念和研究意义

企业知识产权战略管理过程是指企业知识产权战略的实施步骤、程序、条件和运行状态。企业知识产权战略管理过程是以企业知识产权战略为管理对象，以实现企业知识产权战略目标为指针的知识产权管理决策和行为过程。

研究企业知识产权战略管理过程的意义在于，从系统管理的角度认识企业知识产权战略问题，便于将企业知识产权战略置于一个开放的、动态运行的系统环境，以使企业知识产权战略规划的推行更好地适应企业面临的环境变化，达到预期的知识产权战略目标，从而可以避免孤立、单纯地制定、评估知识产权战略实施方案，导致出现与内外部环境不适应性的问题。

（二）企业知识产权战略管理过程

企业知识产权战略管理过程包含企业知识产权战略环境分析、企业知识产权战略制定（战略规划）、企业知识产权战略实施和企业知识产权战略评估与控制等。

1. 企业知识产权战略环境分析

其一，企业知识产权战略外部环境分析。

根据SWOT理论，企业知识产权战略外部环境分析的目的是明确企业面临的威胁与挑战，以及面临的发展机遇，从而确定企业应当采取的对策与措施。所谓外部环境，是存在于企业外部的、对企业知识产权活动及其发展具有各种影响的客观因素、事实与力量。外部环境对企业知识产权战略管理具有较大的不确定性，并且不受特定企业的控制和影响。当然，不同性质的企业知识产权战略受到外部环境的影响也是不同的。

影响企业知识产权战略的外部环境，可以从宏观环境与微观环境两个层面加以分析。

宏观环境是对企业及其微观环境的因素具有重大影响的一系列宏观因素的总和。具体来说，包括政治法律环境、经济环境、技术环境和社会文化环境等。由于知识产权与法律、经济、技术、文化等都具有十分密切的联系，这些宏观环境势必对企业知识产权战略的制定与实施产生重要影响。仅以技术环境为例，由于知识产权特别是专利权与技术发展、技术水平、科技创新政策，以及新产品开发能力等具有密切联系，技术环境对企业知识产权战略制定具有直接影响，并且也是制定与实施企业知识产权战略所必须考虑的因素。例如，技术发展水平和发展阶段决定了企业专利战略与技术创新战略的基本定位，技术开发是企业的主要职能战略问题，其开发能力和模式在一定程度上决定了企业专利战略的走向，新技术及其产品带来的人们消费观念和时尚的变化，直接或间接影响了企业商标（品牌）战略选择与定位。还如，技术创新环境，特别是技术转化为生产力的能力、技术政策和技术交易市场发育状况，对企业专利战略和创新战略的实施，均具有重要影响。至于涉及著作权的技术发展状况，如软件技术发展，对以著作权为主导的企业制定与实施著作权战略具有重要影响也不难理解。

企业知识产权战略外部环境中的微观环境，主要涉及企业所在的行业状况、行业竞争形势等因素。其中，企业所在行业状况，涉及所在行业结构、行业性质、行业变动趋向、行业经营特征等方面的内容。行业竞争形势也是企业知识产权战略外部环境分析的重要因素。行业竞争形势分析需要明确企业所在行业的竞争者的地位和分布、竞争者采取的竞争战略，旨在明确企业自身的竞争优势与劣势，为企业进行知识产权战略决策提供充分的依据。从企业知识产权战略作为一种竞争战略的角度，可以更加清楚地认识到行业竞争形势分析对企业知识产权战略制定与实施的战略意义。

在行业竞争形势分析方面，美国著名管理学者波特（Porter）在《竞争战略》一书中阐述的观点和内容具有典型意义。根据他的观点，行业内竞争的激烈程度来自其内在的经济结构，并超越了现有竞争者的行为范围。产业内部竞争状况取决于以下五种基本竞争力的作用，即潜在进入者、现有竞争者的争夺、替代品的威胁、供方的议价能力和买方议价实力。这五种基本竞争力量的状况及其强度对行业竞争的激烈程度具有决定性影响。其中，潜在进入者形成的进入壁垒主要有规模经济、产品差异化、资本需求、转换成本、分销渠道、与规模无关的成本劣势、政府政策，而潜在竞争者的进入对现有竞争者的预期反应也构成了进入壁垒。替代品的竞争优势在于低价、优质或实用。替代品的出现与规模和种类对企业之间竞争具有重要影响。就企业知识产权战略而言，尽管知识产权的专有性特点决定了像专利产品之类的技术产品具有独一无二性，但市场上功能、用途相同或相似的替代品仍然会存在。由于专利技术开发需要投入较多的成本并且需要冒风险，替代品的出现及其规模对企业知识产权战略选择的影响有时是非常大的。像美国杜邦公司在透气合成革的开发、生产上的失败与皮革这一替代品在质量、价格方面的优势冲击有极大的关系。客户价格谈判能力也称购买者的谈判实力。商品购买者也是影响行业市场竞争的主要力量。购买者采取的竞争方式主要是压低价格、要求提高产品质量与服务水平，并利用买方之间的竞争来影响行业中的利润。供应商的实力与客户实力具有相互消长的关系。当供应商提供的产品占买主产品成本的比例较高或者对行业产品质量影响比较大时，其价格谈判实力就比较强。由于5种竞争作用力的合力对所有竞争者都具有作用，竞争战略的关键就是实质性地了解竞争压力的来源。

根据波特上述对五大竞争力量的分析，企业需要依据影响产业竞争的作用力及其原因来确定市场竞争状况，以此确定自身所具有的优势与劣势。从战略角度出发，企业关键的优势和劣势表现在其相对于每一种竞争力作用的深层次原因所处的地位。一种有效的竞争战略无论是进攻型的还是防御型的，都是要在5种竞争力作用面前建立进退自如的地位。主要方法是：为企业进行适当定位，在与现有竞争力量竞争中最大限度地发挥作用；通过战略行动来影响各种竞争力量的平衡，改善企业面临的处境；分析5种竞争力量的变化趋势，通过选择适用于新竞争均衡的策略，进而采取相应对策。这些原理对指导与分析企业知识产权战略面临的外部竞争环境，无疑具有启发意义。

其二，企业知识产权战略内部环境分析。

企业内部环境是和外部环境相对而言的，是企业内部资金、劳动力、技术实力、人力资源等生产要素的总和，简单地说是企业内部人、财、物等因素的集成，包括企业内部的组织、资源、技术、专门技能、企业文化和企业管理状况等。企业内部环境对企业生存和发展至关重要。企业知识产权战略的制定与实施,也建立在对其内部条件的充分研究和把握的基础上。为此,企业需要了解自身条件的优势和劣势,以便有针对性地制定知识产权战略。

2. 企业知识产权战略制定/规划

企业知识产权战略制定或者说企业知识产权战略规划,是企业知识产权战略管理的基础性环节,也是关键性环节。从国资委"企业知识产权战略与管理指南"的研究成果看,在企业知识产权战略规划中,企业知识产权战略应纳入企业总体发展战略中,并与研发、市场开拓有机结合,形成战略—战术—基础业务三位一体的企业知识产权战略。

企业知识产权战略的制定者首先需要对企业发展方向和目标、发展战略以及外部环境有通盘的了解和掌握,在此基础上制定出备选方案,然后加以可行性论证,最终确定可行的行动方案,并加以落实。企业知识产权战略制定最终表现为具体的战略实施方案和战略计划,在战略实施方案和战略计划中,制定者需要着重对企业知识产权战略目标和实现这些目标的手段加以把握。大体上,企业知识产权战略计划制定过程包括企业知识产权战略制定过程和具体规划制定过程。具体地说,企业知识产权战略的制定需要重视以下几个问题。

一是把握时机。把握机会、抓住机遇的经营战略理念,在我国古代文献就有很多记载。例如,《史记·货殖列传》就记载:战国时大商人白圭"乐观时变,故人弃我取,人取我予。……趋时若猛兽鸷鸟之发。"从宏观形势看,当前我国正在大力推进国家知识产权战略工程,我国企业不失时机地根据自身情况启动、制定知识产权战略确实具有十分重要的意义。

二是合理确定企业知识产权战略目标。在制定企业知识产权战略时,需要对企业知识产权战略进行准确的定位,确定合理的企业知识产权战略目标。这个目标应当是可以实现的,具有可行性,并且应十分明确,便于理解和贯彻。

三是重视企业知识产权战略的外部适应性。企业知识产权战略非常注重与外部环境的适应性,这也是它与日常的企业知识产权管理相区别的一个重要特征。加拿大著名管理学者亨利·明茨伯格(Henry Mintzberg)指出:战略决策是解决战略问题的过程,战略是由管理、组织和环境三者之间相互作用而形成的。在企业知识产权战略制定过程中,需要充分考虑企业与外部环境特别是知识产权环境的适应性,主动、积极地应对外部环境,这样也才能灵活地适应变化万千的市场环境。

四是重点突破。《孙子兵法·九地篇》云:"为兵之事,在于顺详敌之意,并敌一向,千里杀将,此谓巧能成事者也。"其义是,用兵打仗,讲究集中兵力,攻击其中一个方面,长驱直入,擒杀敌将。这一思想对于企业知识产权战略制定也有借鉴意义,即应求重点突破,而非面面俱到。企业知识产权战略制定对不同的企业来说,重点和要求并不相同,企业需要根据自身的情况和面对的外部因素，选准自己的关键突破点，集中力量。例如，对那些拥有一定创造能力但在知识产权创造方面较差的企业来说，如何强化知识产权创造就应成为重点内容，而对于那些已拥有较多知识产权但运营情况不够好的企业来说，如何促进知识产权的运营则构成战略重点之一。

五是制定合理的企业知识产权战略规划/方案。企业知识产权战略规划的目的是要设计出知识产权战略实施方案，即在前述企业环境分析的基础上，设计出实现企业知识产权战略目标的详细、具体的行动计划和实施方案。企业知识产权战略规划需要紧扣其知识产权战略目标，为企业知识产权战略的实施提供具有操作性的、切实可行的计划和方案，描述出实施蓝图。企业知识产权战略规划的设计，需要重视以下一些问题：为实施知识产权战略而需要的必要的资源配置；对企业面临的外部环境如何建立应对性机制，特别是面对知识产权政策和制度变革、技术竞争压力和市场的急速变化与新的市场机会时；在产业和行业内如何确立与维持自己的竞争地位；以及如何在企业内部建立协调一致、互相支持的联系与机制等。根据企业知识产权战略规划而在本企业内部各单位和职能部门细化的知识产权战略行动计划也应注意形成有机联系，以便在企业知识产权战略实施层面形成一个有效的网络，使企业内部各有关单位和职能部门形成一股合力，共同为实施企业知识产权战略有效地运作。

六是企业知识产权战略方案选择。方案选择的目的是从备选方案中选出比较合理的方案。为此，需要立足于企业知识产权战略目标和企业发展总体战略，从企业内外部环境、市场、技术发展、竞争对手等多方面考量。

经过选择后的企业知识产权战略方案，包括运用知识产权战略获得知识产权与运用知识产权保护手段和机制获得市场竞争优势地位的策略等内容。

3. 企业知识产权战略实施

企业知识产权战略实施是执行企业知识产权战略规划、实现知识产权战略目标而进行的行动和战略决策。企业知识产权战略实施是企业知识产权战略制定的逻辑延续，在整个企业知识产权战略体系中占据着举足轻重的地位。

为实施企业知识产权战略，需要确定实施战略的主体、战略实施的内容以及每个战略实施主体的职责和任务。就企业知识产权战略实施主体而言，它应不限于战略制定者，还应包括涉及企业知识产权战略实施的各职能部门和研究开发、市场营销、信息网络平台等相关部门的人员。就战略实施的内容而言，从具体形式看，包含了专利、商标、著作权、商业秘密等；从涵盖的范围看，包含了技术创新、品牌塑造、竞争地位的改善、市场开拓、组织制度建设和企业知识产权文化建设等多方面。从战略实施主体的职责和任务看，不仅包括企业知识产权管理部门，也包括企业技术开发、市场营销、人力资源等各部门和各职能单位分别承担的相应职责和任务。以企业知识产权管理部门为例，其不仅担负着研究和制定企业知识产权战略的任务，而且需要承担组织知识产权战略实施的任务，包括基础环境的改善、企业内部知识产权制度的建立与完善、知识产权意识在企业的普及与人才培养、知识产权有效实施等方面。

上面的讨论表明，企业知识产权战略的实施需要多方面的条件支持。大体上说，以下几方面是其中的关键内容。

第一，企业内部资源配置。企业内部资源配置是实施企业知识产权战略的物质保障。为有效地配置企业知识产权战略的资源，企业需要对现有的相关人、财、物进行科学合理的预算和规划。在实践操作中，对有关预算和规划应赋予一定的弹性，以使企业知识产权战略的实施能够保持足够的资源配置。

第二，企业各部门根据知识产权战略规划和实施方案规划并实施承担范围内的任务。企业知识产权战略的实施最终需要落实到企业内各个业务部门和事业部门。以企业研究开发部门为例，为落实企业专利战略，研究制定技术创新与专利战略有机融合的具体措施、规程、计划并加以落实，能够有力地保障专利战略在企业研究开发部门落到实处。当然，企业各部门有关知识产权战略实施的规划、计划和制度，通常是由企业知识产权管理部门等统一制定并落实的。无论如何，企业各部门根据企业知识产权战略任务规划其具体的业务活动，十分重要。

第三，充分发挥企业领导在知识产权战略实施中的中枢作用。企业领导在知识产权战略实施中具有重要作用，深层次的原因则在于其掌管了实施知识产权战略所必需的人、财、物资源，缺乏企业领导的重视和支持，企业知识产权战略实施自然难以达到效果。进一步说，这种作用主要通过以下几方面体现：其一，建立与健全企业知识产权的组织管理，任命称职的专业技术人员担任知识产权管理部门的负责人，并建立与企业战略发展方向和目标相一致的知识产权管理机构。其二，领导、组织、安排下属各部门人员执行已经制定的企业知识产权战略规划和实施方案，如通过建立激励机制、实施目标管理等形式，将企业知识产权战略的各分目标和任务分解到下属各业务部门和职能部门，群策群力地落实。其三，从战略管理的全过程角度，组织相关部门和人员对知识产权战略实施中遇到的问题及时进行调整，并在人、财、物方面加以保障，从而能使企业知识产权战略目标朝着预定方向前进。

第四，建立支持企业知识产权战略实施的组织结构。企业战略与其组织结构具有非常密切的关系。美国战略管理专家钱德勒在研究美国通用汽车公司、杜邦、新泽西标准石油公司等大公司的基础上甚至提出了结构服从战略的观点，他在1962年出版的《战略与结构：美国工业企业历史的篇章》一书中，认为公司战略的改变会导致公司组织结构的改变。企业需要根据制定的战略来调整原有的组织结构形式。事实上，不同企业具有的不同组织结构形式，如战略经营单位组织结构、职能制组织结构、事业部制组织结构、矩阵制组织结构等，都是与其采用和实施的战略模式相对应的。这些原理同样适用于企业知识产权组织结构与战略关系的调整。

就企业知识产权战略而言，由于其属于企业整体战略的一部分，具有非独立性，支持企业知识产权战略实施的组织结构主要体现为建立适合本企业知识产权战略环境的组织结构形式。

第五，企业知识产权政策、制度保障以及信息支持。企业知识产权政策和制度是企业知识产权战略实施的制度保障，它能够使知识产权战略在本企业的推行具有稳定性和可靠性，并为实施企业知识产权战略的各单位和人员提供规范性依据与活动方向，统一企业知识产权战略实施的思想意识与行为。信息掌握的宽度和广度则在很大程度上决定企业知识产权战略实施对外界的适应和应变能力。因此，企业建立与知识产权战略实施需要相应的信息反馈和网络系统也是很重要的。

第六，营造独特的企业知识产权文化。企业知识产权文化是企业文化的重要组成部分，是企业重要的软资源，其对企业知识产权战略实施的作用表现在企业知识产权意识和行为的各个方面。如在日本，企业普遍形成了"专利文化"，高度重视发明创造的专利确权与战略性利用。这种文化为其有效地实施专利战略发挥了十分重要的作用。反观我国很多企业，只重视有形资产，忽视以知识产权为核心的无形资产，没有营造出独特的企业知识产权文化，因此在知识产权战略上出现了很多失误和教训。因此，根据自身特点，营造独特的企业知识产权文化也是实施知识产权战略需要重视的问题。

由此可见，企业知识产权战略实施与企业组织结构、资源配置、企业知识产权文化、企业制度与信息沟通等因素都具有密切的联系。

4. 企业知识产权战略评估与控制

企业知识产权战略评估与控制的基本目的是纠正企业知识产权战略实施过程中发生的偏差，保障企业知识产权战略沿着正确的方向前进。其所适用的基本原则有适应知识产权战略方向原则、抓住战略重点原则、避免追求短期目标原则和自我控制原则等。

企业知识产权战略评估与控制通常是将企业知识产权战略实施的情况与预期的目标进行对比，并根据信息反馈系统提供的信息对企业知识产权战略实施情况进行调整或采取补救措施。在这一环节中，首先，应该确定需要评价的内容，如技术创新方面、竞争状况改善方面、企业知识产权流失控制方面、企业知识产权文化建设方面等；其次，针对企业整体和下属各部门和事业部确定相应的业绩评价指标，如企业研发中专利保护的指标、企业海外发展部控制知识产权流失指标、知识产权融资收益、企业营销部门经营业绩等；最后，将实际取得的业绩与预期标准进行对照，进行评估与分析，找出问题及其原因，通过必要的信息反馈，综合诊断，从企业知识产权战略本身或战略实施环境、战略规划执行等方面进行改进。

值得一提的是，根据战略实施的权变原则，当企业知识产权战略实施所依赖的企业内外部环境发生了巨大变化而使得既定战略目标无法实现时，就需要对既定战略进行重大调整。权变原则应贯穿于企业知识产权战略管理的全过程，以使企业知识产权战略的实施具有适应外部环境的高度的灵活性。上述企业知识产权战略管理过程，可以用图0-4表示。

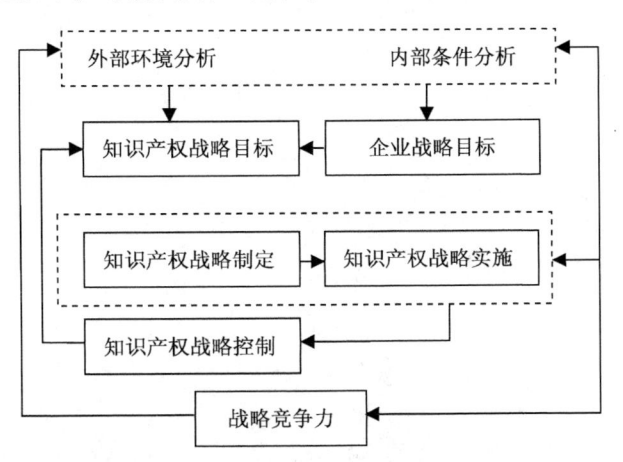

图 0-4　企业知识产权战略管理过程流程

另外，企业知识产权战略管理的支撑体系是企业知识产权战略管理的保障，它需要根据企业知识产权战略构成、知识产权战略管理流程和管理工作构成进行，其管理构架如图0-5所示。[1]

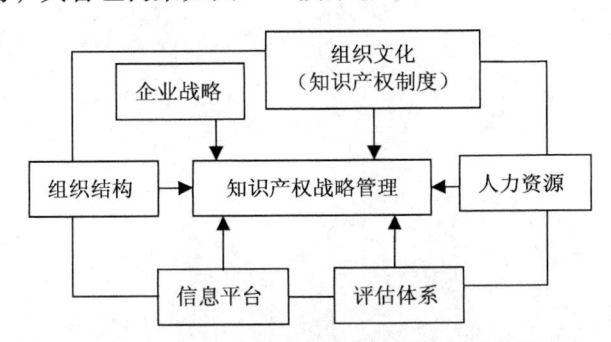

图 0-5　企业知识产权战略管理的管理构架

---

[1] 图0-4、图0-5均引自：罗建华，翁建兴．论我国企业知识产权战略管理体系的构建［J］．长沙交通学院学报，2005（2）．

第1篇

企业专利战略及其运用

第1章 企业专利战略的制定与实施

Chapter 1

由于专利制度是联系技术和市场的中间环节,且以市场独占为最重要特征,各国普遍利用之为企业保驾护航。专利战略被认为是在国际市场中占据竞争优势,获取最佳经济效益的秘诀,并成为经济发展战略、企业经营战略的重要组成部分。在企业经济活动中,依法利用专利并将其与企业经营战略结合起来,是发达国家利用专利权的一种典型形式。也就是说,专利被看成是企业经营活动和战略的重要因素。

企业专利战略的内容较广,本章先从专利战略的概念入手,研究企业专利战略的制定与实施问题。

第1节 企业专利战略的概念、特征及其在企业战略中的地位

一、企业专利战略的概念

专利战略是在专利制度产生后,随着专利制度国际化趋势的增强和专利在社会生活中地位的提高应运而生的。关于什么是专利战略,国内外研究中有不同表述。例如,日本专利工作者高桥明夫认为:"专利战略是根据企业方针进行的战略性专利活动,从战略上进行进攻和防卫,充分发挥专利的各种作用。"[1] 国内有学者认为,专利战略是"运用专利手段寻求市场竞争有利地位的战略";[2] 或"企业围绕专利问题制

---

[1] 高桥明夫. 日立的专利管理:开拓企业未来的专利及其战略作用 [M]. 魏启学,译. 北京:专利文献出版社,1990:14.

[2] 陆新明. 专利战略定义研究 [J]. 知识产权,1996 (5).

定并实施的全局性谋划";❶ 或"将专利权的保护与运用上升至战略的高度加以重视的一种战略,是运用专利制度,保证专利技术的竞争优势,形成最佳经济效益的一种战略"。❷

依本书之见,由于专利战略是由专利制度派生的,其制定与实施旨在独占市场,获得、维持、扩大市场竞争优势,因此,专利战略的定义可界定为:它是为获得与保持市场竞争优势,运用专利制度提供的专利保护手段和专利信息,谋求获取最佳经济效益的总体性谋划。从专利战略的主体看,有国家、地区(区域)、行业和企业之分。相应地,专利战略分为国家专利战略、地区(区域)专利战略、行业专利战略和企业专利战略。其中,国家专利战略通常包括国家专利技术开发战略、专利信息战略、专利技术推广应用战略、专利技术保护战略等内容,它是企业实施专利战略的政策保障,而企业专利战略是贯彻和落实国家专利战略的基础。

企业专利战略的概念只需将上述概念主体适用于企业即可得知。企业专利战略的概念表明,它具有以下几个内涵:其一,制定与实施企业专利战略的目的是获得与保持市场竞争优势,特别是企业技术方面的市场竞争优势;其二,企业专利战略的运作需要充分利用专利制度提供的专利保护手段和专利信息;其三,企业专利战略不是一般的企业专利工作,而是一种关于企业专利事务的总体性谋划,需要从战略层面和高度加以谋划。

企业专利战略显然是企业知识产权战略研究的对象,它是指导企业在相关的经济技术市场开展市场竞争的一种战略性研究,在广义上则属于企业求生存与发展的经营战略研究的重要组成部分,是为实现企业经营战略目标服务的。

二、企业专利战略的特征

企业专利战略是企业的竞争战略之一,与企业市场竞争紧密联系,属于企业知识产权战略的范畴。它是通过对企业的经济实力、技术竞争与经营状况等多种因素的综合分析而确立的,是策略性地运用专利促进企业持续发展的方针。作为一种战略,它显然是对事关企业全局的问题作出的总体性谋划;作为经营战略范畴之一,则是法律、技术和经济的结合,是在技术竞争和市场竞争中为谋求获得竞争优势和最大经济利益的目标追求而统筹谋划与企业专利相关的事宜。

企业专利战略自然具有前述企业知识产权战略的一般特征。除此之外,还有一个特点是"技术性",因为专利本身是来源于技术的发明创造,专利

---

❶ 周详. 企业实施专利战略实证研究:对部分企业实施专利战略的调查分析 [J]. 电子知识产权,2006(12).

❷ 徐红菊. 专利权战略学 [M]. 北京:法律出版社,2009:1, 10.

战略的制定、实施无不与专利技术紧密相关。专利技术本身就是专利战略的客体；基于此，专利战略又被称作专利技术战略。当然，外观设计专利战略另当别论。

此外，企业专利战略充分利用专利权的独占性，这一特点也是不言自明的。专利权作为一种受法律保护的独占性权利，它是企业实施专利战略的前提。实际上，早在19世纪后期及20世纪早期，美国商界就已开始将专利权作为商业竞争的武器。这可以视为企业专利战略实施的早期。例如，1893年爱迪生发明了电影视镜并成立了专门的摄影公司。1908年，其以专利权为基础联合美国和法国大制片公司组建了由其控制的"电影专利公司"，旨在以16项专利垄断欧美电影市场。很多中小电影制片公司为了逃避侵权风险而纷纷西迁洛杉矶，结果"无心插柳柳成荫"——原来是牧场的好莱坞摇身一变为现在世界影都。[1]

三、企业专利战略在企业经营发展战略中的地位

专利是集技术、经济、法律三位于一体的产物，企业专利战略在企业发展中有其独到的功能和作用，是企业其他任何战略或规划不能替代的。但是，企业专利战略又只是其经营发展战略的一部分，属于企业经营战略中的子战略。在市场竞争日益激烈的今天，由于企业经营方式的进步及情报的高度利用，企业经营活动中的战略性因素不断被强化。企业要在这样一种环境下求得生存和发展，必然要从战略上考虑其经营活动。在企业经营活动方面运用专利战略，可以有效地遏制竞争对手，以较少的投入获得较大的市场竞争份额，并不断提高企业自身的竞争能力，从而从市场获得丰厚的回报。正如有学者指出，企业的专利战略管理能力能够提升其市场竞争优势。企业专利决策不限于法律、技术决策，而是企业的战略决策。[2]可见企业专利战略在企业战略中居于何等重要地位。在当代企业的竞争中，技术竞争的意蕴也越来越浓，企业站在技术竞争的角度，将专利战略纳入企业经营发展战略的重要位置甚至核心位置，具有重要意义与作用。

这里所说的企业经营发展战略是企业在充分了解国内外市场环境和自身状况的基础上，为适应未来环境的变化以求得生存和发展，对企业发展目标、实现目标的途径和手段所进行的总体性谋划。企业经营发展战略的制定渗透着专利战略的运作，这是因为从企业经营战略的角度看，企业专利技术和专利产品的开发是提高企业市场竞争力的内在动力和重要保障，相应地成为企业战略规划和营销方向选择的重要内容，同时本身构成了企

---

[1] 王玉民，马维野. 专利商用化的策略与运用 [M]. 北京：科学出版社，2007：32.

[2] JOSEPHINE CHINYING LANG. Management of Intellectual Property Rights Strategic Patenting [J]. Journal of Intellectual Capital, 2001, 20 (1)：8-26.

业营销内容和打击竞争对手的重要手段。另外，企业营销除了产品市场上销售企业产品外，也包括要素市场上的专利技术经营。❶

从上述企业专利战略在企业经营发展战略中的地位可知，专利战略与企业发展战略具有一致性。企业专利战略与企业发展战略也应具有高度的一致性，否则将偏离企业宗旨，难以实现企业发展战略目标。为此，企业专利战略的制定与实施应当以其整体发展战略为指导和指引，服从于企业整体发展战略。以中兴通讯公司为例，其2012年在国内专利申请量维持原有水平，但在欧洲专利申请则呈现大涨趋势。原因在于，2012年以来，中兴通讯加大了向欧美市场倾斜的步伐。为了做到在产品出口到欧美市场前以专利加以呵护，公司十分重视"兵马未动粮草先行"战略。根据在中兴通讯从事知识产权管理工作20年的王海波介绍，企业在决定进入国际市场时，应提前做好专利部署，通常是提前5年开始行动，"用3年的时间使企业的知识产权与3年后的市场相匹配，否则就是'暴露在敌人的炮火之下'"。❷

此外，由于企业专利战略具有技术性特点，企业运用专利战略与企业科技发展战略又是相辅相成的。企业专利战略不能脱离企业科技发展战略的轨道，应当与企业科技发展战略有机地结合起来。只有这样，才能使企业科技成果较快地转为独占权利的技术形态（专利），并成为开拓国内外市场的重要工具。

第2节 企业专利战略的构成要素与体系

一、企业专利战略的构成要素

（一）企业专利战略思想

企业专利战略思想是企业在一定时期内对专利具有全局性、长期性的看法和打算而形成的观念体系。它是企业制定和实施专利战略的灵魂，是推进企业专利战略的指导方针与基本思想，对企业专利战略目标的确立、专利战略定位、专利战略重点的选择以及专利战略对策的实施均具有十分重要的指导作用。企业专利战略思想是否成熟、科学，将直接影响其专利

---

❶ 沈云，王欢，王丽萍. 论企业经营管理与专利技术的关系 [J]. 西南科技大学学报：哲学社会科学版，2003（3）.

❷ 裴宏. 知识产权经理是地道的市场人才：访中兴通讯股份有限公司知识产权部部长王海波 [N]. 中国知识产权报，2013-03-06（06）.

工作的成效。例如，实践中有的企业将专利战略等同于专利申请，结果导致在专利申请问题上的盲目性和无序性；还有的企业认为专利战略是拥有专利技术的企业才能实行的战略，本企业没有专利，因而无须实施，结果导致专利工作迟迟开展不起来，更不用说制定与实施专利战略。

企业专利战略思想包括比较丰富的内容，如竞争思想、市场观念、创新观念、技术领先观念、权变观念、系统化观念、营销观念等。企业专利战略思想的形成有一定的基础，其中一个重要方面就是企业较强的专利意识。近年来，我国专利制度有了很大的发展，但仍有很多企业专利意识较差。很多国有大中型企业没有专利开发计划，存在科技开发与专利工作以及技术引进与专利工作的双重脱节。由于专利意识差，这些企业很难构建专利战略思想，进而很难形成专利战略的格局。因此，从企业专利战略的构成分析，强化我国企业专利意识，构筑专利战略思想已是当务之急。

（二）企业专利战略目标

企业专利战略的目标是企业专利战略预期达到的总要求。专利的独占性决定了企业专利战略具有竞争战略的性质，而竞争战略的目标是针对决定产生竞争的各种影响力建立一个有利可图和持久的地位，企业专利战略也莫不如此。专利制度本身是市场机制的产物，专利则是联系技术与市场的一个重要环节，企业之间角逐的"战场"就是市场。企业之间的竞争表现为市场竞争，市场竞争表现为技术的竞争，技术的竞争表现为专利的竞争。这样一来，企业专利战略的目标无非就是围绕市场的竞争赢得有利地位。换言之，企业专利战略以及与之相关的企业专利管理工作目标之核心是市场。打开市场、占领市场和获得市场竞争优势是企业专利战略的明确目标。其中，占据市场竞争优势是企业专利战略的终极目标。

企业专利战略目标立足于市场，具体可以化解为一系列的市场目标。如通过分析自身与竞争对手的技术状况，确定和调整自己的技术开发方向，旨在确立技术优势；通过对技术或者产品市场的预测，谋求专利的利用模式，获取最佳经济效益；通过对专利的转让、收买、许可等形式，最大限度地运营专利资产，拓展竞争市场空间等。掌握这一点对于指导企业的技术创新活动具有重要意义。如海尔公司在实施技术创新与专利战略时就注重"从市场中来，到市场中去"的环形新产品开发原则，将是否具有市场效果作为检验技术创新成果成功与否的重要标志。

企业专利战略目标的上述特点决定了对专利战略的研究应以企业市场竞争为基本目的。由于企业市场竞争的胜负取决于竞争者的力量，对企业竞争力的评估需要以定量和定性分析为依据。因此，在确认企业竞争力状况和地位后，应制定适合于达到竞争目的的专利战略。就我国企业来说，在整体研究开发实力不够强的情况下，专利战略的目标至少应达到以下几点：一是保障研究开发和市场开拓不受他人专利的制约和限制，二是使研究开发成果能够及时转化为专利，三是通过多种形式使专利价值增值。

关于企业专利战略目标，还应指出其因企业性质不同而有所区别，也因企业所处不同发展阶段而有所不同。此外，国防科技企业与民用企业相比，其专利战略目标除了一般意义上的占领技术市场、获取市场竞争优势以外，还需要着重考虑维护国家安全问题，在考虑经济利益的同时，重视国家安全利益与企业经济利益的平衡。这显然是由于这类企业国防性质所决定的。

（三）企业专利战略重点

企业专利战略重点是企业专利战略需要着重解决的重大问题和突出问题，这些问题对于实现专利战略目标具有关键性的意义和价值。一般来说，确立企业专利战略重点可以从以下几方面考虑：一是在企业专利创造、运用、保护和管理环节中处于薄弱但很重要的环节，二是严重制约企业专利和技术创新战略的瓶颈，三是对企业生产经营具有重大影响的或者竞争对手严重制约企业发展的专利类型，四是从企业专利战略过程看，处于最为重要的阶段。总之，确定战略重点应针对企业急需要解决的重大专利问题而加以确定。企业专利战略不能没有战略重点，但也不能设立太多，否则将使"重点"变得没有意义。

企业专利战略重点和实施策略应随着竞争环境出现的变化而适时调整。这是因为，专利战略从根本上说服从于企业战略，当企业面临的市场竞争环境发生了重要变化时，与原先市场竞争环境相适应的专利战略重点和策略已经不适应新的环境。因此，必须采取权变策略，及时变化。以海尔公司为例，根据其知识产权总监王建国的介绍，在消费类电子产品出口上，不能采取国内企业传统的以专利创造和布局作为战略重点的思路，而应当"将重点放在知识产权风险预警、外部导入的知识产权风险转嫁和规避、专利成本控制，以及多渠道获取并构建海外主要市场专利攻防体系上。"其原因在于，这类产品出口到国外市场，竞争对手往往是具有大量专利的海外公司，这些公司还很可能取得了大量的专利技术标准，建构了专利联盟，且不说还存在大量的非专利实施主体（NPE）。在这种情况下，在消费类电子产品出口专利战略显然应以防御型为主，重视知识产权侵权防范，保障出口产品在国外市场的自由度。基于此，在具体的应对策略方面，国内企业应当高度重视对出口市场竞争对手专利技术的检索和侵权排查，并对检索到的专利根据其诉讼情况、是否纳入标准等进行分级分类监控。

（四）企业专利战略方案

企业专利战略方案是实现企业专利战略目标的可行途径。企业专利战略方案包括运用专利战略取得专利权和运用专利保护手段获得市场竞争优势地位两方面内容。其中前者涉及专利技术的研究、开发战略，专利技术引进战略等，后者包括进攻性专利战略、防御性专利战略和对其他企业采取专利竞争对策等。这些内容，将在后面展开研究。

（五）企业专利战略动态调节机制

企业专利战略不是静态的，其各个组成因子既具有相对稳定性，又具有可调节的动态性，因而本质上是一个动态的战略管理过程。企业专利战略的动态调节机制，还可以在企业专利战略体系框架下认识。企业专利战略本身具有系统性，它涉及管理机构、人员、信息、技术、市场、权益等多种因素，形成了专利的信息加工体系、专利的研究开发体系、专利的职能保障体系和专利的法律保障体系共四大体系。这些体系内部诸因素受到外部因素的影响，具有动态调节性。而且，体系之间在时间和组织上也具有密切联系，并且通过反馈机制进行动态调整，以便如期实现企业的专利战略目标。另外，在这个专利战略系统中，企业的专利活动是由系统的相互协调和分工来实现的（见图1-1）。❶ 这种相互协调与分工，也反映了企业专利战略动态调节机制的运行轨迹。

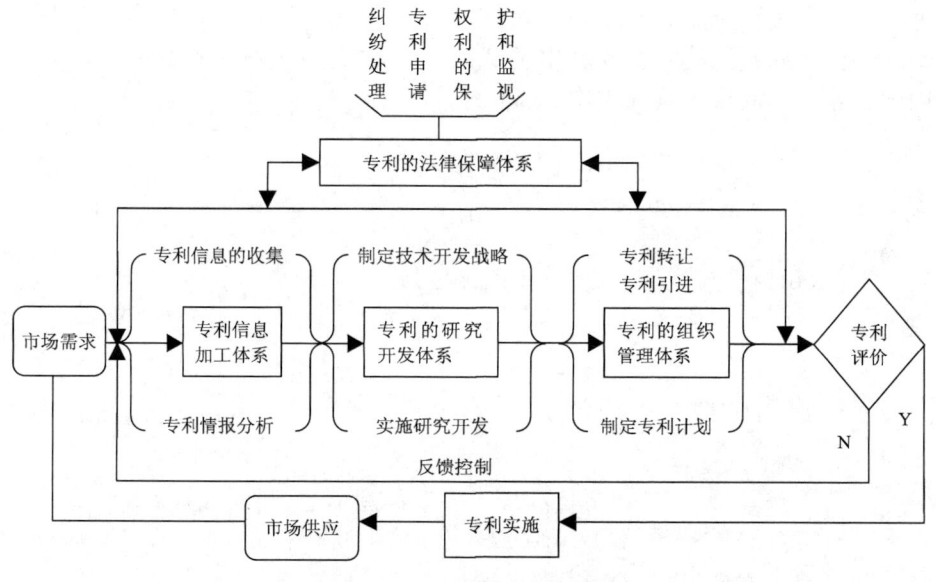

图 1-1 企业专利战略系统

（六）专利政策与法律

专利政策与法律可以说是实施专利战略的保障。企业专利战略的制定与实施必须符合一定时期的专利政策与法律，否则就会无从实现专利战略

---

❶ 单乐生，刘丹，肖宏文，黄瑞华. 知识经济时代企业的专利战略研究［J］. 情报杂志，1999（5）.

目标。故专利政策与法律也构成了企业专利战略的基本结构要素。

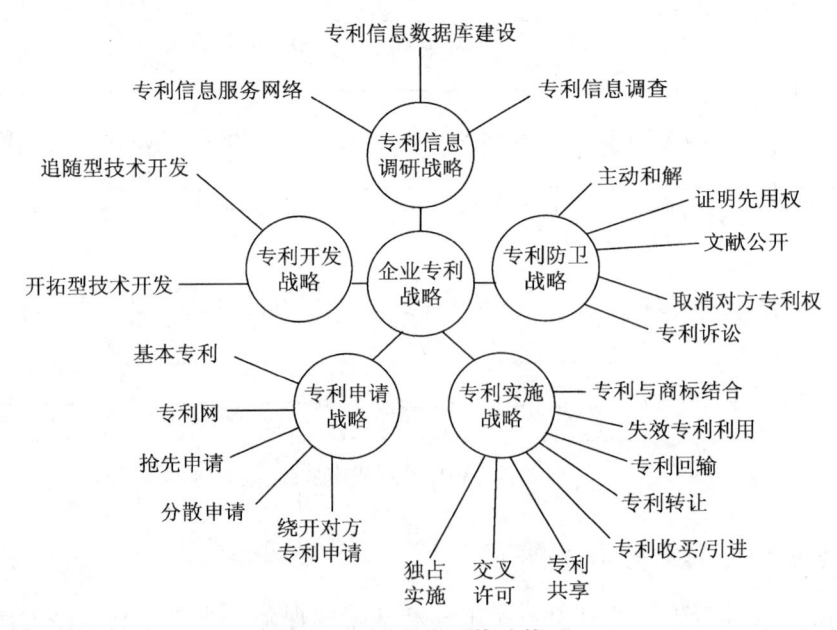

二、企业专利战略体系

企业专利战略涉及专利信息利用、专利技术开发、专利申请、专利实施、专利法律保护，以及在相关领域实施战略谋划，如技术创新、技术标准化过程、技术引进与输出等。这些内容并不是孤立的，而是相互之间具有内在联系，它们共同构成了一个有机的体系，即企业专利战略体系。当然，这里探讨的企业专利战略体系和前面提到的企业专利战略系统是不同的概念，即它是就企业专利战略本身的内容、构成而言的，而企业专利战略系统是将企业专利战略置于一个开放的、动态的、系统的环境中，去揭示企业专利战略的内涵和构架。当然，两者之间也具有十分密切的联系，如企业专利战略体系是在企业专利战略系统环境中形成的，企业专利战略系统为企业专利战略体系中各战略的制定与实施提供了基础性保障。

关于企业专利战略体系，目前研究成果较少见，但也有代表性成果问世。有学者按照企业专利申请、实施、转化过程，构建了包括专利信息调研战略、专利开发战略、专利申请战略、专利实施战略、专利防卫战略在内的企业专利战略体系（见图1-2）。❶

图1-2 企业专利战略体系

本书认为：上述分类基本涵盖了企业专利战略的类型，是构成企业专

---

❶ 侯延香．基于SWOT分析法的企业专利战略制定［J］．情报科学，2007（1）．

利战略体系的主体部分。不过，该体系基本是从企业专利动态的过程角度进行划分的，尽管能够比较直观地描述企业专利战略的基本构架，但不能充分揭示企业专利战略内在的竞争战略意蕴。本书倾向于从竞争战略本质出发构建企业专利战略体系，即整体上划分为进攻型专利战略与防御型专利战略，有关内容将在后面陆续展开分析。

第3节 企业专利战略的制定与实施

企业专利战略的制定是实施专利战略的前提。为了在激烈的市场竞争中获得优势，企业应将制定专利战略当成企业的重要任务，并在人、财、物等方面给予充分保障。企业专利战略制定过程是一个涉及内容较广的专利战略决策的过程。

一、企业制定专利战略的重要意义

企业专利战略的制定是实施企业经营战略、品牌战略、科技发展战略所必要的，对于提高市场竞争力、开拓国内外市场、实现企业目标具有重要意义。

（一）保护我国国内市场，振兴民族工业

专利战略被普遍认为是企业在国内外市场竞争中占据、获得市场竞争优势，谋取经济效益的秘诀之一，是企业生产经营战略的重要组成部分。企业专利战略的目标旨在获取市场有利的竞争地位，具体表现为对市场的独占。正是由于成功实施专利战略具有以上功效，发达国家已瞄准我国这个大市场，高度重视利用专利手段长期占据我国竞争性市场，特别是高新技术市场。从保护我国国内市场、振兴我国民族工业的角度出发，我国企业制定专利战略变得十分紧迫。

（二）开拓国际市场，获得可持续发展

在经济全球化、知识产权日益国际化的背景下，企业国际市场的开拓离不开专利技术的保驾护航。通过专利战略的指引，企业才能做到让自己的产品和技术"穿上专利的铠甲"，以技术垄断权和市场垄断权为武器，获得市场竞争优势；同时，也才能真正使企业获得可持续发展。当前，以专利技术为后盾的技术壁垒就是发达国家企业对付发展中国家企业的重要非关税壁垒形式。我国企业冲破重围的重要手段则是大力开发专利等自主知识产权，以专利为盾牌阻挡国外企业的进攻，积极在专利技术的基础上开发自己的技术标准，从而赢得国际市场，实现企业的可持续发展。

（三）保护企业知识产权，防止国有无形资产流失

我国企业由于专利意识较差，加之科研体制与专利制度关系没有很好理顺，企业很多科研成果未纳入专利轨道，科研成果流失现象十分严重。因此，制定专利战略，强化对企业科研成果的保护，十分必要。

（四）防止企业专利与技术引进、专利与企业经营脱节，增强企业活力

技术引进绝大多数是专利技术，即使是非专利技术，一般也是与专利技术许可证贸易结合进行的。我国企业过去在技术引进时，由于忽视专利问题而吃亏不少。在进行技术引进时，企业必须对引进技术的法律状况、市场覆盖面、保护期限、可替代性、先进性等问题加以研究。在我国目前企业整体技术水平较低的情况下，制定专利战略促进技术引进的有序进行是很有必要的。

（五）为国家专利战略有效实施提供基础保障

由于企业专利战略是落实国家专利战略的基础，制定企业专利战略的意义还可以从我国正实施的专利战略推进工程方面考虑，即制定企业专利战略对落实国家专利战略推进工程具有重要的保障作用。

二、制定企业专利战略的原则

（一）立足于企业自身实际的原则

无论对国内还是国外企业来说，其专利战略都具有一些共性。但是，对不同企业来说，它又有着丰富的"个性"内容，企业只有紧密结合自身特点，如科技实力、企业类型和规模、产品优势、经营风格、经营实力等制定专利战略，才能使制定出来的专利战略落到实处。

（二）重视对企业内部条件和外部环境的科学分析与评估

企业专利战略制定是一个系统工程，需要在充分的专利文献检索和专利情报分析、市场调查、技术发展预测、产业分析等基础上，以科学的定性和定量方法进行分析为基础。这种分析，一方面建立在对企业内部产品、技术、人才、经济实力等内部条件优势和不足的研究和评估的基础上，另一方面也建立在对产业和行业发展趋势、竞争对手状况、专利技术市场、专利政策法律变化等企业外部环境的研究与分析基础上。

在进行环境分析时，应特别重视专利情报的分析。专利文献和情报的重要性决定了企业进行专利分析的必要性和可行性。从实践看，国内外很

多企业都建立了较为完整的专利文献与情报检索、分析部门和相关信息网络平台，加强对与企业研发、产品经营相关专利文献和情报的收集、分析与整理，并直接用于指导专利战略的制定、研发和生产经营活动，服务于实现企业战略目标。企业专利情报分析需要遵循一定的程序、确定合适的内容。一般而言，主要有：明确专利分析目标；针对特定项目，选取专利分析指标、关键词、主题词和相关信息；选择合适的专利文献信息检索库；采用定量分析方法进行分析；在定量分析基础上进行定性分析；撰写分析报告。其中，定量分析法、定性分析法和专利地图是最常见和实用的分析方法。

这里的定量分析法即统计分析法，一般认为它是对专利文献和信息的外部特征所做的统计和分析。这些外部特征是以一系列的指标名称加以确定的，如专利申请人姓名或名称、专利申请日、专利产品或技术的名称、专利申请国家或地区、专利申请类别、专利申请动态变化、主要技术领域内专利的布局状况及其变化趋势、专利引证和被引证情况等。定量分析法可以较好地揭示现有专利布局的主要权利人、地域分布及其技术领域，预测技术发展动态和主要竞争对手的专利技术实力及其研发动态等重要信息，以便为企业专利战略规划提供指导。

定性分析法可以从不同角度了解与分析相关的专利情报与信息。例如，从专利申请人与专利权人的分布和变化分析，可以较完整地了解一定时期内主要的专利申请和专利权人，以及其掌握的专利技术的先进程度和性质，如基础专利与外围专利、改进专利，也可以了解在相关技术领域特定创新主体的总体技术实力、技术研发重点和市场分布特点。从专利申请和授权的地域分布，可以较为具体地了解到特定区域内行业主导技术发展情况及其动态变化，不同地域范围内专利申请与授权的重点与发展态势，以及不同区域内发明人、专利申请人和专利权人的分布。

在企业专利分析实践中，一般应综合采用定量分析法和定性分析法，以比较全面、完整地了解目标专利情报和信息。通常的做法是，先进行定量分析，确定相关技术领域中专利技术占优势的主体，明确在相关领域中的重要专利及其分布，然后针对目标企业和其他主体的专利布局等情况进行定性分析，这样可以使企业专利分析更好地服务于其专利战略和技术发展战略需要。

上述专利地图则是一种收集、整理、利用专利信息的重要工具，包括专利技术地图和专利管理地图两种类型。当前国内外企业普遍重视利用专利地图制定专利战略。如日本松下公司编制了《专利地图实例》，汇集了各研究所和事业部用过的各种专利地图，用于企业专利战略制定、内部咨询与情报交流等。我国洛阳轴研科技股份有限公司通过专利地图研究了我国轴承产业的发展情况、技术发展态势、国内外主要竞争对手分布及其热点专利技术布局，以及我国轴承产业的专利技术优势、发展机遇和面临的威胁等情况，为公司制定研发战略、专利战略提供了基础依据。

（三）将企业专利战略纳入企业经营发展总战略

企业专利战略应当以企业整体发展战略为基础，为企业经营发展总战略服务。它作为利用专利制度的功能、特性和作用对专利竞争进行总体性谋划，其目标的确定不能离开企业经营战略目标，要受到企业经营战略目标的制约和指导，惟其如此才能保证制定出来的专利战略符合企业经营的要求。以跨国经营战略为例，当企业准备实施国际化经营战略时，专利申请战略等类型的专利战略必须为这一战略服务。如在申请国家、申请类型等方面，都需要和企业的海外投资战略目标一致。

（四）突出重点

这里所说的重点，是指企业专利战略目标、战略定位、战略重点和战略实施方案。例如，企业专利战略目标是制定企业专利战略需要重点考虑的，因为它涉及企业专利战略的指导思想、发展方向，如果目标不够明确则必将严重影响战略的推行。企业专利战略定位则涉及企业专利战略的格局，需要明确；企业专利战略重点需要明确战略中的主要矛盾，以便集中力量予以落实；企业专利战略实施方案则需要从组织、制度、人员、运行机制、信息反馈等方面加以落实，并使之成为企业专利战略的核心内容。

（五）讲究时限

"时限"在军事战略中表现得极端重要，企业专利战略的制定也不能不考虑时限因素。企业市场竞争是一场没有硝烟的战争。企业应针对不同阶段的市场竞争形势制定出相应的专利战略，而不能妄想一劳永逸。

（六）重视对专利制度的功能和特性的运用

企业专利战略立足于专利制度提供的保护、公开和激励机制，因而其制定离不开对专利制度的功能和特性的运用。从这个意义上讲，企业专利战略也就是运用专利制度的功能和特性寻求市场竞争有利地位的总体性谋划。掌握这一原则对于我国很多还没有专利申请的企业来说具有重要意义。例如，某企业一件专利也没有，但通过专利检索发现某专利市场前景很好而专利文件中存在明显的漏洞，于是在组织产品开发的同时通过专利法的无效宣告程序取消了该专利，使自己产品顺利上市并取得了良好效益，这就是运用专利制度的功能和特性实施专利战略的例子。从这个例子也可以发现，并非只有具有专利申请和专利权的企业才需要制定和实施专利战略。

（七）主要从技术、经济和法律三方面考虑

专利是集技术、经济、法律于一体的具有独占权的一种形态。相应地，企业专利战略的制定也要从这三方面结合企业自身的情况加以考虑。就技术方面的原则而论，企业必须注重收集专利文献情报，分析、了解同类产品专利状况、技术水平，通过对专利文献情报的分析，了解技术发展现状和趋势，以便确定本企业将来的技术研究方向。企业还应当通过技术情报、技术预测，确定专利技术投资决策。就经济方面的原则而论，企业应通过研究专利文献等公开资料，明确竞争对手市场占有状况、专利技术市场覆盖面以及其他企业在产品和技术市场上的战略意图。就法律方面的原则而言，企业在制定专利战略时应利用专利文献情报充分了解相关技术的法律状况，特别是专利保护状况。在对其他企业专利竞争采取防御对策时，这方面工作更显重要。至于企业专利战略的制定要符合法律特别是专利法的要求，那是不言自明的。

三、企业专利战略的制定

（一）企业专利战略的立项

企业专利战略立项即确定企业专利战略的课题，它既可以是针对较长时期的宏观层次的企业专利总战略，也可以是针对某一特定时期或某一特定产品的专项专利战略。选定课题时极为重要的一点是有明确的目的。一个目标明确的专利战略能使企业获得相当多的研究开发成果。

（二）前期准备工作

1. 确定企业专利战略的班子

企业专利战略与其经营战略、科技战略、品牌战略具有千丝万缕的联系。因此，确定企业专利战略制定的组成人员时，不能局限于某一方面的人员，这样才能使制定出来的专利战略形成技术、经济、法律方面的有机组合，具有较强的可操作性。特别值得一提的是，在组成人员中不能缺乏主管领导的参与，因为这关系到制定的专利战略是否会受到企业领导层重视的问题。在确定企业专利战略班子的同时，可以成立"企业专利战略制定小组"之类的组织，这个组织可以挂靠在现行专利管理机构当中。

2. 资金的准备

企业专利战略的制定要有一定的资金做物质基础，例如委托研究、资料收集、市场调查与分析等均需要一定的资金。

3. 进行专利调查与市场调查、收集有关资料

专利与市场调查旨在了解与企业相关的情况和发展动态。对确定为企业专利战略的课题应从专利、市场两方面开展调查，进行调查分析，整理调查结果，同时应广泛收集与专利战略相关的市场情报、专利情报、企业现状（如企业所处经济地位）资料，以便为下一阶段企业专利战略目标的确定打下良好的基础。

（三）企业专利战略目标的确定

总体上，企业专利战略目标的出发点是有效保护自己的专利技术，同时最大限度地实现企业利润。战略目标的确定不仅建立在翔实的市场、专利、企业自身实力等情况分析之上，而且建立在明确的经营目标和研究目标基础上。企业专利战略目标需要根据企业专利战略涉及的内容来定，它一般应建立在明确的商业目的或研究之上。目标应当是相对明确的，如果过于宽泛，就可能导致整个战略的实施出现失误。

在确立企业专利战略目标时，需要明确在特定领域竞争优势的内涵，并努力保持这些竞争优势的构成要素。在确定企业专利战略目标时，主要应进行以下两方面因素的分析。

1. 企业实力等综合情况分析

战略目标的实现建立在知己知彼的基础上。制定者应弄清自身的经济实力、科技实力、在同行竞争者中所处的地位以及竞争市场的格局与发展动态。为此，企业专利战略制定者应对本企业的经营方针、规模、技术研究和应用能力、市场状况、资源配置、行业状况与产业政策、资源存量、技术和市场发展前景作出调查分析，以明确与专利战略实施紧密相关的经营目标。

2. 专利情报分析

《孙子兵法·始计篇》云："经之以五事，校之以计，而索其精"；"计利以听，乃为之势，以佐其外。势者，因利而制权也。"这种综合分析敌我双方优劣条件，据此采取相应对策的思想，对于认识专利情报分析在确立企业专利战略目标方面的作用，具有重要意义。

专利情报主要是指专利文献，它具有信息量大、内容广泛、新颖性、创造性、实用性、法律性等特点。其利用与分析贯穿于企业经营全过程，甚至其利用的状况事关企业的兴衰。这里不妨以美国摩托罗拉公司为例略加说明。摩托罗拉公司曾因忽视日本竞争对手的技术情报而在彩色电视机领域败给日本竞争对手，不得不退出彩电行业。此后，公司吸取了教训，注意收集日本竞争对手的专利技术情报和其他重要情报，对竞争对手的技术实力、技术发展动态、技术战略进行全面评估，在此基础上确立了自己的战略目标，调整技术研究、开发方向，开发新产品，并最终在移动通信领域取得了巨大成功。

总体上说，通过收集专利情报和相关的情报信息，并进行专利情报分析，企业就可以保证专利产品开发战略选题的正确性，因为企业既可以了解到相关专业的国内外技术现状和水平，透视该技术或产品发展趋势，也可以确定待开发的新产品是否具有市场竞争力、是否符合需要，以避免无效投入和开发的盲目性。

（四）企业专利战略方案的选择

企业专利战略目标确定以后，通过全面、周密的分析、比较，即可根据专利战略目标，综合专利情报分析所掌握的情况确定最佳的专利战略方案。这一阶段大体包括专利战略方案的拟订、专利技术开发策略、专利申请战略决策、专利的实施及对其他企业妨碍本企业的专利采取的策略、方案最终确定等程序。可以说，企业专利战略的实质内容都将体现在企业专利战略方案上，这些内容将在本书后面作详细阐述。

企业专利战略方案的选择和专利战略方案的确定，其中的重要内容是制定企业专利战略规划。这里介绍两种适用方法。

1. 借助项目管理方法制定企业专利战略规划❶

项目管理的实质是对动态的过程管理，包括项目启动、规划、执行、控制和结束。项目管理理论中的项目规划是项目管理的最初步骤。企业专利战略规划是企业专利战略制定的首要环节和阶段，其主要任务是确定专利战略目标和战略模式、步骤以及相应的支撑条件。

借用项目管理方法制定企业专利战略规划，可以将企业专利战略规划过程分为三个阶段：企业高层通过战略研讨会达成企业专利战略目标；建立企业的项目管理方法和以项目管理为核心的专利工作流程；从简单到复杂，逐步实施以项目管理为核心的工作流程。企业专利战略规划的重点是力求建立企业专利战略的管理环境，以支持、帮助和监督企业专利工作者遵循企业专利战略规划，管理好每一个项目，提升企业整体的专利管理能力。

在企业专利战略规划工作中引入项目管理方法，是将企业专利战略工作与企业的业务流程融合在一起，形成基于项目管理方法的企业专利战略规划体系。具体而言，选择专利战略与制定专利战略构成了企业专利战略规划。选择专利战略可以根据企业内部情况和外部环境，通过SWOT分析，准确定位专战略模式。在选择专利战略模式后，需要制定具体的战略方案。企业需要利用专利文献、专利地图等多种手段，查找作为专利战略分析的关键专利，进行深入研究，然后对数据进行对比，弄清楚专利动态、关键技术、相关技术发展动态、市场分布、竞争者势力范围等情况，整合相关

---

❶ 刘平，张静，戚昌文. 企业专利战略的规划：基于项目管理方法的运用 [J]. 电子知识产权，2006 (4).

信息制定企业专利战略。

2. 借助模糊理论进行专利战略规划决策

现有研究认为，可以将模糊理论用于企业专利决策分析。主要观点是，从企业利益最大化考虑，分析影响企业专利决策的不同因素以及这些因素的作用。具体而言，影响企业专利决策的因素有技术创新、专利申请、专利利用等决策因素。

在模糊理论适用中，寻找最优方案是其中的一个重要内容。在理论研究与实践中提出了诸如模糊集合模型法、特尔菲法和层次分析法等分析方法。以下以特尔菲法为例，分析运用该方法进行企业专利决策的方式。所谓特尔菲法，是指聘请专家进行经验判断，对影响决策的一些因素进行估算，以此揭示特定目标的运动规律。该方法也被称为专家评分法。该方法运用于企业专利决策，其基本思路是"专利决策因素模糊化→模糊决策专家规则→反模糊化（精确化）→得出技术创新、专利申请、专利成果转化和利用中的最优决策方案"。

"模糊理论应用于专利战略决策，综合考量专利决策对象、影响因素和目标，为企业决策者提供专利创新和申请、成果转化、专利利用决策支持，是解决不确定因素引起难题的可行理论。"❶ 本书认为，专利的开发和运用牵涉企业研发、生产经营的方方面面，企业专利决策是专利战略的重要内容，其不确定性会影响企业专利决策的科学性。模糊理论的引入有助于针对专利决策的不确定性因素提出最佳解决方案，在企业制定专利战略、进行专利决策方面，该理论有适用的空间。

四、企业专利战略实施应注意的问题

（一）经常性地跟踪技术和市场情况的变化

《孙子兵法·虚实篇》云："水因地而制流，兵因敌而制胜。故兵无常势，水无常形；能因敌变化而取胜者，谓之神。"这种以变应变、因敌制胜的思想，对当代企业专利战略的实施不无启发意义：技术和市场的变化是动态的，而已制定出的专利战略是静态的，企业专利战略实施者应重视对专利情报和市场经济情报的收集、整理和分析，及时掌握竞争对手的技术发展和市场占有情况，以便采取相应的对策。

在跟踪技术和市场情况变化方面，一个重要的内容是充分重视竞争性专利的出现。企业应建立应对竞争性专利的相应机制：（1）随时对竞争对手的技术创新活动给予密切的跟踪、监控。（2）当竞争对手获得专利后，如果该专利对实现企业专利战略目标构成了明显障碍，应在了解对方专利

---

❶ 夏露. 基于模糊理论的企业专利决策[J]. 统计与决策, 2012 (2).

申请的基础上决定适当的应对措施,如通过寻找对方专利存在的缺陷,启动专利无效宣告程序。(3)在特殊情况下,如果竞争对手的专利对本企业下一步的专利战略实施构成严重障碍,而又无法消除,应考虑及时调整专利战略目标。

(二)企业专利战略的实施不能轻易更改总体战略格局

原则上说,企业总体的专利战略要维持一定的稳定状态,在相当长的时间内保持相对不变,否则可能会对战略的实施产生严重影响。例如,将开拓型战略修订为模仿型战略,原已存在的数据和分析就会失去参考价值,整个战略方案的实施可能会面目全非。当然,企业专利战略在有些条件下也必须更改。如在技术创新或经营方面已发生了全新的变化,原有专利战略与新形势完全不相适应,就应当适时调整企业整个专利战略。

(三)企业在实施专利战略时要注意资源配置的状况与问题

有效的资源配置是企业专利战略实施方案正常运行的必要保障。企业专利战略的实施是根据专利战略目标来配置资源的。资源配置的数量和具体安排应根据企业现有的人力、物力和财力而定。资源的合理配置对于保障专利战略的完成具有重要意义。实施计划的哪一步出现资源短缺或者资源配置不合理问题,都可能对全局产生影响。在这种情况下,应考虑调整资源配置。

(四)企业专利战略实施应围绕优化专利价值链活动加以展开

企业的资源与能力状况及其面临的战略环境会深刻影响其价值链中的专利技术部署。有研究认为,如果企业价值链中的某些环节具有技术领先地位,则优化该价值链的基准应当是引入外部企业经营策略和专利技术。以施乐公司为例,其在重组仓储和物流价值链中引进了联邦快递等物流公司的经营模式和相关的专利技术。[1] 从企业价值链的角度看,企业专利活动作为其实施专利战略的外在表征,也属于为企业创造价值的活动,是价值链上的重要环节。具体而言,企业专利活动包括专利开发、专利运用、专利管理和专利保护等,构成了企业专利价值链上的基本活动,而专利制度、专利信息、专利组织则构成了企业专利价值链中的辅助活动。企业专利价值链中的基本活动、辅助活动之间以及基本活动与辅助活动之间存在密切的联系,它们在形成企业专利价值方面各自发挥着作用,最终目的是提高企业竞争力。企业专利价值链各项创造价值的活动具有不同定位和功能,共同服务于创造和提升专利的价值活动。如在基本活动中,专利开发是前

---

[1] 王玉民,马维野. 专利商用化的策略与运用 [M]. 北京:科学出版社,2007:136.

提,也是企业专利价值链的起点,专利运营是最终目的,专利管理是基本手段。❶ 在辅助活动中,企业专利制度的制定与实施确保了专利战略运转的规范化,专利信息收集与利用是专利技术研发、确权和运用的重要手段,专利组织建设则确保了企业专利战略的日常落实。基于这些考虑,企业专利战略实施应围绕优化专利价值链活动加以展开。

五、企业专利战略实施的控制、评价与监测分析

(一)企业专利战略实施的控制与评价

企业专利战略的控制与评价,主要是对专利战略的实施进程加以有效控制并评价专利战略的实施效果,以便结合其他信息反馈,改进专利战略实施策略,保障实现专利战略目标。实践中,企业专利战略实施主体应适时对专利战略的实施情况进行追踪调查,定期或不定期召开专利战略推行会议,总结专利战略实施中的经验教训,并及时反馈到下一步专利战略实施计划之中。

(二)企业专利战略实施的监测分析

企业专利战略可以根据需要实现的目标和任务划分为不同的层次。有研究成果将其分为战略层决策、战术层决策和事务层决策三个层次,并对每个层次赋予不同的战略实施内容(见图1-3)。❷ 这对于构建企业专利战略决策理论框架具有比较重要的意义。

在该层次结构图中,企业专利战略的战略决策层主要是根据企业自身的知识产权状况、专利技术发展与竞争的相关信息,制定企业专利战略目标和制定专利战略;战术层决策则是立足于专利战略目标和战略规划,对专利战略的具体实施项目如研发与项目投资进行论证与决策;事务层决策则是为实现专利战略的具体目标,如专利管理规划而进行的日常性专利战略决策,它通常是落实企业专利战略部门实施计划、年度工作计划而进行的。显然,这三层次的战略决策是相辅相成的。

---

❶ 董丽,黄泰康,袁红梅. 我国制药企业专利价值链管理模型及各环节存在的问题分析 [J]. 中国医药工业杂志,2012(11).
❷ 刘志强,朱东华,靳霞. 企业专利战略与技术监测理论研究 [J]. 情报杂志,2006(7).

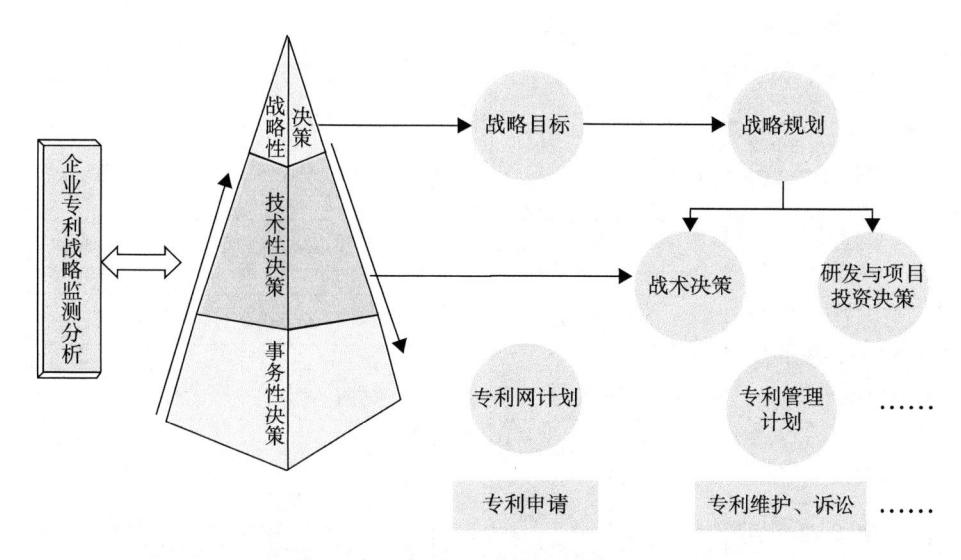

图 1-3　企业专利战略监测分析层次

上述企业专利战略存在层级结构也表明，企业专利战略实施水平存在一个由低往高的循序渐进过程。可喜的是，总体上我国企业专利战略层次在不断提升。有作者调查分析指出，我国越来越多专利工作刚刚起步的企业正在由"没有专利"向"拥有专利"转变，从"如何尽快、尽可能地获得专利"向"如何获得有价值的专利"及"如何形成竞争优势"转变，而一些先进企业则从"如何获得有价值的专利"向"如何运用专利制度产生专利价值"转变。上述调查结论表明，企业专利战略意识和水平有一个不断提高的过程，从总的趋势看，是从如何创造有价值的专利向如何有效运用专利、提升专利的价值渐进的过程，实则是企业专利战略层次不断提升的过程。

另外，现有研究成果还立足于专利战略管理过程原理，分析了企业专利战略监测分析流程框架（见图 1-4）。❶ 该流程框架涉及专利申请、管理、实施，专利战略监测分析，专利战略决策，专利战略部署与实施，以及专利战略评估等内容和过程。这对于系统、直观认识企业专利战略管理过程，也具有相当的价值。

---

❶ 刘志强，朱东华，靳霞. 企业专利战略与技术监测理论研究 [J]. 情报杂志，2006 (7).

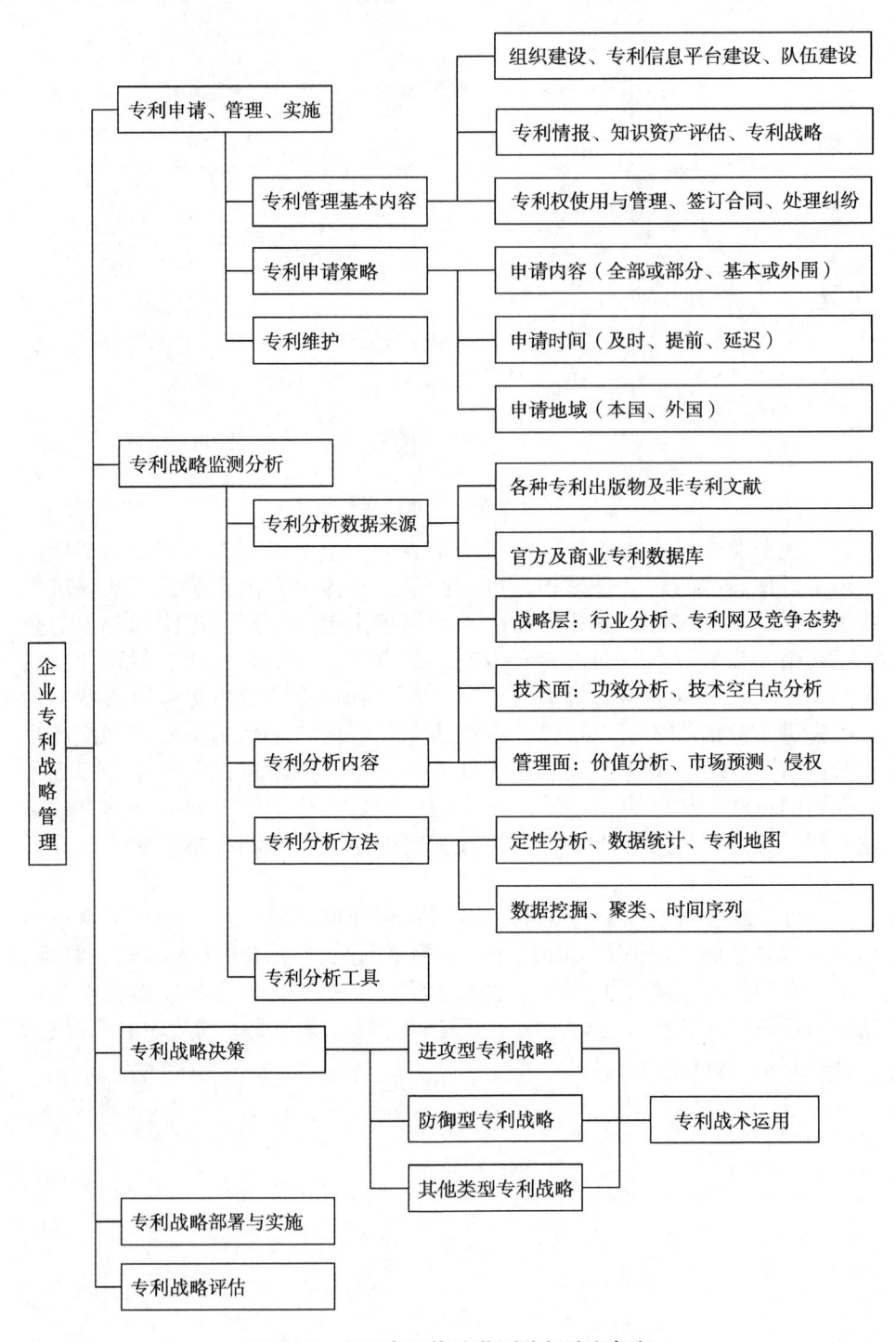

```
企业专利战略管理
├── 专利申请、管理、实施
│   ├── 专利管理基本内容
│   │   ├── 组织建设、专利信息平台建设、队伍建设
│   │   ├── 专利情报、知识资产评估、专利战略
│   │   └── 专利权使用与管理、签订合同、处理纠纷
│   ├── 专利申请策略
│   │   ├── 申请内容（全部或部分、基本或外围）
│   │   ├── 申请时间（及时、提前、延迟）
│   │   └── 申请地域（本国、外国）
│   └── 专利维护
├── 专利战略监测分析
│   ├── 专利分析数据来源
│   │   ├── 各种专利出版物及非专利文献
│   │   └── 官方及商业专利数据库
│   ├── 专利分析内容
│   │   ├── 战略层：行业分析、专利网及竞争态势
│   │   ├── 技术面：功效分析、技术空白点分析
│   │   └── 管理面：价值分析、市场预测、侵权
│   ├── 专利分析方法
│   │   ├── 定性分析、数据统计、专利地图
│   │   └── 数据挖掘、聚类、时间序列
│   └── 专利分析工具
├── 专利战略决策
│   ├── 进攻型专利战略 ┐
│   ├── 防御型专利战略 ├── 专利战术运用
│   └── 其他类型专利战略 ┘
├── 专利战略部署与实施
└── 专利战略评估
```

图 1-4　企业专利战略监测分析流程框架

六、企业专利平台建设——实施企业专利战略的重要保障

专利平台建设是支撑企业专利战略的重要保障。有学者甚至提出了专利平台战略的概念,认为企业专利平台主要是一种规划结构体,它支撑了企业多种产品供应物。[1] 这里的"平台",可以从多个角度加以认识。在一般意义上,平台是针对某一工作或目的提供的条件与环境。以产品平台为例,根据国外学者迈耶(Meyer)和连纳德(Lehnerd)的观点,它是产品共享的设计和零部件的集合,构建产品平台需要整合相关的资源与能力,如制造能力、产品技术、分销渠道和消费者导向等。产品平台建设需要与企业核心能力和低成本差异化设计相结合。[2]

国内有学者认为,可以从专利平台出发,研究企业创新整合与核心能力提高的机理。文章从价值链视角,提出了高新技术企业专利平台内涵、构成及发展层次,认为"基于企业专利平台,从战略、组织、技术三个层次开展创新整合,能够推动企业核心能力的环境元、变革元、管理元、技术元的形成与不断升级。在这一过程中,能够实现成本领先与差异化战略的有机结合,从而获得持久竞争优势";从价值链视角看,企业专利平台是"把企业多种基本业务价值链所共有的技术活动职能中专利资产部分,进行优化整合,从而成为支撑这些基本业务活动必不可少或最佳选择的一部分……企业专利平台不仅作用于企业内部价值链的基本活动环节及辅助活动环节,而且可以作用于其他相关企业价值链活动环节,从而保证企业专利平台与主要供应商、主要顾客专利平台及技术活动体系的匹配。"[3] 该观点从价值链角度,揭示了企业专利平台的作用,从而可以进一步理解其在企业生产、经营管理活动中的地位,以及对实施企业专利战略的基础保障作用。

企业专利平台是企业内部专利的系统集成,在专利技术平台结构上,由核心专利、外围专利及其系统集成构成。根据现有研究成果,企业专利平台发展存在层次性。其初期发展雏形是企业零散的专利资产,随着企业专利管理层次的提升,即由事务型管理先战术性管理再到战略型管理的迈进,企业专利平台也从无序走向有序。因而可以说,企业专利平台是企业

---

[1] 姜军,武兰芬. 专利平台战略的空间竞争优势 [J]. 科学学研究,2007(1):78-83.
[2] HOLGER. Patent Portfolios for Strategic R&D Planning [J]. Journal of Engineering and Technology Management,1998(15):279-308;HOLGER. Patent Information for Strategic Technology Management [J]. World Patent Information,2003(25):233-242.
[3] 朱国军,杨晨. 企业专利平台、创新整合与核心能力形成机理 [J]. 中国科技论坛,2012(2).

专利战略发展到一定阶段的产物。❶

企业可以基于专利平台进行创新组织与创新技术的整合。作为一种跨组织资源，企业专利平台嵌入了内部的价值网络与外部合作关系网络，承担组织间创新整合功能。企业还可以基于专利平台进行创新技术整合，如将不同类别的知识和技术加以整合，进而推动产品平台的创新与发展。

企业专利平台与其产品平台和技术平台具有十分密切的联系，专利平台有利于产品平台建设，以专利技术优势构建产品平台的差异化竞争优势。企业专利平台也是实现企业技术平台整合的重要路径。通过专利平台的运作，企业可以加快专利技术应用和转化，也有利于聚合企业核心技术、外围技术和配套技术，提高技术平台的运营水平。❷

企业专利平台与产品平台之间可以建立独特的联系。在企业专利产品开发中，通常存在全新的专利产品开拓全新市场的情况，以及针对现有产品进行技术改进的渐进性改进产品的情况。无论属于何种情况，企业可以通过建构产品平台整合相关专利，实现产品平台和专利平台的相互支持，最大限度地利用专利技术支撑和保护产品平台，在产品平台上实施有效的专利组合，获得较高的市场竞争优势。例如，日本佳能公司以复印机和传真机为基础平台，以专利平台为保障创建激光打印机及面板业务，美国惠普公司则立足于科学设备制造，建立了计算机及其周边设备的产品族。在这方面，产品平台和产品族概念的提出，有利于企业整合相关专利技术的组合和应用，实施有针对性的技术开发策略。这里的产品平台可以理解为包含一系列产品所共享的设备和部件，基于产品平台而设计的针对不同客户群具有特定功能的系列产品组成产品族。产品族和企业产品的细分市场相对应，产品族中特定产品与产品组合可以对细分市场进一步细分。在公司根据特定用户需求确定其价值创新活动时，其在进行制造、分销及服务等价值链活动时能够在技术与市场中通用。❸ 显然，企业专利平台与产品的互相支持共同服从于企业经营战略的需要，在共同的经营战略目标指引下，企业专利平台与产品平台的结合能够更好地利用其专利组合，在产品经营中获得最大的效益，从而为企业专利战略实施奠定坚实的基础。

---

❶❷ 朱国军，杨晨. 企业专利平台、创新整合与核心能力形成机理 [J]. 中国科技论坛，2012（2）.

❸ 王玉民，马维野. 专利商用化的策略与运用 [M]. 北京：科学出版社，2007：134.

第 2 章 企业常用专利战略的运用

企业专利战略制定出来后,关键在于有效实施,而在实施中则存在一系列的策略。本章在分析企业常用专利战略类型的基础上,主要研究企业进攻型专利战略和防御型专利战略及其运用问题。

第 1 节 企业专利战略的类型

企业专利战略的内容广泛、种类较多。其类型可根据不同标准分类,而且不同学者的认识不尽相同。例如,有的学者从应对竞争、适应市场变化和谋求企业自身发展角度对企业专利战略进行分类,认为为应对竞争而采取的战略有基本专利战略、外围专利战略、引进专利战略、文献公开战略;为适应市场需求变化而采取的战略有专利收购战略、交叉许可战略、专利与商标相结合战略、专利投资与产品开发战略;为谋求企业自身发展而采取的战略有专利协作战略、共同开发战略、专利回输战略、基本专利终了战略和国外专利战略等。❶ 有的学者则从企业专利战略的阶段性考虑,认为可以分为专利防御阶段的专利战略、专利相持阶段的专利战略、专利进攻阶段的专利战略。从企业战略层次考虑,还可以分为公司专利战略(大中型企业最高层次专利战略)、经营单位专利战略和各职能层专利战略。❷

本书认为,根据企业技术竞争的需要,大体上可以分为进攻型专利战略与防御型专利战略两方面。当然,有的专利战略形式兼有进攻和防御的双重性质,称为"混合型专利战略",有的则具有中性的性质,如企业专利引进战略、技术储

---

❶ 何敏. 企业知识产权管理战略 [M]. 北京:法律出版社,2006:199.
❷ 张贰群. 专利战法八十一计 [M]. 北京:知识产权出版社,2005:148-149.

备战略。至于企业为了分散技术开发风险而与其他主体实施的专利共同开发战略、专利协作战略等，也具有中性的特色。不过，总体上，进攻型战略与防御型战略仍然是企业专利战略的基本形式，本章即根据这一分类进行剖析。

第2节　企业进攻型专利战略

一、企业进攻型专利战略的概念

企业进攻型专利战略是指企业积极主动地将开发出来的技术及时申请专利并取得专利权，利用专利权保护手段抢占和垄断市场的战略。它是企业利用专利制度建立并扩大自己的专利阵地，取得市场竞争主动权，避免受制于人的前提条件，也是企业在未来市场中对新技术和新产品独占地位的保障。企业进攻型专利战略具有很强的竞争战略特质：从竞争战略的角度看，其着眼点是为了在已有国内外市场的基础上占领未来的市场，手段是利用专利阻止竞争对手在相关产品和市场的生产经营活动，维护自身在产品、技术、市场中的优势地位，削弱竞争对手在市场中的竞争力和对本企业发展的威胁。

二、企业进攻型专利战略的内容及适用条件

《孙子兵法·虚实篇》云："凡先处战地而待敌者佚，后处战地而趋战者劳。故善战者，致人而不致于人。"该观点反映了及时抢占先机、占据主动的重要性。战场上机会瞬间即逝，商战中取得先机的一方往往能够占有市场竞争优势。进攻型专利战略对具备实施该专利战略的企业来说具有特别的重要性。对于经济技术实力强的企业而言，应高度重视进攻型专利战略的运用。[1] 企业进攻型专利战略包括基本专利战略、专利网战略、专利出售战略、专利回输战略、产品出口专利先行战略等。

（一）基本专利战略

1. 基本专利战略的概念与重要意义

基本专利战略是企业进攻型专利战略的"重头戏"。该战略是企业基于对未来发展方向的预测，为保持自己新技术、新产品竞争优势，将其核心技术或基础研究成果作为基本专利来保护，并控制该技术领域发展，以此

---

[1] 冯晓青. 企业知识产权管理 [M]. 北京：中国政法大学出版社，2012：285.

获得市场竞争优势的战略。基本专利战略中的基本专利，往往是企业那些划时代的、先导性的核心技术或主体技术，如集成电路的基尔比技术、照排系统中的汉字压缩和复原技术。

企业通过申请基本专利享有强而有力的专利权，这种法律赋予的垄断权可以转化成排除竞争对手和最大限度地占有市场份额的法宝。正因如此，国际上一些实力雄厚的大公司无不首先考虑这一策略并能长盛不衰，独占某些高新技术领域的控制权。如美国菲利普石油公司聚苯硫醚树脂技术基本专利、美国杜邦公司尼龙基本专利的开发和运用都给它们带来了巨额经济利益。又如，美国苹果公司就移动设备触摸屏技术申请了专利，并在 2011 年 8 月被美国专利商标局授予专利权。知识产权专家评价认为，该专利涵盖的领域广泛，代表了新技术领域对市场的独占。由于该项技术应用广泛，特别是在智能手机领域触屏技术应用十分广泛，拥有该技术就能够在与三星、诺基亚等公司的竞争中占据优势地位。

2. 基本专利战略的运用

企业基本专利战略尽管十分重要，但其运用效果要受到一些条件制约。基本专利中的基本发明尽管具有很强的应用前景，但它在实用化时，往往需要一系列技术配套措施。如果基本专利权人不注意及时开发外围专利，在基本专利技术内容公开后一旦被他人抢先开发，在他人获得外围专利后，基本专利的权利人反而会受他人控制。例如，美国 IBM 公司在申请超导基本专利方面就存在这样的失误。IBM 公司在向欧洲专利局申请专利后即投稿在刊物上发表，没有对该项技术加以改进和完善，形成外围专利屏障，结果让其他国家争取到有关改良专利和采用其他材料及其工艺的专利。日本企业就是通过大量开发外围专利遏制对方基本专利的高手。日本在"二战"后，企业技术实力明显不如欧美企业，于是通过开发外围专利技术，然后通过交叉许可证贸易与欧美企业就一些基本专利平分秋色。

为了避免企业基本专利战略的孤立运用，企业采取以下策略是十分必要的：第一，基本专利发明人应尽快开发外围专利，以在基本技术领域筑起牢固的专利保护网。例如，美国通用电器公司围绕三种关键的上游基本专利，先后开发了 524 件下游外围专利，构成了生产钨丝灯泡的立体防护网，牢牢地占据着该生产和技术领域。第二，应采取多种手段和途径，阻止基本技术周围残留未开发的领域被他人获得专利。第三，由于基本专利有一定保护期，为长期占据垄断优势，应当对产生基本专利的技术作一定的技术储备，以便在基本专利期限届满时，通过取得改进专利仍能起到保护作用。以上策略表明，基本专利战略与下面将要讨论的外围专利战略并不是互相冲突的，在很多情况下需要进行一体化考虑和布局。例如，在申请基本专利时，同时需要考虑对外围开发技术的专利保护，以形成密集的专利保护网，防止竞争对手对技术领域的渗透。在相当多的情况下，企业可以将其基础发明与改进技术同时申请专利，防止核心技术被公开后其他竞争对手围绕之进行外围开发。当然，也不排除在某些情况下企业需要先申请外围专利，再申请基本专利，主要目的还是避免过早暴露企业重大研发成果被竞争对手所掌握。

（二）专利网战略

1. 专利网战略的概念

专利网战略又称外围专利战略，是与基本专利战略相对的专利战略。其含义是指企业围绕基本专利技术，开发与之配套的外围技术，并及时申请专利，获得专利权的一种战略。它是针对基本专利进行开发而形成的很多原理相同的较为次要的发明创造申请专利的战略。这里的"外围专利"是相对于基础专利、核心专利而言的。它是对核心专利的某种局部的改进，是围绕核心专利而产生的专利。与核心专利不同，一项技术核心专利可能非常有限，但围绕核心专利开发出的外围专利则可以数量众多。核心专利和外围专利之间具有十分密切的联系。一般而言，核心专利是外围专利的基础，外围专利通常是围绕核心专利开发出来的许多小专利。由于新技术研发、完善具有一定的过程，核心技术开发成功通常需要通过申请专门的形式获取核心专利，但通常也会残留很多尚待完善的技术空间。外围专利正是围绕这些技术空白点"做文章"而取得的技术上的局部进展与改进。外围专利的实施，可以改善核心专利的利用条件，如优化工艺流程、提高产品质量、节省产品成本等。外围专利对很多技术领域都存在巨大价值。以制药领域为例，专利主要包括药品专利和方法专利。比较而言，包括中药、化学药及生物药在内的药品专利的保护力度和范围大于方法专利。基于这一特点，制药公司在专利策略上通常采取以药品专利保护为主、方法专利保护为辅的原则。然而，药品专利总归有一定的保护期限，在保护期限届满后，采取外围专利群的方式承接药品专利的保护，也是通常的一种策略。

2. 专利网战略的类型

专利网战略通常有以下两种类型。

第一种类型是拥有基本专利的一方，在自己的专利周围设置许多原理相同的小专利并组成专利网，抵御他人对基本专利的进攻。

企业申请这些外围专利，至少具有以下效果：第一，可以阻断他人对基本专利的侵蚀，加强对基本专利的保护，形成密集的专利保护网络。第二，可以延长已经上市的基本专利产品的保护期限。一旦基本专利保护期限届满，如果没有外围专利的承接，就会直接进入公有领域，因此外围专利的保护就显得特别重要。很多案例表明，跨国公司对核心技术产品的保护是在基本专利保护基础上通过不断挖掘外围专利的形式实现的，这在一定程度上也可以理解为何很多核心技术产品专利布局数量惊人。例如，德国拜耳公司开发阿司匹林药物后，为确保该具有重大市场价值的专利在保护期届满后仍然能够继续为企业创造价值，公司针对该药品在剂型上进行了创新，仍然取得了可观的经济效益。在 1971 年，该公司开发了阿司匹林加维生素 C 的泡腾片问世，1993 年该公司开发的阿司匹林肠溶片上市，该肠溶片不过是在阿司匹林外围添加了一层包衣，使药品直到肠道时才发挥作用，而不会在胃部先行溶解，这样就解决了服药胃部不适副作用问题。后来在 2003 年，拜耳公司又开发了阿司匹林颗粒状药品，其特点是无须饮水即可吞服。拜耳公司的上述行为，使得阿司匹林基本专利届满后，仍然能够凭借在剂型、额外效果等方面的改进而大大延伸阿司匹林药品的市场独占性。

上述类型的专利网战略在其他类型企业中也被充分运用。例如，热塑性树脂中耐热性能出类拔萃的聚苯硫醚树脂（PPS）是由美国菲利普石油公司开发的基本技术，该公司在开发 PPS 后即取得了权利范围很广的专利，从单体到成品的连续化生产都被它垄断。该项技术的基本专利于 1984 年 11 月到期，但菲利普公司拥有一个由 300 件专利组成的有关 PPS 树脂的制造、应用、加工等外围技术的专利网，这些专利仍有效。1985 年 8 月，该公司通过在日本的法人向准备生产 PPS 树脂的日本化学企业发出了侵犯专利权的警告信。尽管日本企业在国内生产、销售 PPS 不侵权，但它们将产品组装到汽车、电器制造品上向美国出售时，就会与这些专利发生冲突。[1] 菲利普石油公司通过 300 件外围专利获得了长期稳定的经济效益。

从对专利网战略的运用看，拥有基本专利的一方应当注意以下几个事项：（1）基本专利和外围专利可以同时申请，以避免基本专利公开后其他企业对外围专利申请的竞争。当然，根据自身特点，有时也可以先申请外围专利，再申请基本专利。如美国杜邦公司就常常采用此策略。（2）企业对基本技术开发和申请专利时，应注意及时对基本技术的应用和改进申请专利。这样一方面可以巩固基本专利的垄断地位，另一方面可以防止竞争对手抢先开发并申请专利，实施反包围，从而避免自己的基本专利丧失活力。

第二种类型则是在他人基本专利周围设置自己的专利网，以遏制竞争对手的基本专利。即围绕基本专利不断进行研究与开发，申请一系列外围专利以覆盖该基本专利。基本专利的创立是受条件限制的，有不少企业并不具备开发基本专利的条件。但如果发现竞争对手形成以基本技术为核心的专利网使自己难以开发时，可以绕过对方的基本专利，发掘对方"空隙"技术，积极开发外围技术构建自己的专利网，与基本专利分庭抗礼。这种专利战略形式也已被国外学者所重视，并称为"木桩篱笆"策略。[2]

仍以上面提到的美国菲利普石油公司为例加以说明。该公司的 PPS 树

---

[1] 案例详见：鸟本久寿弥太. 专利战争——日美企业围绕技术所有权展开的殊死斗争 [M]. 张国生，译. 北京：专利文献出版社，1989：30-31.

[2] STEPHEN C. GLAZIER. 商务专利战略 [M]. 李德山，译. 北京：北京大学出版社，2001：32.

脂性能优越，用途广泛，但也有一个致命的弱点即难以加工。通常是加入玻璃纤维等物后注射加工成型，如能加工成膜、薄品、纤维等形状，PPS 需求将大增。日本东莱公司经过对菲利普公司专利网的分析，终于找到了一个突破口，攻克了这一难题，获得了世界上最先进的双向拉伸薄膜技术，并以此为基础建立了自己的基本技术，确立了自己的专利权。菲利普公司在震惊之余，不得不随即向东莱公司购买了该项基本专利在美国国内的独占实施权，并订立了技术援助合同。❶

另外，面对基本专利持有方的其他企业还可以主动出击，乘竞争对手基本专利周围尚未设置专利网之际，抢先开发外围专利包围基本专利，与基本专利分庭抗礼。例如，日本东洋工业围绕前联邦德国二公司的转子发动机基本专利，开发出了一系列实用化的外围专利，使得日本东洋工业在缺乏基本专利的条件下仍能与基本专利持有方不相上下。实际上，日本企业在"二战"后很长一段时间里，在开发基本技术的条件受到限制时，运用专利网战略取得了很大成功。

当然，面对基本专利持有方的其他企业也可以通过购买他人的基本专利，同时组建自己的专利网来最大限度地占领和控制市场。在这方面，日本东莱公司的成功颇有代表性。❷

（三）专利转让战略

专利转让战略是将专利技术所有权有偿转让。企业研究开发出的专利技术、产品除了自己实施、生产外，还可以通过有偿转让专利所有权的方式，获取更大的利益。对有些企业来说，实施企业专利有偿转让战略甚至是扭转经营不利形势、避免破产风险、获得重大发展契机的法宝。专利转让战略也是企业专利运营战略的重要内容，本书第 5 章将对此专题探讨。

（四）专利许可战略

在企业专利许可中，就存在主动对外许可的进攻型模式、以交叉许可为代表的防御型模式、以技术扩散和市场拓展为目的的开放性模式以及为促进产业而在标准战略适应的合作共享模式等，其中进攻型模式最为普遍，也是通常意义上的专利许可研究对象，在具体实施上它有时通过专利组合模式的运作加以实现；开放式许可形式是知识产权人将自己的知识产权无偿许可他人使用的形式，如开源联盟 OMP 就是一种开放式许可联盟的方式。由于专利许可也是企业专利运营的重要形式，后面在企业专利运营战略部分将专题研究。

---

❶ 案例详见：鸟本久寿弥太. 专利战争——日美企业围绕技术所有权展开的殊死斗争 [M]. 张国生，译. 北京：专利文献出版社，1989：32.

❷ 案例详见：鸟本久寿弥太. 专利战争——日美企业围绕技术所有权展开的殊死斗争 [M]. 张国生，译. 北京：专利文献出版社，1989：61-63.

（五）专利收购战略

专利收购战略是指企业不是通过自己申请专利而获得专利权，而是付出一定的金钱从发明人或企业那里购买专利权达到独占市场的战略。在有些情况下，实力雄厚的企业可以将相关技术领域竞争对手的全部专利买下来，旨在完全垄断市场。企业实施专利收购战略并不都是为了自己实施，而主要是以专利权人的身份与其他企业签订专利实施许可合同，收取高额专利使用费。同时，也可以作为一种独立的策略使用，即以专利权为武器，控告侵犯其专利权的其他企业，然后获得高额赔偿费。例如，美国的利发克技术开发公司就是专门靠收购专利和进行专利侵权诉讼而发家的公司。在特殊情况下，专利收购战略还可以作为企业对抗竞争对手、摆脱被动地位的重要手段。美国 S3 公司购买濒临破产的芯片制造商指数技术公司的专利个案就比较典型。❶

专利收购战略的运用也须具备一定的条件，如基于该战略的实施目的，被"收购"的专利应当是具有较大的市场开发潜力并且是在市场竞争中具有较强竞争力的技术。我国大多数企业由于经济实力不强，难以适用该战略。此外，该战略实施可能面对反垄断法问题，因此应当加以注意。

（六）专利与产品相结合战略

这种战略是指专利权人许可他人使用本企业的专利时，要求他人必须同时购买自己的专利产品，借以扩大本企业产品销售量，提高企业竞争地位的战略。专利与产品相结合战略通常在拥有基本专利的企业与拥有外围专利的企业之间运用，即拥有基本专利的企业，允许对方企业使用自己的专利，但作为交换条件，对方企业应当使用本企业的产品。由于外围专利与基本专利在技术上存在某种内在的联系，外围专利拥有方生产专利产品很可能需要基本专利拥有方生产的产品。这样，基本专利拥有方就可以以专利技术的输出作为条件，换取本企业产品的销售。这对基本专利拥有方来说当然很有利。当然，实施这种战略也要注意和与专利有关的竞争政策和法律相协调。

（七）专利与商标相结合战略

企业在实施专利战略、商标战略时如能成功结合商标战略或专利战略，会取得更好的效果。这样，专利与商标相结合战略便应运而生。

大体来说，专利与商标相结合战略有四种情况，下面分别加以讨论。

1. 专利与商标搭配战略

这一战略一般是建立在专利与产品相结合的战略上的。其基本内容是：

---

❶ 凯文·G. 里韦特，戴维·克兰. 尘封的商业宝藏：启用商战新的秘密武器——专利权 [M]. 陈彬，杨时超，译. 北京：中信出版社，2002：155.

企业允许其他企业实施自己的专利，但作为交换条件将本企业的产品连同产品上的商标允许对方使用。使用这种战略，除了可以提高本企业产品的销售量外，还可以进一步培植本企业的商标信誉，提高本企业的知名度，扩大本企业的影响。在很多情况下，这种战略是利用被许可人市场推广能力，培植自己企业商标的知名度和企业形象。

2. 专利与商标交换战略

这是一种作为专利权人的企业以专利技术换取另一企业商标使用权的战略。其基本内容是，企业利用专利技术换取对方商标的使用权，以使专利产品投放市场后能有效引导消费者，促进产品销售、实施。实施这一战略时应注意，可以交换的商标一般应有较大知名度，否则交换的意义不大。

3. 商标实施的专利战略

企业为获得更高信誉，加强产品保护力度，可以对获得商标权保护的产品施加专利保护。一般来说，与非专利产品相比，专利产品具有特定的信誉功能。一个企业拥有的专利数量较多，在公众心目中就会形成一种技术创新能力强劲的良好形象，进而会提高企业市场竞争力。因此，在商标保护的基础上再施加专利保护，可以利用专利的信誉及市场垄断性，获取更大的市场利益。

4. 利用商标承接专利垄断权战略

专利具有垄断性，也具有保护的时间性。企业利用专利权在保护期内的专有性形成了产品优势市场。当产品专利权届满时，如果没有事前的商标权的"承接"，这种优势就会完全丧失，上述战略就是要解决这一问题的。具体内容是，先利用专利权的专有性形成产品的市场垄断优势，再利用商标权在专利保护期届满前及届满后延续对专利产品市场的持续控制。这样就不至于使专利产品的市场垄断优势和已经获得的优势市场因专利权的终止而丧失殆尽，对实现专利的长期效益具有重要意义。不过，实施这一战略应注意该专利的市场选择、专利开拓市场的程度以及注册商标的选择、注册商标的知名度等问题。

利用商标承接专利垄断权战略在国内外已有不少成功的案例。例如，德国拜耳公司在1899年3月获得阿司匹林发明专利后，随即在一些国家申请注册了"阿司匹林"商标。这样做的好处是，当阿司匹林专利保护期限届满后，拜耳公司能够通过对阿司匹林注册商标的独占而延续原先专利形成的市场垄断优势。当然，后来由于宣传和使用方面不当等原因，阿司匹林早已成为一种药物的通用名称，而不再具有商标独占性的内涵，这是后话。

（八）专利回输战略

这一战略是指企业在引进原输出国专利技术后，对其进行研究、消化、吸收和创新，将改进、创新了的技术再以专利的形式卖给原输出国的战略。

其通常就是专利出售战略与专利网战略相结合的形式。如前面提到的日本东莱公司在引进美国菲利普石油公司 PPS 树脂基本专利基础上开发出新的双向拉伸薄膜技术，确立了自己的专利权，并使得菲利普石油公司不得不购买该专利在美国的独占实施权，就是一例。

专利回输战略对于正确处理好技术引进与消化吸收、改进创新的关系，摆脱原输出国专利的控制具有十分重要的意义。发达国家企业在大量引进其他国家企业专利技术时，特别注重技术的改进和创新，并运用这一战略获得了巨大成功。其中日本企业最为典型，值得一提。日本战后以 100 亿美元的代价先后从欧美引进了 3.6 万多件专利技术更新企业的技术设备，创造了 3 000 亿美元的经济效益。日本企业的经验很值得我国企业学习。

此外，企业专利回输战略与标准化战略相结合，既可以加快技术开发成本的回收，又可以扩大产品的销售市场和相关技术的使用范围，提高企业产品在国外的市场占有率，为企业在同行业中占据主导地位奠定基础，从而有利于在行业标准的制定中获得更大的优势和发言权。

（九）专利投资与产品输出战略

这一战略也即产品出口、专利先行战略或者所谓"兵马未动，粮草先行"战略。即企业向准备投资或输出产品的国家申请专利，旨在保护投资和获得未来专利产品输出垄断权的战略。其实质是将专利控制作为产品销售的"开路先锋"，避免投资和产品受他人控制。值得注意的是，近年来随着我国对外开放进一步扩大，外国企业越来越注重运用这一战略抢占我国市场。外商通常的做法是，在计划到中国进行生产投资、开办合资企业或代理销售其产品前的 2~3 年内，集中向我国申请一批专利。等到其产品或者技术投入中国市场时，其专利申请已经被授予专利或者进入实质审查程序，从而可以有效利用专利制度保障其技术或者产品在我国市场获得垄断权。

（十）专利共享战略

专利共享战略是指，企业为了尽快推广利用自己获得专利权的技术，通过众多厂家的使用使其获得消费者的认同，而自愿允许其他厂家无偿使用其专利技术的战略。当然，专利共享战略只是一种在特定的情况下才有必要实施的专利战略。它一般适用于技术先进但一时难以推广、难以在市场中得到普遍认可的专利技术产品。比起一些专利权人将没有找到使用对象的专利"束之高阁"，这种战略依然具有应用价值。对于适合于上述条件的企业来说，在特定的情况下，企业"风物长宜放眼量"是值得肯定的。

专利共享战略也被称为专利开放式许可战略。通常是指同意他人免费使用自己的专利。由于使用他人专利是免费的，这样就能够极大地推广利用该专利。在有些情况下，企业之所以愿意他人免费使用其专利，是出于其自身专利战略的考虑。例如，企业为了迅速地扩大市场，或者将新技术专利打造成事实标准，或者干脆是为了直接打击其他同行业竞争者，瓦解其市场领先优势。当然，企业同意他人免费使用其专利，还可能是由于受到反垄断法等法律法规的限制而被迫向公众免费开放其专利。

（十一）专利诉讼战略

1. 专利诉讼战略的目的与意义

专利诉讼战略是充分运用专利制度保护功能的体现。企业积极运用专利诉讼战略，不仅可以有力地遏制与制约竞争对手，维护自身形象，而且还可以从专利侵权赔偿中获取一笔可观的经济补偿，具有"一箭双雕"的功效。

值得注意的是，在当代的市场竞争中，专利诉讼战略甚至还被作为实现其他目的的手段，而不单纯是制止侵权并获得赔偿。以跨国公司在我国提出的专利侵权诉讼为例，有的是根据事先布好的"地雷阵"，索取高额赔偿；有的是施行"欲擒故纵"策略的产物——在我国国内相关产业发展之初，放任企业利用对方专利，而当企业发展到一定规模时，则"收网捕鱼"，提起诉讼并要求高额赔偿；有的是为了利用我国新闻的轰动效应做广告，同时达到损害我国企业形象和商业信誉、动摇我国企业合作伙伴的信心的目的；有的是为了破坏竞争对手的顾客对其产品或服务的忠诚关系；有的是为了在短期内提升股票的价值、树立投资者的信心；有的是企图挤垮国内企业而垄断中国市场。对于这类意图，我国企业一定要弄清楚，以免中了对方圈套。

2. 专利诉讼战略的实施策略

企业专利诉讼战略之运用，需要讲究策略。其主要内容如下。

第一，应与企业日常的专利管理工作相结合。例如，经常进行市场调查、研究、分析竞争对手技术动态和专利进展，及时收集侵权证据等。

第二，选择合适的对象和时机。在很多情况下，专利侵权具有一定的普遍性。企业在发起专利诉讼攻势前，需要选择好攻击目标。如果涉嫌侵权者众多而且实力不够强，企业没有必要将其全部起诉，选择其中实力较强的公司即可。如果涉嫌侵权者大都是规模较大的公司，则可选择其中实力较弱的公司，以便在不需付出较大成本的情况下"杀一儆百"，起到制止侵权的作用。

提起诉讼的时间也是需要考虑的因素。在不同时间，专利诉讼对涉嫌侵权者的影响不同，因而其效果也不同。在国外，权利人提起知识产权诉讼往往愿意选择对方正在进行重大投资、并购活动（如兼并、收购、资产重组、公开发行股票等）时，或者选择对方正在应诉等具有其他不利影响的时期。例如，在思科诉华为案中，思科公司选择诉讼的时间就是在华为准备在美国上市前，而且正值中国农历春节放假期间。选择这样的时机对原告来说当然十分有利，可以逼迫对方尽快和解。当然，在上述时间提起诉讼，从道德标准考虑，有乘人之危之感。但是，国外企业惯于采用这样的方式，我国企业不可不防。

第三，提起诉讼之前，应从权利有效性、管辖、时效、证据等方面进行充分的准备和论证。从自身方面来看，主要应明确以下问题：（1）专利是否处于保护期内、专利是否仍然有效，如果是实用新型和外观设计专利，根据我国专利法规定，还需要提供由国家知识产权局出具的检索报告；（2）起诉是否超过诉讼时效；（3）选择起诉的法院是否具有管辖权以及在具有管辖权时是否对自己最为有利；（4）是否充分收集了被告侵权的证据以及本方受到侵害的证据；（5）是否需要进行诉前证据保全、财产保全；（6）是否需要提起诉前禁令申请；（7）本企业专利受到请求宣告专利权无效的可能性和被宣告无效的可能性；（8）进行本诉讼需要付出的成本、预期结果和效益情况等。

企业提起专利侵权诉讼前，除了对自身情况进行了解外，还需要充分考虑和评估对方情况和动向。主要有：（1）被指控侵权的产品或方法是否确实落入本企业专利独立权利要求请求保护的范围，以及是等同侵权还是公然仿制侵权；（2）被告资格是否适格；（3）被告对本企业专利侵权造成的损失有多大，能否提供证据证明；（4）被告专利和本企业专利是否构成从属专利，若构成，谁的专利是基本专利、谁的专利是从属专利；（5）被告的行为是否具有合法依据，如是否享有先用权；（6）被告请求宣告无效时如何采取对策；（7）被告的经济赔偿能力等。

第四，在具体运用中，重视相关策略。如在起诉侵权嫌疑对象前，可在收集证据甚至进行证据保全的基础上，先以书面形式向对方提出侵权警告，并提出停止侵权、赔偿损失的要求，即企业可以首先考虑协商调解的途径，在协商、调解不成时再考虑诉讼方式。

第 3 节　企业防御型专利战略

一、企业防御型专利战略的概念

企业防御型专利战略和进攻型专利战略是相对而言的，是指企业在市场竞争中受到其他企业或单位的专利战略进攻或者竞争对手的专利对企业经营活动构成妨碍时，采取的打破市场垄断格局、改善竞争被动地位的策略。企业防御型专利战略是为保护自身的利益或将损失减少到最低限度的一种战略，是利用专利捍卫自己的专利阵地，防止受他人专利的制约，或对他人专利进攻实施战略性防卫的手段。其基本功能在于以有效的方式阻止竞争对手的专利进攻，摆脱自己所处的不利境况和地位，为自己的发展扫清障碍，因而可以说是为应对竞争对手的挑战而采取的战略。

二、企业防御型专利战略的内容及适用条件

企业防御型专利战略主要有取消对方专利权战略、文献公开战略、交叉许可战略、利用失效专利战略、绕过障碍专利战略、专利诉讼应对策略等。

（一）取消对方专利权战略

《十一家注孙子·杜牧》云："若已见其隙有可攻之势，则须并兵专力，明向敌人。虽千里之远，亦可擒其将也。"大意是说，一旦发现了对方间隙薄弱之处，就应果断地集中优势兵力，穷追不舍，直至获得胜利。我国古代这一军事谋略对今天的企业实施取消对方专利权的战略也具有启发意义。

取消对方专利权战略是排除竞争者对本企业构成威胁的一种最有效的方式。这种战略既可以作为企业主动进攻的手段，也可以在企业遇到专利纠纷，受到专利侵权指控时作为防御策略运用，实现以攻为守的目的。其实质是利用竞争对手专利上的漏洞、缺陷或不符合专利条件的情况，运用专利法赋予的权限，启动专利权无效程序，部分或全部取消对方的专利权。

企业要想使无效宣告成功，关键是要收集到竞争对手专利权无效的充分证据。主要渠道有：（1）研究、调查对方专利说明书对技术内容公开的充分性；（2）分析、调查竞争对手专利说明书在审批中的修改、变动情况；（3）分析、调查竞争对手不符合专利"三性"的情况。

（二）文献公开战略

文献公开战略是一种以公开发明来阻止部分对手申请专利、获得专利的战略。如果企业认为自己开发成功的技术没有必要取得专利权，但又担心其他企业取得这一技术的专利权将给本企业带来威胁时，就可以采取抢先公开技术内容的方式，使之丧失新颖性，以阻止竞争对手获得专利权。国际上一些企业就常常采用这种战略。例如，日本东芝公司申请专利有一套严格的程序，包括发明人制作提案书、部门经理向知识产权部提出申请，最后由公司筛选而定。对于未中选的研究开发成果，公司在确定需要保密的内容后，对剩余的则在公司的技术公报上公开，以破坏后来者就同样的技术申请专利反过来限制自身的发展。西方一些报刊也时常登载企业提供的一些技术文献，使他人申请有关专利的计划流产。

（三）交叉许可战略

这是指企业间以专利技术作为合同标的进行对等交换的一种战略。交

叉许可战略通常在企业双方的专利比较接近，而专利权的归属又错综复杂或相互依存的情况下适用。如就改进发明与原发明、从属发明与基本发明有必要相互许可对方利用自己的专利，订立专利交叉许可合同。在专利实施许可合同中规定的"反馈条款"❶也属于企业运用交叉许可的范畴。这在技术贸易中是常见的。还有一种情况则是就互不关联的两项专利技术，各方发明创造取得专利权后，相互之间都可以自由使用。西方一些大企业为共同垄断技术市场，就常常利用这种交叉许可战略达到对专利实施的垄断。特别是近年来，西方的一些跨国公司通过专利手段将技术实施的各种可能保护起来，并按照市场竞争实力的对比，互相之间形成技术联盟。对内相互实行交叉许可，对外则统一抵制其他的品牌进入该市场。

交叉许可战略的运用对企业双方来说都有好处，特别是对那些相似专利技术而言，为了防止相互侵权、促进共同发展，更具有意义。例如日本一公司在申请了离子膜交换制碱法专利后，不久另一公司也申请了类似专利。此后两公司为争得市场独占权而打得不可开交。为避免两败俱伤，双方以签署专利交叉许可协议的方式握手言和，并以此为基础成立了联合技术公司，共同占领了国内外市场。

（四）利用失效专利战略

失效专利是专利权已过保护期或因故提前终止的专利技术。利用失效专利战略就是从失效专利中有针对性地选择相关技术进行研究开发、生产的一种战略。由于失效专利的利用不需要专利使用费，而其技术含量依然存在，市场价值也不一定消失，有识之士认为失效专利是一未被人们开发的宝库，是一座未被人们挖掘的金山。失效专利严格地说是指在法律上的失效，并不等于在经济技术价值方面的失效。在利用失效专利方面，企业有时可以收到意想不到的结果。这正应验了我国的一句古话："登高而招，臂非加长也，而见者远；顺风而呼，声非加疾也，而闻者彰。善假于物也。"失效专利的利用可以被看成是对专利技术资源的二次开发。另外，很多失效专利虽不再具有多大的经济技术价值与市场前景，却依然可以为企业的创新提供借鉴、启迪发明思维，达到"青出于蓝而胜于蓝"的效果。

具体地说，利用失效专利战略包括两方面内容：一是以到期或快到期的基本专利作为继续研究开发、创新的起点，重新组织专利申请的战略，有的学者称为"基本专利终了战略"❷；二是对失效专利技术的实施使用战略。就前者而论，企业应在基本专利终止之前即开始实施，这样可以争取时间，以便在基本专利终止之时能迅速组织专利申请。为此，企业应对基

---

❶ "反馈条款"的主要内容是，许可人在发放许可证后，就其改进的相关技术取得了专利，继续允许原被许可人实施；相应地，被许可人以许可人的专利技术为基础取得了新的专利，也须把新专利的许可使用权授予原许可人。

❷ 王祖宇. 企业的专利战略应用［N］. 中国专利报，1998-04-15.

本专利进行跟踪监视。就后者而论，企业不能抱有失效专利就没有利用价值的成见。

利用失效专利取得巨大效益的例子并不罕见。在专利历史上，盒式磁带录音机专利就颇耐人寻味。磁带录音机是由荷兰飞利浦公司发明的，该公司先后将多国专利都主动放弃，因为公司以为此时发展录音机产业会没有市场。精明的日本人即利用失效专利战略，先后开发出品质不一的各式录音机，受到消费者普遍欢迎，因而获得了巨大的经济利益。美国苹果公司的早期发展也同样给人以启发。美国费莱·瓦尔丁是一位投资家。1972年他专门到美国专利商标局查阅到一份微电脑技术专利，发现该专利已经失效。在经过仔细思考后决定与人合伙投资 50 万美元成立微电脑公司。10年后公司销售额达到 1 500 万美元，此后几年很快增至 7 000 万美元，成为美国很有影响的高技术公司之一——世界知名的苹果公司。

（五）绕过障碍专利战略

在有些情况下，如果企业竞争对手的专利权十分牢固，并且将对本企业构成制约，则可以采用迂回策略，实行绕过障碍专利战略。主要方式有以下几种。

1. 绕过权项，开发不抵触的技术

技术发展特点千变万化，有时企业很难回避竞争对手设置的专利壁垒。在这种情况下，企业需要采取绕开对方专利申请的策略，采用替代技术，以创造性手段实现相同的技术目的和效果。具体做法是，改变或放弃他人专利权利要求中的某个或某些必要技术特征，如对产品专利而言，可以改变该产品的结构、组成或材料；对方法专利而言，则简化该方法的工艺步骤或其他工艺条件。当然，替代技术的采用应当具备创造性，如果以本技术领域内普通技术人员不经过创造性即能够想得到的手段，实现相同的功能，起到相同的作用，达到相同的效果，则依照我国专利法的规定会有等同侵权之嫌。

绕过障碍专利策略在国内外企业或其他单位已有大量成功先例。从企业专利战略实践看，技术之间的竞争可谓你追我赶，针对某一技术领域领先的一方，另一方如果无法绕过，则需要另辟蹊径，开发不相抵触的技术。以三星公司为例，在苹果公司开发了在智能手机上翻看图片或者网页出现临界点时反弹到原来位置的图片滚动和图像跳动技术专利后，该公司为避免专利侵权，开发了一种替代技术"如果坚持翻看照片的话会出现蓝色亮光"，使得苹果公司借助该项专利控制三星公司智能手机销售的作用大大降低。还如日立金属绕开阿赖德公司的非结晶金属专利，避开了对方专利技术的约束。国内如北京科技大学为绕开日美钕铁硼专利，开发出与日美专利不抵触的新技术，先后申请了多项制备钕铁硼直接法合成合金的新技术专利，其中直接法的系列新技术在国际发明展览会上还获得了优秀发明奖。

此外，对于在这种情况下开发出的技术在受到竞争对手专利侵权指控时，企业应当分析本企业的技术与专利技术是否存在抵触关系，弄清对方专利的权利要求范围。如果证实本企业技术与专利无抵触关系，不在专利权利范围之内，则可据理反驳，即使到了对簿公堂的地步，也有胜诉的把握。

2. 使用替代技术

企业为避免专利讼累，可以考虑采用与专利不抵触的替代技术。不过，使用替代技术本身也有一定的局限性。例如，替代技术效果明显不如专利技术，使用替代技术会给企业带来一定的损失。而且替代技术是否侵犯他人专利权，也要心中有数，以免适得其反。如果专利权人愿意与企业订立专利实施许可合同，企业是否有必要使用替代技术，需要从经营战略的角度综合权衡。

3. 在不受专利地域保护范围内利用他人专利

专利权除具有专有性、时间性特征外，还具有地域性特征，即专利权只在申请的国家或地区才有效。据此，我国企业对于超过优先权期间没有在我国申请专利的外国企业的国外专利，完全可以在我国使用，不构成专利侵权。其实，这方面国外企业对我国企业专利已有一些成功实施地域规避的成例，值得我国企业借鉴。我国企业完全可以在国外竞争对手专利所不及的国家或地区无偿利用这些专利。不过，实施这种迂回进攻策略应注意，如果将利用该国外专利生产的产品出口到该外国专利受到保护的国家和地区，就会被当作侵犯专利权对待。

（六）专利诉讼应对策略

在专利侵权诉讼中，相当一部分是不能成立专利侵权的。当企业受到他人的专利侵权指控时，不必过于慌张，应当以积极的态度参与诉讼程序，运用法律所允许的方式和手段澄清事实和阐述理由，力图摆脱被动状态，依法维护自己的合法权益。企业的应对策略主要有：

1. 检索专利文献，弄清楚原告专利的法律状况

在专利侵权诉讼中，专利文献检索具有重要意义。被控企业可以收集与该专利技术有关的技术资料和现有文献，查阅专利登记簿、专利公报、专利申请人文件，了解原告的专利申请人、公开日和授权日等具有法律意义的日期，弄清楚原告是否为真正的权利人或利害关系人，确认对方专利权是否在专利保护期内。这种专利文献检索，旨在查明以下事实：对方专利权的状况特别是专利权的有效性；专利权的主体；在原告申请专利日前是否存在相同或类似专利，以及是否存在与之相同的公知技术等。

2. 分析对比，剖析双方技术特征要素，采取相应对策

在专利文献检索的基础上，根据对技术特征的判断确定是否构成侵权，进而采取相应对策。原告指控的往往是被告的某产品或方法与其专利相同

或等同。被告可以对原告专利权利要求的技术特征逐一进行分析，并与被指控的侵权产品的技术特征逐一进行对比，从而判断自己生产的相关产品或者使用的相关方法是否落入了原告专利权的保护范围。如果被告被指控侵权物的技术特征与原告专利权利要求的技术特征相比，有一项以上不相同，并且不是等同替换时，被告不构成专利侵权。为此被控企业应当认真研究对方专利的权利要求书、说明书及其附图，将被指控的侵权产品与专利技术特征进行对比，寻求突破。

在进行上述分析时，还需要注意对方专利在授权过程中是否存在适用禁止反悔的情形。在专利侵权诉讼中，禁止反悔原则体现对诚实信用原则的遵从，体现了专利权人权利和义务之间的均衡。

3. 请求宣告对方专利权无效

请求宣告对方专利权无效是一种釜底抽薪的策略。如果能够运用好无效宣告程序，则不仅可以从根本上排除专利侵权的存在，而且可以维护公众使用公知技术的权利。例如，上海保温瓶一厂从专利公报上得知，一家日本公司的电保温瓶专利已获得授权，且与该厂正在开发的电加热保温瓶的外观很近似。获知该信息后，该厂曾一度感到迷茫，因为如果停产则会给企业造成较大损失，而继续生产又可能造成侵权。于是，公司技术人员决定查阅相关的专利文献，结果发现日本公司产品的外观设计与其4年前刊登于杂志上的5幅外观设计照片近似。公司遂决定请求宣告该专利无效，并获得了成功，彻底改变了以前的被动局面。但须注意，实施这一策略需要一定的法律依据和理由。

请求宣告专利权无效在很多情况下是专利侵权诉讼的被告以攻为守的策略和手段。由于被告被侵权诉讼所困，且实践中侵权诉讼往往并不因为被告提起专利权无效宣告请求而中止，在实施这一策略时通常需要周全考虑侵权诉讼有关的情况。比较理想的情况是通过提起专利权无效宣告请求而迫使对方撤销侵权诉讼请求，造成双方和平共处的局面。但是，如果明知对方专利权无可挑剔，而企图以专利权无效请求对抗专利侵权诉讼，可能使自己处于十分被动的地位。

4. 合法使用权抗辩

运用这种策略的实质是，被控企业使用原告的专利技术具有合法的使用权，特别是专利法规定的侵权例外的情况。其中先用权抗辩就是一种常见的策略。在实践中，对于在专利申请日前制造、销售行为容易确认，通过审查被控企业制造或销售相同产品的生产记录或销售发票，或者使用相同方法的技术文件即可确认先用权。当同时具备宣告对方专利无效的证据和先用权抗辩的理由时，作为被告的企业可以先提起无效请求。只是在无效请求没有获得支持的前提下再考虑先用权策略。这是因为，先用权抗辩的法律效果比较有限，而专利权被宣告无效则可以彻底解决原告专利对自己的制约问题。

在合法使用权抗辩方面,我国《专利法》对专利权的其他限制形式自然也可以利用。例如,专利权人制造或者经专利权人许可制造的专利产品售出后,使用或者销售该专利产品的行为,属于"专利穷竭"的范畴,不承担专利侵权责任。还如使用或者销售不知道该产品是未经专利权人许可而制造并售出的专利产品,虽然在客观上构成了侵权,但根据《专利法》的规定可以免除侵权赔偿责任。另外,企业为科学研究和试验目的而使用有关专利,也不构成专利侵权。

5. 自由公知技术抗辩

自由公知技术抗辩,又称为现有技术抗辩,是指在专利侵权诉讼中,被控侵权物(产品或者方法)与专利权利要求所记载的专利技术方案相同或等同的情况下,如果被告提供答辩并提供证据,证明被控侵权物(产品或者方法)与一项已有技术相同,则被告的行为不构成侵犯原告的专利权。这是单独的、显著的对等原则的限制。[1] 自由公知技术抗辩原则的适用,是为了维护公众自由使用公知技术的权利。在存在自由公知技术抗辩的场合,作为被告的企业当然可以此进行防御,以彻底扭转诉讼的被动地位。

6. 通过收购、参股原告公司等形式化解诉讼

在有的情况下,被告具有较强的经济实力,但侵权诉讼经过努力仍无法排除侵权时,可以采用收购或参股原告等形式化解诉讼。例如,美国 Immersion 是一家从事研制游戏控制器和显示特技同步技术的公司,拥有专利 270 多件。2002 年,公司分别起诉微软与索尼的游戏控制器侵犯了其专利权。2003 年,微软公司与其达成和解协议,微软支付 1 990 万美元作为许可费,外加 600 万美元作为投资该公司 10% 的股份。

如果被告能够找出对自己有利的事实和证据,就可能变被动为主动,争取到对自己有利的结果。但是,如果经仔细调查和研究,仍没有发现对自己有利的事实证据,则应积极寻求对策加以解决。例如,如果有对对方具有利用价值的可以进行交叉许可的专利,可以提出进行交叉许可;可以主动和解,停止侵权,避免损失扩大。在必要时,当企业被他人提起专利侵权诉讼时,可"以其人之道,还治其人之身":具备条件的企业不仅可以向对方提起反诉,而且可以另案起诉对方侵犯自己的专利权或其他知识产权。这是一种变被动为主动,彻底扭转诉讼形势的策略。

最后,在防御型专利战略利用方面,针对国外企业专利的滥用行为、垄断行为,我国企业也可以在条件成熟时利用国内法律规定予以反击。随着我国《反垄断法》等竞争法律的实施,我国企业在有效抵御国外厂商知识产权战略进攻方面将取得更大成效。

---

[1] 陈建民. 现有技术抗辩护与专利保护范围的确定 [G] //程永顺. 专利侵权判定实务. 北京:法律出版社,2002:277-278.

第4节　进攻型、防御型专利战略在我国企业中的运用

一、运用的原则与条件

在确定企业专利战略运用原则时，应充分重视战略模式的选择，这涉及专利战略模式的正确定位问题。在一个特定生产经营领域，一个并不具备实施进攻型战略的企业实施进攻型战略就会存在方向性错误，导致战略失误。相反，在一个特定生产经营领域，具备实施进攻型战略的企业以防御型战略为主，则会丧失抢占市场的机遇。

原则上说，实施进攻型专利战略对企业要求较高，对技术和经济实力比较雄厚的企业比较适合。对于防御型专利战略而言，由于其基本特点是抵御其他企业的专利进攻或者扫除其他企业专利对本企业发展的妨碍，具有一定的被动性，其更适合于技术和经济实力比较薄弱的企业。当然，这种区分只是相对的。事实上，实施进攻型专利战略的企业同样存在防御型战略的空间，实施防御型专利战略的企业也不排除在一定领域和范围内积极实施进攻型专利战略的可能性和必要性。

总体上，企业专利战略模式定位取决于服务企业竞争战略的需要，所以关键在于"企业能否在企业的战略目标和竞争战略之间形成有效的结合"。[1] 企业应根据自身所处的竞争环境、技术研究能力和经济实力，结合自己的经营发展战略目标，灵活、主动、及时地选择使用进攻型战略、防御型战略还是混合型战略。正如《孙子兵法》所言："善守者，藏于九地之下；善攻者，动于九天之上，故能制保而全胜。"

同时，无论选择何种形式，企业都应建立健全专利战略的保障体系，将企业专利战略与企业专利工作、经营发展战略、科技发展战略紧密联系起来。这个保障体系应包括以下几方面。

第一，企业应有完善的专利工作网络。企业专利战略涉及技术开发、发明创造的专利申请决策等内容，实际上与企业的很多部门，特别是经营部门、专利管理部门、技术开发部门、法律部门都有密切的联系，单由某一部门去运用难以收到满意成效。这些部门应当紧密配合，及时从不同角度反馈信息，提出对实施专利战略的意见。

第二，企业应有健全的专利战略实施组织体制。这个体制应当是以企业主管专利战略制定实施的领导为龙头，以企业专利管理部门为依托，以

---

[1] 倪蕙文. 专利战略的类型及我国企业的对策 [J]. 上海工程技术大学学报：社会科学版，2004（1）.

技术开发部门、产品实施部门、法律部门为支撑的有机体系。其中应特别注意将专利战略的实施落实到企业日常的专利管理中去。企业领导应重视对作为企业经营战略的重要组成部分的专利战略的指导，加强对不同阶段专利战略运用的督察，并定期不定期组织企业相关部门商讨专利战略推行策略。

第三，企业应建立高效运转的专利情报系统。企业专利情报系统是实施专利战略的主要基础和情报保障。专利情报系统的建立，可以比较完整地进行技术现状分析、发展趋势分析、技术生命周期分析、市场中竞争对手技术现状及其发展动态分析，有助于企业在对现有专利技术和竞争情报分析的基础上，既全面了解企业自身的专利状况，又能了解竞争对手主要技术状况、潜在竞争对手的相关信息，从而在知己知彼的基础上制定与实施适合本企业发展的专利战略。

第四，重视对专利的积极宣传策略。企业专利的宣传也是专利战略保障体系的重要组成部分。专利宣传有利于扩大专利的影响，提高企业信誉，有利于专利资本化经营，提高专利的实施率，也有利于威慑专利侵权者，充分保护企业的合法权益。

二、企业进攻型专利战略运用应注意的问题

（一）企业应紧密结合自身情况，确定适合于本企业环境的进攻型专利战略

大型企业集团或大型企业，应以基本专利战略作为进攻型专利战略的龙头。在开发基本技术、获得基本专利的同时，紧密结合专利网战略，以形成拳头产品的有效保护网络，独占市场。本企业产品在国外销售市场潜力大，则同时应伴以专利投资与产品回输战略。对本企业的优良专利技术，还可以通过实施许可，换取自身技术方面的急需技术。对于中小企业，战略重点则不在基本技术，而是可以专利网战略为龙头，辅以专利有偿转让战略，达到以小胜大的效果。

（二）企业应积极主动地申请专利，构建专利保护屏障

进攻型专利战略是建立在企业拥有大量的富有竞争力的专利之上的，企业专利很少甚至没有，就谈不上构建专利战略攻势的问题。获得专利权的途径一般就是申请专利。企业应当具有抢先申请、占领技术阵地的战略意识。当然，抢先申请也有一个合适的时机问题。

（三）全方位对竞争对手采取专利对策

企业进攻型专利战略在很大的程度上是针对同行业竞争对手保持竞争

优势而实施的，因此，实施这一战略需要全方位对竞争对手特别是主要竞争对手采取专利对策。采取的专利对策形式可以有多方面。根据有的学者研究结果，除了上述积极主动地申请专利、构建专利屏障从而保持自己的竞争力外，还主要包括以下形式：❶（1）监视和分析竞争对手公开而尚未授权的专利要求，从中发现不具备专利法要求之所在，及时向专利审查部门提供证明，给专利最终授权设置障碍。（2）分析竞争对手专利授权的内容，判断其是否是在本企业已有专利技术基础上的改进，或是否以本企业已有专利为其组成部分，从而限制竞争对手使用所申请的专利，或通过互惠方式使用竞争对手的专利，以及分析竞争对手已授权专利的权利要求范围，发现其漏洞，从而申请新的专利，进而占领市场。（3）监视和分析竞争对手拥有专利产品和技术的专利权的现状，以决定本企业可以自由使用的范围和时间。（4）在生产经营过程分析竞争对手的专利战略，密切关注竞争对手的技术、专利动向。（5）在采用技术和生产、销售产品时避免侵犯他人专利权，同时对侵犯本企业专利权的竞争对手及时采取法律行动。

三、企业防御型专利战略运用应注意的问题

防御型专利战略对我国企业来说，显得尤为必要，因为我国大部分企业专利申请量很少，在专利竞争中地位微弱，特别是到国外开拓专利市场方面。国外许多大企业则加紧利用专利技术占领我国市场。仅以钕铁硼为例，钕铁硼是我国富矿之一，但我国在这方面专利很少，日、美等国近年来大量研究开发这方面专利，企图阻止我国钕铁硼的生产和销售。我国已收到多起日、美发出的关于出口钕铁硼侵犯对方专利权的警告信。我国钕铁硼市场目前已面临严峻的形势，必须尽快研究出专利防御对策。

企业防御型专利战略的运用可以分为两个方面内容。一是预防性管理，即企业通过开展专利管理工作，筑起自己的专利防御阵地，防患于未然；二是防御性活动，即当其他企业的专利实际上妨碍本企业时，采用自卫手段进行防御。其中对妨碍本企业的专利采取什么对策，应从企业经营目标、技术和法律上的利害关系加以考虑，其战略性较强。另外，减少其他企业专利导致的影响，也是对其他企业采取专利对策的重要内容。企业因其他企业专利而受影响的情况并不少。企业尽管可以通过获得实施许可的形式使用他人专利，但依赖于这种形式会提高企业产品成本，降低企业市场竞争力。因此，企业对其他企业专利不能视而不见，应从战略的角度采取积极的、主动的防御对策。

---

❶ 沈云，王欢，王丽萍．论企业经营管理与专利技术的关系［J］．西南科技大学学报：哲学社会科学版，2003（3）．

第5节 企业专利战略模式定位的一种实用方法介绍

前面提到并介绍的 SWOT（Strengths，Weakness，Opportunity，Threats，分别代表优势、劣势、机会、威胁）分析方法，是被广泛运用的企业战略分析方法。在企业专利战略模式选择、专利战略制定与实施方面，该分析方法也具有重要的应用价值。有关研究中已有部分学者将该方法运用于企业专利战略模式定位之选择。这里将以其成果为基础进行介绍与评价。[1]

SWOT 战略分析方法，实际上是一种立足于企业自身状况，并在充分考虑外部环境的基础上进行战略决策的方法。根据这种分析框架，企业首先需要进行行业专利环境分析，然后分析本企业专利竞争中的优势和劣势、竞争对手的专利竞争优势和劣势，并就本企业和竞争对手的专利竞争优势和劣势进行对比分析，最后是进行专利战略选择。在前述几个分析步骤的基础上，即可进行专利战略选择。具体如表 2-1 所示。

表 2-1 基于 SWOT 分析的企业专利战略选择

内部因素 \ 可选策略 \ 外部因素	机会（O）	威胁（T）
优势（S）	**SO 战略** 进攻型战略	**ST 战略** 攻防结合混合型战略 以攻为防，攻防兼顾
劣势（W）	**WO 战略** 攻防结合混合型战略 力求进攻，不忘防御	**WT 战略** 防御型战略

资料来源：侯延香. 基于 SWOT 分析法的企业专利战略制定 [J]. 情报科学，2007（1）.

其中：

SO 战略的企业竞争优势强、外部机会多，显然应实行进攻型专利战略。这些专利战略形式如以专利信息数据库和专利信息服务网络为主的专利信息调研战略，以开拓研发型为主的专利研发战略，以基本专利、外围专利、抢先申请、分散申请为主的专利申请战略；以独占实施、专利有偿转让、专利收购、专利回输、专利与产品或商标或者技术标准结合的专利实施

---

[1] 侯延香. 基于 SWOT 分析法的企业专利战略制定 [J]. 情报科学，2007（1）.

战略。

　　ST 战略的企业具有自身专利竞争优势，但面临外部威胁较多，应实行攻防结合的混合型专利战略。其主要形式包括：以专利信息调查为主的专利信息调研战略，辅之以专利信息数据库建设；以失效专利开发、改进专利开发为主的追随型专利研发战略；以专利网、抢先申请、绕开对方专利为主的专利申请战略；以交叉许可、专利共享、专利回输、失效专利利用为主的专利实施战略；以专利诉讼、取消对方专利权、文献公开为主的专利防卫战略。

　　WO 战略的企业自身缺乏专利竞争，但可以抓住外部的机会，变被动为主动，在战略定位中以防御为基线，但应主动进攻。其主要战略形式有以专利信息调查为主的专利信息调研战略；以实用新型、外观设计专利为主的追随型专利研发战略；以引进专利、失效专利为主的专利实施战略；以取消对方专利权、证明先用权为主的专利防卫战略。

　　WT 战略的企业缺乏自身专利竞争优势，外部威胁也存在，显然应实行防御型专利战略。其主要形式有以专利信息调查为主的专利信息调研战略；以外观设计专利为主的追随型专利研发战略；以专利引进、绕开对方专利为主的专利申请战略；以失效专利为主的专利实施战略；以取消对方专利权、证明先用权、主动和解为主的专利防卫战略。

第3章 企业专利挖掘、专利布局与专利组合战略

专利挖掘、专利布局与专利组合是企业专利战略的重要运作形式，对于企业从竞争战略高度从事研发和技术创新活动、实现研究开发与专利战略的有效结合，提高企业整体的技术竞争力和市场竞争力，均具有十分重要的意义与作用。本章将分别对这些问题进行探讨。

第1节 企业专利挖掘战略

一、企业专利挖掘的内涵

专利挖掘是企业从事技术研发、技术创新工作十分重要的一步，也是企业在专利申请的基础上实施专利布局和专利组合策略的基础。从企业专利管理的角度看，也是专利管理工作的基础。根据现有研究，所谓专利挖掘，是指从专利的角度进行评判，针对纷繁的技术成果进行研究、拆分、筛选乃至合理推测，从而总结出技术发明的创新点，得出发明创造技术方案的过程。[1] 也可以认为，它是"在技术研发或产品开发中，对所取得的技术成果从技术和法律层面进行剖析、整理、拆分和筛选，从而确定用以申请专利的技术创新点和技术方案"，是"从创新成果中提炼出具有专利申请和保护价值的技术创新点和方案"。在实践中，专利挖掘一般是在实施一项产品或者技术开发项目的基础上所进行的，有的是为了对现有技术或者产品进行改进，以提高产品或技术性能，也有的是针对特定的专利申请或者专利权从技术改进、竞争策

---

[1] 谢顺星，窦夏睿，胡小永．专利挖掘的方法[J]．中国发明与专利，2008（7）．

略、专利保护策略等方面进行的专利挖掘。在企业实施专利标准化策略中，它还可以是针对技术标准的制定而有针对性地开发专利。❶ 由此可见，企业专利挖掘的表现形式可以是多样的。

二、企业专利挖掘的重要意义

专利挖掘实际上是企业研发活动过程中的主动行为，它以使技术发明申请与获得专利为目的。专利挖掘使企业研发人员在从事研发活动中专利保护意识提前介入，用以在从事发明创造活动过程中及时发现可以进行专利申请的创新点和技术路线，从而使企业研发成果及时获得专利保护，避免了技术资产的流失。因此，专利挖掘的本质是使企业发明创造成果及时通过申请专利的形式加以确定，将企业的技术优势转变成市场优势，进而形成竞争优势。具体而言，专利挖掘可以对企业研发活动产生的创新成果及相关技术领域发展态势有更加准确的把握，明确申请专利的技术创新点，结合专利申请权利要求的撰写技巧，获得更宽泛的保护范围。专利挖掘是对发明创造从申请与获得专利权的角度进行的系统清理，因而它有利于发现技术研发整个价值链上的技术创新点和相关的外围技术，构建系统、完整的专利保护网络，同时也可以发现研发过程中的技术创新的薄弱点，以便为下一步实施创新提供依据和启发。

从更深层次的角度说，企业专利挖掘工作不限于简单地对已经取得的技术创新成果进行专利确权，它是一种主动地将企业研发工作与专利战略实施同步与融合的策略和工作内容，是企业以专利战略为指导、积极主动地利用专利布局策略，实施发明创造活动的体现。例如，专利挖掘可以通过对竞争对手重要相关专利的掌握，便于企业在申请专利、进行专利布局时采取有针对性的策略规避竞争对手的专利，如以外围专利包围基本专利、以改进专利覆盖竞争对手专利。基于此，专利挖掘工作体现了企业创新的能力和意识，是企业将技术研发与专利战略紧密结合，将专利意识、专利策略融入技术研发和专利管理活动的重要体现。

三、企业专利挖掘的目的

从以上分析可知，企业专利挖掘的目的主要有两点：一是将企业研发创新成果及时、有效、充分地实现专利化、权利化和法律化，保障研发成果不被他人获取、防止企业技术类无形资产流失；二是为实施专利战略提

---

❶ 杨铁军. 企业专利工作实务手册［M］. 北京：知识产权出版社，2013：53.

供基础保障，针对竞争对手的专利，制定出合适的技术路线、研发规划和专利挖掘计划，通过合理的专利布局和组合，遏制竞争对手对自身技术发展的障碍，取得相对于竞争对手的某种优势。前述第一个目的是专利挖掘的基本目的，针对该目的实施的专利挖掘又可以分为当前可以实施的产品专利、方法专利和未来一定时间实施的储备专利的挖掘。其中当前可以实施的产品专利、方法专利侧重于占领当前的产品和技术市场，以专利赢得市场竞争优势，未来一定时间实施的储备专利则侧重于根据企业的研发规划对未来一定时期技术发展趋势的把控与占据先机。第二个目的可以直接纳入专利竞争战略范畴，它反映了企业专利挖掘的更高境界和深远意义。

四、企业专利挖掘的总体战略

根据现有研究，企业专利挖掘在总体思路上有如下对策。[1]

（一）从产业链和技术链的高度指导专利挖掘

专利挖掘固然需要对发明创造包含的技术细节进行深入研究，但挖掘者具有更宏观的视野，如从产业链或者技术链的高度加以把握，能够对相关的发明创造赋予更准确的技术定位和市场定位，同时通过对技术上下游和相关产业链的分析与研究，可以既发掘出相关技术领域创新的重点领域，又能够最大限度地获得相关专利保护，避免囿于狭隘的现有技术的视角，延伸出更多的具有产业竞争优势的专利。实际上，当前企业技术发明很多属于集成创新的范畴，在开放式创新条件和不确定性环境下则还涉及复杂的内外部关系的协调，企业专利挖掘千万不能画地为牢、一叶障目，而应当站在企业产品所属产业链和技术链的高度"运筹帷幄"，这样才能找准技术发明定位，谋求获得更大的专利发展空间。

（二）从现有技术对比出发，聚焦差异和贡献进行专利挖掘

专利技术的新颖性、创造性无疑是相对于现有技术而言的，现有技术是判别专利技术的分水岭。离开现有技术，将无从判断专利技术的先进性和技术进步性。基于此，企业在进行专利挖掘时，需要借助现有技术分析，将研发成果这一创新的技术方案与现有技术进行对比，找出创新的技术方案和比现有技术之技术进步所在，用以明确创新成果在技术上所作的贡献，这些贡献将作为专利申请和授权中的核心内容被接受，而那些非技术创新点则不体现在专利申请的独立权利要求中。当然，为了在专利挖掘时进行

---

[1] 杨铁军. 企业专利工作实务手册 [M]. 北京：知识产权出版社，2013：53.

现有技术的判断，企业需要进行较为全面的专利检索与分析。

（三）从培育完善专利组合的角度进行专利挖掘

企业专利挖掘不是孤立地对发明创新点的寻找和发现，而是需要从发明创造的相互联系和作用的角度，对申请专利的技术创新点进行剖析、定位，分清发明创新点中的核心技术、基础技术与外围技术，以构建系统的专利组合，明确不同专利的重要性、作用及对相关技术的影响。因此，企业专利挖掘可以从培育和完善专利组合的角度进行研究。一项研究计划实施后，可能产生系列的发明创造，而这些不同的发明创造的创新程度、对技术发展的影响力不尽相同，从专利挖掘的角度看，应当对不同的发明创造、研发技术的不同创新点作出清晰的判断，特别是应注意区分基础专利与外围专利，以便为后续的专利申请选择合适的申请策略提供依据。例如，在有些情况下，基础技术不宜首先申请专利，而应先申请外围专利，以免基础技术一旦公开会很快被竞争对手竞相开发而反过来受制于人。在有些情况下，基础技术保密性差，则应尽快申请基础专利，或者连同外围技术一起申请。通过专利挖掘，就能够站在技术发展总体路线高度整体把握，从而采取相应的最佳的专利申请策略。

（四）从尽早识别专利风险的角度进行专利挖掘

从专利风险防范的角度看，企业研发过程同时也是专利风险防范的过程。由于发明创造具有动态性，同一个技术领域相同研发课题可能同时有很多人在进行研究，而取得研究成果的时间则有先后之分。在专利先申请原则之下，只有率先进行专利申请才能获取专利权。如果本企业在研发过程中，通过专利文献和情报检索与分析发现，已经有相同的技术申请了专利，甚至已经被授权，企业就应调整研发方向，改变技术路线或者采用替代技术，在无法绕过在先专利技术的情况下，特殊情况下还需要完全终止相关研究，以避免造成更大的损失。这方面国内外企业研发历史都有过类似经验。基于上述考虑，企业在研发过程中挖掘专利应当具有较高的专利风险防范意识。企业通过尽早识别专利风险，可以更有针对性地进行专利挖掘，避免重复研究与专利侵权风险，节省宝贵的研发资源。

五、企业专利挖掘的具体实施策略

企业专利挖掘涉及技术创意与发明构思的获得与筛选、发明点的整理、技术交底书的撰写、申请专利等环节与内容，具有较强的策略性。以下分别予以探讨。

（一）技术创意与发明构思的获得、整理与筛选

技术的专利保护来自技术发明创新点。因此，企业专利挖掘的前提和基础性工作是确定发明构思和技术创意。在现实中，企业员工特别是研发人员在本职工作中可能时常会存在技术创意或发明构思，这些与其自身工作、生活阅历相关但尚未经过研究与验证的"点子"，能否成为未来专利保护意义上的发明创造点，需要事先进行初步的甄别，以排除那些明显不具有技术上的可行性、合理性或者商业应用价值的创意，保留那些具有技术上可行并具有较大的技术价值和市场应用价值的涉及发明创造的创意或构思。

为确保企业能够及时收集到足够的技术创意与发明构思，企业可以通过以下途径建立技术创意与发明构思收集机制。

第一，建立技术创意与发明构思的提交渠道，安排专人负责。技术创意与发明构思很多是员工在工作中或者工作之余即可思考、发现的，具有较强的时效性、随机性、偶然性，必须及时捕捉。为此，在建立了较为完善的企业内部知识管理系统或者知识产权信息化管理系统的企业，可以直接在该系统中建立专门的提交技术创意与发明构思的板块，并由专人负责整理、分类与提交。没有建立上述机构的企业则可以安排专人负责接收或者设立接收专门渠道。

第二，建立技术创意与发明构思的激励机制。为调动员工提交技术创意与发明构思的积极性，发挥员工的聪明才智，企业可以颁布促进技术创意与发明构思产生的激励制度。例如，有些企业设立了"发明创意奖""合理化建议奖"等，就是体现。

第三，以项目研究为主体，兼顾其他形式的技术创意与发明构思收集途径。在日常的研发活动中，研发人员对技术创意与发明构思的发现是收集这方面信息的基本途径。由于研发项目有重要和一般之分，企业在进行专利挖掘时尤其要注意针对重点研发项目人员挖掘技术创意与发明构思。

在获得技术创意与发明构思之后，需要对其进行整理与筛选，这是因为相关信息可能凌乱，需要分类整理与过滤。根据现有研究成果和企业实践，企业在情况允许时可以结合自身技术特点，基于技术与专利协同管理的需要，建立其专属的专利技术分类体系。这样做的优点是，有利于实现企业自身的技术研发与专利的紧密结合。[1] 本书认为，由于企业涉及的产品和技术有自身定位，很多企业还比较单一，企业可以立足于自身产品和技术特点构建独特的专利分类体系，实现研发与专利管理的挂钩，也便于实

---

[1] 杨铁军. 企业专利工作实务手册 [M]. 北京：知识产权出版社，2013：64-65.

现技术主题与专利的对接。从专利战略的角度看，还可以辐射到竞争对手的技术和专利，从而可以更好地进行专利战略规划，提高企业专利能力。当然，很多企业还没有建立独特的内部专利体系，就可以按照通常的对应的专利分类方法对技术创意与发明构思进行分类整理，如按照产品类别、方法类别以及产品和方法类别，或者直接沿用国际专利分类体系等。

在对技术创意与发明构思进行分类整理的基础上，需要对其进一步筛选，排除那些明显没有技术价值与市场价值的部分，寻找出具有技术和市场价值的技术创意与发明构思。对技术创意与发明构思的筛选，最终应由企业研发部门负责，其他部门人员可以提出参考意见。

（二）发明点的整理与挖掘

在前述基础上，企业应着重对发明点进行整理、挖掘。根据现有研究成果，发明点的整理、挖掘主要应掌握以下要点。❶

1. 抽丝剥茧，多维度技术分解

这里的关键问题是进行技术分解。所谓技术分解，有两种情况："一是从技术研发项目任务出发，按照研发项目需要达到的技术效果或技术构架进行逐级拆分，直至每个技术点；二是从特定的技术创新点出发，寻找关联的技术因素，寻找其他可能的技术创新点，比如从产品结构关联到方法应用领域、制造设备、测试设备等。"❷

就前者而言，技术分解立足于技术研发项目目的和任务，对于研发项目，可以"选择以技术功能组成或者技术构组成作为出发点，找出实现技术功能和任务的技术组成部分，分析各技术组成部分并将其进一步逐一向下分解成各技术要素；针对各技术要素梳理提炼总结技术方案。这一过程层次分明、系统直观，构成一个金字塔式的结构"。❸ 这里的"技术功能组"针对的是实现某种功能、达到某种技术效果，它涉及的是如何从技术上解决问题，与技术问题和技术效果相对应。"技术构建组"则体现为技术在结构上的特点或技术构架。如电脑、手机中软件与硬件区分就是如此。本书认为，立足于技术研发项目的目的和任务的技术分解，确实是一种"抽丝剥茧"的技术分解思路，其重要意义在于紧密结合技术研发主题和研发目的，"按图索骥"，逐步揭开技术创新点背后的"面纱"，直至各技术创新点露出"庐山真面目"。这一技术分解方法和思路，也符合企业研发机构进行研发立足于技术研发项目任务的实际情况，因而具有较好的普及性。

就后者而言，立足于特定的技术创新点进行技术分解，在实施过程中，

---

❶ 杨铁军. 企业专利工作实务手册 [M]. 北京：知识产权出版社，2013：66-68.
❷❸ 杨铁军. 企业专利工作实务手册 [M]. 北京：知识产权出版社，2013：66.

"主要针对具有实质性技术改进的技术创新点，找出与该技术创新点相关的关联技术因素；针对相关关联技术因素，适当对其进行多技术维度的扩展延伸，找出可能存在的外围技术构思，并据此形成可能申请外围专利的技术方案"。以触摸屏技术创新为例，针对触摸屏的亮度、耐磨性及透光性等技术特征相关的技术创新点可以包括制造工艺、触摸屏材料的成分等进行专利挖掘。[1] 本书认为，立足于特定的技术创新点进行技术分解体现的技术思维是将技术创新点置于相互关联的技术网络中，于突破的技术创新点中寻找相关联的技术因素，进而"顺藤摸瓜"，寻找相关的技术创新点及其对应的技术方案。这实际上是对创新技术的一种发散性思维，体现了在特定技术领域及其相关延伸技术领域构建完整的创新网络的思想。这种技术分解思路的重要价值尤其体现于核心技术与外围技术、基础专利与外围专利的开发和布局方面。在实践中，围绕特定技术或者技术领域除了开发基础性技术和专利外，还可以基于技术的关联性、配套性、互补性而在相关技术领域获得突破，有时候甚至会有"无心插柳柳成荫"的效果，关键是研发人员对技术及其相关领域保持高度的敏感性，及时捕捉周边相关的技术创新点，从而可以以同样的研发资源获取更多的创新技术及其对应的专利。从企业专利挖掘的角度来说，这显然是非常值得肯定的。

正如现有成果所指出的，对于以上两种技术分解方法，企业可以结合使用，以做到技术分解的全面性，充分挖掘潜在的专利。不过，基于企业研发一般是建立在完成研发项目任务上的，企业可以先从研发项目确定的目标和任务出发进行技术分解和专利挖掘。在此基础上，再针对具有较大技术前景和市场应用空间的技术，寻找相关技术领域可能取得的突破。对那些技术复杂、牵涉技术领域广的较重大的创新技术，两者的结合尤为重要，因为这类技术很可能在相关的技术领域也具有重要的创新突破之处。在现实中，这也就是为何一项重要技术发明出来后会伴随相当多的相关技术发明及相应专利的缘故。

2. 知己知彼，全方位检索查新

检索查新在企业针对研发创新提炼发明点过程中具有十分重要的作用。研发人员提出的发明点是否真正具有专利法上的新颖性、创造性，相关技术领域是否存在更先进技术以及该技术是否已被申请专利甚至已经获得了专利权，都需要通过专利检索和分析的途径加以了解和评判。当然，从研发过程和专利挖掘的角度看，对被评估对象进行专利检索还有更深层次的含义，即不仅可以借鉴现有相关专利文献记载的技术方案，从中得到技术教导和启发，为研发人员进行新的研发活动提供思路和借鉴，而且"在检

---

[1] 杨铁军. 企业专利工作实务手册 [M]. 北京：知识产权出版社，2013：67.

索结果的利用上,一方面相关检索成果将作为提炼发明点、设计权利要求的对照依据,另一方面也是识别排查相关风险专利的重要根据";具体地说,"针对发明构思的检索包括多个层面:一是对技术分解后得到的某个技术创新点进行检索,以确认该技术创新点是否可以成为发明中的发明点;二是对技术创新点的上一级技术组成进行检索,确认整体技术方案是否可申请专利;三是对技术创新点的相关联技术进行检索,确认相关联技术是否存在可申请专利的可能性"。❶ 由此可见,在确定发明创新点方面进行专利检索,其作用是多方面的,不仅包括对发明构思创新点本身的评价,而且包括借助专利检索结果为研发人员从事后续研发创新提供技术教导和启示,以及用以规避侵权风险等。当然,最核心的还是与未来申请专利挂钩,用以评判申请专利的可能性。

3. 未雨绸缪,风险排查和规避

如前所述,研发人员发明构思涉及的创新点有可能被他人已经公开,或者申请了专利甚至被授予专利权,出现这些情况无疑会对发明构思创新点未来专利挖掘和布局产生影响。为此,企业研发机构和人员应当采取积极的应对风险排查和规避等措施,变被动为主动,寻找技术发展上的出路。一般来说,如果在对比相关专利文献与发明构思创新点后,研发人员发现该创新点已经被在先技术所公开,应当积极进行风险评估和排查,了解相关专利的状况及其对本企业的技术发展和市场开拓的潜在或现实影响,在此基础上确定相应的技术研发对策。在实践中,检索到的相关在先专利技术有的可能不属于竞争对手的专利从而与自身市场竞争关联度不大,有的则属于竞争对手专利从而可能对本企业技术发展和产品经营构成威胁。如果检索到的是国际专利,而该专利授予国家或地区恰好是本企业产品出口国或地区,则它很可能构成对企业产品国际化经营的威胁。总体上,针对检索分析到的"风险专利",企业可以采取不同对策:一是针对现有专利进行改进,形成在技术上更先进的改进专利,如针对基础专利的外围改进,反过来形成对基础专利的包围,从而在技术竞争中赢得主动;二是如果针对现有专利技术方案能够开发替代性技术方案,则通过实施要素增加或减少等方式实施替代技术方案;三是实施破坏性技术创新以形成全新的技术方案和技术路线,当然这种情况的难度较大,需要根据研发创新的难度加以确定。

4. 精益求精,千锤百炼发明点

由于专利是市场化的垄断权利,专利本身是技术、法律和市场运营相结合的产物,而发明点是研发成果获得专利权的关键所在,在提炼发明点

---

❶ 杨铁军. 企业专利工作实务手册[M]. 北京:知识产权出版社,2013:67.

时，不仅应考虑发明构思在技术上的先进性、新颖性，而且要从技术、法律和市场等多方面加以考虑。根据前述现有研究成果的总结，体现发明点应考虑的因素主要有：（1）明确发明点首先是未公开的技术。无疑，从专利挖掘的要求看，发明点所涉及的技术方案应当具有新颖性和创造性，这是体现针对发明构思提炼发明点的根本要求。为确认属于未公开的新技术，需要充分利用专利文献和情报进行查新，发现发明点与现有技术区别的创新特征，并针对该创新特征对应的技术方案，确定相应的必要技术特征。（2）对发明点在创新程度上的关注。创造性程度高的发明点具有较高的创新程度，企业在进行专利挖掘时应当重视研发技术发明点在相关技术中占据有利位置，以利于未来在专利布局上取得更大的主动。（3）适当扩展发明点寻找确定的范围。发明点搜寻与确定要站在较高的技术领域高度，基于相关技术之间的内在联系，尽可能获得多的技术发明创新点，为未来专利布局和组合奠定技术基础。（4）站在专利战略的高度寻找发明点的过程中，不仅立足于企业研发自身情况，而且关注竞争对手的专利状况，特别是基于竞争对手的技术薄弱环节对本企业而言具有战略意义的可专利的发明点的开发。由于企业获取专利的目的很大程度上是出于市场竞争需要，企业专利挖掘不能完全局限于技术本身先进性的考虑，还应当研究竞争对手的相关技术特别是专利技术，明确其占优势的领域、环节和薄弱环节。在可能的情况下，企业可实行破坏性创新以打破竞争对手的技术优势，或者专门针对其技术薄弱领域加大研发力度，巩固和提升自身在相关技术领域中的优势和地位。（5）发明点的寻找和确定，还需要考虑受法律保护的难度和侵权的可能性。其原因在于，研发所产生出来的创新成果最终需要能够较充分地受到法律保护，特别是专利法的保护，如果发明点容易被他人发现或容易被商业化，就应对此给予充分考虑，以避免未来得不到充分的法律保护。

在对发明点进行上述挖掘、评判后，企业需要组织研发人员、研发部门主管、专利工程师、技术专家组、专利主管等逐级进行审核。其中，研发人员的职责主要是将专利挖掘的创新点编制成技术交底书，作为专利提案用于评审；研发部门主管主要是对技术方案的技术性和保密性进行审查；专利工程师主要进行专利性审查，主要包括：是否属于专利保护主题，是否具有专利"三性"，技术方案披露、公开的程度，是否具有可实施性，以及从制止专利侵权的角度看是否容易被他人绕过、发现侵权是否较难，是否应当优先采取专利保护方法还是优先采取商业秘密保护方法；技术专家组则主要审查专利的创新程度，主要考虑的因素有：技术方案在理论上的可行性，是否存在技术上无法克服的障碍，技术方案相对于现有技术的进步性和显著特点，技术方案能否有效地解决所提出的技术问题并实现相应的技术效果，以及从产品经营和产业链的角度看，技术方案所处的位置和作用等；专利部门主管则在上述意见基础上最后决定技术方案的专利申请形式和策略等问题。❶

（三）技术交底书的撰写

技术交底书是记载企业发明创造的基础性质的技术文件。技术交底书撰写质量如何，将直接影响后续的专利申请质量。在实践中，大多数企业专利申请是委托外部的专利代理机构完成的，专利代理人往往需要吃透技术交底书的精神后再撰写专利申请文件，从而实现从技术文件到法律文书的转化。从内容上看，技术交底书应当围绕"现有技术—现有技术缺点—发明目的—技术方案—有益效果—最佳实施方案"这条主线来提供。❷

技术交底书可以按照不同的标准加以分类。例如，根据技术交底书记载的技术方案在相关技术领域发展中的重要性和作用，可以分为基本（核心）技术型、外围技术型、规避设计型以及预研型技术交底书。基本（核心）技术，是企业专利挖掘最重要的成果，对于提高企业核心竞争力具有关键作用，因此这方面技术交底书的撰写尤其值得重视。为此，企业需要组织研发人员、专利工程师、技术专家、专利主管部门等进行深入地研讨和交流，充分发掘其领先的技术创新点，并争取到最大限度的保护范围。由于基本（核心）技术的重要性，对该技术交底书应保持高度的保密性，以免因为泄密而使企业丧失重要的技术资产。外围技术型则是企业在开发核心技术时通过技术延展而扩展的技术保护手段，或者开发外围技术时需要记载的技术交底书。规避设计型则是企业在从事技术开发时发现竞争对手相关专利技术对本企业构成妨碍时而采取技术规避手段。预研型是针对企业在应用型开发项研发前针对基础性开发所产生的成果。❸ 由此可见，基于不同发明目的的技术方案，技术交底书的撰写有其自身的特色。

技术交底书本身不是专利申请文件，它是研发人员撰写的供专利工程师、专利主管部门或者企业外部专利代理人撰写专利申请文件参考和使用的技术性文件。不过，两者之间仍具有密切联系，技术交底书的基本内容需要根据专利申请文件对发明与实用新型专利对说明书的要求撰写。

---

❶ 杨铁军．企业专利工作实务手册［M］．北京：知识产权出版社，2013：69．
❷ 赵岩，郭广迅．如何获得高质量的专利权［N］．中国知识产权报，2013-07-10（05）．
❸ 杨铁军．企业专利工作实务手册［M］．北京：知识产权出版社，2013：78-79．

第 2 节　企业专利布局战略

专利布局体现了企业未雨绸缪、专利先行的战略思想。科学、合理的专利布局能够使企业利用专利申请、确权手段占据技术和市场先机，从而赢得市场竞争主动权。

一、企业专利布局的内涵、目标与功能

（一）企业专利布局的内涵

专利布局是企业从其经营战略出发，通过及时申请专利、选择合适的地域和保护范围，形成搭配合理的专利集群，既为自身产品和技术保驾护航，也为牵制他人对企业技术和市场的挑战形成法律屏障。专利布局形式上是指企业将其研发成果选择申请专利的类型、地域并确定权利要求的保护范围，是企业专利确权和获得法律保护的行为；从专利战略的层面看，则是具有很高战略意蕴的谋划专利竞争的专利策略，因而远远不只是简单的专利确权行为。有学者认为，专利布局可以从以下两方面加以理解：其一是专利分布（patent layout），"体现为已有专利的分布属性，如时间分布、区域分布和相关性分布等，其功效主要反映专利分布的客观存在状态"；另一方面为专利组合（patent portfolio），"体现为对已有专利不同分布属性的组合分析，如创新能力分析、申请人技术实力分析和专利投资组合分析等，其功效为综合分析多个已有专利的分布图表得出所需的专利战略"。[1] 专利布局的概念确实可以从专利分布与专利组合两方面加以理解，如有研究成果认为，专利布局是指"企业综合产业、市场、法律等因素，对专利进行有机结合，涵盖了与企业利害相关的时间、地域、技术和产品等维度，构建严密等级的专利保护网，最终形成对企业有利专利格局的专利组合"。[2]

（二）企业专利布局的目标和功能

企业专利布局的目标和功能在于，提高专利保护水平，充分发挥专利对企业市场竞争的作用，提高企业专利能力。专利布局通过对特定地域范围内产品和技术领域进行有针对性的专利部署，确立和巩固企业在相关竞

---

[1] 贾丽臻，张换高，张鹏，等. 基于专利地图的企业专利布局设计研究 [J]. 工程设计学报，2013（3）.
[2] 杨铁军. 企业专利工作实务手册 [M]. 北京：知识产权出版社，2013：90.

争市场的优势地位。实践证明，具有战略意蕴的专利布局对企业技术竞争力提高具有重要作用，能够整合企业技术资源和优势，形成强劲的专利保护的隔离机制，提高企业专利资产价值和竞争优势；相反，那些对自身专利布局缺乏战略规划，缺乏整体考量的专利申请和授权，很可能就是一盘散沙，即使获得了大量专利权，也难以形成强大的技术竞争力。

具体而言，企业专利布局所要实现的目标可以从服务于企业专利进攻、防御战略与储备专利资产、适应未开发市场需要等方面加以考虑。企业为实施进攻型专利战略，必须首先拥有占优势的专利，特别是掌握一定的基本专利、核心技术专利。专利布局为适应进攻型专利战略的需要，应当立足于竞争对手主要技术、产品和市场上的专利布局状况，在明确其专利优势和不足的基础上重点出击，在相关技术方面取得突破，密集部署专利，形成对抗性专利布局，在赢得和巩固相关技术、产品和市场中竞争优势的同时，消除竞争对手在相关产品、技术和市场上的专利威胁。就防御型专利战略而言，如本书所探讨的，企业采取的策略固然很多，但通过自身合理的专利部署，为企业自身产品、技术和相关市场提供较为完整、严密的专利保护网络，构建保护性专利布局，也是一个重要方面。此外，在不确定环境下技术发展具有不确定性，为了赢得未来技术发展和市场的主动权，企业未雨绸缪，提前部署专利，实施一定的超前专利布局也具有必要性，这在理论上可被称为储备型专利布局。

二、企业专利布局的总体策略

企业专利布局本身也是实施专利战略的重要手段。基于企业专利布局的战略性考虑，在进行专利布局时，应以专利战略为指导，以确立和维护相关技术和市场竞争优势为目的，以具有策略性的专利部署为落脚点，以形成具有强大竞争力的专利组合为依归。具体而言，企业专利布局的总体策略如下。

（一）从专利战略的高度谋划专利布局，制定专利布局战略规划

如上所述，专利布局是实现企业专利战略的重要手段，应当高瞻远瞩，从获得未来市场竞争优势的角度加以科学规划。由于技术发展迅猛，而企业产品从研制到上市有一个过程，企业专利布局就应遵循"产品未动、专利先行"原则，对企业未来的产品和技术市场提前进行专利申请和授权方面的规划，以免被他人抢先获得专利。同时，由于专利战略本身又服从于企业发展战略，特别是生产经营战略，企业专利布局应当立足于企业长远的发展规划，在专利申请策略、申请数量、申请结构、地域分布等方面充

分体现企业技术创新、产品经营战略的需要，立足于企业现有的技术研发资源和能力，以满足企业发展需要为第一要旨。以中兴通讯公司为例，该公司早在 2004 年即提出了专利布局的概念。由于通信技术发展日新月异，竞争激烈，且具有高度的国际性，随着该公司的发展壮大，国际化企业是其发展的基本定位。为适应企业国际化战略发展需要，中兴通讯开始了在全球范围内相关技术领域专利布局的征程。例如，公司在欧美等发达国家（地区）和重要的新型市场国家（地区）重点申请了 1 万件国际专利，这些专利技术覆盖第三代、第四代移动通信技术，以及以云计算及物流网、智能终端等为主的新技术、新产业。其中，第四代移动通信技术的基本专利数量已经独家占到全球通信厂商的 7%，取得业界技术领先地位及竞争话语权。❶

（二）企业专利布局以谋取相关技术领域技术竞争优势为突破口

这一点与上述第一点实际上是一脉相承的，因为专利战略的目的就是要谋取市场竞争优势。在当代，技术发展日新月异，技术竞争也愈演愈烈，专利本身成为技术竞争的重要手段和方式。在"专利竞赛"环境下，各竞争对手专利数量越来越多，以致很多技术及其分支领域专利部署密集，企业为突破"专利丛林"，需要根据自身的经济技术优势和资源，谋求在细分市场取得差异化竞争力优势。

（三）企业专利布局以策略性的专利部署为落脚点

专门部署也就是通常所说的专利申请。从专利战略的角度看，专利申请不仅仅是专利确权性质的法律行为，而且具有很强的策略性。从专利合理布局的角度谋划专利申请，就是一个重要思路。有关企业专利申请战略，本书第 4 章还将专题探讨，在此仅从专利布局的角度进行简要论述。

企业专利部署的策略和手段，需要紧密结合企业产品和技术的特点、企业研发资源和能力，以及竞争对手专利状况，站在前述专利战略的高度加以谋划。例如，企业生产经营的产品和技术特点就是考虑的基本因素。企业产品和技术的竞争力会随着技术发展和市场竞争环境的变化而变化，为了保持在相关产品和技术领域的竞争优势，企业需要开发更多的技术，并及时进行专利部署。专利布局的战略形式通常有：基础专利与核心专利；产品和方法；从小组件布局到大系统；从核心组件布局到应用产品。专利布局的方式大致有以下几种：(1) 将某一技术主题的所有技术解决方案申请专利，形成地毯式专利网的布局方式；(2) 将围绕某一技术主题的多种

---

❶ 赵建国．王海波：知识产权是企业竞争的核心因素 [N]. 中国知识产权报，2012-06-13 (04).

技术解决方案分别申请专利，形成城墙式系列专利的布局方式；（3）将某一技术主题所必需的一种或几种技术解决方案申请专利，形成路障式专利的布局方式；（4）将围绕某一技术主题之核心专利的许多技术解决方案申请专利，形成糖衣式专利群的布局方式。❶ 可见，企业专利布局存在多种形式，具体采取何种形式需要根据特定技术的创新程度、受保护的难易程度、竞争对手状况和市场动态等因素加以取舍。

（四）在专利战略指导下实施企业专利布局规划，构建合理的专利组合

企业专利布局归根结底是要构建和形成合理的专利组合，放大专利聚合效应，提高企业整体的专利能力。企业专利布局的主要工作是制定合理的专利布局战略规划，针对其特定产品、技术和相关竞争市场进行有目的、有针对性的专利部署，通过策略性地申请专利和获得专利权，最终形成有价值的专利组合，从而取得特定技术和市场领域专利竞争优势。为此，企业在进行专利部署之前，需要以专利战略为指导，根据专利布局规划，选择合适的产品和技术领域进行专利挖掘。前述专利挖掘其实是和专利布局、专利组合十分相关的行为。专利挖掘以专利组合为重要的指引形式，以专利布局为手段实现专利战略的共同目的。在专利挖掘基础上，可以针对特定产品和技术，谋求在特定地域范围内进行专利部署，形成合理的专利组合。其结果是，企业专利技术开发、专利部署围绕建构具有内在联系、互为补充、互相支持的专利保护网络，形成一股合力，使得企业在相应的产品和技术领域均受到严密的专利保护，从而使得企业形式上处于分离和分散的专利得以围绕提升企业竞争力的共同目的而被有机组合，有利于最大限度地发挥专利的资产价值和竞争效能。

三、企业专利布局的具体策略

企业专利布局实施的具体策略可以从企业相关产品特点、实施研发项目流程、技术需要保护的市场领域及地域等角度加以研究。以下将分别讨论。

（一）从产品特点出发考虑专利布局

由于产品的技术属性、消费对象、市场规模和竞争结构不同，企业基于产品多方面特性部署专利，是值得优先考虑的专利布局策略。当然，由

---

❶ 李文洁. 企业须注重侵权风险控制［N］. 东莞日报，2013-10-21（C03）.

于产品是通过一定技术手段制造、生产出来的，产品的技术特点、结构、功能在很大程度上决定了该产品的特点和功能，并且在技术日益复杂化的环境下一种产品可能包含很多技术，具有技术集成的性质。从这一特点看，很多产品的市场竞争力依赖于在该产品或者产品系列中集成的不同技术在专利布局上的有效性和合理性。专利布局是针对产品技术上的创新所作的法律行为，从产品各种特点出发构建企业专利布局主要应当考虑的因素如下：❶

首先是产品的重要程度。如上所述，很多企业拥有产品种类较多。不同产品的技术含量、市场占有份额、竞争优势以及对企业利润的贡献不同，企业在进行专利部署时，自然应对那些为企业经济效益提高作出重要贡献的重点产品给予重点考虑，实施密集的专利部署，形成重点技术领域产品的专利保护壁垒，使产品的技术优势转化为市场优势和竞争优势。以华为公司为例，其早些年在路由器领域实施"压强突破"，以差异化、目标集中战略在与美国思科等巨头的竞争中取得局部技术领先优势就是一种体现。当然，也不是说企业那些不太重要的产品不需要部署专利，只是相对于重要产品来说专利申请的数量和密集程度会要小一些。

其次是产品的技术生命周期和成熟度。产品拥有一定的技术生命周期，而这与产品本身的成熟度直接相关。在产品技术生命周期早期，新产品刚刚上市，尚未形成较大的规模，但产品前景无限，市场容量不断扩大，相关技术领域的竞争者也不断引入。企业为保护新产品，并不断拓展市场空间，需要在新产品上市之前就在专利挖掘的基础上进行专利布局规划，尤其需要针对关键技术、核心技术取得基础专利，并重视外围相关技术的专利保护。随着新产品在市场销售，市场容量不断扩大，产品不断成熟。此时企业在专利布局上应根据产品本身的技术特点和竞争对手竞争态势，巩固保护性专利布局，加强对抗性专利布局，在与不断出现的竞争对手的博弈中保持产品市场自由度。在产品相关技术进入衰落期，产品处于逐渐被市场淘汰的过程中，企业专利布局则应考虑及时转型，随着技术升级以及产业转型及时捕捉技术前沿，争取在新一轮技术竞争中捕捉先机。同时，此阶段企业还可以及时处置一些相关专利，如通过放弃、许可、转让等形式，以降低专利维持成本，提高企业经济效益。

再次是产品的技术先进性。企业不同产品的技术先进性、原创性程度不一。针对其技术先进、原创性程度高的产品，应及时针对各个创新点实施密集的专利部署，建立严密的专利保护网。特别是对于核心技术、关键

---

❶ 有关观点，参见：杨铁军. 企业专利工作实务手册 [M]. 北京：知识产权出版社，2013：101-102.

技术，企业应及时将其申请专利，强化保护性专利布局。同时，也要防止相关技术的延伸领域被竞争对手抢先申请，因而也需要及时考虑外围专利申请问题。对于那些属于对企业自身或者他人产品进行改进的改进型产品，其先进程度、原创性不及原创产品，企业主要可以围绕基本专利申请外围专利，同时针对各创新点上的不同技术方案，必要时部署密集的专利，以取得局部技术领先优势。

最后是产品的系列性。产品可以分为单一产品与系列产品。就单一产品而言，企业部署专利的重点自然是该产品区别于其他产品的优势所在。单一产品也可以部署系列专利，形成专利保护网络，在早期专利保护期限届满后通过后续专利延续专利的保护期限。对于系列产品，则需要对这些产品共同包含的通用技术及时部署专利，同时覆盖其各种实现方式、应用方式、改进优化方案或替代方案，以形成系列产品严密的专利保护网络，呵护产品市场。

（二）从实施研发开发项目流程考虑专利布局

专利布局的基础还是企业的研究开发活动。从本书的研究可知，研发活动本身并不是孤立的技术开发活动，而是与企业专利活动、专利战略规划密切相关，实际上具体体现于专利挖掘、专利布局等活动。在产品的各个技术领域和技术节点上，企业需要对相应的创新方案进行专利挖掘和专利部署。企业研发过程一般是根据研发项目进行的，而研发项目本身需要经过可行性论证，在可行性论证中，应当引入专利指标。研发项目从可行性研究到研究项目的立项，再到研究开发的实质阶段，最后到小试、中试和产品上市阶段，都涉及专利等知识产权问题。可以认为，研发项目实施和管理过程就是企业专利管理过程，也是企业专利挖掘和专利布局思想贯彻的过程。将研发流程与企业专利管理高度融合、以专利战略指导企业研发的思想，有利于避免过去我国很多研发部门"为研发而研发"，忽视研发过程中的专利挖掘和专利部署，加之对研发成果保密意识不强，结果造成具有巨大创新价值的研发成果得不到法律保护的情况。由于研发过程中产生的各技术创新点对于企业产品创新的重要性以及在专利保护方面的作用不大相同，企业通过在研发不同阶段嵌入专利挖掘和专利布局思想，必然有利于及时把握专利布局的方向和重点，以专利确权保护未来企业的创新产品。同时，通过在研发过程中不同阶段嵌入专利挖掘和专利布局思想，除了有利于在各个技术节点上及时获得专利权以外，还可以随着研发项目进程以专利文献和情报分析为指导，调整专利布局的方向和具体实施策略，使研发流程始终与专利战略保持一致性。

具体地说，从实施研发开发项目流程考虑专利布局，可以大致分以下几个阶段加以讨论：

首先是项目的可行性研究及研发项目立项阶段。

这一阶段在有的研究成果中又被称为概念阶段和计划阶段。这一阶段连同后续的研发阶段、研发成果市场化阶段，就相关的专利问题而言，专利布局是与专利检索分析同步进行的，或者认为专利检索分析与专利布局是作为平行的两条主线贯穿于企业研发的各个阶段的。就可行性研究阶段而言，专利指标应当成为立项的重要依据。研发计划可行性论证报告通过后，即进入研发项目的立项阶段。在上述阶段，企业从事专利相关的工作首先是专利检索与分析，针对研发项目涉及的技术主题及其相关的现有技术，检索分析现有专利技术布局的情况，了解本技术领域、行业竞争对手专利布局情况，同时评估本研发计划实施的专利风险。当然，此阶段专利检索与分析的目的，除了这里探讨的专利挖掘和专利布局问题外，还包括对于研发活动本身的启发与借鉴，避免重复研究和低水平研究等问题出现。

日本三菱公司提供了有益的经验。该公司在研究开发管理中，确定了研究开发立项的严格程序。公司的研究开发工作由研究所负责。研究开发项目立项有以下4个环节：其一，在每年夏天由各工厂或研究所提出提案，两者所占比例大体相当。其二，每年9月，研究所对提案进行可行性方面的评估。其三，每年12月左右，经评估认为不具有可行性的提案，申请人可以申请复核。其四，通过可行性评估的提案，经工厂厂长和研究所所长同意后，予以正式立项。[1]

其次是研发阶段。

研发阶段是企业实施研究计划的关键阶段，也是企业进行专利挖掘、实施专利布局思想的实质性阶段。在该阶段也是专利等知识产权的确权阶段。这一阶段需要关注的专利问题主要有：一是确定需要保护的客体；二是选择保护的方式；三是根据企业外部法律状况和面临的技术和市场风险选择保护机制或保护机制的组合；四是选择确权的时间；五是选择确权的地域范围；六是注意确权的技巧和策略。其中，突出的问题又在于对取得的创新成果是采取申请专利的方式加以保护还是作为商业秘密保护，以及在拟作为专利形式加以保护时采取哪些策略。以下为需要关注的几个要点。

第一，对于在研发过程中取得的具有突破性的技术进展，原则上要尽快通过申请专利形式获得全方位的保护，构筑专利壁垒，防止被他人抢先申请。

第二，对于在研究过程中取得的备用技术方案，可以有选择性地基于保护性专利布局、储备型专利布局等的需要进行专利部署，形成合适的专

---

[1] 毛金生. 企业知识产权战略指南 [M]. 北京：知识产权出版社，2010：32.

利组合。

第三，建立企业研发活动中取得成果专利申请的评判机制，确定选择标准。国内外企业在这方面提供了一定的经验。如美国惠普公司建立了一套跟进技术创新活动的专利管理流程，其中在专利协调流程中规定，研究开发人员与专利代理人和公司律师一起讨论对取得的技术发明成果是否申请专利、如何申请专利、申请专利的技巧等问题，从企业管理的角度看这是一个组织学习的过程，从专利战略与技术创新的角度看则是确保技术发明及时获得有效法律保护的途径。❶ 日本索尼公司非常重视技术创新中的知识产权确权问题。公司制定的知识产权战略与方针是："商业活动所至之处，即知识产权保护必须所及之处"。在专利确权方面，公司针对新技术发明的专利申请，从市场前景、竞争对手和实施情况等方面综合考虑。具体内容是：一是评估申请的专利能否应用或获得许可，以考察申请专利的技术的经济性和实用性；二是看申请专利的技术对竞争对手是否具有吸引力，能否实施许可，以评估新技术对竞争对手的影响，同时需要进一步评判在竞争对手提出专利侵权警告或者诉讼的情况下该专利是否具有防御能力；三是评估申请专利的技术的实施范围。❷

第四，根据企业研发项目计划执行进度和研发资源分配情况，判断各技术节点上专利布局方案的可执行性，及时修订和调整专利布局策略和方向。同时，通过对不同技术实现方案的对比分析，体现共性技术点，将其作为专利申请和布局的重点。❸

第五，在研发过程中注重利用专利情报信息，跟踪相关领域知识产权动态，针对专利等知识产权风险，及时调整研发方案，并在可能的情况下进行规避设计，针对特定专利权对象采取对抗性专利布局等措施。

再次是研发成果产品化、商品化和上市阶段。

研发的重要目的在于开发出适销对路的新技术产品，通过产品获得利润，最终占领市场。在研发成果产品化、商品化和上市阶段，企业专利布局需要重视以下问题：（1）在新产品上市之前，对相关技术领域专利状况进行动态检索与分析，特别是针对竞争对手的专利状况进行检索分析，防止引发专利侵权风险；（2）在新产品上市之后，根据市场消费者的反馈和产品在使用中出现的问题，进一步改进产品在市场化中存在的缺陷，并对改进的成果申请专利。

---

❶ 冯晓青. 企业技术创新中的知识产权管理策略研究：以知识产权确权管理为考察视角 [J]. 南京理工大学学报：社会科学版，2013（4）.
❷ 毛金生. 企业知识产权战略指南 [M]. 北京：知识产权出版社，2010：53.
❸ 杨铁军. 企业专利工作实务手册 [M]. 北京：知识产权出版社，2013：104.

（三）从地域分布考虑专利布局

专利权具有地域性。正是基于此，企业需要依据其产品、技术覆盖或者拟进入的市场领域确定适当的专利权地域保护范围，以防止相关地域市场被竞争对手捷足先登。从一般要求来说，企业在专利的地域布局方面，应做到专利布局跟随产品和技术走，即企业产品需要拓展的国内外市场就是其专利布局的地域范围。这里的市场，既包括企业既有的产品、技术市场，也包括其潜在的市场。就企业现有市场而言，专利布局的重要意义在于利用专利的垄断性、独占性保护和巩固企业已经占领的市场或者已经获取的市场份额。在很多情况下企业生产、销售的产品品种较多，这些不同的产品对其利润率的贡献不一，企业在专利布局方面应善于寻找那些对企业经济效益明显、市场容量大且成长快速的产品领域，实施密集的专利部署，防止竞争对手染指。国内外很多企业历年专利申请、授权的情况就很好地证明了这一点。如很多跨国公司在其核心技术产品领域拓展的国家和地区都进行了大量而密集的专利部署，形成了对其核心技术和产品保护的专利技术壁垒。至于企业潜在市场，在专利布局上应考虑其相关产品和技术市场成长性好、市场容量大的领域，对于那些本企业产品、技术特点与潜在市场需求相适应的产品、技术，应适当加大专利部署力度，以确保抢占潜在市场的主动性。

第 3 节　企业专利组合战略

前面一章探讨的企业进攻型专利战略与防御型专利战略，通常是针对单个的专利而言的。实际上，随着当前技术竞争和市场竞争的日益激烈，企业之间"专利竞赛"活动日趋白热化，企业如何整合其自身专利群，并有效地利用外部专利赢得整体的竞争优势，变得日益重要。在这种情况下，企业专利组合战略便应运而生。近年来，国外学者对专利组合战略的研究尤为重视，如霍尔（Hall）从专利战略的角度分析了专利组合的策略性运用，认为企业可以运用专利策略获得在相关技术领域中的技术和市场优势，并抗制竞争对手的染指。[1] 本节将对企业专利组合的概念、类型和意义，企业专利组合战略的实施策略等问题加以研究。

---

[1] 屠蕴雯. 论系统工程方法的应用 [J]. 科技情报开发与经济, 2001 (6).

一、企业专利组合战略概述

（一）专利组合的概念

"专利组合"概念首先来自相关的管理理论，尤其是来源于20世纪70年代出现的市场管理、工程管理、技术管理、研究开发管理方面的组合管理思想。当前，组合管理思想得到了国内外学者的广泛认可，认为它是不断地选择正确项目的过程。组合管理是与项目单独管理相对而言的，在组合管理下，项目单独管理的效益要低些，这也正是组合管理存在的缘由。根据有学者提供的信息，组合管理被运用于专利权领域，最早来自德国教授霍格·恩斯特（Hogg Ernst）在1998年首次运用组合方法评估一家企业的专利配置并用于企业战略研究开发规划，后来不断有人对专利组合方法进行研究，[1]并在实践中被逐渐推行。如美国马克斯韦尔（Maxval）公司首席执行官博迈恩拉恩（Bommannan）认为：公司的专利成千上万，需要根据公司的商业目标被追踪、维持、保护或放弃，此即专利组合管理。又如，施乐公司CEO里克·托曼（Rick Toman）上任后大刀阔斧地进行了以开发公司知识产权资产为目标的改革。公司新成立的知识产权管理部门（XIPO）则担负公司专利投资损益的责任，其具体负责的事项如对所有技术向上申报、技术评价和分类保护全线监管，对现有专利进行定期评估，决定这些专利的价值和竞争力，最后作出保留、放弃或更新的建议，以此保留公司所有专利组合的价值。公司将有价值的专利集合成专利组合，通过专利许可获得利益。公司还依靠知识产权价值评估公司，对公司的专利或专利组合进行市场评估。

专利组合，不能望文生义，认为它就是将专利简单地聚合在一起。专利组合其实具有很强的战略意义，它指的是基于专利战略目的将若干相互区别但也存在联系的专利聚合起来，以实现比单个专利更大的效果的行为。企业专利组合与本书述及的专利布局不是同一概念，它涉及专利授权后的行为，而专利布局侧重于研究开发前和研究开发过程中如何策略性地进行专利申请等事宜。

专利组合是企业实施专利战略值得高度关注的内容，其关键是在聚合有效专利的前提下加强对专利的有效保护和实际控制力，建立基于竞争对手的差异化优势。随着企业之间技术竞争的白热化，很多企业在相关技术

---

[1] HOLGER ERNST. Patent Information for Strategic Technology Management [J]. World Patent Information, 2003 (25).

领域已经拥有了大量专利，专利竞赛成为当下专利战略实施的一道风景线。在专利竞赛格局下，企业依靠单项专利开展技术和市场竞争的效率大为降低，而是需要给予实现特定战略目标的需要，聚合在技术上、市场运营等方面具有巨大互补性的专利，以相当数量的专利组合对抗他人的专利进攻。在竞争对手已经实施专利组合战略的前提，如果企业自身还是以单个的专利"单打独斗"，就可能缺乏整体的竞争力。

（二）企业专利组合的类型

企业专利组合中的"专利"，从被组合专利的相互作用机制和发挥的作用，可以分为以下几种不同类型。[1]

其一是基础性专利。这些专利是企业在从事研发活动中取得的关键性的技术成果，对于其提高市场竞争力具有关键作用。与基础专利形成专利组合，有利于最大限度地发挥基础专利的竞争效能，否则难免使之被竞争对手孤立。

其二是互补性专利。所谓互补性专利，是指企业在技术研发、后续改进及后续的产业化过程中，对创新技术进行专利部署，从而形成基础专利与外围专利、改进专利、应用专利的有机组合和相互补充。

其三是竞争性专利。这是指采用不同的替代性技术方案解决同一个技术问题，实现相同或者相似的功能、作用和效果的专利。通过竞争性专利建立专利组合的意义在于，避免竞争对手采用替代性技术方案规避侵权，提高竞争对手的模仿成本，因为企业基于某一技术主题设置一些竞争性专利，他人从技术上进行规避的难度将加大。而且，竞争性专利还有一个作用，就是从未来储备性专利布局考虑，但技术发展使得最初的专利过时时，可以竞争性专利替代。

其四是延伸性专利。所谓延伸性专利是指企业基础性专利在产业化应用时或者拓展性应用时产生的创新技术方案，以及在与相关技术方案结合时产生的组合性技术方案。通过延伸性专利组合，企业无疑可以在专利技术产业化应用以及现有专利技术与相关产品、技术嫁接中拓展专利保护空间，从而使企业产品随着产业链的延伸终获得专利的有效保护。

其五是支撑性专利。这类专利是指对企业核心的、基础性专利起到配套和支撑作用的相关专利。实践中如基础专利与外围专利、与特定技术方案相关的上下游技术方案等。

---

[1] 关于以上分类方法和观点，参见：杨铁军. 企业专利工作实务手册 [M]. 北京：知识产权出版社，2013：108-109.

（三）企业专利组合的重要意义

企业专利组合对于提高专利的整体价值和企业专利能力具有十分重要的意义。具体地说，体现于以下几点。

首先是弥补针对单个专利存在有限的保护期的不足。专利技术的实际寿命、市场价值并不随着专利权保护期限的届满而终止。为此，企业在其技术发展过程中可以针对改进的技术方案或者新的应用情况申请新的配套专利，使之与基础性专利构成合理的专利组合，这样在原先的专利权保护期限届满后该产品可以继续受到专利权的保护。

其次是弥补单一专利保护的不足。一个企业可能先后申请很多专利，如果这些专利在技术上缺乏互补性，在市场竞争中缺乏协调配合性，就难以发挥最佳的保护竞争、开拓市场的效果。例如，如果企业对技术发展与演进过程中的改进技术不及时申请专利并与基础专利形成互补结构，就难免被竞争对手开发的外围专利、改进专利所制约。

再次是优化专利结构，提高企业专利的整体竞争效能。企业专利结构可以从专利的技术分布、时间分布和地域分布等角度加以研究。优化专利结构，可以形成良好的专利组合，提高企业专利总体的竞争效能。

（四）企业专利组合的目标

企业专利组合是对多类型、数量众多的专利项目进行评价、选择，将其有限的资源进行优化配置，通过对项目的管理运行，实现组织战略目标。其实质是通过选择合理的专利项目组合，并进行有效的组合管理来保护企业的项目、研发活动和生产经营活动与企业的目标一致，以便有效地贯彻实施企业战略。

现有研究认为，企业专利组合的目标有以下四个方面：其一是专利组合价值最大化。途径是选择新的专利组合实现现有专利组合的价值或商业价值最大化。其二是在专利组合中寻找平衡，为实现该目标，需要根据市场、技术、产品、项目等参数实现一个技术项目的平衡，如长期项目与短期项目、高风险与低风险项目。其三是战略联盟。这要求企业的专利具有战略性，所有的专利行为都应反映企业战略目标和战略优先权。其四是选择正确的专利数量。很多公司拥有众多数量的专利，这些专利需要专利维持费和动用人力和时间加以管理，因此按照技术、时间、企业战略需求和企业资源情况，寻找对企业最为恰当的专利组合规模和数量具有必要性。❶

---

❶ 谭思明．专利组合分析：一个有效的企业竞争战略决策工具 [J]．情报杂志，2006（4）．

二、企业专利组合战略的实施

专利组合可以看成是企业实施专利战略的具体策略之一。例如，韩国三星公司对其知识产权战略的基本要求就表现为，构筑与产品组合相适应的专利组合，在专利组合的基础上进行知识产权的全球化管理。企业专利组合战略不失为企业专利战略实施的一种新的方式。当然，其适用存在一定的条件和要求。事实上，企业专利权要实现其在企业动态能力中形成的战略价值，自身存在一个优化组合的问题。我国需要进一步借鉴国外的研究成果和企业实践经验，也需要加强对这一问题的研究，逐步形成比较成熟的企业专利组合战略理论，并在总结企业实践经验的基础上逐步推广。企业专利组合战略实施，需要重视以下策略。

（一）构建企业专利组合的专利群，明确竞争对手的专利组合

专利组合战略需要立足于企业自身的专利组合，也需要研究和明确竞争对手的专利组合，以便有的放矢，形成能够有效对抗竞争对手的专利组合。在构建企业专利组合中，企业无疑首先需要在开发专利、加强自身专利布局的基础上构建自身有效的专利组合，这是企业实施专利组合的基础。然而，在开放式创新的环境和条件下，企业囿于经济技术实力，专利数量和质量、专利有效布局等方面总会存在一定的问题。为此，企业需要采用受让、获得许可参与专利池和专利联盟建设等方式获得外部的专利资源，做到"为我所用"，优化企业自身专利结构，弥补自身专利缺陷，以与自身现有专利及其组合形成更合理的专利组合。

（二）根据不同专利的特征实施对应的专利组合战略

如上所述，企业专利组合可以按照不同标准加以分类。这些不同分类是实施相应的专利组合战略的基础。以下将以现有研究成果为基础，探讨企业专利组合战略的实施策略。根据企业技术关联度划分，企业专利组合战略可以体现为如下几种模式。❶

1. 集束型专利组合战略

该专利组合战略指的是企业某一技术方案的基础性专利连同各种替代性解决方案的竞争性专利构成的专利组合战略。在实施该组合战略时，需要注意有关专利组合基于同一技术解决方案，针对的是同一技术主题、实现相同的技术功能或者产生相同的技术效果。实施这类专利组合战略的意

---

❶ 杨铁军. 企业专利工作实务手册 [M]. 北京：知识产权出版社，2013：101-103.

义在于，现实中企业之间竞争激烈，为了在竞争中占据优势，当某一个企业申请专利的技术方案被公开甚至获得专利授权后，其他企业会千方百计地设计替代性解决方案以避开专利权利要求的保护范围，从而会稀释专利保护的作用。为此，通过构建集束型专利组合，竞争者采用替代性技术方案也仍然会落在专利权利要求的保护范围之中，很难绕过。

2. 降落伞专利组合战略

这种专利组合战略通常指的是在基础性技术方案的基础上，针对该技术方案进行改进和优化而形成的互补型专利构成的专利组合战略。该战略涉及的专利组合是针对某一技术及其发展、演变过程的改进、应用、细化而产生的创新的专利与基础性专利的组合形成的。这种专利组合的优势在于，不仅通过基础性专利保护发明创造，而且对基础性发明的应用和改进，特别是新技术成果的产品化、市场化和产业化实施延伸性保护，确保其产品上市的专利安全性，防止因为产品的应用、改进、更新换代导致相关技术被他人抢先申请专利而陷入被动。

3. 星系型专利组合战略

这种专利组合战略是由某技术方案的基础专利加上在各个领域的应用所获得的延伸性专利构成。该战略涉及的专利组合的特点是，不同的技术应用领域均是围绕同一个基础性技术专利产生的。星系型专利组合的意义在于，不仅通过专利牢固地控制核心技术，而且对其在周边相关技术领域的应用也获得了专利保护，便于企业以核心专利技术为龙头，实施新技术的多元化应用，提升企业整体的经济效益。

4. 链型专利组合战略

这种专利组合战略通常是基于某一技术的专利或者专利组合以及为实现相关技术的产业化和应用提供支持的上下游支撑专利或专利组合组成。其基本特点是，专利组合中的相关技术均是"围绕某一技术或产品的产业化实施提供整套的技术方案"。企业在其进行相关技术和产品创新中，如果涉及产业链中的很多环节和技术节点，就可以构建该种类型的专利组合。其意义在于，以密集的专利保护企业在相关产品和技术产业链中的技术创新点，为企业在相关产业链保持竞争优势奠定法律基础，同时有力地支持企业产业升级和转型，以及在与上下游企业建立合作关系时以专利筹码赢得谈判优势。

5. 网状覆盖型专利组合战略

这种类型的专利组合战略是指企业产品及其各个技术节点上取得的专利集合战略。通常，一个新产品被开发出来后，围绕该产品的制造、生产、产业化会产生很多技术创新点，针对这些不同的技术创新点部署专利形成专利组合，有利于对产品提供严密、完整的专利保护。特别是对于那些开拓性产品，网状覆盖型专利组合对于牢牢地控制市场意义重大。

当然，在实践中，上述专利组合战略模式并不是孤立、对立的，企业完全可以根据技术研发的创新程度、产品经营计划以及相关技术领域专利布局的现状、竞争对手的专利状况等因素灵活处理。此外，还需要强调指出，上述企业专利组合并不是一成不变的，应当保持一定的动态性。无论如何，企业通过有计划、步骤有效地部署专利形成优势互补的专利集群，打造专利组合，是其实施专利的重要策略形式，这一点应当是没有疑义的。

三、企业专利组合战略实施的实证分析

从企业实践看，运用专利组合战略取得竞争主动地位和效果的例子并非罕见。例如，美国格林伯格·特里格（Greenburg Traurig）律师事务所知识产权部将三所大学的5项专利技术打包许可给一家生产抗癌药物的厂家，专利许可费用达3亿美元。这种专利打包许可形式，实际上是专利组合策略的运用。在实践中，专利经纪公司或者拥有专利的企业，对其掌握的专利需要进行一定的整合、分类，以形成有较强互补性的专利组合。必要时还需要进一步进行研发。又如，美国高智发明公司在内存芯片、无线电技术和相关技术领域整合出规模庞大的专利组合。这些被打包后的专利组合涵盖了不同定位的专利类型，如有的属于具有投机性质的专利，有的属于在产业应用领域较为成熟的专利，有的则属于尚未在市场中应用的专利。通过这些不同的专利组合形式，客户可以相对低廉的价格获得与其产品经营相匹配的专利，避免了单个许可繁杂的谈判成本，从而有利于促进专利技术资产的利用。

第4章 企业专利申请战略

专利申请是企业实施专利战略的基础，也是专利技术研究开发与利用专利的桥梁，因为企业创新成果只有申请专利才能获得专利权。专利申请并不是一个简单的程序问题，其背后存在一系列复杂的决策分析因素，战略色彩很浓。只有从战略高度认识和研究企业专利申请问题，才能使企业专利申请能更好地服务于企业战略和生产经营发展需要。本章即对企业专利申请的战略问题作出分析与研究。

第1节 企业专利申请战略的运用

企业专利申请战略是为实现企业的一定战略目标服务的，因而可以不同的目的作为标准对其加以分类。如以转让为目的的申请战略、以自己使用从而获得竞争优势为目的的申请战略、以对竞争对手采取专利对策的申请战略，以及以迷惑竞争对手为目的的申请战略等。不过，无论企业专利申请战略出于何种目的，申请决策、申请时机、申请种类、申请范围、申请国别等都是专利申请战略需要解决的基本问题。下面分别进行讨论。

一、是否申请专利的决策

从理论上讲，申请专利与作为技术秘密保密都有各自的优点和不足，对于一个具体的创新成果来说，究竟是申请专利还是作为技术秘密保护，需要考虑多种因素。

（一）申请专利

申请专利是企业创新成果获得专利权的惟一途径。通过申请专利获得专利权，企业就可以利用专利权的高度独占性，开拓、控制和占领市场，最终赢得市场竞争优势。可以说，一个企业专利战略的成功与失败，与其专利申请工作做得如何有很大关系。原则上讲，企业创新成果只要具有可专利性，就应当考虑申请专利，从而获得专利法的保护。

但是，申请专利并非在任何情况下都是合适的。企业是否申请专利需要结合自己的经营发展战略，从技术、经济、法律、市场等方面综合权衡后决策。一般来说，如果某项创新成果具有可专利性，构成专利主题时，在下列情况下具有申请专利的必要性。

1. 从竞争战略角度考虑应申请专利的情形

企业专利申请应在专利战略指导下进行，并且在较多的情况下除考虑保护自身的技术外，还需要站在竞争战略高度，考虑制约竞争对手、占领未来技术发展的制高点。

通常，企业从竞争战略考虑应申请专利的情形有：（1）技术比较复杂、竞争对手难以绕过去的比较重要的技术创新成果，如企业的基本发明；（2）通过申请专利能有效地控制竞争对手的技术创新成果，防止竞争对手的产品或者技术进入相关产品市场；（3）通过专利申请和确权能有效地防止竞争对手控制自己；（4）为迷惑竞争对手而制造假象申请专利。

2. 从技术开发难度的角度考虑应申请专利的情形

这类情形主要有：（1）竞争对手容易通过反向工程获得该发明创造成果技术要点的；（2）市场潜力较大但创造性较低的发明创造成果。这类成果由于创造性较低，能比较容易地由他人开发出来，应及时申请专利，否则容易坐失商业机遇。

3. 从法律保护与利用角度考虑应申请专利的情况

企业申请专利的目的不在于自己利用，而主要是实施专利有偿转让战略时，有必要申请专利。另外，考虑专利产品容易被他人仿制，也有必要申请专利。像药品一类的产品研究开发时间长，耗资巨大，从法律保护角度看显然也应申请专利。西方一些药品制造商在选择生产药品的方案时，不仅仅考虑药品的临床效果，而且要考虑哪种方案能够获得最有力的专利保护。还如，产品的制造方法对于生产、销售某种特定产品必不可少，那么申请方法专利可以达到保护该产品的目的。

4. 从市场的角度考虑应申请专利的情形

专利权的获得与维持需要承担一系列费用，如果一项专利申请获得专利权后没有多大市场需求，不能为企业创造一定的经济效益与社会效益，这项专利申请在经济上就是不合算的，在一般情况下不值得申请。对那些市场应用前景好、经济价值大的创新成果，一般应申请专利。在有的情况下，当市场前景不很明朗时，也有必要申请专利，这是因为，今天没有市场不等于明天没有市场。在有些情况下需要进行必要的市场储备。例如，有的企业申请专利的目的是进行"技术储备"，而不是尽快开发专利产品投入市场。但是，如果企业因对潜在的巨大市场没有准确的预见而没有申请专利，有时就会造成战略性损失。美国施乐公司在1979年未对图形用户界面技术及时申请专利，就是一个典型例证。施乐公司的这项技术后来构成了苹果Macintosh和苹果Windows个人电脑操作系统的基础，但当时公司管理层根本没有料到PC具有现在这样巨大的市场机会。另外，从技术储备策略的角度考虑，有的企业申请专利的目的是想日后被他人购买专利权或取得实施许可，或者当被指控专利侵权时能够作为交叉许可的筹码。这些也同样体现了申请专利对企业的战略价值。

以上几点实际上是关于企业专利申请在什么情况下具有必要性的问题。除此之外，还应当考虑拟申请专利在法律上的可行性。原因是，并不是所有的专利申请都能够获得专利权，申请专利的发明创造需要符合法律规定的条件。

（二）作为技术秘密保护

在有些情况下，只要企业能够采取适当的保密措施使技术创新成果不被泄露，就可以考虑采用技术秘密的方式加以保护。这些情况主要有：

1. 明显不能适用专利保护的企业技术创新成果

这类成果主要有：（1）技术创新成果不属于专利法保护的主题；（2）技术创新成果不具备专利性，尽管其商业价值可能较大。

2. 可以获得专利保护、但专利保护风险大

这类情况主要有：（1）竞争对手能够在研究专利说明书后轻易绕过的技术创新成果；（2）技术创新成果商业应用价值不大，申请专利会公开发明创造内容，而对自己并无经济利益方面的好处；（3）技术创新成果经济寿命周期短，申请发明专利有可能出现等到授权时该技术成果已有更先进的替代技术出现的情况。

3. 申请专利保护会过早暴露企业重大技术研发意图与策略

在有的情况下，申请专利保护会过早暴露企业重大技术研发意图与策略，此时就不宜申请专利。但是，企业一定要掌握时间，以免被竞争对手捷足先登而坐失良机。一般来说，企业应在确保竞争对手在相关技术研发方面还存在较大差距，通过保密不易被其所察觉为宜。

4. 通过保密该技术可以明显长期的、无国界地独占市场

这类情况以美国可口可乐公司的"可口可乐"饮料配方最具代表性。该公司通过严密的保密制度使该配方作为商业秘密一直被公司控制。如果将该配方申请专利，专利保护的期限性会使该配方过早地进入公有领域。

比如，法国一公司在 20 世纪初发明了一种玻璃纸生产方法，也是采用这种方式。美国杜邦公司曾耗资数百万美元，动用多年时间研制该生产方法却没有成功，只得通过非专利技术许可的形式使用该技术。

然而，企业技术创新成果作为技术秘密保护的风险也是很大的。风险因素主要有：（1）企业无权阻止他人通过反向工程破译该技术，一旦破译该技术，企业可能会遭受巨大损失；（2）企业技术秘密转让或许可他人使用后，如果受让人或被许可人泄露给善意第三人，这种转让或许可合同难以约束该第三人；（3）技术秘密一旦被他人擅自泄露、披露，尽管权利人可以根据法律的规定向侵权人追偿，由于该技术信息已经被社会公众所知悉，权利人将无法在事实上再获得对该技术的垄断；（4）完全不排除别人也在研制同一技术，他人先申请专利取得专利权后，将对本企业构成威胁。因此，企业将创新成果作为技术秘密保护局限性也是明显的，在透明度越来越明显的今天，专利保护仍然是主要的保护形式。企业选择技术秘密保护形式应当慎重，即使是在决定实施技术秘密方式保护后，也应注意与其他方法综合运用。

（三）公开技术创新成果

公开技术创新成果适用于不适宜于申请专利、也不适宜于作为技术秘密保密的情况。它更多的是作为一种战略手段加以运用，即通过公开成果使竞争对手的专利申请丧失新颖性，阻止他人获得专利权。但应注意，这里所说的公开绝不是"和盘托出"，而是只要达到阻止竞争对手在后专利申请的目的就够了，至于技术创新中的关键内容是不能轻易公开的，而且企业公开的范围在符合法律对新颖性要求的前提下越窄越好。由于技术公开意味着不受任何法律保护，人人都可以自由利用，企业公开技术创新成果一定要慎之又慎。

二、专利申请时机的决策

专利申请时机究竟以哪一天为好，应当根据企业某项特定的创新成果而定，依据不同的发明创造选择不同的申请时间，并不存在统一的模式。但是，在确定适当的申请时机方面，以下原则是值得重视的。

（一）充分考虑竞争对手目前的状况，特别是研究相同发明创造的可能

如果竞争对手目前还无力研究出同样的成果，就不必急于申请，待竞争对手准备研制但尚未研制出来时再申请专利。特别是对于高新技术产品

而言，首先考虑的不是申请专利，而是采取严格的保密措施。当竞争对手已完成该产品的研发，准备批量投入生产时，此时立即申请专利保护是非常合适的。对自己具有优势、竞争对手在短期内难以作出同样的发明创造的，可以推迟一点申请专利，一般可以等到竞争对手快要追上时再申请专利。这样做的好处是避免了技术被过早地公开而给竞争对手以可乘之机，同时也延长了技术的保护期限。但是，如果本企业的技术创新成果同时有多家企业或者其他主体在进行研制，就应抢先申请。特别是当竞争对手多，而市场需求又很强或者技术容易被模仿时，企业应毫不犹豫地尽快申请专利。

（二）注意技术创新阶段的保密，以免技术被人公开而丧失新颖性

我国《专利法》在界定新颖性的时间标准方面，采用申请日标准。申请前的保密工作对确保新颖性具有重要意义。一般而言，企业在申请专利前不宜急于召开新闻发布会、成果鉴定会、产品或技术鉴定会，也不宜在一般展览会、报刊等领域披露发明创造的细节或发表论文披露有关技术细节。如果他人对企业拟申请专利的技术感兴趣而需要许可使用该技术，则应当与其签订保密协议，明确约定违反协议的法律责任。这样即使他人擅自泄露了发明创造的内容，根据我国《专利法》规定，该发明创造仍不丧失新颖性。

另外，鉴于申请专利本身具有相当的战略性，除了上述对技术内容本身进行保密外，研究开发动态、申请动向和策略等信息也应当保密，因为这些内容一旦被竞争对手掌握，将可能对自己造成被动，特别是对那些需要抢先开发和申请专利保护的研究开发项目更是如此。

（三）防止过早申请专利

专利先申请原则对专利的及时申请提出了要求，但是，申请专利的时间也并不是说越早越好。过早申请也会存在一些缺陷。例如，在企业技术创新成果尚未成熟时过早申请专利，由于不具备授予专利权的条件而会影响专利权的获得；过早申请由于申请文件准备匆忙，可能影响专利申请的成功；过早申请等于是向竞争对手过早地暴露了自己的技术秘密，有可能使其在短时期内赶上甚至超过自己，使自己的专利申请尚未授权就被淘汰；过早申请还有一种风险，即专利技术因不够成熟，在申请被公开后最终被驳回，不但不能获得专利，而且技术内容也公开了，竞争者可以在此基础上迅速改进，申请改进专利反过来限制自己。此外，过早申请也等于未来专利权的过早结束，因为包括我国在内的许多国家在对专利权的期限计算

上都是以申请日为起算日的。

防止过早申请的基本原则是适时申请，在确保研究开发的技术达到一定的成熟度并在研究竞争对手技术发展动态、市场效益等因素后综合考虑。

（四）对企业基本发明应考虑到其应用研究和周边研究的成熟度

原则上，为防止其他企业或其他竞争对手以基本发明为基础展开外围研究，或者抢先申请应用发明专利覆盖自己的基本发明，企业一般应等到基本发明的应用研究或周边研究大体成熟后再申请基本发明专利。要考虑本企业基本发明与外围研究开发成果专利申请的协调，防止单纯申请基本专利公开技术方案后让竞争对手多头开发外围专利技术，反过来限制自己。企业也应对围绕基本专利的周边技术或者对基本专利所做的改进及时申请外围专利，在基本专利外再形成一层"技术壁垒"，使竞争对手无法攻破。否则，一旦被竞争对手所利用，申请基本发明专利的企业仍将处于被动地位。对于方法专利申请而言，可在提出实施方案并进行小试成功后，即着手办理产品配方主要工艺专利申请。对于产品发明则应尽早提出专利申请。

（五）适当考虑研发阶段和过程

企业专利申请时机选择，还可以从研发阶段和过程的角度进行具体分析，以便企业选择合适的时段申请专利，防止过早或过晚申请。企业创新活动需要遵循一定的时序和管理流程。以企业新产品开发为例，一般而言，包括技术预测、设计、新产品试制和上市四个阶段。在技术预测阶段，主要任务是根据企业产品研发目标，在进行必要的专利文献和情报检索与分析的基础上，评价现有技术特点和不足，并针对目标开发对象提出创新目标和突破点。技术预测阶段尚没有形成一个完整的技术方案，企业对新产品的开发还停留在设想和构思阶段。一般而言，此阶段不便于申请专利。当然，也不排除在特定情况下抢先就极具创新的构思申请专利的情况。设计阶段包括初步设计、技术设计和工作图设计等内容，它需要为下一阶段即试制阶段提供全部技术文件和设计图纸。由于设计阶段技术文件已经基本备齐，企业可以适当地有选择性地申请专利。在新产品试制阶段，企业需对新产品进行试制、实验和鉴定，其中试制包括样品试制和小批量试制，旨在定性产品设计并为批量生产打下基础。产品试制阶段的目的是检验新技术产品的可靠性和可行性，为产品的定性和鉴定提供依据。由于在试制阶段已经取得了包括设计和工艺等在内的可靠性和可行性方面的相对完整的技术资料和数据，此阶段成果申请专利是合适的。企业新产品上市阶段，既是产品更新换代的起点，也是其特定新产品研制、开发的重点。

由于此阶段新产品已经向不特定多数人公开，此阶段不是申请专利的最佳时机。[1] 由此可见，从企业研发过程和阶段，也可以清楚地了解到企业申请专利应选择的合适的时机。

三、专利申请种类的选择

在我国可以申请专利的种类有发明、实用新型和外观设计。这三种专利形式各有其特点，企业应根据自己发明创造的特点，结合这三种专利的不同要求选择适当的专利申请种类。在具体的申请实践中，企业可以同时申请两种或两种以上专利保护形式，以使各种专利申请形式取长补短，并在实践中延长专利保护期限。例如，一种发明创造可以同时申请发明专利与实用新型专利。一般来说，实用新型专利申请将首先获得授权，因为发明专利申请的审批周期较长。当发明专利申请授权后则可以视情况放弃实用新型专利权。这样做的优点是：利用实用新型专利审批周期较短的特点，尽快获得专利保护；同时，利用发明专利保护期限较长的特点，使发明创造获得较长时期的法律保护。另外，企业还可以利用我国《专利法》中国内优先权的规定，实行申请专利种类的转换。也就是说，在专利优先权期间内，作为申请人的企业可就已申请发明专利提出相同主题的实用新型专利申请，或者就已申请的实用新型专利申请发明专利。

四、专利申请保护范围的选择

在企业专利申请战略实践中，有的因为权利要求保护的范围确定不当，以致一项高质量的发明创造获得的专利保护力度很小，如本来可以获得保护的技术要点没有被覆盖在权利要求中，从而失去专利保护，这是值得吸取的教训。

此外，企业在确定专利申请保护范围的问题上，为防止竞争对手实施"绕过策略"，可以实施相应的"反绕过策略"。基本思路是，将专利技术人员以外的技术人员假定为专利权人的竞争对手，从两种相反的角度评估专利申请，对竞争对手可能采取的绕过策略加以考虑，然后对专利申请的权利要求书进行适当修改，以使权利要求书确定的保护范围尽可能扩大，将专利保护范围扩大到竞争对手可能想得到的技术范围。"反绕过策略"的目的在于阻止竞争对手运用"绕过策略"对付自己的专利，实施的基本要点是抢在竞争对手之前"绕过"自己的专利并就此再申请专利，防止竞争对

---

[1] 李彦. 企业专利申请的平衡思考 [J]. 食品工业, 2013 (7).

手通过采用与自己首先发现的方法相同的方法绕过自己的专利。

五、专利申请国别、地区的选择

专利的地域性特征决定了企业只有在其他国家或地区申请专利才能在该国或地区获得专利保护。企业到国外去申请专利是实施专利技术输出战略的重要前提，也是企业开拓和占领国际市场的重要手段。如果企业的发明创造在其他国家或地区有较大的市场、能够通过产品销售或技术推广而获得较大的经济效益，其在其他国家或地区申请专利就具有较大的必要性。因为如果不申请专利，其他国家或地区就可以无偿地生产、使用和销售自己在国内的专利产品或使用其专利技术。一般来说，企业到国外申请专利取决于占领国际市场的需要。为正确地确定专利申请国，企业应制定在国外专利确权的战略。鉴于在新的国际竞争环境下专利国际申请战略对我国企业已变得十分重要，以下将专题讨论。

六、专利申请具体策略的选择

企业在专利申请时，从竞争战略的角度考虑，为防止竞争对手洞悉自己的战略意图，或者为防止被竞争对手实施反控制手段，或者为了取得整体的专利战略实施效果，需要讲究一些策略。以下主要阐述集中申请策略、分散申请策略、化整为零策略、收费门策略、绕开对方专利策略等。

就集中申请策略而言，企业在面对竞争对手基本专利包围时，为给对手实施反包围或为有效保护自己的专利范围，可以根据情况集中申请大量专利。

就分散专利申请策略而言，企业在出现开拓性的发明创造或者有重大改进性发明创造时，可以先在总方向上申请基本专利，然后将基本专利派生出的不同分支的发明创造以隐蔽形式申请专利，使竞争对手难以收集到自己的情报。如实施申请人变换策略、申请撰写的隐蔽策略，如在专利申请的整体写法上避免将其与作为源头的基本专利申请联系在一起，从而起到分散隐蔽的作用。这两种专利申请策略互相补充，前者适合于包围对手的基本专利申请，以及短线产品的专利申请，后者适合于对企业未来发展关系重大的基本专利或者重大改进性专利申请，以及长线产品专利申请。[1]
在申请技巧上，需要注意隐蔽性，使竞争对手不能轻易地通过惯常的专利情报战略分析方法完整地掌握企业专利申请以及后续的授权信息。例如，

---

[1] 何海帆．在激烈竞争中企业的专利策略［J］．广东科技，1996（10）．

在专利名称上可以根据情况选取竞争对手容易漏检的名称；在国别上，可以适当考虑小语种国家；在公开问题上，可以通过补正手段推迟技术公开时间等。

就化整为零策略而论，它是指将较复杂的技术方案分解成多项专利申请，在专利数量上取胜。实行这种策略的优点如：在专利技术贸易实践中通过专利数量优势占据主动，比起单个专利能获得更多的利益；扩大专利保护范围，增强对市场的控制程度。研究发现，日本企业比较重视运用这种策略，而且日本的专利立法也为之提供了立法保障。在专利实践中，日本专利权人通过这种以小换大的策略，获得了可观的效益。例如，日本专利权人曾用丙烯腈技术换取了美国标准石油公司索赫欧法丙烯腈技术，用流量计专利换来了纸浆浓度计和气压调节器等国外专利。

收费门策略也是申请专利的一种策略。根据国外学者史蒂芬·格雷泽尔（Stephen Glazier）的介绍，这一策略的具体做法是：先对包含竞争对手技术在内的技术作一综合分析研究，从中发现以后的研究方向。然后再具体研究、预测以后的发展趋势。最后，"跳过"目前的研究阶段，抢先提交专利申请，将下一研究阶段可能出现的新技术以非常宽的权利要求加以覆盖——即使对采用这些新技术的产品结构只是一个模糊的概念。一旦专利申请获得批准，对与自己获得的专利相关的工业领域来说就可以像是高速公路收费门一样，当实际的产品发展到自己的专利水平时，要求"路过"自己的专利时缴纳"过路费"。❶

另外，在专利申请策略中，如果是涉及对竞争对手专利的反控制，则可以采取绕开对方专利的策略。企业在研究竞争对手专利的基础上，可以改变或者放弃竞争对手专利的独立权利要求中的某一个或者某一些必要技术特征。例如，如果对方专利是产品专利，则改变其产品结构或组成；如果对方专利是方法专利，则改变工艺条件或者简化工艺步骤，目的是避免侵权。实施绕过策略通常包含略部件法、使用新材料法、改进技术原理等手段，实施这一策略可以有效地抗击竞争对手。

七、专利申请文件撰写的策略

企业专利申请中应掌握专利申请文件撰写技巧，也是专利申请策略中值得注意的问题。从法律上讲，企业专利申请的每一个权利要求构成了独立的专利权。在专利申请实践中，因为权利要求撰写不当而大大缩小应予保护的范围而造成被动局面的例子很多。国外这方面也存在教训。这里不

---

❶ 吕薇，李志军，等．知识产权制度：挑战与对策［M］．北京：知识产权出版社，2004：33.

妨以发明了硅藻土炸药和设立诺贝尔奖的英国化学家诺贝尔发明的无烟炸药专利为例加以说明：❶

诺贝尔在 1887 年就该发明申请了专利，其申请内容为炸药由硝酸甘油和可溶性硝化纤维素构成。当时炸药委员会认为可溶性硝化纤维并不纯，而火药专家阿贝尔也建议他用高度硝化的不溶性硝化纤维，但诺贝尔认为不溶性硝化纤维对撞击敏感，容易发生事故。后来，阿贝尔研制并申请了一种组分中含有硝酸甘油和可溶性硝化纤维素及少量凡士林的专利，并将该技术转让给日本。当时日本舰队在日俄战争中用这种炸药一举消灭了俄国绕道好望角的波罗的海舰队。诺贝尔得知有人使用了其专利，便向法院提起专利侵权诉讼。终审法院则认为：被告使用的不溶性硝化纤维素，与原告的不同，故不构成侵权。在该案中，诺贝尔只考虑了安全问题，未将不溶性硝化纤维素纳入保护范围，构成了专利申请中的重大失策。后来他认为判决不公，又无处投诉，积愤成疾而早逝人间。

由此可见，企业实施专利申请战略也需要高度重视专利申请文件撰写技巧。根据实务界人士建议，可以从以下两个方面设计专利申请文件的撰写：❷

其一是"站在无效的角度设计专利申请文件的撰写"。由于在专利无效宣告请求中，"发明和实用新型专利文件的修改仅限于权利要求书，在满足相应的修改原则的前提下，修改权利要求书的具体方式一般限于权利要求的删除、权利要求的合并和技术方案的删除"，因而实务界主张"保护范围层层缩小、带梯度的倒宝塔形的权利要求布局"的撰写方式。

其二是"站在维权的角度设计专利申请文件的撰写"。由于专利申请中的权利要求的内容是获得专利权后确定保护范围的基本依据，说明书和附图则可以用于解释权利要求，企业在申请专利时应考虑可能的专利侵权情况并据此确定合理的权利要求的范围，在设计权利要求保护主题时应便于维权。具体而言，可以根据情况从不同角度加以考虑。例如，有的建议"针对各种可能的侵权途径，在多个技术层面以不同的角度布置独立权利要求，争取尽可能大的保护范围，使权利要求书在专利侵权中发挥防线作用"；❸ 有的建议要考虑授权后的权利要求书的可诉性，考虑授权后维权时的举证难易程度，如建议将权利要求的保护主题落脚到可出售的产品或可转让的工艺，还应具体公开产品的制备方法及表征该产品所用的方法和

---

❶ 张贰群. 专利战法八十一计 [M]. 北京：知识产权出版社，2005：210-211.
❷ 李龙飞，罗俐，刘潜发. 浅谈企业专利申请质量的提高 [G] //2013 年中华全国专利代理人协会年会暨第四届知识产权论坛论文汇编. 北京：知识产权出版社，2013：1-8.
❸ 穆建军. 权利要求书撰写应在专利侵权中发挥防线作用 [J]. 电子知识产权，2005 (9).

设备。❶

当然，提高专利申请文件撰写质量，还可以从其他方面加以改进。以下就是值得注意之处：其一，严格按照专利法、专利法实施细则的基本要求。其二，站在专利战略的高度谋划专利申请。其三，专利代理人应加强与发明人之间的沟通。专利代理人需要首先对本发明涉及的相关现有技术，尤其是最接近的现有技术的特点和发展状况加以了解和分析，必要时进行检索与分析。在此基础上，通过对比本专利申请与最接近的现有技术，确定本发明创造专利申请的保护范围。其四，针对专利审查员的审查意见通知，采取积极的对策。其五，选择代理质量高、信誉好的专利代理机构代理。

八、企业专利工程师制度：专利申请战略的重要运作机制

就我国企业专利申请而言，大多数企业采取的方式是聘请外部的专利代理机构代理专利申请。诚然，就我国大量的中小企业来说，企业内部没有专业人员胜任专利申请事宜。然而，很多大中型企业具备培养自身的专利工程师自行申请专利的条件。与外部聘请专利代理机构申请专利相比，企业内部培养的工程师具备熟悉研发技术特点和企业市场需求等优势。飞天诚信科技股份有限公司就提供了这方面的经验。

据该公司知识产权经理宫朝红介绍，该公司拥有一个由十余人组成的专利工程师队伍，企业日常的专利申请工作均由其完成。和聘请专利代理机构申请专利相比，专利工程师申请专利的特色和优势在于，"企业专利工程师有更多的机会深入了解本领域相关技术的发展趋势以及专利的整体布局，使企业的专利挖掘和专利布局得到更准确的定位，为企业的产品研发趋势、销售市场拓展工作提供准确的方向"。不仅如此，由企业专利工程师申请专利，还可以做到企业研发与专利申请工作的同步，保持企业研发与专利管理的高度融合，同时以专利战略指导企业研发和专利申请活动。❷

飞天诚信科技股份有限公司提供的经验表明，企业专利工程师参与专利申请，能够较好地在研发和市场之间搭建桥梁，提升企业技术创新效率。当然，针对具体的企业而言，可以采取灵活的形式申请专利。例如，像华为、中兴这样的大企业，其专利申请是部分由其专利工程师解决、部分委托外部的专利代理机构负责。有些企业达到了一定的专利申请量，可以考

---

❶ 邹雪梅. 从后续程序谈专利申请文件的撰写 [J]. 中国发明与专利, 2008 (2).
❷ 王康. 重视专利申请 做好知识产权管理：访飞天诚信科技股份有限公司知识产权经理宫朝红 [N]. 中国知识产权报, 2013-12-18 (6).

虑培养自身的专利工程师队伍，除了搭建研发和市场桥梁以外，也负责企业专利申请工作。大量中小企业不具备培养自身专利工程师的条件则可以外聘专利代理机构负责处理。

第2节 企业国际专利申请战略

过去，我国企业对专利的国际申请重视不够，历年在国外申请的专利数很少。具有战略眼光的企业家则懂得企业有必要将专利的触角延伸到具有市场价值的世界的每一角落，以专利为武器控制国内外市场并同时抵挡住竞争对手对市场的占领，这无不是企业开展市场竞争的重要策略。在企业国际市场国内化和国内市场国际化的全球化环境下，我国企业重视国际专利申请战略显得十分重要。《知识产权管理与评估指南》5.4.4（知识产权标准与布局）即指出，"企业应依据产品主要销售地以及主要竞争对手所在国，合理选择专利申请地，做好境外及国际专利申请"；"企业应根据国际化生产经营的需要，及时跟踪竞争对手的国际专利布局，整合企业研发成果，有的放矢开展国际专利布局"。

一、企业制定国际专利申请战略应考虑的因素

企业国际专利申请战略的制定是企业通过国际专利申请活动，在国外专利确权，获得国际市场竞争力的重要手段。我国企业只有通过实施国际专利申请战略才能以此为基础逐步实现国际化经营的战略目标。

企业国际专利申请战略的实施是从制定专利申请战略开始的。主要应考虑以下问题。

1. 有关国家专利制度状况

不同国家的专利制度状况对在国外申请专利有一定影响。例如，企业的某项创新成果创造性程度不高而市场前景大，就可以到采用实用新型制度的国家或实行登记制的国家去申请专利。

2. 企业拟在国外的活动计划

例如，企业准备在哪些国家使用该项技术从事生产，或输入专利产品并防止伪造品输出；国外竞争对手的规模与分布情况等。

3. 产品与技术领域

企业在国外生产、经营的产品应事先心中有数，可以从产品的性质、技术寿命、市场范围、消费群体等方面进行评价。

4. 申请国

当前，世界主要国家和地区都建立了专利制度。但是，各国在专利保

护方面具有不同特点，企业需要根据自身国际化经营战略的需要适当加以选择。例如，美国是各国企业专利申请的聚集地，在美国专利保护相当严格，申请美国专利是进入世界主流市场的重要手段。日本与我国贸易量极大，对与日本发生经济贸易往来的企业，申请专利具有很大的必要性。德国的发明专利则具有很高的权威性，企业在德国申请专利可以配合广告宣传战略进行。英国专利的一个重要特点则是，当英国专利生效后，进入英联邦国家后经过登记即可以享有专利权。企业在英联邦国家开展经济贸易活动，申请专利具有必要性。

从占领竞争对手市场的角度看，开拓性的重要发明宜向多国申请专利。一般性的发明创造，则依据产品被竞争对手利用的情况确定。原则上，应考虑到与我国有密切经济贸易往来的国家申请专利。同时，也应考虑到市场需求量较大、经济效益好的国家申请专利，并且应重点考虑竞争对手的所在国、产品工艺来源国，因为竞争对手往往是在其本国生产、销售产品，控制了竞争对手所在国市场就能有力地遏制竞争对手。在产品工艺来源国则可以斩断竞争对手的"后路"，使其无法利用专利技术制造产品。一般来说，在产品生产方面与本企业竞争的国家、重要进口国、技术交流国是需要重点考虑申请专利的国家。如竞争对手较多且散布于不同国家，则可以在这些竞争对手供应的主要市场国家申请专利。当然，有时企业选定某国为申请专利的国家的直接目的并不是占领该国市场，而是为夺取未来市场创造条件。例如，某产品在非洲很有市场，而该产品主要来自美国，在美国申请专利即可以控制美国的生产者从而达到间接占领非洲市场的目的。

上面阐述的对申请国的确定，就优先选择市场量大的国家申请专利而言，可以称为"市场导向"申请策略；就优先选择在竞争对手生产地所在的国家申请专利来说，可以称为"生产导向"申请策略。

另外，在确定申请国时，还应考虑能否在该国取得专利权、能否获得实际保护。这就需要考虑拟申请专利的国家关于专利条件的规定、该国专利保护环境等因素，以便在该国能够顺利地获得专利权并受到实际的保护。还如，该国是否拥有实施专利的条件、是否有前景广阔的专利技术实施市场、竞争对手是否具有较强的仿制专利产品的能力，也是值得考虑的。

二、企业国际专利申请战略的实施策略

（一）企业国际专利申请对策

企业申请国际专利，可以根据自身情况选择适当的形式，避免走弯路，浪费企业资源。为此，了解我国专利法和国际专利申请条约的有关规定很

重要。一般来说，企业可以通过以下三种方式申请国际专利。

一是利用《保护工业产权巴黎公约》（以下称《巴黎公约》）的规定申请国际专利。我国早在 1985 年 3 月 19 日即成为该公约的成员国。该公约规定了申请专利的优先权原则。我国企业可以根据《专利法》的规定，先在我国申请专利后，在该公约规定的优先权期间内向一个或者一个以上准备获得专利的《巴黎公约》成员国申请专利。

二是利用《专利合作条约》（PCT）的规定申请国际专利。我国于 1994 年 1 月 1 日成为该条约成员国，并同时成为其受理局、指定局、选定局、国际检索单位和国际初步审查单位。与《巴黎公约》相比，该条约简化了国际专利申请程序。我国企业可以首先在中国申请专利，然后按照该条约的规程进一步办理 PCT 申请手续，以使自己的技术在多国获得专利保护。

三是直接向拟获得专利的国家申请专利。

比较而言，第二种途径的优势明显，特别是企业准备在较多国家获得专利时。当企业对某一产品或方法只准备在一两个国家获得专利时，则可以考虑其他两种方式。

此外，企业在国外申请专利，还涉及是否需要事先在本国进行申请或者履行特别程序的问题。很多国家规定，将在国内完成的发明创造在外国申请专利，须先在本国申请专利，即使该发明创造根据本国专利法的规定不属于专利保护的主题时也如此。这主要是考虑到防止本国重要发明创造首先在国外公开和使用，以致造成发明资源的流失。

（二）服从企业国际化经营战略发展需要

与企业国内专利申请一样，国际专利申请也不只是简单的专利确权行为，而是具有高度的战略性，因为国际专利申请需要与企业国际化经营战略接轨并服从于国际化经营战略的需要。为此，企业应讲究专利国际申请策略，在战略高度上以其国际化经营战略为指导，研究国际专利部署的时间、地区。

第 3 节　企业专利申请与商业秘密相结合战略

在实践中，以专利申请加上商业秘密保护的混合保护形式非常普遍，这体现了企业对技术成果的一种保护战略。常见的形式有以下两种：一是企业将其发明创造中符合专利条件的大部分内容申请专利，但对其中的关键、核心部分则作为商业秘密中的技术秘密形式保密；二是对其发明创造中的某个相对独立的部分或某个配件申请专利，发明创造的整体则作为技术秘密保护。在第一种情况下，他人虽然能够依据专利说明书等资料实施该专利技术，但要达到较为理想的实施效果，仍然需要获取该商业秘密。这样就能够提高专利权人在签订许可或转让合同中的地位，实现更大的效益。在第二种情况下，即使技术秘密被他人获悉，由于专利仍控制着产品部分细节，他人要生产完整的产品，仍然需要和专利权人签订许可合同。

专利申请与商业秘密相结合战略，体现了将保留发明创造的部分技术内容作为技术秘密给予保护，部分内容通过公开申请专利的形式独占市场，在一定程度上发挥了申请专利和给予商业秘密保密两方面的优势，避免了各自的不足，不失为一种较好的模式。在实行这一战略时，原则上，企业在符合专利法规定的充分公开条件之下，对技术公开的程度越低越好，特别是应避免公开关键的技术秘密。在具体操作上，企业可以对发明创造中容易为他人仿造且不容易保密的部分申请专利保护，而对发明创造中技术难度较大且不容易被仿造的部分作为技术秘密保护。如国外企业就比较重视利用这种结合战略。在国外企业的很多专利说明书中，体现发明目的的基本技术内容被充分公开，而技术难度较大的、影响技术效果的工艺、优先配方、最佳实施条件等则作为技术秘密的形式加以保护。这样做对权利人的好处是，即使他人按照专利说明书生产专利产品，在没有掌握该技术秘密的前提下在产品质量和工艺方面仍然不能取得满意效果。当他人需要向专利权人购买专利许可证或受让所有权时，国外企业往往提出技术秘密许可证等一揽子协议，而且索要价格通常较高。被许可人或受让人为了使专利技术的实施达到理想效果，则往往不得不同时购买。这也就是为何当前技术许可证协议很多是以专利技术与技术秘密相结合的形式体现的原因。

当然，在实践中仍需要注意掌握一定的"度"的限制，因为专利申请受到"充分公开"法定条件的限制，企业只有在不影响满足充分公开的条件下才能将一部分技术信息以技术秘密的形式加以保密，而不能因为顾及保密而使申请的专利公开不够充分，从而丧失专利权的保护。同时，为了在尽可能少公开技术秘密的条件下获得专利权，占领发明创造的基本领域，也要防止出现保留下来的技术诀窍形成了一个相对完整的技术方案，以免被竞争对手绕过去申请新的专利，形成从属专利，从而使自己的基本专利的垄断性受到严重制约。为此，在撰写说明书和权利要求书时应注意一定的技巧，如说明书不能太复杂，权利要求不能过多等。

第 5 章 企业专利运营战略

企业专利运营本身属于企业专利战略的一个重要环节，在这一层面上即为企业专利运营战略。企业专利运营战略的核心是运用专利制度的功能和特点谋求与企业生产经营紧密结合，实现企业最佳经济效益。企业专利运营战略的重点和创造战略、保护战略以及管理战略不同之处在于，它侧重于如何有效地运用专利的资产，整合企业各种资源，及时有效地将专利转化为技术产品，利用专利为企业创造更多的财富和价值，提高企业经济效益。

第 1 节 企业专利运营战略概述

一、企业专利运营的概念

关于专利运营有不同定义。有观点认为，专利运营"可以被理解为将专利权作为投资要素直接参与到商业化运筹和经营活动中，通过专利资本的各种技巧性市场运作提升专利竞争优势、最大限度地实现专利经济的市场行为"。[1] 企业专利运营可以从不同角度加以分类。例如，有研究者根据专利资本市场运作的三个阶段，将专利运营环节归纳为专利投资运营环节、专利整合运营环节和专利收益运营环节。其中，专利投资运营环节包括直接投资与间接投资两种运行模式，专利整合运营环节包括专利盘点、专利组合以及专利联盟等运行模式，专利收益运营环节则包括专利许可、专利转让、专利融资、专利诉讼等不同运行模式，其中专利融资包括专

---

[1] 毛金生，陈燕，李胜军，谢小勇. 专利运营实务 [M]. 北京：知识产权出版社，2013：3.

利权的质押、信托、保险、担保、证券化、出资入股等形式。在本书中，专利运营战略则主要研究企业独占实施、许可和转让这三种形式，其他形式的专利运营则纳入其他有关章节予以讨论。企业专利运营实则是专利与现代企业的有效结合和嫁接。

二、企业专利运营的意义和重要作用

专利运营是专利战略的重要内容，也是企业申请专利的重要目的。国外学者理查德（Richard）与贝恩（Bain）在《激活知识产权》一书中指出：成功的知识资本管理的观点应当从应用技术和在商业上制造而使技术转化为从出卖、许可、合资、战略联盟与目前业务整合及捐献等六种途径中获取利润。[1] 专利运营战略的重要目的是要通过各种手段实现专利的市场价值和经济价值，使专利技术由潜在的生产力转变为现实的生产力，提高企业经济效益和竞争力。企业专利运营可以有效地推进产业升级和经济结构调整，对于我国当前实施创新驱动发展战略意义重大。基于专利等知识产权运营的重要性，党的十八届三中全会通过的《关于深化改革若干重大问题的决定》也强调要"加强知识产权的运用与保护"。

"现代企业运营已由原先的生产过程的计划、组织与控制，外延到与产品生产和服务创造密切相关的管理范畴，囊括从运营战略制定、运营系统设计、运营系统运行等多个层次，企业运营对象也由传统的劳动力、原材料等物质要素向知识、服务等非物质要素转变，使得知识及知识产权资源经营的重要性日益增强。"[2] 企业专利运营是其专利战略的重要环节，也是其实现企业技术创新的重要保障。《国家知识产权战略纲要》确定的战略方针是"激励创新、有效运用、科学管理、依法保护"。其中，依法保护是手段，科学管理是基础，激励创新是源泉，而有效运用则是最重要的归属和目的。促进企业专利有效运营无疑是确保企业知识产权运用的关键。企业逐渐将专利保护上升到专利经营管理的层次，就为专利在企业赋予了更大的用武之地。现实中我国企业逐渐开展的一些专利资产运作活动，如专利权转让、许可、专利权投资、专利质押融资等就是体现。专利经营行为无疑凸显了这一无形资产在企业中作用的大大提升。

三、企业专利运营在实践中的形式

在实践中，企业专利运营的形式具有多样性。其中专利技术产品化、

---

[1] 毛金生，陈燕，李胜军，谢小勇. 专利运营实务［M］. 北京：知识产权出版社，2013：4.
[2] 朱国军，杨晨. 企业专利运营能力的演化轨迹研究［J］. 科学学与科学技术管理，2008（7）.

商品化和产业化是主要形式。所谓专利产品化,是指将专利技术负载、融入物质产品中并通过生产销售该物质产品盈利而实现该专利技术市场价值和经济价值的过程。专利商品化,是指将专利作为技术类商品直接在市场中出售,以实现专利的市场价值和经济价值的行为和过程。专利商品化与有形物质产品不大相同,这主要体现于其计价的不确定性和不稳定性。在实践中,通常需要进行专利技术的价值评估,以确定其交易的市场价格。专利产业化则是指在专利产品化或商品化基础上形成的一定的规模经济,通常是以特定的核心专利技术为龙头,通过生产销售专利产品获取利润并占领市场。专利产业化有利于产业的升级换代和结构调整。在我国大力推行创新驱动发展战略的大好环境下,专利产业化拥有更大的用武之地。

无论上述专利运营采取哪种形式,其实质上都属于专利技术经营的范畴,而企业专利技术经营又属于技术经营(Management of Technology, MOT)的范畴。具体而言,专利技术经营是企业将其获得专利权的技术,在我国专利法中就是获得专利权的发明或者实用新型,通过一定的手段实现该技术的经济价值的过程和行为。美国国家研究理事会(National Research Council,NRC)将技术经营定义为:工程、科学和经营管理学科以解决计划、发展和应用技术能力涉及的问题,从而形成并实现公司的战略与操作目标。专利技术属于技术的一种,而且是技术中最被看重的内容之一,当然也可以根据上述定义加以理解。本质上,企业专利技术经营是专利技术与经营的高度融合。根据美国国家研究理事会关于技术经营目标的分析,专利技术经营主要有以下目标:将技术融入企业整个战略计划中;更有效地监测和评估技术;实施技术转移;缩短新产品开发时间;管理庞大、复杂的跨部门或跨公司的项目;管理公司内部的技术使用;改善专业技术人员的工作效率。❶ 本书认为,上述对技术经营目标的概括更多的是从研发和技术发展的角度加以概括的,从企业专利战略的角度看,专利技术经营更重要的目的是发挥专利的资产价值,回收专利技术研发成本,并获取尽可能高的利润。

由于专利技术经营跨越技术和经营、管理以及法律等相关学科门类,在企业实践中开展好专利技术经营,离不开复合型人才的培养,特别是既懂技术,又懂法律和经营管理的复合型人才。为此,大力培养这方面人才具有很强的必要性。以国外高校专业教育为例,据美国波特兰州立大学科卡格卢(Kocaoglu)教授调查的结果,全球开设技术经营课程的大学在1949年只有1所,1970年扩大到20所,到1980年扩大到45所,到1990年有120所大学,1994年有159所大学,到2002年仅美国即有200所大学或者

---

❶ 王玉民,马维野. 专利商用化的策略与运用[M]. 北京:科学出版社,2007:93.

研究生院开设该专业，平均每年向社会提供1万名技术经营专门人才。日本在研究美国技术经营后得出以下结论：美国从20世纪80年代开始的技术经营教育和实践为90年代美国活跃的技术创新和经济的繁荣提供了重要保障。❶ 我国对技术经营教育方面的情况还缺乏系统分析。从我国专利技术市场和交易平台以及专利运营战略的角度看，急需要培育一大批专利技术经营人才。

四、企业专利运营的战略性

企业专利运营并不是简单的企业经营管理行为，而是具有高度的战略性。只有从战略高度运营企业专利，才能取得最佳的效益。原因在于，当前企业运用知识资产参与市场竞争的形式已经由静态的技术层面提升为动态的运营层面，继而体现为企业的战略层面。进而言之，企业的技术、运营能力和战略本领共同决定了其在市场竞争中的地位。在这个意义上，企业专利运营立足于专利技术，以专利战略之实施为目标，最终的结果体现为充分发挥知识资产的竞争优势。从发达国家的情况看，由于专利运营涉及国家产业利益，专利运营策略往往上升到国家层面的知识产权运营策略。❷ 企业从战略高度运营专利，就能够通过专利布局和有效组合，采取诸如专利技术标准化、专利池、专利联盟、专利并购等诸多战略形式，获取最佳的经济效益以及市场竞争优势。

从企业专利运营战略的角度看，专利运营不是单纯地在获得专利权以后如何有效转化该专利技术，使之为企业带来较大收益，还包括在企业整个技术创新活动以及从专利申请、专利确权到专利产品化、商品化、市场化的全过程。这是因为，专利运营效果取决于专利技术的技术成熟度和市场适应性，在企业从事研发活动之初、申请专利等阶段，引入专利运营理念，可以使专利运营发挥更大的效应。

第2节 企业专利实施战略

一、企业专利实施的概念与意义

企业专利实施，是指企业将其取得专利权的发明创造投入到工业化生

---

❶ 王玉民，马维野. 专利商用化的策略与运用 [M]. 北京：科学出版社，2007：94.
❷ 毛金生，陈燕，李胜军，谢小勇. 专利运营实务 [M]. 北京：知识产权出版社，2013：2, 4.

产中并取得经济效益的过程和活动。专利实施是企业进行技术创新活动的重要形式,从技术创新活动的角度看,它需要取得商业上的成功。如果企业专利实施取得了商业上的成功,则可以说企业相关的技术创新活动也取得了成功。

关于企业专利实施,还有一个相关概念值得探讨,即专利技术成果转化。这两个概念有相同之处,即都是为了使获得专利权的发明创造应用于工业化生产,使其获得商业上的价值。不过,专利技术成果转化更多的是从宏观层面提及的,特别是从政府层面,正如有研究成果认为它是"特定体制下的政府行政行为",❶ 而专利实施更多是从微观层面特别是从企业的角度讨论的。总体上,企业专利实施是专利技术成果转化的一种重要形式,也是一般意义上的成果转化的重要形式。这里的具有一般意义上的成果转化,既包括专利技术成果转化,也包括非专利技术的成果转化。

企业专利实施对其生产经营、获取经济效益和竞争优势具有重要意义。一般来说,企业申请专利是要获得专利权,但获得专利权并不是专利申请的最终目的。专利申请获得专利权后,通常需要将其与企业生产经营活动相结合,特别是将取得专利权的发明创造直接应用于工业化生产。当然,如本书所论述的,还有一些情况则出于专利布局、专利战略的考虑,取得专利权后并不以实施为目的。不过,在一般意义上,企业实施专利还是很有必要的。企业实施专利,是专利技术从潜在的生产力变化现实的生产力的重要途径,也是其实现专利的价值,盘活无形资产,为企业创造财富的重要方式。换言之,专利也是一种知识形态的特殊商品,它往往只有被实施才能体现其无形财产价值,否则"养在深闺人未识",作为专利权人的企业就不能从中获得效益。

二、企业专利实施的步骤与过程

获得专利权的发明创造在技术上可能还不够成熟,离产品市场可接受程度还有较大的距离。因此,在企业专利实施过程中通常需要经过一系列实用化开发。大体而言,企业实施专利需要经过以下一些步骤或过程:❷

首先是专利技术的产品创意或者概念化阶段。企业当初申请专利的发明创造很可能还只是一个不太成熟的技术方案,在实施该专利时首先应当立足于市场需求和消费者时尚,对目标专利技术的产品化进行概念定位,对未来专利产品的消费对象、消费市场、消费需求和市场容量有一个大致

---

❶ 王玉民,马维野. 专利商用化的策略与运用 [M]. 北京:科学出版社,2007:117.
❷ 王玉民,马维野. 专利商用化的策略与运用 [M]. 北京:科学出版社,2007:127.

的了解和评估。

其次是进行充分的可行性论证。专利实施需要企业投入较多的人财物，而且存在技术或者市场等方面的原因导致的失败风险，因此企业在决定上马之前应从专利技术的技术成熟度、市场需求、资金保障、配套措施和成本控制等多方面加以评估和分析，同时还需要对自身的专利运营能力进行评估，对专利侵权的防范力度进行了解，以便从技术、市场和法律等层面进行较充分的考虑。

再次是进行专利产品的实验开发。包括针对专利产品的系列设计、研制和开发的系列步骤或者活动等。

复次是专利产品的批量生产。企业专利产品的生产中，可能还涉及其配套的技术，甚至他人的专利技术。在涉及自身配套技术甚至专利技术时，一般表现为技术集成的方式，也就是企业将其相关的专利技术和非专利技术整合至目标专利产品中。这种情况常见于企业以技术群的形式融入产品设计中，并将一组产品或服务以产品或者服务包的形式投入市场。

最后是专利产品的市场营销。专利产品上市需要逐渐在消费者心目中打开局面，因此采取一定的营销手段，如注册商标、逐渐培植产品的声誉，进行广告宣传等具有必要性。当然，从法律风险防范的角度讲，企业在本阶段应注意检索和分析是否存在专利侵权风险，同时也应注意新产品被他人擅自仿制。

三、企业专利实施策略

企业在决定实施其专利时，应当综合考虑多种因素。以下即为应重点考虑的几个方面。

第一，应加强对企业专利实施的可行性研究，加强对企业专利实施的科学论证，为专利实施创造现实条件。企业专利实施受多方面条件影响和限制。仅就专利技术本身来说，其技术上是否成熟、是否具有可靠性和先进性，其法律状况如何、是否存在实施的法律风险等都是在可行性研究中必须考虑的重点问题。此外，专利实施的目的是要面向市场需求获取实施效益，因此市场动态和需求分析也是不可缺少的内容。在可行性研究的基础上，企业需要制作可行性研究报告，供企业决策部门参考。一旦确定实施目标专利，企业应在人员、实施经费、资源配置和管理机制上做好准备。

第二，将专利实施纳入企业技术开发和经营管理体系。专利实施的成效与企业技术开发和经营管理具有十分密切的联系。从技术开发的角度看，专利项目的选择非常重要。企业在制订研究开发计划时就应注意技术的先进、实用，符合技术创新的要求。当然，对于部分专利主要用于竞争战略而非实施来说,另当别论。从企业经营管理体系来说,在企业经营管理系统中应有专利的位置,树立"专利经营"理念。只有这样,才能使企业重视开发专利的应用价值,加强对专利的实施。

第三,应制订企业专利实施计划,建立激励企业专利实施的激励机制和考核评估机制。企业在制订年度专利计划时,专利技术和专利产品的实施应作为重点内容纳入。专利实施计划应考虑落实计划的具体措施和资源配置。同时,为了加强专利实施工作,企业在相关的激励机制和考核评价机制中应有专利实施的指标,特别是对企业直接负责专利实施的工作部门和人员应建立健全这一机制。如将专利技术产业化实施的成效纳入技术人员、营销人员和有关技术管理人员的考核范围,建立反映专利技术实施效果的考核评价指标体系,有利于促进企业专利技术的实施。❶

第四,建立专利实施基金,调动专利实施的积极性。专利实施需要足够的资金支持。企业建立专利实施基金,不仅可以为专利实施提供财力保障,而且可以调动实施专利的积极性,因此也是应当予以重视的。

第五,在可能的情况下建立产学研技术开发与转移模式。产学研结合是美、日企业专利战略成功实施的重要经验,但在我国总体上还比较缺乏。不过,也有一些成功案例。中国农业科学院饲料研究所与相关饲料企业建立的"7+1"技术转移模式就值得一提。根据该研究所技术转移中心罗法洪先生在企业知识产权经营与管理研讨会上的介绍,中国农业科学院饲料研究所创办了产业公司,逐渐发展为饲料研究所科技成果产业化的载体。研究所与若干高科技饲料企业建立了技术转移联合体,联合体内部成员形成了联合开发、成果转化、联合培训等机制,所有联合体成员都在联合体平台上得到了良好的发展。据统计,联合体成员企业自 2003~2005 年,每年以 20%速度增长。该模式的运行机制是实行市场拉动型的技术转移模式。联合体运行的方式主要有两种,一是饲料所研制的饲料技术成果优先转让给联合体内的成员应用与推广实现产业化;二是饲料所研制的核心技术,通过其与联合体成员共同进行二次开发和中试,形成产品后向全国各地推广,联合体成员有优先购买权,产权归饲料所所有。这种模式值得我国其他企业和科研院所借鉴。

第六,采取多种策略有效实施企业专利。除上述措施外,企业需要充分利用各种便利条件和手段推动其专利的有效实施。主要如:(1)在申请专利前针对市场需求开展专利技术开发活动,根据技术本身、市场状况和竞争对手状况作出申请专利的决策,以减少申请的盲目性,为日后的专利实施奠定良好基础;(2)委托专利代理人或技术贸易中介机构开展专利技

---

❶ 冯晓青. 企业知识产权管理 [M]. 北京:中国政法大学出版社,2012:99.

术贸易工作；(3) 重视专利的营销策略，开展专利技术联营，沟通企业之间信息交流，相互间介绍或定期交流优秀专利项目；(4) 理顺职务发明人与企业的关系，调动企业科技人员申请专利的积极性；(5) 合理作价；(6) 积极取得政府有关部门的支持等，如通过将企业专利技术纳入国家各类计划、建立专门的专利技术实施基金等途径积极实施专利。

第七，应注意对专利实施情况的跟踪和反馈。从企业经营的角度讲，企业实施专利取得经济利益才能算是成功。专利实施是一个动态过程，且随着实施规模的扩大，需要更多的人力和资源投资，以及必要的后续创新支持。因此，企业应及时跟踪专利实施的状况，根据专利产品或技术在市场上的反应，确定是否继续增加投入和相关资源。

第3节　企业专利许可战略

一、企业专利许可的战略性

企业专利许可本身属于专利权人行使专利权的法律行为。然而，作为企业专利战略，其具有更深层次的内涵。就企业实施专利许可战略而言，其根据自己的经营方针实施战略性的使用许可，可以维持企业的垄断地位，占有、开拓竞争市场。如订立专利实施许可合同，获得外国企业投资，或利用其他企业的销售渠道，或利用专利权开辟本企业原材料供应渠道等，都可以使自己受益。例如，电脑巨人微软公司的崛起就深深得益于许可IBM使用自己的DOS操作系统。微软在开发出DOS系统时，它还是一个默默无闻的小公司，而且那时IBM已经开发了自己的DOS系统。微软通过许可IBM使用自己的DOS操作系统，进而在所有IBM兼容电脑上预装自己的操作系统，使IBM事实上成了微软软件巨大市场的开拓者。DOS系统的普及以及后来的技术创新，终于造就了微软这样的电脑巨人。相比之下，与DOS系统最具竞争实力的苹果公司的Macintosh操作系统因与该系统不兼容和缺乏技术保护等原因而未能形成市场规模。从竞争战略的角度看，专利许可还可以在提高竞争对手产品成本的基础上削弱竞争对手的竞争力，如朗科对竞争对手华旗公司专利许可就有这方面意旨。

二、企业专利许可战略的目的与实施策略

企业实施专利许可战略的目的，除了盘活企业专利无形资产、提高整

体的市场竞争力等方面因素外，主要还是改善企业财务状况、提高企业经济效益。当前，专利许可收入已成为一些专利实力强劲公司的重要财源。在这些公司，其知识产权管理部门已成为公司利润中心和核心部门。以高通公司为例，其在 2011 年第四季度财务报表显示当年专利许可收入达到 14.44 亿美元。这种现象被称为"专利化生存"。它体现了专利在企业价值链中日益重要。又如，微软公司在 2003 年 12 月成立了专门的包括专利在内的知识产权许可团队，建立其独特的专利许可政策。微软在实施专利许可战略时，其建构的许可团队与研发团队的互动机制也值得一提。很多企业在许可他人实施专利时，通常只是被动地将自己拥有的专利寻找买家，获取许可使用费。微软公司则不同，其许可团队与研发团队始终保持着密切关系，许可团队密切关注其他企业需要的软件、硬件技术，与潜在的客户保持接触，并将需求信息及时反馈给研发团队。这等于是提前培植需要获得微软公司专利技术的企业，也等于是将研发与客户需求实现了紧密的结合。这种模式下实施专利许可战略，必然会取得比一般意义上专利许可更大的业绩。

企业在实施专利许可战略时，还应注意不能过度地依赖于许可模式，否则一旦因为许可情况不够理想，就会严重影响企业经营。获得世界上第一款闪存盘基本专利的深圳朗科公司就曾存在这样的问题。就企业专利运营来说，许可毕竟只是其中的一个重要环节，而从企业战略来说专利战略又只是企业战略的一部分而已。一个企业将自己的整个盈利模式定位于专利许可，虽然不是不可以，但应以不断的研发为基础，以扩大自己的领先技术与竞争对手的差距。由于技术发展迅猛，原来在某一技术领域占先的基本专利，也可能因为技术发展而使新的应用领域其他关键技术出现而被淡化。就朗科公司而言，由于网络数据存储和无线传输技术的冲击，闪存技术的优势被削减，企业就需要与时俱进，拓宽技术领域优势，以保持拥有的专利技术的持续发展能力。像高通公司之所以能够主要依靠实施专利许可作为主要盈利模式，还是因为其在相关通信技术领域取得的数量庞大的专利。

实施专利许可战略是以签订专利实施许可合同为中介的。当然，在实行这一法律行为时，也必须按《专利法》《合同法》等法律的规定办理。就许可人来说，应当注意授予许可的形式，明确许可的时间、地域、方式，其中特别重要的是专利许可的形式。如果企业是被许可人，则应注意查明许可方是否为真正的专利权人。如果是真正的专利权人，还应进一步明确该专利是不是共有专利或从属专利。另外，以签订专利实施许可合同为中介的专利许可战略，在有的情况下会牵涉反垄断问题。如果在专利实施许可合同中，转让人提出了一些为法律所禁止的不公平限制竞争条款，受让人可以依法拒绝接受。即使签订了合同，也可以根据法律主张自己的权利。

三、企业专利交叉许可战略

专利交叉许可是一种十分普遍的专利许可形式，它是指拥有专利的双方或多方互相允许对方使用自己的专利，实现互利互惠的行为。当前很多技术领域聚合了大量专利，任何一个企业都不可能全部掌握和拥有这些专利。特别是在有些技术密集型领域出现专利丛林的情况下，一个企业欲使用他人的专利技术，实施交叉许可不可避免。交叉许可不是一种简单的知识产权许可形式，其本身具有很强的战略性，特别是发达国家企业之间的知识产权交叉许可在很大程度上体现为共同对技术与相关市场的垄断。

实施专利交叉许可，企业相互之间可以取长补短，实现专利技术互补，共同提高市场竞争力，特别是在共同应对第三方竞争方面，专利交叉许可更显其独到效果。这种情况，在发达国家企业之间表现尤为突出：发达国家企业高度重视交叉许可的利用，特别是专利技术交叉许可。例如，在2010年和2011年，微软公司分别与HTC和三星公司这两家最大的安卓智能手机厂商签订了内容广泛的交叉许可授权协议。由于这两家智能手机厂商需要利用微软的相关技术，授权协议规定它们需要向微软公司支付专利许可费。不过，2013年9月当微软宣布收购Nokia设备和服务部门以后，三星公司即宣布不再支付授权费，并拒绝支付衍生的利息，招致微软公司采取法律行动，则是后话。

从企业之间专利交叉许可实践看，有相当一部分起因于企业之间发生了专利侵权纠纷，一方起诉另一方专利侵权，另一方则反戈一击，起诉对方侵犯了其其他技术领域专利权。在这种情况下，诉讼拖下去有可能导致两败俱伤的后果。各方为了自身利益，便相互撤诉，并达成交叉许可协议。例如，2004年3月，美国柯达公司向美国地方法院起诉，指控索尼公司及其在美国的两家分公司侵犯其在数字和视频技术方面的专利权。三周之后，索尼公司则向柯达公司提出反诉，指控其侵犯了索尼公司在数字摄像领域的10件专利。到2007年，两家全球数码相机制造巨头则共同宣布，双方已就专利纠纷达成了交叉许可协议。

四、专利池战略：企业专利交叉许可战略的发展

专利池（patent pool），是指企业之间相互将自己的专利许可对方使用而结成的专利联盟状态。以专利池形式建立专利壁垒，联盟范围内互相分享专利池内的所有专利、共同阻止联盟范围外的任何主体使用这些专利，

就形成了专利池战略。换言之，专利池是由众多专利权人自愿组合形成的一个专利许可交易平台。在该许可平台中，专利池内的企业可以免费或者按照约定的条件使用其他企业的专利，专利池外的企业或其他主体则需要按照专利池统一的对外许可政策获得许可并支付专利使用费。专利池战略和以签订交叉许可协议的形式互相获得对方的专利使用权具有一定的渊源关系。例如，在 20 世纪，美国无线电公司通过与美国电话电报公司签订交叉许可协议，相互使用对方的专利权。后来，这种交叉许可形式发展为众多企业的专利联盟。

企业实施专利池战略，通常包括以下内容与流程：

第一，确定专利池的产业技术领域。专利池中的专利具有特定性，一般应针对特定技术领域加以构建。如 1997 年专利运营公司 MPEG LA 成立的 MPEG-2 专利池就是针对数字视频压缩标准而建立的专利池。产业领域的确定，应当具备以下条件：该产业领域已经形成一定的市场规模，因为只有具有一定的市场规模，专利池中的专利才有"市场"。同时，该产业应有一定的专利积累，尤其是具有一些主导性的专利，其中一些有可能形成技术标准。

第二，制定专利池构建的具体方案。专利池的构建在理论上是一个相当复杂的问题，在实践中则需要事先拟定详细的、切实可行的构建方案。专利池运营者在对自身专利进行盘点和考察基础上，该方案应当明确以下问题：（1）专利所处的产业类型及产业技术竞争、专利分布状况；（2）拟建构的专利池的基本定位，如是基于技术标准设立的专利池还是一般的专利池。如果是前者，则强调通过标准必要专利的运作，以专利池形式推行标准，扩大标准的市场适用范围，为企业实施专利标准化战略提供重要平台。如果是一般的专利池，则需要明确该专利池的基本定位，如是属于产业领域的大型专利池还是区域型的中小专利池。

第三，组合相关专利。专利池中的专利一般要求达到一定数量，否则难以成"池"。同时，这些专利应当符合必要性和互补性条件，这些条件在近年来涉及专利池反垄断审查中被予以高度重视。这里的所谓必要性，是指入池的专利对于在商业上成功实施相关技术标准或技术必不可少，互补性是指入池的专利技术与相关产品或技术之间相互依赖、互为补充。专利池运营者既可以自己具有竞争优势的专利组建独立的专利池，也可以邀请其他专利权人或者专利资本投资者加入专利池。在邀请他人参与时，需要进行谈判，明确入池的专利的条件、数量，以及入池后的权利与义务，然后再签订正式的协议。通常在构建以技术标准推广为目的的专利池时，应对受邀请加入的专利的"必要性"进行仔细的审查，避免将无关的专利放入池内。

第四，建立专利池运行的基本政策，并进行有效的管理。制定专利池运营的基本政策是专利池运营的基本前提。专利池运营政策需要由入池单位和个人协商确定，它受到反垄断法和技术标准政策的约束与限制，并不是可以完全自由确定的。通常，专利池运营政策的共同点是，池内的成员可以相互免费地使用池内的专利从事研发活动或商业活动，专利池外的企业和个人则不能免费使用池内的专利，而需要按照专利池运营主体确定的统一的收费标准和方式支付专利使用费。基于此，专利池管理主要在于确保专利许可与收费的正常进行，同时对可能发生的纠纷协调解决。

第五，对外实施有效的运营。专利池一旦建立，就需要适时对外运营，以提高专利池运行的效率，提高企业整体的竞争力。通常，对外运营的方式是发放统一的一揽子许可，将池内的必要专利打包授权使用，而不是针对其中的单个专利许可实施。这与前述的一般意义上的专利许可有所不同。

在当代，随着企业之间竞争的加剧，专利池战略运用得越来越频繁。专利池战略对于企业之间强强联手，形成集团优势或产业优势，有力地打击竞争对手，共同占据专利技术市场，具有十分重要的作用。但也应指出，专利池战略实施中可能会遇到反垄断问题，专利池形成和运作不能构成对专利的滥用或垄断，否则将会因违反公平竞争原则而受到处罚。例如，在DVD事件中，国外专利联盟是否存在滥用专利和非法垄断问题，就值得研究。

五、专利联盟战略：企业专利池战略的延伸

（一）专利联盟的概念

专利联盟指的是享有众多专利的所有人基于彼此分享专利技术或者统一向外进行专利授权而结成的正式或非正式的联盟组织，专利联盟是专利权的交叉许可变化形式。专利联盟是当前专利战略实施的重要形式，也是战略联盟的一种表现形式。国外企业运用专利战略，已经从单纯的单个企业发展为战略联盟的形式。

专利联盟是专利池延伸的结果，它是专利运营者之间基于专利资源共享、提高整体的竞争力而进行的联合。专利联盟是技术联盟的体现，对于联盟内企业和联盟外利用联盟专利的主体来说都有其独到价值。对联盟内企业来说，可以实现联盟内专利技术的共享，节省了许可证谈判的交易成本，由于其一致对外的商业模式，也相应地提高了联盟内企业的竞争优势，促进行业发展。对于联盟外企业而言，则可以不用逐一与联盟内企业就专利技术使用问题进行谈判，从而也节省了交易成本。

(二) 专利联盟的优势与目的

专利联盟是相对于竞争对手而建立起来的专利战略竞争模式,专利联盟之所以发展迅速,与之为联盟企业带来巨大竞争优势密切相关。因此,企业专利联盟的优势可以从其相对于竞争对手的情况加以讨论。

企业专利联盟的优势与目的可以概括为:

第一,专利联盟有利于整合联盟内企业资源,实现资源共享和优势互补。加入专利联盟的企业各有其技术和资源优势,然而也各有其自身不足。加入专利联盟后,企业可以在一定的条件下共享其他联盟企业的技术和相关资源,从而为自身技术研发服务。

第二,专利联盟有利于节省交易成本,提高企业竞争力。由于联盟内企业可以免费或者以优惠条件使用联盟内其他企业的专利技术和相关资源,这就避免了许可使用谈判的交易成本。对于联盟外的企业而言,则具有两方面的效果,一是联盟外的企业使用相关专利不需要与联盟内企业逐一谈判,而只是根据联盟内统一的授权许可政策实施,这样也节省了总体的专利交易成本,有利于技术的传播,二是联盟如果拒绝发放专利许可,则会构成专利技术壁垒,形成相对于联盟外企业的竞争优势。不过,这种情况下应注意不触犯反垄断法律的规定。

第三,专利联盟有利于实施技术创新。在专利联盟内,企业之间进行知识和信息流的交流与反馈,可以加快技术信息的反馈,增强技术创新的市场风险,也有利于在企业内部建立学习型组织,加快技术创新进程。

第四,企业专利联盟可以避免"专利丛林"❶障碍性专利。专利丛林对不拥有专利的企业来说可能构成障碍性专利,即当专利丛林中的专利为其他企业所拥有时,便会对自身拥有专利形成产业化的障碍。在企业专利联盟的环境下,联盟内的专利许可机制使得这一障碍不存在。❷ 在实践中,由于技术竞争激烈,专利竞赛活动加剧,导致专利丛林现象日益严重。专利联盟的一个重要目的就是要消除这些障碍性专利,确保专利资产的有效利用。

第五,企业专利联盟有利于实现企业专利战略目标,赢得竞争优势。这是因为,专利联盟可以服务于竞争性专利所有者用于共同占领市场、执

---

❶ 专利丛林,指的是当前相关技术领域专利密集分布,形成了一个巨大的网络,以致推出任何一项相关产品或者应用一项专利技术都遇到了大量专利授权问题,就如同穿越丛林一般。专利丛林现象是当前专利竞赛的结果,反映了专利对企业竞争的作用日益增强的现实,也是企业专利数量不断增长、专利分布结构从离散型向累积型转变的结果。

❷ SHAPIORO C. Navigating the Patent Thicket: Cross Licenses, Patent Pools and Standard Setting [J]. Innovation Policy and the Economy, 2000 (1): 36-39; 周辉. 基于专利联盟的企业专利战略研究 [J]. 科技情报开发与经济, 2012 (9).

行统一定价，抵御竞争对手的反竞争行为。以 2008 年成立的专利收购组织 AST 联盟为例，其在联盟内聚合了大量专利，然后通过该专利联盟许可联盟成员使用，其目的在于阻止专利投机者对联盟企业带来的专利风险。该联盟的会员企业包括 IBM、英特尔、思科、爱立信、谷歌、飞利浦等数十家大型企业。

当然，企业专利联盟也并非没有劣势或者不足。例如，加入联盟的企业各自具有不同的动机和目的，但都希望能够从联盟该获取最大化的利益，这就难免在联盟企业之间产生利益冲突。联盟企业投入联盟的专利技术是否形成有效的匹配，也是能否保障企业专利联盟平台正常的重要条件。又如，虽然企业专利联盟有利于在联盟内形成知识和信息流，进而形成技术溢出，但如果技术创新过度溢出，或者联盟内企业存在较为严重的搭便车行为，这些情况的存在都会影响联盟内企业从事技术创新的积极性。[1]

（三）专利联盟的构建

1. 构建专利联盟应考虑的因素

应当说，影响专利联盟构建的因素很多，既包括外部的政策法律环境、产业竞争环境、行业技术竞争态势、技术标准推广情况等因素，也包括企业内部的微观因素。不过，大体而言，专利联盟构建尤其应考虑以下几个因素：

第一是专利资源本身。专利联盟是以专利资源进行的汇聚和整合，专利资源选择因而变得特别重要。从资源基础学说出发，专利也是一种具有异质性、价值型、难以模仿和难以替代的无形资源，在法律上则具有高度的独占性。在选择进入专利联盟对象时，专利联盟成员基于资源共享、优势互补的目的，希望纳入专利联盟中的专利能够构建具有竞争价值和经济价值的专利组合，以互补性专利和牵连性专利为主导，排斥竞争性专利。这样，就能够借助专利联盟有效聚合相关专利，实现专利联盟的战略目的。

第二是政策和法律因素。专利联盟一方面对相关产业政策的实施具有重要意义和作用，另一方面又深刻地受到相关产业政策的影响。因此，专利联盟的构建不能不仔细研究相关的产业政策，尽最大努力使其符合国家和地区产业政策，尤其是产业技术政策。毫无疑问，符合国家和地方产业政策的专利联盟才更有生命力。同时，专利联盟建构及运行在法律上也会受到诸多限制，特别是可能引发反垄断调查，如针对知识产权许可的反垄

---

[1] 詹映. 专利池的形成：理论与实证研究 [D]. 武汉：华中科技大学，2007；RICHAERD J G. Antitrust for Patent Pools, A Century of Policy Evolution [EB/OL]. [2015-03-10]. http://works.bepress.com/richard_ gilbert/11/；周辉. 基于专利联盟的企业专利战略研究 [J]. 科技情报开发与经济，2012（9）.

断调查。因此，在构建专利联盟时，也必须予以考虑。

第三是产业发展因素。无疑，产业总是处于发展状态之中。产业发展必然会对现有专利联盟格局产生重大影响，如产业技术发展带来了新的技术，引入了新的竞争者。专利联盟就需要使用产业发展中出现的新情况和新问题，对引入专利联盟中的专利进行整合和补充，增强专利联盟内的实力。

2. 专利联盟的具体构建流程

专利联盟的构建应符合公平、合理、公正原则，协调好专利联盟内部成员之间关系以及联盟内外不同主体之间的利益关系，同时不违反公共利益，以实现专利价值最大化为基本目标。专利联盟构建一般应按照以下流程加以实现：❶

首先是制定与实施专利联盟工作方案。专利联盟工作方案需要对专利联盟涉及的技术领域、专利联盟构建与运行的目的、专利联盟发起人和相关组织机构、专利联盟的构建原则与方针等作出明确阐述。例如，专利联盟一般都有具体的发起人和相关的组织机构负责，专利联盟工作方案中应对其性质、承担的主要职责进行阐述；专利联盟的构建应遵循自愿加入原则、非排他性原则和非歧视原则等。实践中，专利联盟通常基于特定的技术标准加以构建，专利联盟工作方案中还应阐明技术标准和标准必要专利的内容和范围。

其次是聚合专利。专利联盟中以相当数量的专利聚合为前提，缺乏符合条件的相当数量的专利，专利联盟的构建将受到影响。从专利运营的角度来说，将相关的必要专利通过专利联盟形式予以整合，能够获得大于单个专利运营的效果；从专利投资者的角度看，则不仅能够获得投资效益，而且可以依靠专利联盟的政策享受到免费使用联盟中的专利的便利。在聚合专利的形式上，除了专利运营者自身的专利权外，可以主动邀请专利联盟中的外部专利权人加入。当然，由于专利联盟受到国家产业政策的制约与限制，邀请加入专利联盟的外部专利权人不仅需要征求专利投资者的意见，而且需要向国家相关产业主管部门提出审批要求并同时备案。除了专利运营者主动邀请加入以外，还可因为后期专利投资者加入专利联盟后将其专利权交给专利运营者运营而出现的所谓被动加入的情况。

再次是进行专利评审。专利评审程序是保障专利联盟中专利质量的必要程序，它需要着重解决专利评审机构、评审制度与标准和评审人员等方面的问题。其中在专利评审机构方面，可以在专利运营者内部设立专门的

---

❶ 毛金生，陈燕，李胜军，谢小勇．专利运营实务［M］．北京：知识产权出版社，2013：135-138．

评审机构加以实现。在专利评审制度与标准方面，主要是防止非必要专利纳入专利联盟中，如果将非必要专利引入了专利联盟，就会为反垄断审查留下后患。在评审人员方面，主要是确定好评审人员的标准和原则，防止不符合条件的人员加入评审队伍。原则上，评审人员不应与该专利联盟具有直接或者间接的利益关系，评审人员主要应当是相关专业领域的权威技术专家。当然，除了技术专家，其他相关领域专家也可以视情况参与。

最后是签署协议。在完成上述事项后，最后需要由参与该专利联盟的各个主体共同签署专利联盟协议。该协议是专利联盟制定专利联盟政策和正常运转的法律基础，也是确认专利联盟成员相互之间及其与外部主体从事专利相关活动的法律基础。根据专利联盟构建的宗旨和性质，专利联盟协议可以包括以下内容：专利联盟的目的、专利联盟的发起和组织机构、专利联盟建构和运行的基本原则、专利联盟的管理方式、专利联盟许可费用收取原则和标准，专利联盟内部成员的利益分配方式，以及专利纠纷的解决等内容。专利联盟协议应采取书面形式，不得损害第三者利益与公共利益。

第4节　企业专利权转让战略

一、企业实施专利权转让战略的决策

专利权转让和许可使用不同，它涉及专利权主体的变更。还有一个不同之处是，专利许可可以多次进行，像普通许可还可以同时授权多个主体使用，而专利权转让中转让人只有一次获利的机会。企业专利权转让具有诸多优势。例如，通过专利，能够直接获得一笔可能价值不菲的转让收入。对于其继续维持专利权有效性意义不大的专利而言，转让还可以及时处置闲置专利，节省专利维持费，盘活专利无形资产。专利权转让可以及时实现专利价值的转化，凸显专利的经济与技术价值，为企业后续专利技术研发提供资金。发达国家企业重视专利权转让工作。如日本日立公司设立了专门的专利运营部门，每年通过转让一些专利，获得较大的经济效益。

在企业专利权转让中，从受让者的角度看，属于专利权的购买者。购买专利权相对于自身投入研发经费开发并需要承担开发失败风险而言具有独特的优势，它可以根据自身的技术状况将购买的专利技术融入自身技术链或产业链中，借此提高自身市场竞争力。但是，购买专利权也存在一定局限性，如所购买的技术与自身技术发展不够匹配，或者技术更新换代快，

或者缺乏相应的市场需求。如果还存在权利不够稳定的问题，则还有可能引发专利纠纷或者被宣告无效的风险。此外，购买专利权还需要支付转让费用，如果谈判价格过高，而所购买的专利不能很好地和自身产品经营相结合，问题会更多。为此，需要综合权衡是采用自身研发途径获取专利权还是通过支付费用方式直接购买他人的专利权。以下不妨介绍与分析国外学者皮尔·阿贝提（Pier Abetti）提出的不同条件下是购买还是自身开发的决策模式。[1]

第一情况是，技术发展缓慢，而市场发展水平适度，对可能进入市场的竞争对手存在较大障碍。此时企业适宜于选择自身开发。原因是，企业通过成功的研发，并将研发成果申请专利保护，可以凭借专利权的独占性抵挡竞争对手，在较长时间内取得独占市场的优势。这方面典型例子如GE公司研究了在极高压力和温度下物质的形态，从而研制出人造金刚石，该公司通过专利以及技术秘密的保护，一直保持在相关市场的领导地位。

第二种情况是，技术发展水平迅速，但市场发展缓慢。在这种情况下，企业如果选择自行开发，则会存在较大的风险，因为研发的技术更新换代较快，很可能在技术开发成功后不久被淘汰或者贬值。即使技术的价值还在，但由于市场发展缓慢，也难以获得专利技术的价值。此时，企业可以根据竞争对手技术发展动态，选择较为成熟的技术使用。

第三种情况与上一种情况正好相反，即技术发展缓慢，但市场发展迅速。这种情况下如果企业选择自行研发，则很可能由于市场的快速变化使得技术成果市场价值大大贬值。因此，自行研发存在一定的风险。采用购买他人专利权的办法则可以较快地捕捉市场机遇，并利用专利权的独占性获取市场的垄断效益。

第四种情况是，技术和市场发展都很快。在这种情况下，企业购买或者自主开发专利技术可能都不是上策，可以选择购买其他公司或者其事业部的做法，以取得相关的技术和对方的市场运作经验。

当然，上述涉及企业购买他人专利权的行为，也可以包括专利权的许可使用，因为企业通过专利许可同样可以实现充分利用先进技术为我所用的目的，或者通过许可形式实现经济效益。

二、企业实施专利权转让战略应注意的事项

从作为转让方的角度来说，企业转让其专利权应注意以下问题。

第一，慎重选择拟转让的专利技术。企业转让其专利权是希望获得经济收

---

[1] 王玉民，马维野. 专利商用化的策略与运用 [M]. 北京：科学出版社，2007：103-104.

益，将静态的法律权利转化为企业利润，增加企业财务资产。但是，有些专利在特定时期不宜转让，如对企业发展具有战略意义的战略型专利不应当转让。一般来说，企业可以优先转让对自身经济、技术意义不大但对他人仍存在一定价值的专利，或者企业难以自身实现产业化而长期被闲置的专利。

第二，慎重选择受让方。企业专利权转让并不是谁出价最高就转让给谁这样一个简单的问题。在选择受让方问题上，企业应当注意避免将具有价值的专利权转让给直接竞争对手，以免对方获取该专利后成为自身更强劲的竞争对手。

第三，企业在转让其专利权时应注意避免使他人轻易地知道自身的转让意图，以免处于不利地位或者受让人讨价还价。在有些情况下，企业也应避免过早暴露自己的身份，以免被对方知晓而在转让价金谈判时处于不利地位。国外有些企业为避免他人知晓自己的身份和转让意图，寻求专利运营公司实现专利权的转让。

第四，企业转让专利权应进行财务核算，力图为其财务运营及企业经济效益提高做出实质性贡献。企业转让专利权本身是一种经济行为，其可以获得一笔不菲的转让价金，以此收回专利开发成本，并服务于企业财务绩效。从企业转让专利权的实践看，现实中大量专利权转让行为处于改善企业财务的需要，甚至避免破产的需要。例如，柯达公司为了提高财务绩效，获得充分的现金流，在 2011 年出售其 1 100 项专利，约占其全部专利数量的 10%，获得的转让价金约 20 亿美元，为其在连续 6 年亏损的情况下开发消费类和商业打印机技术提供了资金保障。

从受让方的角度来说，企业受让他人专利权则应注意以下问题。

第一，选择与自身产品经营和专利技术组合相匹配的专利。对于受让人来说应当慎重选择拟购买的专利，因为受让专利需要支付较高费用，一旦受让的专利不能与企业自身的专利形成良好的组合或者不能为产品经营带来增值效应，就会造成企业资源的浪费。具体而言，受让人可以考虑以下一些因素：该专利的技术成熟度和市场应用前景，该专利与自身已有专利技术能够形成互补，本企业对该专利是否具备相应的技术改造能力，是否可以采用替代技术实现该专利同样的技术效果。

第二，该专利实施是否需要相关的技术配套。在实践中，很多专利技术同时还包含了没有公开的技术秘密，如果不能同时获得对方相应的技术秘密，受让专利的实施效果就会大打折扣。因此，适当考虑该专利实施相关的配套技术也是必要的。

第三，与上述转让人应注意保守自己的身份和转让意图类似，受让人也应注意尽量保守自己的身份，避免受让意图轻易被对方知晓，以免对方在转让价金和相关条件上讨价还价。

此外，无论是作为转让方还是受让方，企业专利权转让均应遵守法律法规的相应规定。例如，根据我国《专利法》《合同法》的规定，企业转让专利权时应签订书面合同，并按照法律规定进行登记。企业在专利权转让合同中可以约定让与人和受让人实施专利的范围，但不得限制技术竞争和技术发展。

三、企业专利权转让战略实施策略

如前所述，企业专利权转让具有很强的战略性。除了前述进行自行开发与转让的决策以及在转让予受让专利时应注意的问题外，还应重视以下策略的运用。

（一）与企业其他专利运用策略紧密结合

企业专利权转让战略的实施，在很多情况下需要与企业其他专利运用策略结合才能达到理想的效果，特别是对拥有较多专利的企业来说，更是如此。下面不妨以陶氏化学公司为例加以说明。

陶氏化学公司是一家国际性的大型化学公司，公司中央数据库中的有效专利达到3万之多。这些专利原来处于分散状态，每年的维护费用即达到3 000万美元。为有效管理这一数额巨大的专利资源，发挥专利的资产价值，该公司自1993年成立无形资产管理部门，引入知识产权动态管理模式，即以企业经营战略为核心，通过企业有组织的动态的组织管理，最大限度地实现公司知识财产的增值。该管理模式以知识产权资产价值评估为基础，通过降低管理成本和提高知识产权资产的可利用性和市场配置方式，旨在实现知识产权资产或产品价值的最大化。陶氏化学公司以专利组合管理为重点，分计划、竞争力测评、分类、价值评估、投资和组合六个阶段进行。该公司对所有专利进行有效性审查，下属专业部门根据审查结果，对其中的有效专利在进行价值评估和竞争力测评后决定是否投资，以及投资对象、许可贸易和转让模式。公司经过对大量专利的清理和评估，既节省了大量专利费用，也大大增加了专利许可和转让收入。如公司在1994年专利总量由29 000项降为16 000项，节省了800万美元维持费和约4 000万美元税款，而专利许可费则从2 500万美元开始以60%速度递增，到2000年增加到1.25亿美元。❶

（二）重视企业专利权转让战略的实施环境

企业实施专利权转让战略不应仅将其当成一种获取局部利益的手段，

---

❶ 王晋刚，张铁军. 专利化生存：专利刀锋与中国企业的生存困境[M]. 北京：知识产权出版社，2005：147-148；均光. 专利管理：企业经营战略的核心[J]. 电子知识产权，2003（5）.

而应将其纳入企业生产经营总的战略之中并作为市场竞争的一种有力武器。换言之，企业专利权转让战略的实施有一些适用环境。

仅就转让专利权一方而言，企业转让专利技术主要适合于以下场合：（1）企业本身难以开拓市场，专利技术公开后会使竞争者围绕该专利技术争相开发，而专利权人对未来市场份额的占有能力十分有限，此时企业通过转让专利权，可以较快地换取资金，赚取利润。（2）专利技术开发后，已有相同效能的替代品出现，而且竞争对手已经占领了相当一部分市场。如果作为专利权主体的企业缺乏配套资金、利用专利技术的能力，及时转让专利权就成为必要。（3）企业欲通过专利技术的转让将自己的产品或商标施加给受让方，实施专利技术转让与产品或商标相结合的战略时，即可及时转让专利权。这样可以进一步扩大产品市场占有率，提高自身竞争能力。（4）在企业专利授权数量较大的情况下，通过转让部分专利权而获得专利收益，弥补专利可观的维持费用，同时换取开发新技术的资金。（5）如果企业的专利技术有可能使技术标准化，通过专利技术的转让可以加速技术产业标准化的过程。例如，录像机中 VHS 带和 BETA 带的开拓者就是通过广泛地转让自己的专利技术加速技术标准化的。（6）对那些刚刚起步的小企业来说，资金缺乏往往是企业发展的重要瓶颈。通过转让手中的专利技术所有权，这些公司可以获得企业研究开发和其他方面急需的资金。

（三）防止核心技术流失

企业专利权转让不仅是一种法律上的权利变更行为和经济学意义上的市场交易行为，而且因为其对企业研发和技术创新关系重大，应当引入战略考量，防止图一时经济利益而将具有巨大现实或潜在市场价值的专利技术让与他人，或者因为转让失去专利技术的所有权而影响企业技术链中技术的后续开发与利用，甚至影响整个产业发展。原因在于，企业技术研发、积累和布局有一个连续的过程，很多时候企业在某一技术领域的技术优势是依靠密集的专利部署实现的。如果将技术链或者产业链中某一项重要专利技术转让给他人，就有可能影响相关领域的研发或者该技术的后续研发，或者相关技术市场，特别是在企业相关产品的后续市场与转让出去的专利技术存在依赖关系时更是如此。

这方面，国内外企业都有一些教训。例如，通过转让丧失了对关键性技术的控制，从而相应地失去了大片市场。对于一些划时代的高新技术而言，更是如此。美国公司在录像技术和电视生产技术上转让的失策，就是典型的例子：录像技术在录像机产品问世之初对于录像机产品市场的开拓无疑具有关键性意义，但美国一家电器公司却将刚刚获得的录像技术转让给了一家日本公司。日本公司在美国技术的基础上加以开发和创新，并开展商业化活动，终于生产出世界一流的录像机产品，使美国几乎完全丧失了录像机市场。美国的另一家电器公司将其开发的电视生产技术以及相应的推销网络一并卖给日本一家公司。日本公司在原有技术上大力开发，开发出性能和质量更佳的电视机产品，使日本在家用电器领域雄霸国际市场，而美国电视机产业几乎全部被赶出国际市场。我国企业也有类似教训。例如，2006年开始，世界卫生组织对青蒿素的单方制剂的耐药性提出警告，而我国国内制药企业恰好主要以研发和生产这类单方制剂为主。在这种情况下，复方制剂的市场就凸显了其重要市场前景和价值。昆明制药联合军事医学科学院微生物流行病所、中信投资控股有限公司、新昌制药厂等四家单位发明在申请并取得专利权后，却将其复方制剂如复方蒿甲醚专利权转让给了诺华公司（Novartis），这样就对我国相关药品的国际市场造成十分不利的影响。[1]

上述研究表明，企业在实施以转移所有权为目的的专利权转让战略时，需要注意在专利权转让时对核心专利的控制，这不妨称为在专利权转让战略基础上的"专利控制战略"。事实上，严格限制关键技术（通常是专利技术）转移特别是向发展中国家转移，是发达国家技术转让的重要特点。通常它们愿意转让那些二三流技术、被淘汰或者正在被淘汰的专利技术等非关键性技术，而关键性技术则不会轻易转让出去。如在我国的众多合资企业，关键技术多为外方所控制。外方控制了这些技术，就等于掌管了企业命脉，取得了核心技术产品在中国市场的垄断权。

四、企业专利权转让的一种特殊形式：专利拍卖

（一）专利拍卖的产生与发展

拍卖是一种很古老的商品交易模式。在现代社会，它仍然是实现产权交易的一种形式，只不过其内容已由单纯的商品拍卖扩大到服务和资产拍卖领域。从拍卖的一定定义出发，企业专利拍卖可以定义为针对特定的专利或者专利组合，在特定的竞卖机构即拍卖机构的组织下，竞买者按照规定的拍卖程序竞相提出高价，最后以出价最高者确定为专利转让价格的行为和过程。

---

[1] 董丽，黄泰康，袁红梅. 我国制药企业专利价值链管理模型及各环节存在的问题分析 [J]. 中国医药工业杂志，2012（11）；中国"神药"世卫遇争议，专利卖给瑞士惹出后患 [EB/OL]. (2007-05-28) [2011-08-13]. http://news.ifeng.com/history/4/200705/0528_338_125192_1.shtm.

知识产权拍卖,特别是其中的专利拍卖,还是当前拍卖市场的新鲜事物。从国外来看,美国知识产权资本综合性服务公司海洋动力(Ocean Tomo)在2006年4月在旧金山举办了世界上首个现场专利拍卖会,从此名声大噪。在该次专利拍卖会上,企业、投资人、中介机构和发明人等踊跃参加,在85分钟拍卖时间中78个被拍卖的专利中成交26个,成交额达300万美元。该公司从事专利的金融产品和服务。其先后在美国和亚欧国家举办了多场专利拍卖会,拍卖资金累计在千万美元以上。又如,在2011年6月北电网络专利拍卖会上,国际上一些一流的通信设备企业踊跃参与。在该次拍卖会上,谷歌公司收购了已破产的加拿大电信设备制造商北电网络(Nortel Networks)享有的一系列专利组合,代价是9亿美元。

值得注意的是,专利拍卖在我国也悄然兴起。例如,2010年12月,中科院计算机技术研究所举办了我国首届专利拍卖会。在该次拍卖会70项待拍卖的专利中,"一种基于传感器网络的井下安全监测系统、装置及方法"专利被拍卖成交120万人民币,成为此次拍卖活动中成交最高的一项专利技术。又如,北京软件和信息服务交易所与香港联瑞知识产权集团在签订战略合作伙伴协议后,在2011年12月20~21日举行的冬季知识产权拍卖会中,对来自华为、中兴、汉王、创维、清华大学等单位的249件专利、160件著作权和80件商标进行了拍卖活动。

(二)影响企业专利拍卖的相关因素

影响企业专利拍卖的因素很多,既包括专利技术本身的情况,也包括专利拍卖的社会环境,以及专利拍卖的手段、拍卖渠道和方式等。就专利技术本身而言,那些技术含量高、创新程度大的基础性专利,以及市场适应前景大的专利,更容易获得竞拍者的青睐。专利权的剩余保护期限、专利权利要求确定的保护范围、是否存在同族专利,以及专利的稳定性等因素对竞拍的成交率和成交金额也会产生影响。例如,专利剩余保护期限不长,就会严重影响专利竞拍的成功率和成交金额。专利已经过无效宣告考验,说明其稳定性较强,会对专利拍卖产生积极作用。还如,有时竞拍者以专利组合拍卖,专利组合的拍卖一般难度大于单个专利的拍卖,不过一旦成交它会积极影响后续的专利组合拍卖。就专利拍卖的社会环境而言,如果很多人对这一专利交易形式闻所未闻,就会减少竞买和竞卖者的数量。此外,专利拍卖的手段、拍卖渠道和方式也会影响拍卖的效率。例如,如果底价太高,与被拍卖的专利价值相相差大,就会影响拍卖的成功率。此外,采用不同的专利数据库,对专利拍卖也会造成影响。

(三)对企业专利拍卖的评价

当然,通过拍卖方式转让专利不是没有弊端。因为从理论上说,专利的交换价值不应由出价最高的人做主,而应由其市场需求性决定,尤其是其未来的获利能力。专利拍卖成交价与其实际价值并没有必然联系。因此,对专利拍卖的批评之声并非罕见。例如,国外有学者认为,专利拍卖会上专利数量较多,而这些专利涉及技术领域广泛,相互之间的差异性较大,专利拍卖的价格会间接稀释可能的出价者。此外,仅有卖家来进行专利的价值评估,也不够客观。❶ 无论如何,专利拍卖也成为企业专利权转让的一种特殊形式,其意义和作用不可否认。

第 5 节 企业技术引进与输出中的专利运营战略

随着世界贸易组织的建立,包括专利权在内的知识产权日益与贸易挂钩,知识产权在国际贸易中的地位日益提高。在这种情况下,技术引进与输出中有效运营专利战略就显得更加重要。本节将对企业技术引进和输出中专利战略的具体运用、我国企业技术引进与输出的现状及运用专利战略应注意的问题等进行分析。

一、企业技术引进与输出中专利战略的应用

在企业技术引进专利运营战略与企业技术输出专利运营战略中,前者对战略性运用的考虑可能更多些,这里也主要是研究企业技术引进❷中的专利运营战略。当然,有些战略却是两者共同适用的,如交叉许可战略、专利合作战略等。

1. 专利收购战略

专利收购战略的实施主体,一般是经济实力比较雄厚的企业,而且涉及某项新产品的专利不是特别多时该战略才适用。如日本的东洋人造丝公司以 1 000 万美元的代价从美国杜邦公司购进了全套尼龙生产技术。

大体说来,技术引进方运用专利收购战略主要有以下目的:一是便于迅速组织大规模生产,独占整个市场或者垄断某个行业或技术领域,特别是被收买的专利在引进国具有巨大潜在市场时。二是凭借专利的垄断权控制,保证自己在没有比专利更好的技术产生之前也不会遭受经营上的损失。

---

❶ PERRY J. VISCOUNTY, MICHAEL WOODROW DE VRIES, ERIC M. KENNEDY. Patent Auctions: Emerging Trend? [J]. The National Journal, 2006 (27): 512.

❷ 我国企业技术引进的模式通常有:购买国外专利技术使用权,受让国外技术所有权,通过购买全套设备、关键设备等硬件形式获得硬件负载的技术,联合生产,与拥有技术许可的企业进行合资生产等。

例如，某发明者发明了一种耐用性很强的白炽灯丝，某灯泡厂便立即将该专利权买断并将该专利藏而不用，以保证自己目前生产的灯泡不受影响。在这种情况下，收买专利的目的并不是使用，而是垄断技术。这种做法在西方一些大企业间并非罕见。三是控制他人实施，通过收买形式独占专利技术覆盖的市场。在有些情况下，收买人自己并不实施，而是等待有人可能未经许可而擅自实施时，将其告上法庭而获得赔偿费；有时则是为了进行专利经营，如通过再转让、许可等形式，获取更大的效益。

2. 交叉许可战略

在国际技术贸易中，交叉许可战略的运用兼有引进与输出的双重性质，即企业以专利技术、专有技术的输出换取对外国专利技术、专有技术的使用。但对企业引进方而言，通过交叉许可换取的技术应当是利用价值较大的技术，特别是一般情况下外国企业不愿出口或限制出口的技术。当然从对方的角度看，也会要求获得的技术"含金量"较高，这就要求引进方应尽量以自己独创的优势技术作为筹码。

交叉许可战略在发达国家企业之间运用得十分频繁，特别是日本企业精于此道。据日本发明协会的研究调查，日本与欧美之间的交叉许可贸易逐年增长。交叉许可在发展中国家也逐渐扩大。以我国为例，首都钢铁公司发明的"顶燃热风炉技术"许可给卢森堡鲍尔沃公司，该公司则向我国提供"无料钟炉顶技术"的专利，该技术通过交叉许可形式引进后，取得了较好的经济效益。

3. 直接导入型引进专利战略与创新型引进专利战略

其一，直接导入型引进专利战略。

这种专利战略是直接引进已商品化、工业化的比较成熟的专利技术战略。这是一种加快企业发展，扩大企业生产规模比较快捷的方式。特别是对那些研究开发能力薄弱而资金不足的企业很适用，因为专利技术引进后可以很快组织上马，使企业借助专利可以迅速地占领市场。当然，对于经济实力和研究开发能力较强的企业来说，也可以适用该战略。从引进的形式看，除了像日本东洋人造丝公司这种集中引进方式外，也可以是分别引进，特别是对一些成套专利设备的大型项目更是如此。如果企业的某种主导产品涉及不同国家、不同专利权人的专利，还可以采取多头引进的方式，对不同的国家、不同的专利权人也可以采取互相区别的引进方式。例如，日本汽车工业企业在"二战"后就分别从美、英、法等国分批引进了大约400件专利技术。

直接导入型引进专利战略最大的特点是简便快捷，可以免去研究开发的经费，也不存在研究开发的风险。但也应指出，单纯地运用这种战略可能会影响企业技术创新的积极性，长此以往会形成对他人技术成果的依赖性。企业要在激烈的市场竞争中牢牢站稳脚跟，最终必须走自立研发之路。

其二，创新型引进专利战略。

创新型引进专利战略指在引进专利技术的基础上消化吸收，进行改进、革新，开发出性能更优、更具市场竞争力的产品和技术的战略，是企业自主技术创新战略在引进专利技术领域中的延伸。特别是对技术开发能力不强的企业来说，在引进技术的基础上，尽快吸收和消化新技术，并尽快组织商品化生产，对于提高其市场竞争力具有重要价值。对这些企业来说，扬长避短，通过引进、消化和吸收，实施对引进技术的二次开发，往往能够取得明显的效果。二次开发促成了企业的技术创新活动，可以实现以少量技术开发成本、承担较少的技术开发风险的方式取得较大经济技术效益的目的。

进一步说，实施这一战略还可以使企业利用已有的技术加快自己的技术进步、技术改造、产品的更新换代，从而提高自己产品的竞争力，并可利用专利回输战略更好地控制市场。像日本电视机厂商引进美国专利后横扫美国电视机市场就是一个典型例子。韩国在这方面的经验也值得一提。韩国曾专门立法，限制从国外引进成套设备。有资料分析，日本、韩国在工业化初期大量引进了国外先进技术，但更注重消化吸收和再创新。可见日本、韩国非常重视创新型引进专利战略的运用。从理论上说，企业引进创新与自主创新并不矛盾。正如前科技部部长徐冠华指出：坚持自主创新，并不是排斥引进技术，而是将在技术引进基础上的学习和再创新作为增强自主创新能力的重要路径。

技术创新从技术本身创造性程度看是有层次的，相应地创新型引进专利战略也有层次之分。从浅的层面来说，一般表现为对引进的专利技术进行局部的改良、革新的战略，改良、革新的结果通常表现为小发明。创新型引进专利战略从深的层面来说，表现为在引进专利技术的基础上进行富有开拓性的发明创造专利战略，亦可称为创造性引进专利战略。日本钟表企业在近些年取得的巨大成就就是一个典型的例子。

还应当指出，上述直接导入型专利战略与创新型专利战略在一定程度上反映了企业经济技术力量的成长过程：起步阶段的引进战略、成长阶段的引进战略兼自主开发战略、领先阶段的进攻型专利战略。

4. 专利合作战略

专利合作通常是指两个或两个以上的企业以生产合作的形式共同开发、经营管理各自持有的专利技术。专利合作战略在企业技术引进与输出过程中也可以运用，大致说来有以下两种形式：（1）国内企业与国外企业将各自拥有的专利技术作为投资资本，共同实施。有时一项产品的生产涉及多起专利技术，各专利权人单独实施难以产生满意效果，于是各方决定共同开发，以达到共同受益、共同发展的目的。（2）由专利技术拥有方以专利、专有技术投资，并提供一定的资金、设备，另一方则提供场地、劳务、主要资金，使专利技术与资金优势互补，达到利益共享、风险共担的目的。

5. 专利特许专营战略

专利特许专营是专利使用权转移的一种特殊方式，也是专利许可使用的一种特别形式，同时也是特许权贸易的一个组成部分。特许权贸易产生于20世纪50年代，现在很多国家的法律对此都有规定，如1991年墨西哥通过的工业产权法对此即予以确认。专利特许专营战略在技术引进与输出中的应用，一般以技术输出为多。其含义可界定为，企业为全面提高市场竞争地位，在将自己的专利技术输出给国外企业的同时，还附加地将本企业的名称、商标、服务标记、管理方法、管理经验一起出让。通常，实施专利特许经营战略的企业都是经济实力强、知名度高的企业。

6. 专利与专有技术转让的补偿贸易战略

补偿贸易是当前国际贸易中的常见形式，它在企业技术引进与输出的专利战略中也适用。由于国际技术转让通常涉及专有技术问题，企业技术引进与输出专利战略中也常常包括专有技术的问题。因而，可将该战略定名为"专利与专有技术转让的补偿贸易战略"，其含义是指企业作为引进方在信贷基础上引进输出方的专利技术、专有技术和成套设备，待产品开发出来后，将其返销给输出方以偿还技术贷款的一种战略。实施这一战略应以补偿贸易合同为中介。

二、我国企业技术引进与输出的状况与专利运营战略

（一）我国企业技术引进与输出及专利运营战略的现状

从专利战略运用的角度看，我国企业技术引进与输出中主要存在以下问题。

1. 因不大注意利用专利情报而造成不应有的损失

企业在引进技术前，应先走专利情报战略环节这一步，以弄清拟引进技术的详细情况，提高在技术贸易谈判中的地位。具体而言，通过分析专利情报，可以为企业技术引进决策提供一些重要依据，如通过分析引进技术领域专利量的变化趋势和同族专利公布状况，可以了解这类技术的发展轨迹、市场独占情况和剩余市场情况，以决定是否引进该专利；通过分析拟引进技术的专利内容、保护时间、范围，可以了解到该技术的法律状况、技术复杂程度，以判断该技术的价值大小及本企业是否具有消化、吸收、创新能力。此外，结合市场情况企业还可以了解到所处或将要进入行

业的产业结构、产业发展趋势，预测到专利产品销售市场容量，进一步为企业的技术创新与新产品开发选定跟踪目标。然而，令人遗憾的是，我国企业在技术引进与输出中因不大注意利用专利情报而造成了不小损失，值得引起关注。

2. 忽视引进后的消化、吸收、改进、创新工作从而导致对进口的依赖

我国企业在这方面教训很多。例如，在黑白电视机、彩色显像管的引进上，我国企业陷入了"引进—老化—再引进—再老化"的恶性循环之中。在人造纤维领域，在20世纪50年代锦纶人造丝时兴时，我国引进了制造锦纶人造丝的技术设备，在国外推出维尼纶和腈纶新一代化纤后，我国在60年代又引进了生产维尼纶和腈纶的技术设备。后来国外又推出以石油、天然气为原料生产涤纶的技术，70年代以来我国还得再引进。我国企业存在重引进轻开发、重引进成套技术设备和成熟产品而轻技术创新的问题。

3. 在国外取得的专利权数量较少

总体上讲，我国企业专利申请情况不容乐观，很多企业在国内一件专利都没有，更谈不上到国外申请。由于在国外获得的专利不多，企业在技术输出上，很难构建坚固的战略攻势。发达国家企业之所以能在技术输出中独占鳌头，就是因为它们在国外申请并取得了大量专利。我国有些行业与技术领域现已面临受外国专利严重束缚的被动局面。如稀土资源是我国的一大优势资源，占世界稀土资源总量的80%，出口稀土制品本应为我国的一个优势。然而日本佳友公司却抢先在稀土制品可能出口的国家申请了一系列专利，组成了以"烧结法制造稀土永磁工艺"基本专利为核心的专利网，迫使我国稀土制品的出口接受其提出的苛刻条件。又如培育彩色珍珠的技术是我国发明的，但该技术没有在国外取得专利，反而被外国人申请了专利，这样就限制了我国彩色珍珠培育技术的发展。当然，我国企业在国外申请专利不多是有多方面原因的，如信息不够畅通、专利情报系统不健全、因缺乏资金而无力支付申请费用等，但最根本的还是认识问题，即没有深刻认识到在国外专利确权的重要意义。

（二）我国企业技术引进与输出专利运营战略的实施

针对以上存在的问题，结合专利战略的一般原理，我国企业在技术引进与输出中专利运营战略应注意以下问题。

1. 重视专利情报的运用

企业在技术引进中对外方提出的专利都最好进行专利文献检索研究，并对其技术的先进性、成熟程度、商品化前景进行认真仔细的论证，以防失效专利、技术价值不大的专利被引入国内。以下几点应特别注意。

其一，引进专利技术的对方当事人是否为真正的专利权人。有时一项

引进的专利是有效专利,并且具有较大的经济价值,但技术出口方却不是真正的权利人,或者只是专利权的共有人之一,此时就应先妥善解决权利归属问题,再确定下一步对策,以避免专利侵权的发生或者支付不必要的使用费。

其二,所引进技术在国外取得专利的情况。引进方不仅应弄清楚对方是不是专利权人,而且还需要弄清楚该专利在其他国家或地区是否也获得了专利。有时,中方企业引进专利的目的是利用自己的生产条件生产然后出口,在国内市场饱和的情况下,如果出口国也被这些专利所覆盖,企业将承受巨大损失。

其三,专利是否授权的情况。在企业引进专利技术时,有些外商利用我国一些企业忽视专利技术状况的弱点,有意将正在申请而尚未获得专利权的技术、专利申请因故被撤销的技术当成是"专利技术",向我方要求支付较高的使用费。我方对这一情况应注意查明。

其四,专利权的授权时间。这一点之所以重要,是因为专利的剩余保护期对确定专利的许可或者转让价格具有重要影响。

其五,专利权的保护范围和具体内容。专利权保护范围和具体内容决定了在实践中专利可以受到保护的程度,企业在引进时也应注意。如权利要求确定的保护范围太窄,将在事实上影响专利保护的广度和深度。

其六,专利权的稳定性。企业在引进专利技术时,必要时还需要了解该专利是否曾被他人提起过无效宣告请求或正在被他人提起无效宣告请求,或者有被他人请求宣告无效的可能。另外,还需要查明实施引进的专利是否有可能侵犯他人的专利权,这样就需要进一步明确该专利是否还存在相关的基础专利、从属专利。

2. 重视引进技术的消化、吸收和创新

企业在引进技术后,应当重视对引进技术的开发利用,加强对引进技术的创新研究,力争在消化、吸收的基础上研制出更先进的技术,并及时申请专利,做到引进与创新相结合,不断形成自己的技术优势。

3. 注重技术引进专利战略与企业自身条件的适应性

前面阐述的一些具体的战略,并非所有企业在涉及技术引进与输出时都要运用。企业一定要根据自身的特点对引进技术"国产化"。例如,拥有竞争力强的优秀专利的企业,为获取国外不愿出口或限制出口的专利技术,可以较多地运用交叉许可战略这种技术引进的高级形式。研究开发力量薄弱、资金相对不足的中小企业,则可以采取直接导入型技术引进专利战略比较适宜。研究开发力量较强,资金充足,经营管理水平较高的企业则可以更多地采取创新型引进专利战略。高新技术企业新产品开发风险大、投资高,但开发成功后的回报率也高,相比之下更适合于收买专利或以创新为目的的引进外国专利战略。为做到引进专利与企业自身条件相适应，还需要注意以市场为导向，使引进的专利技术产品化后具有市场适销性。也就是说，企业需要建立一种既能满足市场需求又能实现自身发展的市场导向型专利技术引进机制。

此外，企业在引进技术时还应考虑到与本企业已有专利或专利组合的匹配性，适合于本企业生产经营需要或专利竞争需要。企业引进他人专利与在国内购买他人专利一样，无非是需要通过实施获得效益，或者与自身专利或专利组合形成良好的专利资产结构，提升专利整体资产效益，或者是直接提高专利竞争能力的需要。这些无疑都是与自身生产经营需要相适应的。例如，谷歌购买了IBM公司1 000多项专利，范围相当广。2011年8月，谷歌又以12亿美元的价格并购摩托罗拉，在该项并购业务中，谷歌看中的就是摩托罗拉的专利组合，其购买后能够与自身专利组合相匹配，大大提高其专利竞争能力，从而在与微软、苹果等公司的竞争中占据主动。

4. 重视在国外的专利确权

企业应对在国内有优势、在国外有产品市场的技术及时向国外申请专利。在选择申请国时应立足于产品市场前景良好、需求量大、竞争对手多且法制比较健全的国家。

5. 重视专利技术引进中的可行性评估与合同管理

技术引进是获得国外先进技术的重要形式。由于引进技术需要支付较多的费用，并且在实施中通常需要配套资金、技术和设备，对拟引进的专利技术应当加强可行性研究。一般来说，可以从以下几方面考虑：一是引进专利技术的产品市场前景、市场容量、市场规模，借此判断是否在经济上合算；二是考察拟引进专利技术的先进性、实用性和成熟程度，评估引进的专利技术能否进行二次开发、是否存在替代技术，以避免引进落后的、过时的技术；三是考察拟引进专利技术的法律状况，如是已经授权的专利还是正在申请尚未获得授权的专利、专利权是否存在共有问题、专利剩余保护期限、专利授权的国家和地区、专利是否存在产权争议或有被宣告无效的可能等。另外，对引进方资信、资质等情况的了解也是必要的。

重视专利技术引进合同管理主要体现在以下几方面：一是应签订内容周全的专利技术引进合同。合同签订应遵循我国合同法和有关技术进出口方面的法律规范；二是合同的签订与履行还应注意符合我国专利法、反不正当竞争法、反垄断法等法律的要求，防止存在不公平限制竞争条款的出现，同时需要履行必要的手续，如专利权转让合同应经国家知识产权局登记、公告后才生效；三是履行合同的管理。例如，应防止专利许可、费用提成的时间推到专利权保护期届满之后。

6. 重视产品出口时产品涉及技术的法律问题

过去我国一些企业产品在出口时，由于事前没有获得知识产权保护，被外商指控为侵权，被迫退出原先占领的市场或接受对方提出的苛刻条件。如出口的产品正好是外商的专利产品或正好是在外商专利技术获得专利权的国家销售，就会遇到这个问题。为避免这种问题的出现，企业应实行"产品出口，专利先行"战略。如果没有这样做，在新产品准备打进国际市场时，应当先进行知识产权法律状况的调查，其中专利情报分析就是不可缺少的环节。在进行这一步工作后，如果外商的专利确实构成妨碍，应根据情况灵活采取对策。例如，能够采取措施绕过去或加以排除的则可以采用防御型战略，如果不能绕过去时则可争取实施许可甚至交叉许可的形式。

第6章 企业专利技术标准化战略

Chapter 6

在现代市场经济中,技术标准是企业获得市场竞争力的重要体现。企业专利技术标准化战略是目前发达国家企业普遍采用的将专利战略与技术标准紧密结合起来的战略模式。它是以专利技术为后盾、立足于技术标准而制定的旨在使企业获得有利的市场竞争地位的总体性谋划,也是企业从国内外竞争形势和自身条件出发,谋求在市场竞争中占据主动、有效排斥竞争对手的重要手段。企业专利技术标准化战略属于国家标准化战略体系中的一个重要组成部分,而且是实现国家标准化战略的基础和保障。本章将从技术标准与专利战略的基本问题入手,在探讨发达国家企业标准化战略的基础上,就我国企业专利技术标准化战略的若干问题展开讨论。

第1节 技术标准与专利战略

一、技术标准的概念

(一) 标准的概念与作用

标准化是制定、发布和实施标准的活动。根据标准化的形成过程,标准可以分为法定标准与事实标准。法定标准是由政府或政府主导的标准化组织制定的,包括国家标准、行业标准、地方标准等,像ISO、IEO以及区域化组织建立的有关国际标准就属于这类标准。事实标准是通过市场过程产生的,往往是市场中的优势企业制定的。[1] 它是单个或者少数具

---

[1] BELLEFLAMME PAUL. Coordination on Formal vs. de Facto Standards: A Dynamic Approach [J]. European Journal of Political Economy, 2002 (18): 153-176.

有垄断地位的企业制定的标准。法定标准和事实标准在一定的条件下可以相互转化。两者的区别在于形成因素不同：法定标准受外部各种力量的影响较大，并不取决于企业技术标准本身的技术水平；事实标准虽然与企业技术标准本身的技术水平有很大关系，但关键还在于企业控制市场的能力、水平和规模。事实标准的强制力正是来自对市场的无形控制——事实标准形成后，不按照该标准生产产品，企业将获得极小的市场占有率甚至无法生存。

无论是法定标准还是事实标准，通常都具有以下特征：统一性、公开性、便利性。如下面所讨论的一样，当标准和专利技术相结合时，标准还将具有垄断性的特点。标准之所以产生，是因为它对社会经济的发展具有重要意义，如有利于企业提高经济效益、有利于开展竞争和方便消费者。标准被认为是一种产业游戏规则，创新成果的产业化离不开标准。标准还是政府对市场施行宏观调控的机制，在全球市场竞争日益激烈的情况下，标准在国家创新体系中的地位不断上升。

（二）技术标准的概念与性质

技术标准是标准的重要内容之一。技术标准是一种或者一系列具有一定强制性要求或指导性功能，内容含有细节技术要求和有关技术方案的文件，其目的是让相关的产品或服务达到一定的安全要求或进入市场的要求。技术标准的实质是对一个或几个生产技术设立的必须符合要求的条件。按照1983年7月国际标准化组织发布的ISO第二号指南（第4版）对技术标准的定义，它是指"由有关各方根据科学技术成就和先进经验，共同合作起草，一致或基本上同意的技术规范或其他公开文件，其目的在于促进最佳的公众利益，并由标准化团体批准"。

技术标准化存在的一个问题是，技术标准越来越与专利技术联系在一起，专利被不断包容进技术标准中，这无论是在作为正式标准的法定标准中还是事实标准中都是如此。当技术标准从最初的起统一媒介作用的纯粹技术性能转化为实行技术贸易壁垒和专利战略的手段时，企业技术创新的收益更多地取决于国家或企业将专利技术转换为技术标准的能力。

二、技术标准在国家专利战略和产业发展中的利用

技术标准是技术性贸易壁垒的重要内容和重要组成部分，甚至可以认为：技术标准是技术性贸易壁垒的基础。所谓技术性贸易壁垒，是指不同的国家之间在进行商品的进出口业务时，通过在立法基础上建立技术标准、认证制度、检验制度等方式，针对外国商品制定技术、商品包装、卫生检

疫等标准，旨在通过提高产品的技术达到增强产品的进口难度，从而实现限制进口的目的。由于其在消费者保护和保证商品质量方面的重要意义，技术性贸易壁垒在国际贸易中被广泛利用。以技术标准为核心的技术性贸易壁垒，在 WTO 框架中即被给予正面肯定，这主要体现于 WTO 的《技术性贸易壁垒协定》（TBT 协定）中。

TBT 协定本意是为了促进贸易的自由化，保护本国消费者和本国厂商的正当利益，但其规定也给成员国内立法和政策导向留下了余地，在很大程度上给成员方实施技术性贸易壁垒提供了自由裁量权。随着国际竞争的加剧，越来越多的发达国家利用这一协定，以国家专利战略的形式构筑非关税贸易壁垒。其常见的手段就是以专利技术为基础，通过认证体系和技术法规的形式建立自己的技术标准，阻挡国外商品的流入，以达到保护国内市场的目的。

由于当代技术标准通常以专利技术为基础，这就使得各国特别是发达国家力图将技术标准引入国家专利战略，使其在国家专利战略中发挥独特的作用。各国技术壁垒的竞争在本质上是专利技术竞争在国际贸易中的体现。

另外，技术标准在引导与国家专利战略相关的国家高新技术产业发展方面具重要的作用。标准本身是国家产业政策的重要组成部分。在国家产业政策中引入标准，可以促进产业结构调整、引导资金合理流向，促进传统产业的改造。

三、技术标准在企业专利战略中的利用

（一）企业技术标准与专利的捆绑

在当代，技术标准与专利结下了不解之缘：技术标准离不开专利，技术标准的背后往往以大量的专利作支撑。技术标准与专利结合对专利权人来说具有更大的战略价值。技术标准战略或者说标准化战略与专利战略乃至更大层面的知识产权战略密切相关。标准化战略甚至被认为是企业实施知识产权战略的最高境界，是最高级的知识产权战略。在标准化战略中，专利技术标准战略具有举足轻重的地位。专利技术以技术标准的形式存在能够在更大的范围内发挥其专有性效用。以专利技术为支撑的技术标准许可能够为标准的拥有者带来巨大的经济效益，这就使得专利技术常常被作为发达国家一些大公司技术标准战略的重要组成部分。这些制定出标准的大公司一般都拥有大量的核心技术专利。它们谋求在专利技术作为标准后，通过控制标准引导标准的发展方向，以达到最终控制市场的目的。

标准与专利的捆绑意味着技术规范受到了专利的保护,从而可以形成自我保护优势和市场开拓优势。当标准与专利捆绑后,标准的普及对于专利权人具有重大的经济价值,因为采用标准必然涉及对该专利的使用,而使用专利是要支付使用费的。拥有核心专利技术的企业将专利技术纳入技术标准,可以专利技术的专有性阻止他人使用技术标准,当用户不得不使用该标准时,标准的制定者和拥有者就可以针对专利技术的使用收取使用费。而且,在这种情况下,专利权的所有者还可以凭借对专利技术的垄断获得市场竞争优势,如控制专利许可证的发放、阻止竞争对手的市场进入。这样就使和标准捆绑在一起的专利具有了战略价值,而不是一般意义上的专利许可收费问题了。如果将专利渗透到国际标准中,专利的经济价值会更大。由于发达国家在技术上占有优势,目前的很多国际技术标准是由发达国家标准或者由发达国家的大企业标准转化而来的。在国际技术标准体系中,发达国家的技术标准占主导地位。

与技术标准的产生形式相对应,一般来说,企业专利技术标准战略有两种产生的途径:一是将企业的技术标准转化为法定的正式标准,通过正式的途径推广使用;二是通过不断的市场开拓,扩大自己的产品和相关技术的市场容量,直至占领主要市场,从而使自己的技术标准成为事实标准。这两种标准都建立在市场扩张策略的基础上。原因在于,无论是法定技术标准还是事实技术标准,企业技术标准战略最终目的是占领市场,这就离不开市场的有力支持。如何开拓市场、培育市场就成为企业技术标准战略的重要组成部分。

(二)企业技术标准的开放性与专利的私有性矛盾的调适

从技术标准特别是法定技术标准的本来目的看,它作为某一技术领域共同遵守的准则,需要公众的广泛采用。因此,技术标准的制定避开专利权保护范围应是一种重要的选择策略。但问题是,有些专利的保护范围很宽,技术标准的制定与实施很难绕过这些专利,特别是对一些基本专利来说更是如此。在这种情况下,技术标准的开放性与专利技术的私有性矛盾出现了。虽然在公开性这一点上标准和专利具有相同的特性,但标准的公开是普遍的,专利的公开则是作为专利权人获得垄断权的代价形式出现的,专利的使用需要获得许可。从法理上说,解决机制应当是找到在标准的通用性和专利的垄断性之间的恰当的平衡点。从一般意义上说,在处理技术标准与专利权之间的关系上,为避免出现上述冲突,在制定技术标准时应尽量考虑自己的专利权,并注意技术标准与技术法规的衔接,而在采用技术标准时则应注意其中的专利权乃至其他知识产权问题。在实践中,标准和专利之间的这种矛盾的解决仍然只能是通过专利权人收取合理的专利许可费用加以实现。也正是由于当标准的所有者和专利权人是同一主体时，标准的制定者可以借专利技术达到控制市场的目的。

但应指出，标准的制定者通过专利控制市场，在采用标准垄断化策略时，在一定的情况下会受到反垄断法之类的竞争法律的规制。如事实标准的所有人无正当理由拒绝他人使用其专利或对许可行为限定了明显的不公平竞争的条款，会因违反反垄断规范而受到处罚。如技术标准采用者与专利权人签订专利许可合同时，专利权人有意抬高价格；技术标准采用者实施在后从属专利时，在先专利权人无正当理由不予许可等都涉及这类行为。这也可以说是对技术标准的开放性和专利技术私有性冲突调适的一种方式。

第 2 节　发达国家企业专利技术标准化战略

一、发达国家日益重视企业专利技术标准化战略

在经济全球化、贸易自由化背景下，以专利技术为后盾，建立自己的技术标准，是发达国家越来越看重的战略。随着高新技术的发展，对国际标准的需求也在不断增长，标准的国际化成为一个重要的国际趋势。专利通过标准的形式已经成为贸易技术性壁垒的手段。同时，技术标准与特定产业发展具有直接的关系，它对应的往往是一个行业的技术路线和技术群落，对企业产品的发展方向具有最终的决定作用。这一特点使得它在控制和影响市场方面具有非同一般的能力，成为市场准入的屏障和打击、排挤其他竞争对手的撒手锏。正因如此，从20世纪90年代开始，主要发达国家越来越认识到技术标准上升为国际标准后对提升其产业国际竞争力的巨大作用。特别是在高新技术领域，拥有技术标准就拥有了巨大市场，一些发达国家因而纷纷打出了技术标准战略这一张牌，并竭力控制世界标准化组织。

从近年来发达国家企业的技术创新、专利战略和市场开拓的历程看，发达国家的企业习惯于在技术创新阶段贯彻专利战略，在专利先行战略的引导下，其生产的产品随着专利的护卫而行销于市，通过成功的市场运作逐渐使自己的产品成为标准产品，从而达到最大限度地获得市场份额的目的。这方面的例子有荷兰飞利浦公司，该公司专利标准意识很强。在20世纪70年代该公司开发的激光唱片新产品问世后，当时的公司总经理克洛格特即决定以日本索尼公司接受公司的技术标准为条件与日本企业一道分享。主要考虑是：只要日本索尼公司接受了自己的技术标准，那些已经支付专利使用费的其他亚洲和欧洲国家的公司也会采用该标准，从而不但可以控

制竞争对手，而且可以获得巨大的市场。后来在 1998 年，该公司专门成立系统标准特许部，负责技术标准管理工作和专利许可工作。又如，日本松下电器公司通过出售 VHS 专利许可证，一方面推广了其新产品，另一方面又建立了以录像机为样品的工业技术标准，使其长期雄霸世界录像机市场。这一事实在前面已提及。

二、发达国家重视企业专利技术标准化的缘由

发达国家企业越来越重视利用技术标准和专利手段并竭力将专利技术融进技术标准，其真正缘由是通过专利技术标准化可以获得最强劲的竞争优势。如日本丰田汽车公司认为：掌握核心技术是企业在未来竞争中获取优势的关键。企业不仅应加快研究开发速度，而且应取得制定业界技术标准的主动权，以确保技术领域的优势。丰田公司的一句口头禅即是："今后，丰田必须在制定汽车工业技术标准方面掌握领导权。"丰田公司总裁在回答丰田如何面对 21 世纪的竞争挑战时指出：如果丰田能有几项企业技术标准被采纳为国际标准或者成为事实的技术标准，丰田公司在未来的国际竞争中就能处于比较有利的地位。还有欧洲西门子、爱立信、诺基亚等公司为了占据市场主动权，凭借自己的雄厚实力，形成了 WCDMA 技术标准，这些标准本身是一系列专利许可使用权组成的，熟悉、掌握标准或者加入外国公司发起的标准联盟以便获取专利许可，甚至在某些高科技领域后发制人，自行组建标准联盟，是企业打破技术壁垒，竞争国外市场的战略举措。[1]

由于发达国家企业总体上在技术和经济实力上处于优势，在这场标准和专利技术竞争中，发达国家企业往往是技术标准和专利技术的提供者、主导者，发展中国家企业则成为利用发达国家企业技术标准和专利技术生产产品的生产加工车间。随着经济一体化和贸易自由化的进一步发展，专利技术标准支撑的技术性贸易壁垒正成为发达国家实施的新的贸易壁垒形式。

第 3 节 我国企业专利技术标准化战略

一、我国企业实施专利技术标准化战略的现状

我国是一个发展中国家，而发展中国家由于技术和经济实力不如发达

---

[1] 吴汉东. WTO 与中国企业专利发展战略 [J]. 中南财经政法大学学报，2003（6）.

国家，在这场技术标准战中总体上处于被动地位。发展中国家大量采用的是发达国家的技术标准，而这些标准的利用涉及专利技术的利用，发展中国家及其企业除了对这些专利支付使用费外，还需要服从标准的管理。发达国家利用其经济技术优势竭力主导国际技术标准，很容易提高我国外贸出口企业的生产成本。特别是在高新技术领域，我国基本上只能使用发达国家主导的国际标准，处于被动地位，对我国企业开展国际化经营战略构成了严重挑战。但无论如何，发达国家及其企业的专利技术标准化战略的经验值得包括我国在内的发展中国家学习。

从近几年国内外形势看，将专利、技术标准与国际贸易挂钩是国际上的一个新动向。WTO 也大大强化了专利等无形知识产权的保护，通过无形的知识产权与有形的贸易挂钩，发达国家加速了专利成为国际贸易的非关税壁垒形式，即技术（标准）壁垒。并且，针对包括我国在内的发展中国家企业的低成本优势，发达国家有意强化了以专利技术为基础的技术壁垒，实现了由简单的关税壁垒向复杂的技术壁垒转化的过程。换言之，在国际竞争日益激烈的今天，我国企业开展市场竞争的障碍并不是关税壁垒，而是技术壁垒。这种壁垒是源于技术的贸易壁垒，它是以法律保护的专利为后盾的。因此，我国的产品出口迫切需要打破国外的技术性贸易壁垒。另外，随着国内市场被全面开放，大量外国商品鱼贯而入，严重冲击了我国国内市场，使我国国产产品遭受巨大打击。由于技术标准手段、检验措施等缺失，或者技术标准陈旧，我国对进口产品几乎没有设立技术性贸易壁垒，很难对外国产品进入我国市场进行有效的控制。这就使得我国国内市场和相关产业与行业特别需要技术性贸易壁垒的保护。因此，重视防范国外的技术壁垒和构建我国自己的贸易技术壁垒变得非常重要。

应当说，我国的技术标准工作在较长的时间内存在重视不够、技术水平总体上偏低的问题。在国际上，由我国主导制定的技术标准不多，在绝大多数领域，我国只能被动地执行国外或国际标准。我国相对落后的技术标准不利于我国产品质量的提高，不利于参与高新技术的国际竞争，也不利于提高我国企业的竞争力。在一些关键性的、重要的技术领域，如高新技术领域，我国存在技术标准滞后、技术创新与技术标准严重脱节、技术标准的制定缺乏技术支持等问题。

目前，国际技术标准大都是由发达国家制定的，给我国企业参与国际市场竞争带来了困难，也使我国企业在技术标准特别是在高新技术标准方面与国外跨国公司相比没有多大优势。如何构建我国企业专利技术标准化战略就成为值得深入探讨的问题。

二、我国企业实施专利技术标准化战略的对策

在新的国际竞争形势下，我国企业实施以专利技术为支撑的技术标准战略是一个巨大的系统工程。它不仅涉及我国整个标准化工作的重新定位和整个国家标准化战略的发展格局，而且涉及国家宏观政策、法律及企业专利等知识产权工作状况的改善等问题。本书认为，以下措施具有必要性。

1. 树立企业专利技术标准战略意识，建立健全技术标准机构

意识是行为的先导，企业只有树立正确的标准战略意识才能在标准战中赢得主动。企业应认识到，标准是企业进行质量管理的技术基础，标准化是企业提高产品质量的重要方面。并且，标准战略不能等同于质量管理，其最终目的是转化为竞争力，转化为市场份额，因而它需要在专利战略的指引下，将企业的研究开发、产品销售和市场开拓等融入企业的发展战略之中。企业在进行技术开发时就应高瞻远瞩，将标准化问题纳入考虑的视野，而不能等到技术成熟时才想到标准化问题。在企业的整个经营管理过程中，标准战略意识都不能忽视。企业应重视国际标准化工作发展趋势和动态，跟踪技术标准和技术法规的变化，以做到未雨绸缪，始终处于主动地位。为切实做到企业增强标准战略意识，与企业开展知识产权战略工作一样，企业应安排负责标准化工作的人员。并且，与标准化有关的重要工作应由负责执行责任的管理者亲自过问。有条件的企业可以成立标准化技术委员会，由技术厂长或技术副总经理负责，开展企业标准化建设。

2. 提升行业协会作用，建立以企业技术标准为主体的标准化工作体系

我国现有的技术标准体系没有体现以企业为主体的模式，行业协会在技术标准制定中的作用也没有得到充分体现。我国企业技术标准战略的推行在更大意义上需要其他部门的支持与配合，如适合于中国国情的行业技术标准的建立就是一个重要方面。国家行业技术标准建立后，可以在一定程度上阻挡外国产品进入我国市场，也可以积极开发支持自己技术标准的专利技术。行业技术标准的建立需要对我国现行的标准化工作体制进行改革，逐步将技术标准化工作由政府行业主管部门转移到行业协会。

3. 重视企业技术联盟建设

企业建立技术联盟确立标准的一个重要原因是，不管一个企业具有多大的经济和技术实力，却不同时拥有和控制所在行业的整个核心技术，而行业的技术标准涉及大量的专利权等知识产权，只有和相关企业甚至研究机构充分合作，才能在该行业内建立完整的技术标准体系。再从技术标准形成的条件看，技术标准的形成除新技术的出现及其产业化因素外，还需要有较多企业跟随、采用该技术从而使该技术形成一定的市场。单个企业

在形成标准的过程中会受到技术和经济条件的限制，客观上需要其他相关企业的配合与支持，甚至一起建立战略联盟，技术联盟就是一种重要形式。

就我国企业来说，在国外企业技术标准和专利技术占优势的情况下，为了冲破国外跨国公司设置的专利和技术标准障碍，更需要以技术联盟的形式共同开发行业核心技术以及相应的技术标准。特别是对我国一些技术研发能力比较缺乏的企业来说，更有必要。

4. 积极投身国际标准化工作领域，逐渐确立我国在其中的地位

目前，我国在国际标准化工作体系中的地位没有受到应有的重视，在国际标准制定中的发言权不大，这一状况对我国企业经济技术贸易的发展很不利。为此，应增强对国际标准化工作的参与意识，积极参加国际标准化活动，参与有关标准的制定、修改工作；同时，应积极将我国的技术标准融入国际标准体系，只有这样才能使我国企业的技术标准战略立足于国际前沿。

5. 重视专利确权，加快实施我国企业的专利国际化经营战略，积极选择与制定标准战略

实施专利国际化经营战略是我国企业开拓和占领国际市场的重要策略之一。实施这一战略的前提是在企业产品销售国等进行专利确权。为此，企业需要逐渐提高自己的自主技术创新能力，在国内外相关行业和产品领域保持一定的专利数量。企业针对自己技术创新活动中产生的技术发明，应尽量申请专利，以获得自主知识产权。这也是我国企业参与制定国家标准乃至国际标准的前提。通过在国外申请专利与获得专利权，企业可以具有更大影响的专利技术为基础开展技术标准化工作，争取将自己的企业标准上升为国际标准。对于我国拥有核心技术的企业来说，在进行标准化工作之前即应将核心技术在国内外申请专利。通常，这一战略思路应在企业研究开发阶段即体现。即在研究开发阶段渗透标准战略意识，积极进行准备工作，尽量避免跟随别人的标准走，使自己的技术在标准的构建中发挥应有的作用。

6. 争取政府支持，使企业专利技术标准化战略融入国家标准化战略体系

企业专利技术标准化战略的施行不是孤立的，在很大程度上需要得到国家政策与法律的支持。我国温州出口欧美市场的打火机受阻这一案例即反映了发达国家对技术标准的重视，是从整个国家经济安全和经济发展的根本利益考虑的。我国企业可以争取政府的积极支持，利用 TBT 协定中的有限干预原则和对发展中国家的优惠政策，将企业一些具有民族特色的、国外企业难以达到的技术标准升格为国家标准，以对抗发达国家的技术性贸易壁垒，构筑自己的贸易壁垒，保护我国的民族产业。

7. 积极进行相关技术标准立法，完善技术标准立法体系

在我国整体上技术比较落后的情况下，不可能大规模地制定高标准的技术要求以回应国外商品的进入。制定与完善相应的技术法规、适合我国国情的技术标准就成为构建我国非关税壁垒的重要保障。我国企业加强对标准战略研究、重视标准中的专利等知识产权问题、完善技术标准立法体系实为当务之急。原则上，我国企业对与国际标准一致的技术标准应当遵守，对写入标准的专利则应具体分析。如对包含专利的已有标准应在时机成熟时加以修改、完善，以制定对我国企业更有利的技术标准。同时，为应对国外跨国公司"事实标准"战略的挑战，我国不仅应在企业和行业层面上展开企业技术创新中的专利战略实施的标准化策略，而且应在国家立法、政策和政府管制层面下功夫。由于国外跨国巨头实施的"私有协议"在相当程度上具有技术垄断性质，我国需要尽快建立健全反垄断立法体系，以《反垄断法》为核心，制定规制知识产权滥用条例、技术标准审查规定等方面的法律文件。

总的来说，在日益激烈的国际竞争环境下，我国企业应建立自己的技术标准体系，确立我国企业具有自主知识产权的技术标准。我国企业在重视吸收和采用先进的国际标准的同时，更应重视原始性技术研发，形成自己的核心专利技术，并在此基础上建立我国企业自身的技术标准体系。当然，对不同性质和不同经济技术实力、规模的企业来说，专利技术标准战略的侧重点和实施方式应有所不同。

第 7 章 国外企业专利战略及其对我国的启示

发达国家企业在长期的专利管理工作实践中通过有效实施专利，取得了巨大成功。它们善于将专利保护、专利管理、专利机制的运用提升到战略的层次与高度，逐渐形成了比较完整的企业专利战略。在发达国家中美国和日本专利战略的实施最为成功。限于篇幅，本章主要是对美、日企业专利战略的基本情况进行分析。还需要指出，由于企业专利战略与国家专利战略、行业专利战略是紧密相关的，本章对美、日企业专利战略的分析也会涉及这两个国家的宏观性的专利战略、对外贸易政策等问题。

第 1 节 美国企业专利战略

美国是当今世界头号经济、科技强国，其运用专利战略的历史较久，对专利等知识财产的重视由来已久。如在 19 世纪末，日本首任商标登录所长高桥是清在考察了美国的有关专利制度后感慨：在所有财产中，美国最重视的是知识财产。[1] 美国为了维护、巩固其在市场竞争中的优势，主要采取了基本专利战略外加专利网战略，同时辅以政治、经济、外交等手段要求其他国家按照美国的专利保护要求保护其竞争优势和经济往来，以实现维护其技术优势和谋取经济利益之目的。因此，美国的专利战略呈现出进攻性特点，这一特点同样体现在其企业运作之中。美国企业高度重视将专利战略作为企业竞争战略和发展战略的核心，将其作为参与国际竞争的战略武器。这不仅表现为企业重视研究开发活动以及进一步的技术创新，而且表现为企业十分重视专利在国内外的

---

[1] 陈鸿斌. 日本保护知识产权战略点评 [J]. 国际观察，2002 (5).

确权，特别是在海外的专利确权。美国企业专利战略的目标之一就是维护其全球的技术垄断地位，通过专利权控制在海外的市场。

概括地说，美国及其企业对专利战略的运用具有以下特点。

一、尽量将发明创造成果予以保密并最大限度地限制竞争对手利用

先发明原则是美国长期沿用的专利确权原则，其含义是指谁先做出发明谁才有权取得专利。从理论上讲，先发明原则是合理的，但从专利实务的角度看有许多难以克服的弊端。美国之所以要坚持这一原则，从深层次讲是因为这样可以对其重要的发明创造加以保密，不至于为获得专利而不得不尽早去申请，从而有利于长期垄断某项技术。❶

美国实质审查制指的是对所有申请的专利都要进行形式审查和实质审查，在专利申请阶段不公开申请内容，只有在专利授权后才予以公布。美国长期以来实行实质审查制，其中一个重要目的是避免专利申请公开后会使竞争对手竞相追随开发，因为实行实质审查制专利在授权之前一直处于保密状态，能够使美国很多企业和研究开发机构做出的重大发明创造在发明完成后的较长时间内仍然不被竞争对手所知悉，从而可以等到技术产业化、商品化时机成熟时再凭借获得的专利垄断市场。这样对外国竞争者来说，美国企业可以利用其他国家专利申请18个月公开的制度获得公开的技术信息，而外国企业却不能在美国专利授权之前获得其相关技术信息。美国企业正是利用了这一点，使自己的发明创造能较长地维持垄断地位。美国专利申请实践中的"潜水艇专利"，无不反映了美国企业利用专利制度谋取战略利益的用心。

二、加强鼓励技术创新成果方面的立法，促进发明创造的充分利用

为了鼓励企业等技术创新主体尽快转化技术创新成果、促进发明创造的充分利用，美国在20世纪后期先后出台了一系列法案。如《拜杜法案》（1980）、《技术创新法》（1980）、《联邦技术转移法》（1986）、《技术转让商业化法》（1998）、《美国发明家保护法令》（1999）、《技术转移商业化法案》（2000）。其中《拜杜法案》明确规定，大学、非营利机构和中小企业对联邦资助产生的发明享有所有权，应及时申请专利并加快专利技术的商

---

❶ 该原则随着《美国专利法改革法案》的出台而最终被废除。

业化;《技术创新法》规定,主要的国家实验室应建立开发和技术应用办公室,以促进技术转移。《联邦技术转移法》规定,联邦实验室具有转移技术的任务,并且职务发明人可以提取不低于 15% 的专利收入。特别是上述《拜杜法案》的实施,极大地推动了美国技术移转活动。该法案确立的一个重要原则是,向私人企业进行技术转移是政府资助研发活动的重要目标,而允许企业获得相应的专利权或独占性许可有时可实现这些法律在不同程度上体现的美国国家专利战略,表明了美国以立法形式贯彻其国家专利战略的意图。

三、保护国内市场

美国为了维护其技术优势,在实施方法和对外贸易方面充分体现了维护其世界经济技术霸主地位的战略意图。美国为了保护国内市场,将国家专利战略与经济发展战略紧密结合起来,并将专利战略融于贸易政策之中,其 20 世纪 70 年代修改的《关税法》第 337 条授权国际贸易委员会(ITC)管理国外进口货物侵犯美国专利法、商标法、著作权法或商业秘密法的案件,以阻止外国产品进入美国市场。美国国际贸易委员会处理的一些日本企业专利纠纷,曾将一些日本企业搞得焦头烂额,日本企业甚至将 ITC 喻为"鬼门关",足见其在保护国内市场中的重要作用。

当然,在保护国内市场方面,美国企业在和日本企业竞争历史中曾存在教训。20 世纪 70 年代以来,日本企业在美国申请并获得了大量专利,严重影响了美国企业市场竞争地位,日本的产品凭借专利保护却可以在美国本土大行其道。后来美国企业吸取了教训,加大了专利申请力度,最终扭转了不利局面,不但保住了国内市场,而且在全球市场中占据了优势。

四、通过将专利等知识产权问题与对外贸易挂钩以控制他国市场

在产品未到、专利先行战略的指引下,美国企业、研究机构等在国外申请了大量专利。而且还具有将专利申请与海外投资战略相结合的特点。通过这些数量巨大的知识产权,牢牢控制着他国市场。我国加入世界贸易组织后,美国企业加大了对我国实施专利等知识产权的力度。美国高通公司仅靠向我国出售拥有大量专利的 CDMA 标准,垄断了中国、韩国目前的大部分移动通信市场。美国的跨国公司在我国一些重点行业和支柱产业特别是高新技术领域的发明专利,占据了我国发明专利申请的很大比重。

五、维护技术的垄断优势

美国制定的专利战略之一就是实行美国企业优先方针。为加强技术保密和限制技术输出，美国通过一系列政策法规进行调整。例如，有了第二代技术才出售第一代技术，大公司在技术贸易方面通常的惯例则是：10%为关键专利技术，绝不允许转让；20%属于重要专利，只在获利大而风险小的情况下才转让；50%属于防卫专利，可以按照合理提成费自由出售许可证。这些措施与惯例，显然是为了维护技术垄断优势以获取巨额利润。

另外，为确保企业开发的技术能够及时获得保护以形成对技术合法垄断，具有雄厚技术实力的美国企业高度重视将技术创新与专利战略紧密结合起来，在技术创新的全过程中实现对新技术成果实施专利等知识产权形式的保护，促使研究开发成果由潜在的生产力转化为现实的生产力并尽快形成市场竞争优势。美国企业的常见做法是强化对技术创新成果的监控，及时对技术创新成果加以固定，建立对技术创新成果的监督、登记和管理制度，对相关成果实施商业秘密、专利权等形式的保护。为加强对技术创新过程中的知识产权管理和保护而在美国企业推行的"技术发明文字记录制度"❶就是一种典型的维护技术垄断优势的基础性工作，值得我国企业借鉴。

六、扩大传统的专利保护客体、强化对知识创新成果的专利保护

美国基于国家利益和企业竞争的需要，不断通过修改专利法等法形式将一些新兴的技术形式纳入专利保护范围，如将计算机软件、功能基因和网络营销模式纳入专利保护范围。以网络营销模式为例，美国专利商标局对一次性点击购物、逆向拍卖、团体采购等授予了专利，这就扩大了专利垄断权的领域，旨在进一步维护技术的垄断优势。

美国政府和企业专利战略的实施取得了明显的成效，特别是在技术创新方面。20 世纪 90 年代以来，美国的经济保持持续增长，专利申请量也一直保持较快的增长势头，年平均增长 8%。这是美国政府专利政策导向和企业等主体实施专利战略的直接结果，是美国政府和企业重视专利在企业竞争力中的重要作用的结果，也是美国企业长期将专利战略的制定与实施视为企业的经营发展战略重要组成部分的结果。

---

❶ 冯晓青. 企业知识产权管理 [M]. 北京：中国政法大学出版社，2012：195-196.

第2节 日本企业专利战略

日本也是运用专利战略非常成功的国家。日本企业对专利战略的运用始于"二战"后，当时日本在经济实力和科技实力上都比较弱，难以与欧美相抗衡。而且日本是一个地小物薄的国家，唯有依赖自己的技术将进口的资源加工成产品出口才能生存下来。因此，日本在20世纪50年代初即开始大量引进国外先进技术，并运用专利战略作为发挥技术威慑力的武器，逐渐形成了一条以专利技术为核心，以技术力量为依托，实施专利技术开发、技术引进、技术转让、规模经济、市场渗透于一体的立体化专利战略，并且将以专利技术为核心的技术引进、以专利技术开发为中心的技术开发、国内和国外市场的专利保护以及围绕产品出口、专利技术输出的经营战略作为企业总体发展战略来考虑，这是日本经济实现飞跃的成功经验。日本政府和企业高度重视专利等知识产权战略与经营战略的一体化，其运用专利战略的特点可以概括为以下几方面。

一、企业善于运用法律提供的便利条件申请专利并构建专利网

日本专利制度容许狭窄范围即仅有单项权利要求的专利申请，也容许获得实用新型小专利，这就使得日本的企业能够围绕基础性关键专利抢先申请各有特色的大量小专利，筑起严密的专利网，使欧美的基础性关键专利技术在其专利网中失灵，从而迫使欧美竞争对手以基本专利交换日本的小专利。

考察20世纪50~70年代，日本在"二战"的废墟上一举成为经济和技术大国，其实施针对欧美基本专利的专利网战略功不可没。当时主要的基本专利技术都掌握在欧美手中，日本企业为了打破欧美对技术和市场的垄断，在大量引进欧美先进技术的基础上经过不断地改进，申请了大量外围专利、改进专利，这些专利覆盖了欧美基本专利市场化应用可能采取的全部产品结构，为竞争对手专利实施制造障碍，迫使竞争对手实施交叉许可，取得了以小治大的效果。例如，当初欧美在日本申请了一种新型摩托车的专利，日本企业为了阻挡欧美摩托车对日本市场的冲击，就围绕摩托车的各种脚踏板和车把手下功夫。日本企业对摩托车的各种脚踏板和车把手申请了大量专利，其中包括不涉及技术方案的外观设计专利。结果，虽然欧美摩托车企业掌握了先进技术，但由于在摩托车制造和销售中必然涉及各

种脚踏板和车把手，从而很容易落入日本企业专利权的保护范围，日本企业因而得以"以小制大"，迫使欧美企业与其签订交叉许可协议。可以认为，在相当长时间内，日本企业将专利网战略作为最常用的战略加以利用，奉行克劳塞维茨"以多取胜"的军事原则。日本企业通过专利网战略获得的专利通常为改进专利、应用专利等外围专利，甚至是实用新型小专利，它们大部分是基于设置专利网而出现的。

二、在专利网战略的基础上实现向基本专利战略的转移

日本企业的外围专利战略以及与之密切相关的模仿引进、改良创新的模式在20世纪50年代到80年代初期，成效是十分巨大的，它使日本基本上实现了技术立国的目标。专利网战略的实施也反映了日本在"二战"后相当长的时间里实行的是"赶超战略"。也就是在引进外国先进技术的基础上，通过消化吸收实施技术创新，推出价廉物美的产品，以此打开全球市场。然而值得注意的是，进入20世纪80年代以来，这种战略却越来越受到来自欧美的压力，其局限性暴露得越来越明显。长期以来，日本的研究开发有一种"重应用、轻基础"的倾向，过去在基础性的发明方面投入的研究力量不够，所以具有高水平的开创性发明较少。日本的专利申请虽多，但很多是在基本专利基础上对技术细节进行改进而取得的改进专利等外围专利，基本专利比例不高。由于基本专利比例大大低于美国，日本技术储备能力比美国低得多。

日本政府和企业已经开始吸取忽视基本专利战略、基础研究的教训，开始调整科技发展战略，加大基础研究投入。从理论上说，日本的模仿创新战略经过几十年对欧美的追赶，目标早已实现，不能再沿用以前的战略模式，而必须进行相应的战略调整——也就是从尽可能有利于引进技术转变到尽可能创造和保护自己的先进技术。近年来日本已采取了一系列措施强化技术创新和实施，如加大对基础研究和技术开发的投资、促进闲置专利的利用、提高研究开发奖励基金等。表现在专利申请战略上，就是从注重申请数量转向重视申请质量，重视基本专利申请。

近年来日本又明确提出了"知识产权战略"，这一点对于日本企业专利战略重点的转移具有极大的指导性作用。在专利等领域，日本近年开始推行的知识产权战略强调在生产制造等基础技术领域获得竞争优势。日本在基础技术创新这方面的战略变化也势必影响国家和企业的专利战略重点的转移，也就是由专利网战略到基本专利战略的转移。

三、保护国内市场

日本的主要做法是推迟批准那些对工业发展有重大影响的基本专利，以使日本企业有足够的时间追赶该技术。在日本，拖延批准外国的专利达 10~14 年之久是常见的，最典型的例子是美国德州仪器公司的半导体专利在日本被推迟 30 年之久才获得授权。类似的例子还有美国梅苏克斯公司有一种红外传感技术，在本国获得专利权后又分别在前联邦德国和瑞典获得专利权，然而在日本申请专利时却不顺利。日本的竞争对手利用异议程序使美国企业详细披露了该技术内容，此后一家日本企业便模仿该技术申请了大量改进专利，先后在日本获得专利权。美国梅苏克斯公司的专利申请在本国申请 20 年以后才在日本获得批准，该公司因而失去了在日本市场多年的独占权。

四、重视海外专利申请，进攻他国市场

日本企业重视海外申请与意图占领国外市场是有密切联系的。以东芝公司为例：其每年在国内申请专利数约为 1.5 万件，在美国约有 1 000 件专利被获准。该公司十分重视海外专利申请，力争使超前的技术在海外特别是在美国获得专利权。为适应美国的专利制度，该公司在海外的企业在工作日志中要记载研究人员作出的发明技术特征、实施例，并载明与先前技术的差异，附上照片、分析资料等相关研究资料，然后签上研究人员姓名，并携带该资料公证发明日期，以便发生纠纷时能提供发明在先的有力证据。

日本企业投入了大量的人力、物力，产生了大量的新专利。随着日本专利技术的开发，日本向海外输出的专利越来越多，现已成为技术输出大国。日本企业专利战略的上述特点有多种原因，但其中一点是很重要的，即日本主要是靠出口贸易来维持其生存与发展，要向国外输出产品或投资，专利先行战略是必不可少的。

五、重视技术的消化与吸收并在消化、吸收的基础上加以改进、创新

日本企业在引进技术中，专利技术的比重很大。而且，在引进的专利技术中，大多数是世界先进技术。有资料统计，"二战"后日本经济增长的 60% 以上是技术进步的结果。这些从世界各国引进的先进专利技术为战后日本经济的腾飞起到了重要作用。更重要的是，日本企业重视对引进技术的

消化与吸收，正确处理引进技术与开发专利的关系。另外，结合日本的产业政策和有关统计数据，还可以发现日本的产业结构向高级化方向发展与专利领域的变化趋势是一致的。日本产业在引进技术、消化吸收的过程中，实行的是"目标工业"政策，形成了以专利技术为主体的"引进—消化吸收—创新—输出"的良性循环机制。其引进技术及在此基础上开发的大量改进专利的应用集中在能带来巨大经济利益的高新技术产业，特别是从 20 世纪 70 年代以来更是如此。

六、将研究与开发战略、专利战略、生产经营战略作为企业整体发展战略

日本企业注重将研究开发战略与专利战略紧密地结合起来，在研究开发选定课题时就开始利用专利情报的导向作用。在选定研究开发目标时，注意将重点放在商业上最活跃的、可以带来巨大经济利益的领域，并且政府为企业发展提供战略性指导。另外，针对美国基本专利战略采取了一系列的措施促进专利技术开发。例如通过向美国的大学提供捐助，使其为日本企业从事研究开发，收买美国的小型高科技公司，以获取其专利技术；建立以企业为主体的科技体制。据统计，日本企业集中了本国 60% 的科技人员和 80% 的研究开发经费，这为日本企业技术创新成果迅速进入生产经营阶段奠定了良好的基础。

日本企业认为研究开发、专利战略、生产经营战略是企业整体发展战略中三个不可分割的组成部分。当企业研究开发成功后，即着手实施专利保护。在专利保护下，企业新产品在市场中可以获得最大的经济效益。

七、采取多种途径促进专利实施

专利实施是促进专利技术商品化的关键，日本企业非常重视这一工作。日本的专家认为：造成专利实施率低的重要原因是专利与现实市场的脱节，未能有效地在专利和市场之间建立产业化渠道。日本在专利实施方面的成功经验最主要的就是发明与发明成果商品化都在企业内部完成，这样可以使企业专利技术成果面向企业生产经营，因而能较快地实施。除此之外，政府也采取了各种措施促进专利实施，起到了良好的作用。例如，美国一家战略研究中心对日本企业实施专利技术的一项调查表明，日本在专利实施率方面一直居世界前列。日本特许厅一项调查证实，日本专利技术平均实施率为 52%，大大高于世界平均水平。

第 3 节　国外跨国公司对华专利战略

国外跨国公司是实施知识产权战略的高手。考察国外跨国公司的发展历程，实施知识产权战略一直是其全球竞争战略的需要。它们善于将知识产权战略与投资策略、价格策略、市场策略、组织管理等紧密结合，共同为实现全球竞争战略服务。其全球战略变化的一个重要特点就是从输出产品到输出品牌、技术和标准，从有形资产的争夺到无形资产的博弈。在跨国公司的知识产权战略中，专利战略是其重中之重。对华专利战略是国外跨国公司全球战略的重要组成部分。跨国公司对华专利战略的主要特点可以概括如下。

一、强化在中国的专利申请与专利授权

我国专利制度实施以来，跨国公司特别是在华外商 500 强母公司在我国的专利申请一直处于重要地位。而且，跨国公司在我国的专利申请具有战略眼光。前几年的在华专利申请正好是几年后我国支柱产业和重点领域需要发展的项目，而等到我国要开发这些技术时，跨国公司的相关专利申请很多已经获得授权。跨国公司关注未来 10~20 年的技术发展走向，旨在以技术储备的形式保障获得长久的市场竞争力。

还有一个值得注意的特点是，一些国外跨国公司利用我国企业专利保护意识淡薄的漏洞偷窃我国企业的技术，然后抢先申请专利，使我国企业反而受到外国专利的控制，这在我国中医药、陶瓷等领域表现明显。

二、实行产品未到、专利先行战略

跨国公司在华专利申请很多是其在华大规模投资设厂之前进行的。20世纪 90 年代开始，国外跨国公司即开始大规模进军中国专利市场。专利先行战略是跨国公司进军国际市场的惯用手段。通过实施这一战略，跨国公司以专利保护产品未来的市场。其中，日本跨国公司在我国申请和获得发明专利数量最多，其次是美国、德国、韩国等国家。产品未到、专利先行战略的大量运用反映了国外跨国公司企图通过以专利为锐利武器打进和占领我国市场的用心。相反，我国企业对这一战略重视不够，以致国外跨国公司利用我国企业在专利管理上的漏洞在我国企业输出技术和产品时巧设陷阱，使我国企业出口市场受阻或支付不必要的使用费。在实行这一战略

时，跨国公司还将其与其他策略巧妙地结合起来。当我国的产品在国际上获得一席之地时，它们则往往以技术标准等非关税壁垒手段阻止我国产品出口。

三、抢占我国重点领域和支柱产业的市场空间

据统计，国外跨国公司对华专利申请在高新技术领域的比例永远高于传统产业领域，反映了其占领我国科技制高点的用心。从近年来我国高新技术领域的发明专利授权看，国外专利授权量明显高于国内授权量。这反映了国外跨国公司利用专利抢占我国重点领域和支柱产业的市场空间的用心。

四、重视发明专利申请

国外跨国公司在华专利申请构成中，绝大多数为发明专利申请。国外专利申请尤其是发明专利申请在我国所占比例有越来越高的趋势，而这些申请中很多是国外跨国公司所为。由于发明专利在我国三种类型的专利中最为重要，国外跨国公司以申请、获得发明专利为核心，体现了其在我国构建以基本专利为核心，以外围专利为壁垒的专利战略思想，体现了企图占领我国主要技术领域并严密加以封锁的战略意图。

五、在其他国家申请专利以钳制我国产品出口市场

国外跨国公司对华专利战略不仅体现于在我国通过专利确权占据市场竞争优势，而且体现于在与我国产品出口市场有关的其他国家或地区展开专利攻势。它们通过在这些国家或地区获得专利权，对我国相关产品的出口构成了严重威胁。DVD产品事件就是一个体现。

六、在我国不断设立研发基地以实现产品与技术本土化

近年来，跨国公司为了更好地实现其产品和专利技术的本土化战略，纷纷在我国设立研究开发基地，并抢夺我国相关领域人才，对我国企业竞争构成了巨大挑战。研究发现，增设研发机构已成为跨国公司在华的投资趋向之一。如近年来，微软公司、英特尔公司、IBM公司、杜邦公司、朗讯、摩托罗拉、3M公司等美国的大牌公司以及来自日本、欧洲、加拿大等国家或地区的跨国公司相继在我国设立了研发基地，而且其研发领域大都

集中于计算机、软件、通信、网络系统、生物技术等高新技术领域。跨国公司还注重尽量挖掘适合我国市场需要的研究项目，然后以在中国的专利确权方式对这些研发成果加以保护。

七、在特定的情况下以战略联盟的形式展开专利攻势

在当代，战略联盟已成为跨国公司普遍实行的战略手段之一，对于跨国公司之间相互取长补短，聚合资源、人才、市场优势，增强其全球竞争实力具有重要意义。跨国公司战略联盟具有多种目的，如分摊研究开发费用和风险、实现技术互补、参与掌握合作伙伴的知识与技术、便于共同打入新的市场。在过去，跨国公司的战略联盟立足于以产品和市场为导向的产品联盟，目前则发展到以知识和技术为导向的知识和技术联盟。跨国公司的专利战略联盟就是一种重要的战略联盟形式。跨国公司知识产权战略重视专利战略联盟的构建，目的是更有效地获得全球竞争优势，加速其全球扩张步伐。

另外，值得注意的一个现象是，国外跨国公司近年来对我国的投资、合作形式有一种变化趋势，即在我国新设立的投资企业中，独资的比例不断增大，一些过去在中国设立合资企业的跨国公司也逐渐要求购买中方股份而转变为独资企业。这一现象虽与其对华专利战略不是直接相关，但仍有影响。它对我国企业过去实行的以市场换技术的战略模式提出了严峻的挑战。

第4节 国外企业专利战略对我国企业的启示与借鉴

日美企业、国外跨国公司专利战略的实施为我国企业提供了有益的经验。针对跨国公司对华专利战略，根据我国企业的实际情况，我国企业为利用专利战略促进技术创新和技术进步，增强其在国内外市场的竞争力，主要应做好以下工作。

一、专利战略正确定位

我国的企业从整体上说技术水平较低，在技术开发方面主要应实行追随型专利战略。在国内研究开发能力整体上较低的情况下，企业应当扬长避短，重视专利情报的作用，紧跟国外企业研究动态，适当引进技术，注重引进技术的改进与创新，适时开发外围专利技术，及时获得法律保护。

当然，对于一部分技术力量、经济实力都比较强的企业，开拓型专利战略也是应当受到重视的。

二、提高企业科技水平、大力增加研究开发投入

我国企业目前的科技力量比较薄弱，一个重要原因是研究开发经费不多。还有一个问题是，我国企业研究开发经费大部分用在技术模仿与改进阶段，研究层次较低。无疑，研究开发投入不多是严重制约我国企业科技水平和技术创新能力提高的关键因素。造成这一现象的原因当然很多，其中企业营销费用与研究开发费用比例的不协调则是值得重视的一点。在我国企业的营销费用中，广告费用占据了很大的比重。不少企业将大量资金投入广告领域，而对具有风险的技术研究开发则缺乏热情。

针对以上情况，我国应进一步深化科技体制改革，大力增强企业科技实力，合理安排广告等营销费用和科技开发费用的比例。同时，应通过多种措施和渠道增加研究开发经费投入，并适当加大对基础研究和应用研究的支持力度。例如，可以考虑的对策包括：建立融资支持企业研究开发和风险投资机制；增加高科技园区数量，提高内在质量；通过产业结构调整和企业重组，保障研究开发经费的优先投入、出台鼓励企业增加研究开发投入的税收政策等。

三、引进与吸收先进技术并进行创新、逐步建立自己的专利战略体系

企业适时引进技术，能够缩短与先进技术之间的距离，节省研究开发经费，取得良好经济效益。如美国杜邦公司为发明尼龙用了11年时间，耗资2 500万美元，而日本东丽公司引进该项专利技术只投入700万美元，投产后2年内却净得利润9 000万美元。我国企业在专利技术开发战略中，应注意正确处理技术引进与独立开发自主专利技术的关系，应改变过去那种单纯引进的方式，在引进技术中实施技术创新战略，最终达到"以小胜大"的目的。

四、形成优秀科技人员向企业合理流动的机制

企业是专利实施的主体，也是专利战略的重要主体。企业专利战略的实施离不开企业科技人员卓有成效的技术研究开发活动。与美国、日本的企业相比，我国企业科技人员所占比例相差极大。据统计，全国企业科技

人员仅占全国科技人员总数的3.25%，与日本等国企业相差悬殊。因此，增强企业的科技创新主体的力量变得十分重要。

五、健全专利管理组织、重视专利情报建设

专利管理组织机构的建设是企业实施专利战略的基础，我国很多企业在这方面还是空白，应逐步解决。专利情报工作也是开展企业专利战略必不可少的基础性工作。日美企业在这方面都有比较健全的机构和运作方法。如日本的三菱公司雇有上百名情报管理专家收集世界各地的专利信息，日本日立公司专利库中藏有国外专利文献数十万件，并建立了在新技术、新产品开发和新产品市场化之前专利情报检索的机制。相比之下，我国企业对专利情报工作重视不够，政府对企业专利情报工作支持力度也不够。企业有针对性地加强专利情报建设很有必要。通常采取的措施有：建立企业专利情报部门；确定企业专利情报专职或兼职人员；设立企业专利档案；开展对外情报交流，加强企业情报基础设施建设；提高企业专业人员利用专利情报的水平等。

六、强化企业专利实施，加快企业专利技术商品化进程

专利实施是将依法保护的专利技术转化为生产力的重要一环，是企业技术进步的捷径。专利实施是一个系统过程，不仅包含专利产品的试制过程，而且包含将专利产品产业化、商业化以及相应的产品销售、市场服务、获得商业利益等内容。对方法专利而言，则是将专利方法运用于企业生产、工艺流程并取得经济效益的过程。由此可见，专利实施是和企业技术创新紧密联系在一起的，或者说是通过技术创新的途径和方式实现的。

日本索尼公司创始人井深大曾指出：发明是伟大的，但将发明变成商品却是更重要的事情。该公司成功的关键是先于他人将发明创造成果变成商品。如录像机技术发明人是美国人金斯佰格，索尼公司首先将该专利技术转化为商品，取得了巨大的效益。美国为促进新技术应用，采取了一系列政策和制度创新措施，保障了产学研之间技术的及时移转与商业化，大大提高了专利技术的产业化率。其重要理念是以一定方式将技术尽快转移给公众并加以推广应用，而这些方式本身需要具有较高的效率。无疑，美、日等发达国家专利战略的成功，与提高专利实施率的措施是分不开的。

第2篇

企业商标与品牌战略及其运用

第8章 企业商标战略的制定与实施

在当代社会，越来越多的企业意识到商标是市场竞争中重要的竞争手段，是企业参与市场竞争、获取竞争优势的重要武器，也是企业形象及其商誉的象征，凝聚了企业全部的智慧成果。基于此，商标在企业经营管理中不仅起到识别商品或服务来源的作用，而且是关系到企业生存与发展的战略问题。本章将从企业商标战略的概念与特点入手，分析企业商标战略的构成要素、企业商标战略的制定与实施等问题。

第1节 企业商标战略的概念与特点

商标战略可被定义为：企业为获取与保持市场竞争优势，运用商标制度提供的保护手段，达到树立企业形象、促成产品或服务占领市场的总体性谋划。[1]

与商标战略密切相关的另一个概念——商标策略，也值得一提。从广义上讲，商标策略也就是商标战略；从狭义的角度看，商标策略是企业为实现商标战略的目标、任务而运用的具体技巧、手段与方法。商标策略的运用显然是保障商标战略目标的实现所不可缺少的。它主要应从商标、市场、商品或服务相结合的角度采取具体行动。总体上，商标策略的出发点是实现商标战略总目标，形成商标在公众中的良好形象。[2] 商标策略的具体内容主要是：企业通过正确地设计和使用商标，利用商标保护手段促进产品质量的提高，树立良好形象，赢得消费者的信任，拓展商品销售市场，在市场竞争中获得利润的最大化。

---

[1] 商标包括商品商标和服务商标两种类型，但为方便论述起见，本书一般侧重于商品商标。
[2] 欧万雄. 市场竞争中的商标策略：献给参与国际大市场竞争的中华商标协会会员［J］. 中华商标，1998（3）.

企业商标战略作为企业知识产权战略的一部分，自然具有企业知识产权战略的共性。除此之外，企业商标战略还具有如下特点。

一、商标战略与名牌战略、产品质量战略有着内在联系

"名牌"本身不是一个法律术语，但它通常指的就是驰名的商标，当然也包括驰名的商号。创名牌战略与创驰名商标战略在根本上是一致的，因为商标具有的识别、传播、保护和促销四大功能决定了其在企业创名牌中具有十分重要的作用。创驰名商标战略的成功最后也必然是创名牌战略的成功。

产品质量战略是指通过提高产品质量赢得消费者信任，继而开拓和占领营销市场的一种企业战略。应当说，我国多数企业这方面意识比较强。相比之下，将商标战略看成企业另一个全局性、根本性的大问题，许多企业还没有意识到。其实，它们之间具有十分密切的内在联系：一方面，商标战略的成功实施离不开产品质量战略的运用，因为产品质量是维护商标声誉的基石；另一方面，产品质量战略如果没有商标战略的"协同作战"，企业产品终究难以获得竞争力。

二、商标战略与 CI（企业形象）战略亦具有内在联系

企业识别系统（Corporate Identity Systems）是美国 20 世纪 60 年代开始在企业经营中使用的一种战略，称为企业形象体系，现已被国内外很多著名企业所利用。CI 战略旨在创造个性化的企业形象，使之深刻地印在人们的心目中。CI 战略包含三个子系统，即理念识别（MI）、行为识别（BI）和视觉识别（VI），其中理念识别涉及企业经营哲学、企业精神、经营观念、企业使命和目标等，与企业文化息息相关；行为识别涉及企业员工行为方式、企业内部的规章制度、企业经营活动等；视觉识别涉及企业名称、商标、企业形象标志等。从广义的 CI 战略理解，商标战略可视为 CI 战略的组成部分，而且是不可缺少的组成部分。因为商标其实也就是企业形象价值表现的信誉要素，商标形象可视为企业形象的一个重要组成部分。商标的信誉反映了企业的信誉，商标形象一旦建立起来，就会为企业形象增色。这里不妨以黑五类食品集团"黑色食品专家"企业形象定位为例加以说明。黑五类食品集团的前身是南方食品厂，当初的规模非常小。1994 年集团成立时，专门就企业形象进行了规划，选择"致力黑色食品，共创健康人生"的理念，取得了非常大的成效。如此规划，对集团企业形象的建立，商标战略的实施也起了巨大作用。

三、商标战略具有极强的市场性

商标战略极强的市场性来源于商标的市场性特点,而商标的市场性则是由其基本的市场功能决定的。商标作为开拓市场的武器,是企业参与市场竞争的有力手段。商标被消费者接受的程度,也是通过以市场为媒介实现的。商标信誉的高低,则主要是由商品在市场上的占有率决定的。可以说,商标与市场具有密不可分的关系,商标是企业将商品推向市场的纽带,离开了市场,企业商标将不具任何价值。作为商标所有人的企业使用商标的重要目的就是要让消费者在市场中通过商标的导向作用识别并接受自己的商品。

第2节 企业商标战略的构成要素

企业商标战略与企业专利战略一样,也是企业经营发展战略的一个重要组成部分。其构成要素包括企业商标战略思想、战略目标、战略方案、商标战略动态调节机制及商标政策与法律等内容。下面分别予以阐述。

一、企业商标战略思想

企业商标战略思想是企业在一定时期内对商标全局、长期的看法和打算所形成的观念体系。企业商标战略思想形成的基础是企业商标意识,应当说,企业商标意识的深度和广度决定了企业商标战略思想的内容。企业商标意识越强,企业商标战略思想越丰富。企业商标意识本身的内涵比较多,如商标注册意识、商标信誉意识、商标法律意识、商标宣传意识、商标评估意识、创立驰名商标意识、商标文化意识等。企业商标战略的开展应首先在商标意识方面下功夫。企业应充分认识到商标不仅仅是保护自己合法权益的重要保障,而且也是开展市场竞争的重要武器。商标是企业的一种重要的无形资产,企业应像对待有形资产一样将其纳入经营管理议事日程。当然,企业商标战略思想的形成仅靠具有商标意识是不够的,它还依赖于企业对商标的运作具有战略眼光,即从战略的高度充分认识商标是企业的生命,关系着企业兴衰成败。

二、企业商标战略目标

企业商标战略目标是指企业在一定时期内关于商标战略的奋斗目标,

即企业商标战略预期达到的总要求。企业商标战略从我国商标战略层次上讲属于微观层次，受到属于宏观层次的国家商标战略的制约和指导。国家商标战略的制定有利于企业在较高起点上制定商标战略、确定商标战略目标。

企业商标战略目标可以分为近期目标与长远目标两类。就近期目标而言，商标战略目标是运用商标保护手段，树立商标形象和企业形象，使商标赢得消费者的认可和青睐，扩大产品的销售市场。就长远目标而言，企业商标战略目标则是创立驰名商标，进而实现开拓市场、控制市场并最终取得市场竞争有利地位的目的。在这一点上，企业商标战略与国家商标战略是完全一致的，这是因为，国家商标战略的实施最终只有依托企业才能实现。而且，比较一下企业专利战略目标，可以发现在终极目标上它们是一致的，即取得市场竞争优势。从这里也可以看出，企业专利战略与商标战略的实施对于企业的发展具有殊途同归的效果，这从一个侧面也体现了知识产权战略作为一种竞争战略的特色和本质。

三、企业商标战略方案

企业商标战略方案是实现企业商标战略目标的可行途径。企业商标战略方案包括商标确权以及运用商标保护手段开拓商品市场、赢得消费者信任并最终使自己的商标驰名以获得市场竞争优势的策略等内容。其中前者涉及商标设计、商标注册与否的决策、商标买卖与转让、商标在国外的确权，对其他企业商标确权的防御等；后者涉及商标使用的不同策略，创立驰名商标策略、防止驰名商标淡化与防止商标被抢先注册，对其他企业采取商标防御对策等策略。从广义上讲，商标评估、投资也应纳入商标战略方案之列。上述问题的一些主要方面，将在后面陆续展开讨论。

四、商标战略动态调节机制

与企业专利战略一样，企业商标战略也具有可调节的动态性。企业的内部和外部环境，对企业商标战略都会发生影响，有时某一环境变化后，甚至会发生重大影响。例如，企业在进行资产重组、合资、入股时，对既有商标的处理就有不同的方式，商标战略要适应变化后的企业形势。但也应指出，尽管商标战略具有相对稳定性，企业商标战略的实施计划却可以表现出较大的灵活性。

五、商标政策与法律

商标政策与法律也是企业商标战略结构要素中的一员。企业商标战略的制定与实施都是以符合商标政策与法律为前提的。无论是制定还是实施企业商标战略，都离不开现行商标政策与法律的规范、指导。当然，企业商标战略实施也是将商标政策与法律落到实处的重要体现。实际上，商标政策与法律也是上述企业商标动态调节机制中的一个因子。例如，商标政策与法律的变化将对企业实施某一方面甚至全局性的商标战略产生影响，企业商标战略当然要及时作出调整。

第3节 企业商标战略的制定与实施

企业商标战略的制定是实施企业商标战略的前提，企业商标战略的实施则是企业商标战略目标实现的途径。

一、制定企业商标战略的原则

企业商标战略的制定过程是企业商标战略的决策化过程，制定企业商标战略应遵循以下几个原则。

1. 企业商标战略要与企业经济实力、经营性质、发展状况相适应

企业商标战略固然有很多共同适用于不同企业的内容，但在具体适用时因企业自身条件的不同而存在差异。例如，商标广告宣传战略对于财力雄厚的大企业与资金不足的中小企业就有着迥然不同的方式。企业制定商标战略要充分考虑企业的经济实力、性质、生产规模、产品的结构和市场状况等因素。

2. 将企业商标战略纳入企业营销战略和经营发展总战略中

在市场竞争中，商标作为连接企业和消费者的桥梁，是企业拓展产品销售的重要竞争性资源。商标与市场营销有着密不可分的内在联系。根据国外市场营销专家科特勒（Kotler）的观点，企业市场营销的实质是需求管理，市场营销的任务是按照一种帮助企业以达到自己目标的方式来影响需求水平、时机和构成，面对不同的需求状况，市场营销需要调整目标市场、

产品与服务、价格与服务等行动方案来使市场需求发生企业期望的变化。❶可见，市场营销与顾客需求息息相关，离开顾客需求，就不存在实质意义上的市场营销。

事实上，在企业市场营销模式中，无论是市场驱动型营销还是驱动市场型营销（创造性营销），企业商标及其战略运用均发挥着不可替代的重要作用。就市场驱动型营销来说，此时企业根据显现的市场需求确定市场营销任务，需要实施产品差异化战略，使更多的顾客选择自己的产品而不是竞争对手的产品。此时，商标战略定位及其战略实施就具有重大意义。就驱动市场型营销来说，企业是根据已经显现和尚未显现的事实上的顾客需求来确定市场营销任务的。在这种情况下，企业需要以研究开发为先导，在产品创新基础上创造新的市场需求。这种营销模式更好地体现了知识经济时代内源增长理论指导下的企业竞争价值创新理念，因为价值创新理念强调创造新的需求，通过为顾客创造新的价值开辟新的市场，而不是着重于在已有市场和竞争对手争夺。在实行驱动型市场营销的情况下，企业也需要以商标为新产品市场开拓服务，如通过商标延伸战略将原有的顾客群自然地延伸到新产品领域。

总的来说，商标对企业市场营销具有不可估量的作用，其信誉的高低直接决定了产品市场占有的深浅；其知名度的高低决定了产品市场占有面的范围；其内涵的厚薄则决定了产品市场竞争力的强弱。对商标的战略性运用必须与企业市场营销活动紧密联系。因此，企业商标战略的制定应纳入企业营销战略之中。商标战略的非独立性也决定了企业应将其与其他战略特别是营销战略紧密地结合起来。无疑，企业营销战略属于企业经营发展总战略的重要部分。因此，企业商标战略也需要在企业经营发展总战略的框架内制定。

3. 企业商标战略的制定要讲究时限

这一点与前面阐述过的企业专利战略的制定原则相似，在此不赘述。

4. 企业商标战略的制定要与建立现代企业制度的改革措施相配套

商标与企业制度、市场营销、市场环境息息相关。商标经过企业的经营和培植，逐渐会由单纯的区别商品来源的一种标志，转化为企业的一项经营资产，成为企业的一笔重要的无形资产而具有重要的价值。现代企业制度要求产权关系明晰，商标这一重要的无形资产理应纳入企业经营管理范畴。企业制定商标战略时应符合建立现代企业制度的目标，与建立现代企业制度的改革措施相配套。

---

❶ PHILIP KOTLER. The Major Tasks of Mraketing Management [J]. Journal of Marketing, 1973, 37 (4)：42-49. 转引自：张传忠. 品牌战略精要 [M]. 北京：经济科学出版社，2006：117.

二、企业商标战略的制定

企业商标战略的制定程序、内容与专利战略有较多的相似之处，因此这里只作简要分析。主要包括以下内容。

(一) 企业商标战略的立项

立项即确定企业商标战略的课题。它可以是企业商标总战略，也可以是企业某一方面的商标战略，如企业新产品开发和利用中的商标战略、商标注册战略等。

(二) 企业商标战略的事前准备工作

这方面的工作主要有：

1. 确定组成人员

企业商标战略与专利战略最大的不同之处是，它与本企业的技术研究开发、科技战略没有直接的联系，而与市场营销具有十分密切的联系。因此，制定企业商标战略的人员，除主管企业生产经营的领导外，主要还包括企业经营管理人员、产品推销人员、法律事务部人员等。当然，如果是专利商标战略的结合运用，则应考虑企业的技术人员、专利管理人员等。

2. 为商标战略的制定实施提供物质基础

企业商标战略，无论是从筹划、人员配备、制定方案与实施，都需要一定的经费保障。因此，筹措必要的资金是不可少的物质条件之一。企业不应将其视为一笔额外的成本和开支，而应将其视为开展战略管理和获得市场竞争优势必不可少的投入。

3. 进行商标调查与市场情况调查

商标调查、市场调查可以为企业制定商标战略提供重要的决策依据。商标调查的主要内容包括：(1) 本企业不同时期及现在不同产品上注册商标或未注册商标使用情况；(2) 企业商标的信誉度大小；(3) 同类商品国内外注册情况；(4) 同类商品竞争对手商标状况、知名度高低；(5) 同类商品有无驰名或者知名商标；(6) 商标在本企业中受重视的情况等。

市场调查主要应弄清楚以下事项：(1) 本企业产品在市场上竞争力如何、市场占有率有多大；(2) 其他竞争对手同类产品市场销售情况、经营战略意图；(3) 本企业产品在市场上所处的地位；(4) 消费者对本企业产品的市场评价等。

(三) 企业商标战略目标

为确定企业商标战略目标，企业应做好以下两项工作：

1. 企业现状综合分析

涉及确定企业商标战略目标方面的企业现状综合分析应包括以下内容：（1）企业性质、生产经营方针和规模；（2）企业经济实力；（3）企业产品销售市场及产品市场竞争力；（4）企业资源配置状况；（5）企业在同行中所处的地位；（6）企业研究开发新产品的能力和现状；（7）企业商标工作和商标管理状况；（8）企业市场发展前景等。

2. 市场情况和商标文献分析

企业前期准备工作中的市场调查、商标调查是为这一步工作服务的，通过这步分析，就能使商标战略的制定符合本企业的实际。其中商标文献分析主要涉及商标情报分析。目前，我国很多企业对商标的情报价值不够重视，以致在商标战略制定和商标决策过程中出现失误。一般来说，企业可以掌握的商标文献、商标情报信息主要有：与自己产品相同或类似的产品的国内外竞争对手的商标使用情况；国内外竞争对手的商标注册申请和商标注册情况；国内外竞争对手的商标的法律状况，如变更、失效、续展等信息；本企业拟开展商标国际化经营所涉及的国家或地区的商标立法动态等。

（四）企业商标战略方案的选择

企业确定商标战略目标以后，在市场调查、商标调查以及综合分析论证的基础上，就可以根据商标战略目标所确定的方向，拟订商标战略方案，然后从中选出最佳的方案。这一阶段包括的内容主要有商标战略方案的拟订、商标品牌化决策、商标的利用与管理。以及对其他企业商标采取的对策等。商标战略方案的最后选择，主要应考虑方案的可行性、适应性、科学性。

在制定企业商标战略中，商标战略规划值得研究。制定企业商标战略规划的目的是为企业商标战略确定具体的方向、目标和指导方针，为企业日常的商标管理活动制定行为规范，同时为企业商标经营提供指导，因而它涉及的是企业商标工作中非常重要的问题。企业商标战略规划与商标的属性、结构、使用方式、管理机制与品牌愿景等因素直接相关。在具体制定时，需要重点考虑商标化决策、商标使用模式选择、商标识别界定、商标延伸决策、商标管理规划与品牌愿景等。其中商标化决策需要考虑是选择注册商标还是未注册商标、是选择制造商商标还是销售商商标、是使用自有商标还是使用加盟商标等内容。商标使用模式解决的是品牌的结构问题，如实施统一商标策略还是个别商标策略，或主副商标策略，企业需要根据其经营的产品类型、所在行业特点、经济实力等多方面考虑加以决定。商标识别界定则是要在商标战略规划中确定企业商标在消费者心目中的特定形象和个性。这一部分在企业商标战略规划中占据核心地位，也是企业商标战略规划建设中最具挑战性的内容之一。企业需要从商标负载企业的核心价值出发，从商标的理念识别、行为识别和视觉识别等方面加以规划。商标延伸决策是针对企业产品在未来发展可能延展的类别与范围进行决策，在制定企业商标战略规划时即需要为未来实施商标延伸策略提供足够的空间。商标管理规划是从商标管理组织建构和制度保障方面进行规划，是企业商标战略规划的基础条件和保障。品牌愿景则是在确立商标战略目标的基础上，为商标战略在不同阶段的目标提供清晰的蓝图。上述这些不同内容，共同构成了企业商标战略规划的基本框架。

三、企业商标战略的实施

企业商标战略制定后，下一步工作就是如何有效地予以实施。关于实施的具体要求，前面论述的专利战略的实施也基本上适用于此。需要强调的是，企业在实施中应特别重视市场情况的变化，企业应根据市场情况不失时机地对其商标战略实施计划进行调整，但不应轻易更改商标战略总体格局。

另外，从企业商标战略实施的总体过程看，需要重视以下几个要点：[1]

其一，商标战略在实施中应高度地融合于企业总体战略之中，并促进总体战略的发展。

如前所述，制定企业商标战略时，应将其纳入企业营销战略和企业经营发展总战略中。因此，在实施该战略时，也应将其高度地融合于企业总体战略中。原因在于，企业商标形象塑造涉及企业生产经营管理的所有重大决策。

其二，以科技为后盾，树立质量第一观念。

企业商标战略与质量战略之间的紧密联系表明，商标战略实施需要以产品质量的优质作保障。企业商标声誉提高的过程，与其产品质量保障是一脉相承的，而产品质量提高需要以科技创新为后盾。在科技创新中，企业研究开发则具有举足轻重的地位，而研究开发需要企业专利战略的指导。这也从侧面说明企业不同知识产权战略之间的内在协同性。

其三，强化市场营销，提高商标声誉。

市场营销是实施企业商标战略的重要环节。企业商标是通过市场营销而得到消费者认可和青睐的。市场营销方式多种多样，组合营销、关系营销、差异化营销是实用的策略，企业需要根据自身产品和市场定位加以选

---

[1] 崔蕾. 品牌成长十六步 [M]. 北京：机械工业出版社，2005：16.

择使用。

其四，以消费者为核心，建立良好的客户关系管理系统。

良好的客户关系是确立企业商标形象，促进商品销售的根本措施之一。企业需要以市场为导向，通过产品创新，不断开发出满足消费者需要的新产品。并且，企业需要借助现代科学管理手段和网络，建立良好的客户关系管理系统，最大限度地满足消费者需求。

第9章 企业商标战略运用

企业商标战略的具体运用是通过一系列的商标策略体现出来的，这些策略涉及商标的设计与选择、商标在不同商品及不同场合下的使用、商标与商号的有效结合、对其他企业采取商标防御对策等，内容较为丰富。本章就商标的设计与选择策略、商标使用策略进行介绍与分析。

第1节 企业商标设计、选择与及时申请注册策略

一、企业商标设计、选择策略

设计和选择一个好的商标，是企业成功运用商标战略的基础，也是企业实施商标战略的第一步。一个赢得消费者好感的新颖商标，就是商品动人的永久性广告。商标的设计、选择涉及范围较广，包括心理学、社会学、市场学、美学和艺术等专业知识。一个驰名商标的创立要依赖一个富有个性的商标，国际上一些知名企业深知商标的设计、选择是企业商标战略的基础，因而对商标的取名极为慎重，甚至不惜投入大量的人力、物力。

商标设计、选择策略涉及的内容较多，但归纳起来主要内容如下。

（一）商标应具有合法性

商标的设计、选择首先应考虑法律上的有效性，不具有合法性的商标是不能获准注册并获得商标专用权的。即使是未注册商标也必须符合法律的规定，否则不得使用。合法性

首先体现在商标的构成要素上。我国《商标法》规定，商标由文字、图形、字母、数字、三维标志、颜色组合和声音等，以及上述要素的组合构成。合法性还体现在商标不得违背我国《商标法》的"禁用条款"。如果设计的商标用于出口商品上，则还应遵守产品输入国商标法的规定。各国商标法律对可以注册的商标都有一些限制性规定，对准备开展国际化经营的企业来说，在外国申请注册商标时应更加注意。

（二）商标应具有显著性

显著性是我国《商标法》对获准注册商标的普遍要求。我国《商标法》第9条规定：申请注册的商标，应当有显著特征，便于识别，并不得与他人在先取得的合法权利相冲突。显著性既是商标立法对注册商标的要求，也是商标设计、选择应当重点考虑的问题。一个缺乏显著性的商标不能获准注册，即使获准注册了，也难以在市场上凭借商标的作用打开局面。

所谓商标的显著性是指商标从总体上具有独自特征并能与他人同种或类似商品的商标区别开来，即"商标的独特性或可识别性"。商标显著性要求企业在进行商标设计时，应遵循以下几个原则：第一，使用的商标与所依附的商品没有直接的关联；第二，使用的商标与他人及行业通用、共用的标志相区别；第三，使用的商标与指定商品上的标志相区别。

此外，商标设计要简练突出、线条突出，富有自身特色，做到简单、明确、易记、易听、易看、易读、易写。

（三）商标标记感强、具有独创性

企业设计与选择商标应当刻意创新，有自己独特的构思、创意。过去我国不少企业在商标设计与选择上习惯用吉利词汇，或是名胜古迹、山川河流、地名，或是花草鱼虫鸟兽名称等，千篇一律，缺乏时代感，独创性很低，应当注意改进。此外，商标独创性还要求企业设计的商标名称或者图形不得与同一种或类似商品上已经注册的或初步审定的商标相同或者近似，这也是商标设计、选择时应当注意的。从标记感强、具有独创性角度讲，企业应当从本企业及产品经营方针、销售市场、外部环境等方面综合考虑，独辟蹊径，勇于创新。

（四）商标设计应讲究艺术性，使商标富于个性

马克思指出，人是按照美的规律创造的。商标设计也体现了对美的追求，它应具有一定的艺术内涵，适应人们的审美心理，以美的形象引起人们的注意。一个好的商标本身就是一件艺术品，艺术性本身也要求商标设计不落俗套，寓意深刻，新颖别致，商标设计的艺术性是商标富于个性化

的重要方面。国内一些厂家的经验是值得推广的，例如，"健力宝""太阳神"商标给人一种力量的感觉；"美加净"商标使人一见就会想到它的质量性能而产生好感；"百灵牌"商标使人联想到乐器的美妙动听；"回力牌"商标让人不禁想到球鞋的弹性。这些商标聚美妙的寓意与象征性的特点给人以艺术之魅力，能激发人们的购买欲望。

（五）商标设计应适应消费者心理，适应消费群体的文化素质

从心理学的角度讲，符合人们心理的东西易为他人所接受，商标使用的最终目的是要刺激、引导消费者购买商标标识的商品。因此，企业在商标设计上就应抓住消费者心理，了解消费者的喜好，而不能有引起消费者反感、忌讳或引起不愉快联想的词语、谐音。

企业商标设计为做到符合消费者心理，应针对不同消费群体的文化素养、消费水平设计商标，以使商标的消费主体易于接受。从大量的实例看，商标如果能婉转地表达消费者的兴趣、向往和其他心理需求，对产品促销往往能起到独特的效果。

（六）商标应适合商品特点，易引起消费者联想

依商标法规定，商标不能直接反映商品特点，但这并不排除商标要适合商品特点。商标在设计上要根据商品的特点巧妙建立商标与商品之间的内在联系，如隐示商品的特性或功能等。同时，商标也应易于引起消费者的联想。如洗发用品中的"飘柔""海飞丝"商标，消费者使用该商品时如感到秀发飘洒飞扬，就很容易认同该商品。

当然，商标不与商品发生"内在"联系，不易引起消费者联想，也并不是在任何情况下都不适合。随着经济的发展，注册商标数量猛增，申请有含义的商标要排除与他人已注册商标雷同不易。从法律保护观点看，设计出抽象的、没有任何词义的商标是创制不会发生问题商标的惟一办法，也符合商标设计趋势。抽象商标标记性也很强，并不受国内外形势的影响。因此，也是商标设计时值得考虑的方式。

（七）商标应适合于多种广告媒体

商标应便于企业的广告营销，突出广告效果。广告宣传也是扩大商标知名度的重要方式。现代竞争社会对广告的要求很高，广告宣传的中心应是商标。商标应当适合于多种广告媒体，适合于各种类型的广告宣传，以便确立商标的信誉。

（八）商标设计应符合民族习惯，适合产品外销

商标设计应考虑民族习惯，特别是商品出口时使用的商标要符合产品

输入国的风土民情、风俗习惯，考虑当地的宗教信仰。例如，各国民族有不同的忌讳和爱好，出口商品的商标设计应考虑这些因素。像东南亚人喜欢象，英国人却认为这是累赘无用的东西；日本人喜欢龟、鹤；印度人忌佛像；伊斯兰教民族忌熊猫、猪、狗；瑞士和我国一样忌猫头鹰、狐狸等。

此外，语言文字也是要考虑的一个因素。像我国出口到美国的"芳芳"牙膏之所以在美销售受阻，是因为该商品的英文商标是由汉语拼音"FANG"转换而来，而该词在英文中有毒牙、狗牙的意思。又如美国通用汽车公司生产的"NOVA"牌汽车在拉美无人问津，因为这个牌子在西班牙语中是"不走"的意思。

二、企业商标及时申请注册策略

（一）企业商标及时申请注册的重要性

由于商标注册是我国取得商标专用权从而获得法律保护的必要前提，企业对其使用或准备使用的商标及时申请注册是十分必要的，否则该商标就只能是未注册商标，得不到法律的有效保护。这里的"及时注册"，还包括一定范围的超前注册。企业获得商标权可以为商品或服务进入市场提供法律保障。考虑到商标从申请注册到最后授权需要一定的时间，企业商标注册具有一定的超前性显得更重要。有条件的企业可以建立商标库，储备一批商标，做到使用第一代、准备第二代、设计第三代、规划第四代，形成一个系统网络。商标注册是我国商标确权的基础，也是企业实行商标战略极重要的一个"战役"。事实证明，成功运用商标战略的企业其商标注册工作都是十分优秀的。

（二）未注册商标使用的局限性与防止商标被抢注

包括我国在内的许多国家的法律并不排除未注册商标的使用，未注册商标也并非在任何情况下得不到法律保护。未注册商标在有的情况下使用是必要的，如企业未定型的试销产品或季节性商品就是如此。然而，企业对其商标不申请注册，而是以未注册商标形式在商品上使用的弊端很多，如该商标与他人的注册商标相同或近似，而使用的商品又相同或相似，则将被禁止使用。如果他人的注册商标是驰名商标，则即使使用的商品不相同或不类似，在有的情况下也不允许使用。更为严重的是，本企业的商标如果创出一定名气后，很容易招致他人的抢先注册（简称"抢注"），使自己辛辛苦苦积累的商标信誉拱手让人，为宣传该商标而付出的巨额广告费付诸东流。

防止商标被抢注可以从多方面入手，但对企业而言最关键的是要不失时机地申请商标注册。从战略的角度讲，及时申请注册与防止商标被抢注是一个问题的两个方面。

第 2 节　企业商标国际注册及商标国际化经营战略

当前，随着经济一体化和经济全球化进程的加快，企业开展国际化经营已经成为世界经济的一个重要特色。在新的国际竞争环境下，我国企业实行跨国性质的国际化经营战略也变得越来越重要。国际化经营战略目标的实现需要有强大的国际竞争力作支撑。在获得国际竞争力的过程中，包括商标权在内的知识产权具有特别重要的作用。从过去我国企业开展国际化经营战略的情况看，总体上我国企业仍处于低层次水平，在国际市场的竞争优势主要依赖于部分相对丰富的原材料、廉价的劳动力资源等因素，而几乎没有负载高附加值的国际知名品牌。

在企业经营环境处于全球化竞争的格局下，从长远和企业开展国际化经营战略的角度看，我国企业实施商标海外注册战略具有越来越重要的意义。企业跨国经营中商标战略的选择既是企业跨国经营总体战略的重要组成部分，也决定着企业实施国际化经营的基本方式。我国企业应当在占领国内市场的同时，积极开拓国际市场。企业商标的国际注册就是开展国际市场竞争并在竞争中取胜的关键手段之一。

一、企业商标国际注册战略

企业商标国际注册应注意以下几个问题。

1. 调查研究产品拟出口国家或地区情况，制定海外注册规划

企业应当紧密联系自身产品和经营状况，确定重点申请商标注册的国家或地区，做到有的放矢。同时，也需要确定商标注册的产品类别。在选择注册的商标时，无疑应注意适合所在国或地区消费者需要并符合法律的规定。

2. 重视及时注册策略在国外的运用

企业涉及产品出口、特别是开拓国际市场时，在商标注册或使用问题上需要做到"人马未到，粮草先行"，而不能等到产品已经打开一定销路后再考虑商标问题，否则很难避免抢注事件的发生。过去我国不少企业的知名商标被国外不法厂商抢注，在很大的程度上是忽视了商标的海外及时注册，这样造成的企业巨大经济损失是不难想象的。

商标权确权的方式主要有注册在先和使用在先两种形式。企业应针对这一特点实施不同的策略。对于像日本、意大利等实行注册在先的国家来说，应不失时机地进行注册申请。但这种注册不一定要等到产品开始出口时才启动，而应在产品出口前办理，因为商标在产品销售国申请到获准注册需要一定的时间。同时，在注册国的选择上，也不一定限于目前的产品销售国，对于企业将来准备出口的国家或地区，也可以先行注册，以做到未雨绸缪。在商标注册的方式上，后面将讨论的联合商标策略、防御商标策略都可以有条件地适用于在其他国家的注册。对于像美国、加拿大、澳大利亚等实行使用在先的国家来说，则应当注意将商标实际使用于投放出口国的商品中，并且应注意保留相关证据，如销售合同、产品广告宣传材料、发票等。通过有效地保留证据，可以通过所在国家的法律程序，如异议、宣告无效、争议裁定，对抗他人的注册申请在先的相同或近似的商标并重新获得自己的商标权。如果本企业的商标是驰名商标，则还可以通过国际公约对驰名商标的保护规定获得商标权。

3. 企业商标国际注册的策略

企业商标国际注册需要讲究一定的策略，充分利用国际公约提供的便利条件。虽然申请人可以直接向所在国申请商标注册，但由于我国已经在1989年10月加入《商标国际注册马德里协定》，1995年12月加入《商标国际注册马德里协定有关议定书》，我国企业完全可以充分利用该协定和议定书的规定申请商标的国际注册。与直接向所在国申请商标注册相比，商标国际注册具有省时、省力、费用较低等优点。因此，原则上说，如果我国企业选择的是马德里协定成员国的方式，最好采用马德里国际注册的方式。

不过，马德里协定及其议定书在适用范围上仍有相当大的局限性，这主要是因为很多发达国家没有参加，成员国以发展中国家为主。对于该协定的非成员国来说，仍需要通过商标代理机构进行国际注册，此时企业应特别注意利用一些国家与我国签订的贸易协定中涉及商标注册的条款，以便于注册申请。

在企业商标国际化经营战略方面，原则上说，商标国际注册是一个重要的前提和手段。但是，对于我国一些缺乏国际上声誉度较高的商标的企业来说，为在短期内达到开拓国际市场的目的，也可以在一定的时间内使用外方的驰名商标或著名商标，以借用外方商标的声誉打开销售市场。不过应注意，企业如欲开展国际化经营，使用外商商标只能是权宜之计，最终仍需要使用自己的商标并力图使其在国际市场上具有知名度。比较现实的办法是在初始阶段使用外商商标的同时也使用本企业的商标，借外商商标信誉提升本企业商标信誉，在时机成熟后则应独立使用自己的商标。

二、企业商标国际化经营战略

商标国际注册是企业实施商标国际化经营战略的基本路径。但国际注册的商标要变成具有国际声誉的驰名商标，需要经过国际化经营的不断努力才能实现。在国际市场，我国不少企业在竞争战略上习惯于依靠价格参与竞争。这种在国际市场以低价策略打开国际市场的价格战略，在过去确实产生了显著效果，但在今天其负面影响越来越大，依靠这一战略不能成为企业国际化经营的主导模式。这是因为，一则低价策略导致了一些国家对我国企业采取反倾销措施，在我国市场经济国家地位尚未为 WTO 多数成员认可的情况下，"反倾销"问题仍然将是阻碍我国产品出口的重要障碍；二则低价策略会给产品销售地区造成产品"低价低品质"的不良印象，这会使我国企业的竞争力在国外无法与拥有知名商标的外国企业相比。可见，低价格战略在开展国际化经营战略方面的作用很有限，我国企业在新形势下对此必须给予充分的认识。

另一个值得引起注意的问题是，在开展国际化经营方面，我国企业长期习惯于定牌加工、生产。这种模式又称为"贴牌战略"（OEM 战略），其基本含义是某一厂家根据另一厂家的要求生产产品，委托厂家自己不生产产品，具体的加工、生产任务由被委托厂家完成。产品出口到国外用的则是委托厂家的商标和其他标识。客观地说，贴牌战略对于我国很多商标知名度不高、技术创新能力有限的中小型企业来说具有明显的优势，如避免技术开发风险，通过为国外企业加工、生产产品从而获得国外先进技术和管理经验，利用外方的商标声誉打开国际市场。但也应看到，这种战略也有很多弊端，特别是对大中型企业来说更是如此。与外方从定牌加工、生产获得的利润相比，实施贴牌战略的国内企业利润很低，在某种意义上甚至是"为他人作嫁衣"。另外，如果长期依赖于外方提供的产品市场，一旦国际市场发生变化，国内这些企业可能难以承受。

上面的讨论表明，价格战略和贴牌战略在新形势下对我国企业开展国际化经营的作用很有限，在这一认识的基础上，应重视商标国际化经营战略问题。

三、我国企业实施商标国际化经营战略的对策

企业实施商标国际化经营战略的途径是多方面的，但以下几点值得给予充分注意。

1. 正确的商标定位策略

"从一定的意义来说，今天的企业进入了战略竞争的时代，企业之间的

竞争在相当大的程度上表现为企业战略思维、战略定位的竞争。"❶ 商标国际化经营战略的定位应当是推进商标的国际化和全球化，为此需要通过独特的商标形象培植富有个性特色的产品形象和市场形象，在国际市场中取得竞争对手所不及的特定优势。

2. 打造良好的企业文化和企业形象

企业文化、企业形象与企业商标美誉的培育息息相关，特别是在开展国际化经营方面，良好的企业文化能够提升企业形象，而这种形象最终负载在企业商标之中。企业文化的塑造可以使企业产品无论是在生产、销售、还是售后服务等环节都能保持与体现自己独到的特色，满足消费者的特定需求与偏好，并通过商标被消费者所接受。可见，商标的培植与企业文化塑造也有关。正如有学者所指出的一样："如果一个产品是围绕某种文化建立的，这个品牌的全球化行为就相对更加容易一些。"❷

3. 正确的市场营销策略与广告策略

市场营销策略是指"企业为了满足消费者的需要，在进行调查分析的基础上，确定企业的市场营销组合，从而达到销售商品，获取利润的目的"。❸ 现代市场营销实践确立了很多营销原则和策略。就市场营销原则而论，需求创造和目标营销原则是其中的重要内容。需求创造原则认为：市场需求可以通过企业的努力而不断开拓和发展。市场需求具有可变性，并且企业可以发现潜在的需求市场或者被竞争对手或消费者忽视的需求市场。企业创造需求的核心问题是为消费者提供实在的利益。目标营销原则是指在选准特定目标市场的基础上开展市场营销活动，企业的营销活动服务于目标市场的需要。根据目标营销原则而实行的市场覆盖策略通常有差异营销、无差异营销和集中营销等模式。市场营销原则和策略如产品组合策略等在很多方面与商标战略有关，企业应当逐渐适用。特别是就企业商标国际化经营战略而言，国际化经营的市场构成多元性、跨文化性的特点决定了商标国际化经营需要根据不同国家或地区的市场环境，实行不同的营销组合策略。

广告策略也是拓展商标国际化经营的途径之一。企业为达到占领国际市场目的，在适当的时候和特定地域内，广告宣传也应跟上。

---

❶ 李有爱. 莫在战略上栽跟头 [J]. 中国商人，2001（11）.
❷ 迟双明，柳传志. 决策联想的66经典 [M]. 北京：中国商业出版社，2002：247.
❸ 于俊秋. 论我国企业品牌国际化的经营战略 [J]. 内蒙古大学学报：人文社会科学版，2003（3）.

第3节　企业商标使用策略

一、商标化决策

注册商标的使用是企业商标战略的核心内容和实质内容，离开了商标正确而有效的使用，企业商标战略将无从谈起。商标化，特别是注册商标化是现代企业普遍采取的商标决策。商标化决策涉及的问题首先是企业要不要使用商标，这也是一个商标策略性问题。从知识产权法的经济分析角度看，企业使用商标会增加产品成本，如新产品成本、包装成本、法律保护成本，以及面对产品难以适应消费者需要而丧失信誉的风险。然而，商标化仍然是现代企业普遍采取的战略。这是因为企业只有使用商标，特别是注册商标，才能在消费者中建立起本企业产品与本企业之间的特定联系，树立商标形象和企业形象，从而达到促进商品销售的目的。

当然，在有的情况下，企业对其销售的商品实行非商标化也是必要的。例如：某些产品不定型，市场风险大，产品要依市场形势及时调整，不一定要使用商标；自产自销的小商品等历史上不使用商标的产品，不需要使用商标；临时性或一次性生产的产品也不需要使用商标。

二、企业正确使用注册商标的策略

商标的价值在于商标的使用。企业对其注册商标的正确使用，既是对该商标进行法律保护的需要，也是有效实施商标战略的保障。企业正确使用注册商标策略主要包括以下内容。

1. 企业应将注册商标置于显著位置

企业在使用自己注册商标时，应将商标置于显著、突出、核心位置，使其醒目突出，具有很强的视觉冲击力，使消费者在琳琅满目的商品世界能够很快看中自己的商标，而不能本末倒置，重点渲染商品名称、包装、装潢。特别是应处理好商标使用与商品包装、装潢的关系，在商品包装和装潢设计中，应当以商标为中心，将商标设计置于显著位置，同时将商标与商品名称统一起来。这样才能使消费者在购买商品或者接受服务时，对商标产生非常深刻的印象。在这方面，国外一些企业的做法值得借鉴。以麦当劳公司为例：麦当劳公司的商标由一个金黄色的拱门形状的"M"和"McDonald's"组成，麦当劳商标和"M"标志总是放置于麦当劳快餐店的醒目位置，来往行人远远即可看到这一标志。这种将商标置于显著、醒目位置的做法，既有利于方便消费者"认牌识货"，又有利于强化商标在消费者心目中的印象，从而有利于商品促销。

2. 注册商标使用具有稳定性

企业商标信誉的建立凝结了一代甚至几代人的心血，是企业长期努力艰苦经营的结果。维持注册商标的稳定性则是商标信誉价值产生的前提和基础，企业只有维持注册商标使用的稳定，才能逐步提高其在消费者心中的地位，使消费者留下深刻印象。在维护注册商标稳定性方面，美国可口可乐公司对"Coca-Cola"商标管理的经验值得借鉴。公司要求在全球范围内都做到注册和使用均使用同一种字体，以便保障"一个商标，一种形象"。为此，公司还通过诉讼等形式确保在其他任何公司的饮料产品中避免出现"Coca"或"Cola"字样，并在全球范围内进行监视，从而使"Coca-Cola"商标深深地扎根于消费者心目中，公司也因此成为饮料行业巨头。

3. 注册商标使用的灵活性

注册商标的稳定使用并不排除使用上的灵活性。由于市场情况千变万化，企业在不同时期对不同品质、不同特点的商品不宜固守于一个使用模式，而应当根据不同情况灵活运用，以适应市场竞争的需要。

4. 保证商品的质量

商标信誉的好坏从根本上说是由商品质量决定的，商品质量的优劣是通过商标做媒体传递给消费者的。一个商标一旦用于某种商品，经过长期的反复使用，会在生产者、经营者和消费者心目中成为一定质量的象征。另外，商品的质量越好商标的信誉价值也越大，它在市场上的竞争力也越强。企业使用注册商标应与保证商品质量紧密地联系起来。在维护商品质量以确保商标的信誉方面，一些国内外企业高度重视的做法值得思考。以美国通用电器公司（GE）为例。1998年，公司负责冰箱销售的部门主管发现，在保修期内，有很多顾客对冰箱和冰箱的压缩机表示不满。他于是向公司总裁提出收回350万台冰箱压缩机的建议，公司总裁批准了这个关系到6亿美元价值的动议。公司将产品质量和品牌信誉放在压倒一切位置的做法，值得我国企业借鉴。

5. 严格依照商标立法的规定使用注册商标

企业注册商标后，依据我国《商标法》规定，有使用的义务。又依照《商标法实施条例》规定，商标的使用包括将商标用于商品、商品包装或者容器以及商品交易文书上，或者将商标用于广告宣传、展览以及其他商业活动中，用以识别商品的来源。这一规定体现了商标使用具有依附性特征。一般来说，商标使用既是商标权人行使权利的体现，也是企业树立商标形象、实施商标战略的基本路径。由于商标使用是行使商标权，它必须遵循法律的规定。从《商标法》的要求看，企业使用注册商标应符合以下要求：（1）按照核定的商品范围使用，不得擅自扩大商品使用范围；（2）按照在商标局核准注册的商标样式使用，不得随意更改注册商标文字、图形等构成要素；（3）在发生注册人名义或地址变更、商标权转让、商标期限届满等权利状况变动时应当及时办理法律规定的手续；（4）不得无正当理由连续3年不使用自己的注册商标；（5）驰名商标还应当注意防止被通用名称化。

三、企业在不同情况下使用注册商标的策略

商标与商品是紧密联系在一起的，企业应根据商品与市场的情况，结合自己的经营战略，有针对性地确定使用商标的模式。下面对不同情况下企业注册商标使用策略及其适用条件作出探讨。

（一）个别商标策略

个别商标策略又称"多品牌策略"，是企业在其生产的各种商品上各自使用不同的商标。例如，英国联合利华公司每推出一个新产品就采用一个新商标，号称是当今世界上拥有商标数量最多的公司；福特公司旗下品牌有"福特""林肯""水星""马丁""阿斯顿""马自达""美洲豹""沃尔沃""陆虎"等；瑞士钟表集团门下的商标有"雷达""欧米茄""浪琴""天梭""SWACH"等。采用这一策略，主要是考虑到消费者的需求多种多样，根据不同目标市场的需求，按照市场细分原则，以不同的商标去适应不同的目标市场，以利于消费者有针对性地购买商品。个别商标策略既可以适用于在质量、档次上完全不同种类的商品，也适用于同种类但存在差异的商品。例如，上海牙膏厂生产的牙膏分别按高、中、低三个档次使用"美加净""中华""玉叶"三种商标。

个别商标策略的实施有其独创的优势：减少经营风险，不会因为个别种类商品质量出了问题而牵连全局；有利于在企业内部，特别是大型企业的下属各单位之间鼓励竞争，形成优胜劣汰的机制；有利于吸引消费者购买商品，扩大商品销售，特别是在相同类别的不同质量、档次、品质的商品上使用个别商标，有利于消费者根据自身购买力和爱好选择商品。当然，个别商标策略也有局限性。例如，由于要注册的商标较多，这就会加大广告宣传费用和设计、注册、保护、管理商标的费用，使企业难以集中力量创立驰名商标。企业商标过多，创名牌成本将大大提高。一般来说，个别商标使用策略适用于企业产品种类较多，而质量、规格、品质相差较大，或各种商品的生产技术条件有较大区别的情况，而且它一般也只适合于产

品市场规模较大的场合。

企业实施个别商标策略的成功案例很多,下面以美国宝洁公司为例简要说明。

美国宝洁公司是"全球500强"企业,近些年打进中国市场后很快占据了中国日化行业半壁江山。实施对不同品牌给予个性化定位的个别商标策略是该公司获得巨大成功的法宝之一。该公司根据市场细分原则将自己生产、销售的产品分为洗发、护肤、口腔等类别,并分别以个性化的品牌运作为核心开展生产经营活动。以该公司在我国市场的商品为例,公司针对功效、成分不同的洗发液分别使用"潘婷""海飞丝""飘柔"等不同商标,这三种不同品牌分别被赋予不同的个性,其中"潘婷"的个性立足于头发的营养保健、"海飞丝"立足于去头屑、"飘柔"立足于头发柔顺光滑。宝洁公司对洗发液这类商品使用不同品牌,并有意在功能、包装和广告宣传方面加以区分,从而使同类但不同品牌下的产品都有自己的发展空间和特定的消费者群体,满足了细分市场的需要。可以设想一下,如果该公司对洗发液不是分别使用"潘婷""海飞丝""飘柔"等不同商标,而是飘柔、飘柔营养、飘柔去屑之类的延伸产品,就会埋没洗发液的品牌个性,在我国洗发护发市场上就不会有高达50%以上的市场占有率。

实施个别商标策略时,应注意以下几点:一是对同种类但产品特点差异不明显的产品,一般不宜采用个别商标策略,否则会使消费者对该产品的主导品牌无所适从,从而淡化主导品牌,给企业造成损失;二是应对企业不同品质、规格、特性的商品进行准确定位和分类,特别是对高、中、低档产品应给予明确的划分,使产品个性特色与品牌个性特色达到高度统一,以便不同消费群体有针对性地使用商标;三是应对使用不同商标的商品给予准确的市场定位,以便按照市场细分原则进入不同的细分市场,满足不同消费者的需要。如果不注意以上三点,个别商标策略就会造成严重的失误。我国安徽著名的"沙河王"品牌就曾遭遇过这样的教训。

(二) 统一商标策略

统一商标策略又称为"家族商标策略",即企业以同一种商标推出所有商品的策略。这类企业既可以是生产单一产品的生产企业,也可以是生产跨行业的多类产品的生产企业。统一商标或者说家族商标策略的运用有以下优点。

其一,有利于拥有知名度或驰名商标的企业借助商标信誉推出新产品或形成规模经济,也有利于中小企业集中财力宣传商标,提高商标的知名度,争创驰名商标。

国内外这方面的成功事例是屡见不鲜的。以国内企业而论,海尔集团最初以生产电冰箱闻名，后来兼并了一个空调厂，推出"海尔"牌空调器，凭借这块牌子，海尔空调迅速地占领了国内市场，海尔集团这一商标运用策略是十分成功的。又如，江苏康博集团原来是生产"波司登"羽绒服的厂家，在"波司登"扬名后，该集团便相继推出了"波司登"牌运动鞋、牛仔裤、衬衫等系列产品。凭借"波司登"的声誉，集团以新产品迅速扩大了市场占有率，取得了可观的经济效益。此外，像上海康派司服饰集团公司也是凭借"康派司"统一商标成功实施品牌而延伸的。

当然，企业借统一商标策略实施品牌延伸、扩张，也存在一定风险，并且一定要注意所有品种的商品处于同一质量水平上，否则可能会酿成严重后果。例如，某自行车厂和其他一些自行车厂组成企业集团后，将各企业生产的自行车都冠以自己的著名商标，由于忽视下属企业技术实力和产品质量参差不齐，结果反而砸了自己的牌子。如果集团当初针对不同厂家自行车质量的不同而实行了个别商标策略，就决不至于砸掉自己的名牌，这是企业使用商标策略上的一个沉痛教训。由于统一商标策略与实施商标延伸策略具有紧密联系，并且延伸策略也是企业商标战略的重要内容，本书还将专门对延伸策略进行研究。

其二，可以节省商标广告费用，节省开发、维护、管理商标方面的开支，相应地可以在一定程度上降低产品销售成本，提高产品市场竞争力。

其三，有利于消除消费者对新产品的不信任感，利用统一商标的信誉带动新产品的销售。

其四，有利于企业集中各方面力量创立驰名商标，迅速提高企业的信誉。

当然，统一商标策略的运用也有其局限性。例如，其有时不利于产品的延伸与扩大，因为个别产品如发生问题可能会波及全局，产生所谓"一荣俱荣，一损俱损"的现象。有时企业的产品面向完全不同的市场，统一商标难以适应不同目标市场的要求。

一般来说，声誉良好的企业处于上升期，并对所有商品能有效地进行质量控制时，统一商标使用策略比较可取。具体地说，实施统一商标策略应具备以下几项条件：一是商标应具有相当的市场信誉，如系国内驰名商标或者是国际驰名商标；二是使用统一商标的商品在质量上可靠，不能在质量较差的商品上使用，否则将难以避免"城门失火，殃及池鱼"的不良后果；三是从商标适用的商品类别看，统一商标策略所适用的商品之间应具有协同效应，而不能产生负面影响。例如，将洗衣粉品牌"活力28"适用于纯净水产品的生产和销售，就不合时宜，因为消费者在喝该品牌的纯净水时可能受到洗衣粉品牌的负面干扰，从而在心理上产生抵触情绪，进而损害到产品的销售。

另外，与前面阐述的个别商标策略一样，企业实施统一商标策略时，同样可以利用市场细分原则进行差异化经营，只不过此时不是以不同的商标反映、覆盖不同的细分市场，而是根据特定的产品目标市场定位进行的。以 IBM 公司为例，公司即采取了差异化营销的市场覆盖战略，对市场进行细分和选择。公司根据顾客的规模将其开发的计算机分为大、中、小型，然后按照目标顾客的需要"量身定做"。在对市场进行细分和选择的基础上，公司再进一步细化目标市场需求，针对不同市场采取不同策略，形成了以市场为导向的定位策略。❶ IBM 公司这种做法，值得我国企业借鉴。

（三）同类产品使用同一商标策略

这个策略可以说介于个别商标策略与统一商标使用策略之间，它可以避免这二者的不足，并吸收这二者的长处。其基本内容是企业在同类商品上使用相同的商标，如中国粮油食品进出口总公司在罐头类产品上使用"梅林"商标，在调味品上使用"红梅"商标，在酒类商品上则使用"长城"商标。

（四）总商标与产品商标双重使用策略

这一策略的基本内容是，企业在一个产品上使用两个商标，其中一个是代表企业信誉、形象的适合于不同类别产品的总商标，另一个则是专门为某种特定产品设计的产品商标，该商标代表商品的特殊质量、特点。使用这一策略，可以借总商标的信誉开发新产品、拓展市场，同时可以避免统一商标策略运用中因某种商品出现问题而危及"无辜"。具体地说，实行这一策略具有以下优点：一是总商标代表了企业卓著的信誉、悠久的历史和良好的企业形象，通过在所有产品或服务上标总商标，可以利用该商标的信誉向消费者推销产品或服务。同时，也有利于企业集中有限的财力展开广告攻势。二是分商标体现了企业商标使用的开放性和灵活性，为企业开发新产品注入了活力，也有利于根据目标消费者的消费偏好提供不同品质、类型和特色的产品与服务，有利于满足不同消费者的需要。三是两者的结合有利于企业内部不同部门开展竞争，为企业发展带来活力。

像日本的日立、东芝、丰田、索尼等一些大企业就用这种模式，如丰田公司在不同汽车上分别使用"TOYOTA Crown""TOYOTA Coaster""TOYOTA Hiace"等双重商标。其使用商标的特点是，在丰田公司所有企业产品上都使用"TOYOTA"这一总商标，而在不同特色和不同类型汽车上再分别使用像"Crown"等商标。我国一些企业也重视实施这种策略。如海尔集团在以

---

❶ 世界品牌研究室. 世界品牌 100 强：品牌制造 [M]. 北京：中国电影出版社，2004：30-33.

"海尔"做主商标的同时，对不同类型的产品又专门设计了其他商标名字。例如，在空调产品上，海尔集团先后推出了"海尔—小超人"变频空调、"海尔—小状元"健康空调、"海尔—小英才"窗机等；在洗衣机上，海尔推出了"海尔—神童""海尔—小小神童""海尔—即时洗"等系列产品。

另外，还有一种特殊情况下的主副商标使用策略值得一提。这就是对名牌产品商标实施特别保护的一种策略。名牌产品商标使用策略最关键的是要通过名牌商标效用开拓市场，同时维护名牌商标的信誉，严防砸牌子的事件发生。为此，名牌产品企业可以建立一种副牌商标制度以确保这一策略的实现，其主要内容是为名牌产品准备副牌商标。在特殊情况下，如果产品质量出现较大问题以至会影响商标信誉时，在产品上以副牌取代名牌商标，以保护名牌商标不受影响。

（五）子商标策略

这种策略是在单一商标旗下发展一些成熟的子商标，子商标逐渐形成自己独立的商标体系。如湖南常德卷烟厂是我国著名的烟草企业。公司企业拥有"芙蓉""东方红""君健"等商标，其中芙蓉商标发展为"芙蓉王""芙蓉后""特制芙蓉""金芙蓉"等系列子商标，形成了一个庞大的商标族。有研究认为，实施该策略需要具备以下条件：一是企业拥有若干成熟的子商标，如通用汽车公司拥有"凯迪拉克""雪佛兰""别克""奥斯摩比尔""庞蒂克"等名牌；二是至少有一个独立商标细分出子商标或副商标，形成了企业第二代商标体系，如五粮液旗下有"五粮液""金六福""浏阳河""京酒"等品牌，在浏阳河系列中又细分出"金世纪""红太阳"等系列。子商标策略可以按照产品线的分类归属不同来加以确定。如企业同时生产关联性不大的不同类别的产品，可以在统一商标的门下根据产品线的需要建立新的品牌。当产品延伸的各类市场不具有兼容性时，采用这种策略更有现实意义。这种策略也是根据同一类产品的不同档次而采取的策略。其优点是既可以维护高档产品的份额，又可以及时打入中低档产品市场而不损害前者。❶

（六）使用销售商标策略

企业产品生产出来后要经过销售环节才能进入消费环节，这样企业在进行"品牌推出人"决策时，可考虑以下几种情况：使用自己的商标；将产品以大宗方式转移给销售商，销售商利用自己的销售商标销售该产品；将产品的一部分用自己的制造商标，另一部分用销售商自己的商标推销

---

❶ 郭修申. 企业商标战略 [M]. 北京：人民出版社，2006：143-144.

产品。

我国绝大多数企业使用的是自己的制造商标。但从国际上看，制造商标在市场中的统治地位正受到销售商标的巨大挑战。例如，希尔斯（Sears）公司是美国最大的零售商公司，它在1979年开发了首次以自己名字命名的轮胎，目前公司90%以上的商品都是以自己的销售商标出售。它这一成功的做法受到越来越多中间商的推崇。对于许多小企业而言，它们也愿意主动放弃自己的品牌使用权，采用中间商的销售商标，以利用中间商的商标信誉推销自己的产品，待自己实力强大后再"自立门户"，并声称自己是某著名中间商的名牌商品供应者。因此，使用销售商标也是企业在一定条件下推出品牌的策略。

（七）新产品商标使用策略

开发新产品、新工艺是企业技术创新的结果。新产品可以凭借专利控制生产、加工，以商标开拓、占领市场，双管齐下就能获得更好效益。作为一种策略，新产品使用商标时有以下几种决策。

1. 仍使用企业原有的商标，以利于以商标信誉开拓市场

这一策略在前面实际上已有述及，在此不重复。

2. 使用全新商标，实行商标权变策略

有时原产品因为质量、工艺不佳而给消费者造成形象不佳的印象，同类新产品开发后如果仍沿用原有商标，会使旧商标对新产品的销售和形象造成不利影响，这时就有必要启用全新的商标。采用新商标后，随着产品的更新换代，原有商标随着老产品的停止生产而消失，新的商标则随着新产品的开发、市场化而逐渐赢得消费者信任。这一策略更适用于品种、式样更新快，以奇、新、美博得人们偏爱的产品。

3. 使用与企业原来商标相联系的商标

这一策略与第一种相比，其优点主要是分散经营风险，减少了新产品对原有产品可能带来的不利影响。企业在推出新产品时也可以考虑。

（八）商标使用许可策略

商标使用许可是指注册商标人将其注册商标通过签订使用许可合同，允许被许可人在一定的条件下使用其注册商标，使被许可人获得商标使用权的法律行为。商标使用许可是国际上通行的一种制度，也是无论是作为许可人还是被许可人的企业使用商标的一种重要策略。这一策略已被许多成功的企业所采用。例如，"可口可乐"商标创立100多年以来，公司通过在全球设立的子公司、分公司、经销公司、分厂、分装车间等活动，使其成为风靡全球的主导型饮料，并使"可口可乐"商标成为全球价值最高的

无形资产之一。其使用的最重要的战略手段就是商标使用许可以及与之相关的全面质量监控。

由于商标的价值本质上体现为商标所负载的信誉，商标使用许可的本质是允许被许可人利用许可人的商标信誉生产和销售商品。企业实施这一策略时，应注意把握以下几点。

1. 无论是许可人还是被许可人，都应严格依照法律的规定实施

商标使用许可是一种民事法律行为，首先应符合民事法律行为的条件。同时，它又是利用商标权的一种重要形式，受我国《商标法》及《商标法实施条例》的约束。

2. 明确商标使用许可的形式与要求

商标使用许可形式与专利使用许可形式相近，也有独占使用许可、排他使用许可、普通使用许可之分。上述不同性质的许可形式，对相应的使用许可合同中许可人和被许可人也规定了相关的义务。

从国际上看，单纯的商标使用许可较少，大多数是与技术转让同时进行的。这是商标权人为维护自己商标信誉，避免被许可人商品质量不过关而采取的策略。如果不从独占性角度考虑，企业商标使用许可还可以使用双重商标的形式，即被许可人在自己的商品上既使用许可人的商标，也使用被许可人的商标。这样做可以借他人商标信誉提升自己的商标信誉，在商标使用许可终止后仍然可以利用自己的商标信誉拓展市场。

3. 依照法律要求订立好商标使用许可合同

商标使用许可合同是许可人与被许可人就商标的使用许可条件、范围、时间等内容达成的协议。签订这一合同是实施商标使用许可战略法律性很强的工作，这类合同包括的主要内容有：许可使用的商标及其使用方式、许可使用的地域范围和期限、许可费用的计算与支付、保证商品质量的约定措施、许可人对商标注册效力的担保、违约责任，以及合同签订地点、时间、合同生效日期等。许可人许可他人使用自己的商标实际上是允许他人利用自己的企业声誉，故许可人对被许可人的资信状况、履行合同的能力事先要有通盘的了解，以使商标使用许可合同能切实得到履行。

4. 在商标使用许可实施中严格监督被许可人生产、销售商品的质量

质量是企业的生命，在商标使用许可领域，商品质量的维护同样重要。就许可人来说，除了对使用许可履行法律规定的手续外，应注意加强对被许可人的质量监管，如对被使用许可人的商品销售渠道、方式、价格、包装等进行一定的限制。另外，就许可人来说，还应当注意保证商业秘密和关键性的原材料不致因为商标许可被对方所掌握。像前面提到的可口可乐公司，其严格的质量监督和保守商业秘密的做法值得借鉴。该公司不论是对于子公司、分公司还是商标被许可人都只提供原料配方保密的饮料原液，

被许可人只从事加水、加糖和罐装等工作，其整个生产过程却仍然要受到可口可乐公司的严格监控。

为了使企业有效地实施商标使用许可，避免滥施许可的短期行为发生，对许可人来说，应从战略的高度认识商标使用许可的性质，绝不能为获一时之利而随意发放许可证。对被许可人来说，也应从战略的角度把握好对他人商标的使用，要及时地利用知名品牌的信誉促进自身发展，不能满足于长期使用他人商标，而应当通过受让他人商标使用权逐步树立自己的形象，最终摆脱他人商标的影响，创设出自己的驰名商标，达到实现"借船出海"的目的。

（九）商标转让策略

注册商标转让本身是一种很正常的权利让渡和转移的法律行为。但是，在很多情况下，这种行为并不是简单的单纯的法律行为，而是具有很强的战略意蕴。尤其是在有些情况下，对于企业而言，可以优化商标资产结构，统一规划品牌，打造统一的品牌形象，与现有商标形成良好组合，提高整体的商标声誉和企业信誉。例如，2011年12月26日，贵州茅台酒厂有限责任公司"赎回"其茅台主打产品"飞天茅台"中的"飞天"商标的案例，就具有典型性。由于历史原因，在白酒类商品上的"飞天"商标属贵州粮油食品进出口公司所有，贵州茅台酒厂有限责任公司只得通过商标使用许可形式使用"飞天"商标。贵州茅台酒厂有限责任公司受让"飞天"商标后，可以与现有商标形成合理的品牌组合，有利于"飞天茅台"塑造统一的品牌形象、提升品牌价值。

关于商标转让策略，还值得高度注意的另一个问题，就是近年来国外跨国公司非常重视收购我国企业的著名商标或驰名商标，使我国大量的民族品牌被外方蚕食。如在2011年11月8日，百胜餐饮集团宣布收到中国商务部的批复，获准其以协议计划方式私有化小肥羊。在完成收购后，小肥羊93.22%的股本将由百胜餐饮集团持有，"中国火锅第一股"小肥羊公司将退市。在同年12月6日，雀巢公司获得商务部批准，以17亿美元收购徐福记60%股权的交易。❶ 外资不断收购我国民族品牌，对国内相关产业生存和发展必然会产生冲击与压力，值得国内企业高度警惕。对于政府部门而言，则应严格外资收购国内品牌审查制度，防止因为收购行为导致外资企业对我国国内产业的垄断，保护我国消费者利益。

（十）商标虚拟经营策略

虚拟经营是计算机网络和电子商务迅猛发展的重要经营形式。但是，

---

❶ 王俊杰. 2011年，品牌发生过的那些事［N］.中国知识产权报，2012-02-03 (07).

它在计算机网络和电子商务发展之前即已存在。美国耐克公司生产销售的"耐克"牌鞋就是典型例子。所谓商标虚拟经营，是指作为商标所有者的企业并不直接从事生产活动，而是将生产活动交由委托厂家负责，自己则专心从事技术开发、产品与服务推广，以及品牌传播等事宜。以耐克公司为例，公司是一家没有厂房的美国鞋业公司，实行"异地办厂"策略，也就是这里探讨的利用驰名商标耐克的虚拟经营策略，取得了巨大成功。公司将生产厂家转移到世界各国，特别是原材料和劳动力价格低廉的发展中国家和地区，而公司的经理和技术人员专事附加值高的设计与行销，将设计好的样品和图纸交给世界各地的生产厂家，生产厂家生产的鞋则用"耐克"商标销售。

在我国，除浏阳河酒等少量产品外，商标虚拟经营这种模式还不多见。随着我国企业的发展，商标虚拟经营必将成为商标经营的模式之一。因此，了解什么是商标虚拟经营策略也不是无意义的。

四、网络环境下企业商标使用策略

（一）网络环境下企业电子商务的开展与商标权等知识产权的关系

近年来，电子商务的加速发展，使越来越多的企业认识到电子商务将成为企业的重要经营模式。企业电子商务的开展要借助网络这一信息传播工具，企业网络运营能力直接决定了其开展电子商务业务的广度和深度。因此，在信息化背景下，电子商务环境下的企业活动通常也就是网络环境下的企业活动。在网络环境下，企业开展电子商务活动与知识产权具有密切的联系。仅以商标而论，在网络环境下，企业通过在电子商务活动中有效利用商标，既可以防止企业具有一定知名度的商标在网络空间的保护失控，又可以将在有形空间形成的商标信誉拓展到网络空间，从而可以进一步提升企业的商标声誉和企业形象，全面提高企业在信息化社会的市场竞争力。企业在网络空间的商标使用策略主要涉及两方面内容：企业商标在网络空间的有效维护和实行商标与网络域名一体化策略。

（二）企业商标在网络空间的有效维护

在网络环境下，企业开展电子商务、进行对外信息和业务交流，商标仍然起到十分重要的作用。商标作为识别商品或服务来源的标记，这一功能在网络空间中仍然存在。企业通过在网络空间利用自己的商标，可以在区别商品或服务来源的基础上表明自己的身份，确立商品、服务质量信誉，提升企业形象。不过，企业在网络空间利用商标，商标的信息负载形式和体现形式与有形空间存在不同之处，即此时商标并不是贴附于商品之上或负载于体现服务的有形载体中，而是通过运行一定的程序或者进行一定的操作后才能看到商标标识的存在。与传统的商标负载形式不同，这一特定形式负载的商标可以被称之为电子商标或网络商标。

如同在有形空间一样，在网络空间，企业商标同样可能会遇到商标侵权、淡化的困扰，或者自己的商标在网络空间使用被他人指控为侵权。因此，对企业网络空间使用商标的维护变得十分重要。这主要应注意以下两方面内容。

其一是重视商标在网络环境下的使用。迄今为止，我国仍有相当一部分企业对商标的注册和使用不够重视，更不用说在网络空间中使用了。在网络环境下，企业开展电子商务直接涉及商标问题。这在一定意义上表明商标对企业来说更重要。不重视商标注册和使用的企业不仅在有形空间的市场竞争中会处于不利地位，在蓬勃发展的网络空间也将处于不利地位。在有形空间，商标的地域性特征十分明显，一国企业对另一国企业的商标使用不构成商标侵权，除非该商标是驰名商标时才有可能。但是，在网络环境下，网络的无国界性使得商标可能在全球范围内被使用。这就使得处于不同国家的开展相同业务的企业使用相同或者近似的商标成为可能。当然，即使如此，企业也不会被简单地认为是侵犯了他国企业的商标权，因为商标在现实生活中受法律保护仍然是以地域性为前提的。只是业务相同的企业使用相同或近似商标不利于企业借商标实施全球化经营战略。考虑到这一点，企业可以在网络空间使用自己的商标前进行必要的网上商标检索，以尽量避免这种现象的发生。

其二是预防和制止利用网络侵犯企业的商标权。如前所述，网络空间中同样存在侵犯商标权的事件发生。这种侵权通常是利用一定的技术手段歪曲、篡改、变更、删除企业商标，或通过一定技术手段盗用企业的商标信誉。如在近几年来出现的商标侵权纠纷中，常见的有通过超文本链接引起的商标侵权纠纷、网上搜索引擎关键词盗用企业的商标引起的商标侵权纠纷等。这些新型的商标侵权行为如不及时加以制止，将对企业商标权产生实质性的损害。因此，企业有必要加强对网上商标侵权的监控，并建立预防与控制机制。

（三）企业商标与域名一体化策略

域名又称"网址"，是一个主体通过计算机在互联网上的登录地址。随着网络技术的普及和发展，域名的注册和使用成为一种新的趋势。近年来，全球范围内网络业务的迅猛发展，使域名越来越成为企业开展电子商务的基本手段和电子商务发展的基础，成为网络世界中重要的无形资产。

企业为了利用网络获得更好的商机，可以利用已有商标做域名注册，使商标已取得的信誉在网络世界得以延伸。同时，对于已取得一定信誉的域名来说，将域名注册为商标，也有利于加强商标保护的效果。也就是说，使用商标作域名，可以实施网络空间的品牌延伸，使企业以较小的成本在网络空间向消费者推介自己的商品或服务，进一步提高商品或服务的声誉。相应地，域名通过享有一定知名度的商标的辐射作用成为网络用户比较熟悉的标识，从而可以作为宣传企业形象和产品、服务的重要阵地。这样，商标和域名就通过网络空间建立了一种以实现一定利益为目的的沟通与联系。商标与域名在网络空间的一致，两者相得益彰，使企业在网络空间无形中增加了无形资产价值。因此，在网络环境下，企业实行域名与商标一体化策略很有必要。

企业域名与商标一样具有重要的识别价值，只是域名识别性的基础是网络环境而已。在电子商务蓬勃发展的今天，企业为拓展以网上销售为内容的电子商务，往往需要在网络上创建主页、发布广告、介绍企业产品、宣传企业形象。此时，如果将与其商标相同的文字作为注册和使用的域名，就可以将在商标上已经建立起的商业信誉和企业形象扩张到网络环境。如果企业已经实行了商标与商号一体化策略，在网络空间就可以实现商标、商号与域名的"三位一体"的战略，进一步增强企业的竞争力。实际上，当前国内外不少知名企业实施了这种三位一体战略，收到了很好的效果。

此外，从预防企业商标在网络环境下被其他企业抢先申请注册为域名，从而使企业的商标在网络空间被淡化、给本企业造成损失的角度看，企业尤其是拥有驰名商标的企业极有必要将其注册的产品或服务商标在网络空间注册为域名。现实中发生的一些域名与商标权冲突的纠纷案件很多是由于企业的商标被他人抢先在网络空间申请注册为域名所造成的。近年来，我国不少知名企业的商标被国外投机分子抢注为域名，然后和我国企业谈判以高价钱赎回，给我国企业造成了不小的麻烦。这其实和我国企业驰名商标在国外被抢注性质是一样的。

针对恶意抢先注册域名的情况，我国有一些相关规定，如《中国互联网络域名注册暂行管理办法》。但应当指出，事后补救的手段具有很大的局限性。企业的上策应是及时将自己的商标在网络空间申请域名注册，这样既可以有效防止他人以抢先注册域名形式的"搭便车"行为，也可以通过商标与域名在网络空间的"会师"强化商标的影响力，更好地适应电子商务发展的需要，增强企业市场竞争力。

第 4 节　企业联合商标及防御商标策略

一、联合商标策略

联合商标,是指商标所有人在自己生产或销售的相同或类似商品上注册的几个相互近似的商标,即将与注册商标近似的商标注册于相同或类似商品上形成的相互联系的商标。联合商标是相对于正商标而言的,正商标即最先设计注册的商标。例如,杭州娃哈哈有限公司除了注册"娃哈哈"商标外,又在同类商品上注册了"娃娃哈""哈娃娃""哈哈娃""娃哈娃""笑哈哈"等商标,"娃哈哈"为正商标,后面几个为联合商标。

联合商标的使用对企业有多方面的益处。从权利保护的角度看,它扩大了注册商标专用权的保护范围,有利于防止因他人商标与自己商标的近似而在市场上被消费者误认。联合商标策略的运用可以在企业所使用的正商标外围筑起一条防止近似商标出现的防护带,是企业注册商标常用的策略。

联合商标策略运用时,企业应注意以下几个问题。

(1) 符合联合商标注册条件。联合商标主体亦是正商标所有人,两者应当一致。联合商标核定使用的商品与正商标核定使用的商品相同或类似;联合商标应与正商标相近似,即在音、形、义上相近。

(2) 联合商标注册不是为了使用,而是为防止他人在相同或类似商品上使用与主商标近似的商标,从而形成主商标防护带。只要使用了联合商标中的一个商标(通常为正商标),就视为整个联合商标符合商标法关于商标使用的要求。

(3) 联合商标可以分别获得注册,但其中每一个商标都不得单独转让,而必须整个联合商标一同转让,联合商标使用许可也是如此。

(4) 联合商标中每一个商标都具有相对独立性,其中一个商标被撤销或被终止不影响其他商标的效力。

(5) 企业可以借助联合商标发展多种经营。当企业多种经营产生的商品属同类商品时,可以将储备的联合商标直接标识,不需要另行注册。

二、防御商标策略

防御商标又称防护商标,是同一商标所有人在已核定使用的商品之外的商品上注册的同一著名商标。注册防御商标的目的也不是使用，而是防止他人利用法律不授予注册商标在非类似商品上的专用权而在非类似商品上使用他人的驰名商标，从而损害驰名商标的信誉，冲淡驰名商标的显著性。例如，日本索尼公司的驰名商标"SONY"在世界上170多个国家进行了注册，不局限于电子产品。有位投机商人使用"SONY"商标经销巧克力，在消费者中造成了混淆。索尼公司认为损害了其声誉，对该商人提出控告，最终以投机商人停止侵权并作出赔偿告终。这是采用防御商标策略保护驰名商标的典型案例。

防御商标与联合商标相比都具有防卫性质，具有基本相同的功能。取得防御商标注册也需要符合一定条件，主要包括：

（1）该商标为注册商标，使用于核定使用的商品上，在消费者中具有较高的知名度，并且通常应是驰名商标。

（2）防御商标注册人与原商标注册人为同一人，商标的独占被许可人不能注册防御商标。

（3）申请注册的防御商标与原注册商标相同。

（4）他人使用该商标时，会使消费者混淆商品来源。例如，消费者误认为冒用者使用该商标标记的商品是商标权人生产的，或者商标权人与生产该商品的企业存在交易上、组织上、经济上的联系。

防御商标策略的运用，对于企业具有相当大的益处。由于商标权人对同一商标在所有类似甚至不类似的商品上都取得了商标权，这就自然扩大了商标权受保护的范围，使之延及不相同也不类似的商品上，加强了商标的保护力度。而且，防御商标注册后，如果他人申请注册的商标与防御商标相同，商标核定的商品范围也相同，那么就可以阻止他人的申请获得注册。正是由于防御商标保护商标权方面的独创作用，国内外不少著名厂家对其商品都进行了防御性注册。例如，四通集团以"四通"和"STONE"标志在89个产品和服务项目上进行了防御性注册。美国"可口可乐"商标在所有商品种类上都进行了防御性注册。

第5节　企业商标与商号一体化策略

商号是商事主体为表明自己不同于他人的特征而在从事商事交易等行为中所使用的专有名称，即厂商的字号，是企业名称的一部分。我国《企业名称登记管理规定》："企业名称应当由以下部分依次组成：字号（或者商号）、行业或者经营特点、组织形式。"企业名称是区别不同市场主体的标志，在一定的区域范围内和一定的行业内起着企业间的相互区别、便于识别的作用。在企业名称中，只有商号属于企业的专属名称，对之享有的专用权称为商号权。企业名称的法律保护实质上就是商号的法律保护。

从法律上讲，商号就是商人的营业名称。商号是商事主体资格外在表现形式的集中反映，具有重要的识别价值。商号作为联系生产与销售的中间环节，起着沟通商品与消费者见面的媒介作用。商号同时成为商誉的重要载体，其识别价值不仅表现在促使商事主体不断改善经营管理水平，提高产品质量，而且表现在便于消费者选择商品，维护消费者的合法权益。商号从性质上讲亦属于知识产权的范畴。将商号标于商品上，也起着区别商品、表示商品出处的作用。以商号申请商标注册，或将企业注册商标经工商行政管理部门核准登记为商号，就可以使同一标志名称获得商号权与商标权的双重法律保护，实现商标与商号的一体化。

在现代社会，越来越多的企业认识到商标与商号一体化，对于企业积极参与市场竞争并获得市场竞争优势，具有十分重要的作用。例如，著名的耐克国际有限公司原来的名称为比阿埃斯公司，公司在服装鞋类产品上使用"耐克"商标成名后，即将"耐克"作为公司的商号。国外的"日立""丰田""波音""可口可乐""摩托罗拉"等都是商标与商号统一的例子。我国过去的一些"老字号"如"张小泉""盛锡福""全聚德"，其所有人均较早地认识到了商标与商号一体化策略的重要价值，相继将这些老字号注册了商标。近年来，国内一些厂家也重视运用这一策略。如方正集团、南京熊猫电子集团、红豆集团公司等都注意将商标与商号统一起来，形成一股强劲的"合力"，取得了良好的效果。商标与商号一体化已成为企业实施商标战略的重要策略。

商标与商号一体化策略之所以被越来越多的企业所采用，是因为这一策略的运用具有将商标和商号的优势结合在一起的特点，即企业在宣传自己的商标时也宣传了自己的企业形象，反过来一样。

当然，作为一种策略，商标与商号一体化并非对任何企业都适用。例如，有相当一部分企业至今没有商号，相当一部分企业有多个在不同的消费群体中享有一定信誉的商标，在这种情况下就应灵活处理。具体地说，企业可以根据自己的不同情况灵活适用商标与商号一体化策略。

（1）对只有商标而没有商号的企业，可以考虑将商标登记为商号。如果企业的商标种类较多，则应考虑将对企业发展最有价值的商标登记为商号。通过将该商标登记为商号，可以利用已有的商标信誉提高企业的声誉。

（2）对只有商号而没有商标的企业，可以在调查、检索的基础上将该商号注册为商标。

（3）对商号和注册商标均有的企业，可以选择知名度较高的一个注册。当两者都具有较高的知名度时，可以考虑将商号在一定的商品类别上申请注册为商标。

（4）对于新开办的企业来说，商标与商号的一体化策略也可以考虑。不过应注意符合我国商标和商号法律制度的规定。

另外，企业将其商号申请注册为商标或者将其注册商标登记为商号，还应注意避免与他人的在先权利相冲突，以免引起法律纠纷。

第 6 节　企业商标延伸策略

一、商标延伸策略的概念

商标延伸，是指企业将具有一定声誉和资产价值的商标向新的产品或服务领域拓展，利用消费者对已有商标的认知、满意度与忠诚度推出新的产品或者服务类别。简言之，是企业将现有的成功商标拓展到新产品或服务领域的过程。运用商标延伸的手段拓展企业产品或服务市场，最佳地配置企业资源，即是商标延伸策略。商标延伸策略是国内外很多企业迅速拓展业务范围，开展集约经营的重要策略，是商标作为资产运营的一种重要方式，也是一种有效的营销手段。实践中，商标延伸具有多种形式，有的属于产品类别的延伸，如春兰公司立足于空调，后来将"春兰"商标拓展至彩电、洗衣机、摩托车等产品。有的则属于不改变产品类别而只是在产品的口味、形态和包装等方面变化的改进型产品的延伸，如美国万宝路公司将"万宝路"商标从一般的万宝路过滤嘴香烟扩张到万宝路薄荷烟、万宝路淡烟、万宝路适中口味香烟。

二、商标延伸策略对企业的作用

在当代，商标延伸已经成为企业实施知识产权战略和营销战略的重要手段，甚至成为企业发展战略的核心。商标延伸策略对于已经拥有具有一定信誉商标的企业来说，在经营策略上具有不少优点，值得我国企业充分重视。具体地说，其优势有以下几方面。

1. 商标延伸策略有利于提升企业产品形象和企业形象

商标延伸策略是对现有产品或者服务范围、领域、类型的扩张，通过将已在消费者心目中具有一定声誉的商标扩张到新的产品或者服务领域，现有商标信誉的广度无疑将扩大。通过商标延伸，商标联想被渗透到新的产品或服务中，知觉质量、品牌特性等具有商标资产内涵的特质也相应地被注入所延伸的产品或服务中,同时也可提高新产品或服务的知名度。另外,商标延伸能够为企业的现有产品与产品线带来新鲜感,为企业提高整体品牌效用带来活力,也便利了消费者根据自己的需要选择商品或服务,有利于实施企业产品或服务的市场细分策略。例如,美国可口可乐公司在成功延伸到健怡可口可乐后,相继推出了一系列延伸品牌。现在消费者可以选择的"可口可乐"系列产品有"可口可乐""健怡可口可乐""不含咖啡因可乐""不含咖啡因健怡可口可乐""樱桃可口可乐",以及一些不属于可口可乐系列的饮料,如"芬达""雪碧"等。

2. 商标延伸有利于企业快速进入新的产品或服务领域

在现代社会,企业之间的竞争越来越激烈。为了在竞争中获得优势,企业需要及时推出新的产品或服务。但新的产品或服务为消费者所接受和认识需要一个过程。通过将具有一定声誉的商标延伸到新产品或服务领域,可以借用原有的品牌形象和信誉拉近消费者和新产品或服务之间的距离,使消费者尽快认知、接受该新产品或服务。企业进入新的产品或服务领域,通过品牌延伸顺利地予以实现,而这将扩大产品销售市场,占领更多的细分市场。

3. 商标延伸还有利于企业利用已经开发和形成的市场优势,降低企业对新产品或服务的运营成本,从而可以提高企业竞争力

将商标延伸到新产品或服务,可以为企业节省运营新产品或服务的成本,特别是可以大大节省广告费用。例如,美国可口可乐公司在推出"健怡可口可乐"和"樱桃可口可乐"时,使用的仍然是享有盛誉的可口可乐商标,在没有进行大规模广告的情况下仍然很快被消费者所接受。

4. 商标延伸能够提高企业核心产品的形象,提高企业整体品牌家族的投资效益

例如,美国科普特公司的科普特防晒商品到水宝贝商品的商标延伸就是一个成功的例子。该公司发现人们对日光浴的观念发生了变化,必然会导致新的细分市场的形成。于是,公司决定实施商标延伸,并且将核心品牌定位由"晒黑肌肤"转换到"防晒"。通过商标延伸,科普特公司的防晒商品不断扩大,实现了可观的经济效益。❶

5. 在特定情况下,商标延伸还具有抵御竞争者挑起竞争的独特作用

在有的情况下,如果竞争对手的同类产品以低价打入市场,企业商标延伸还可以起到保护主导品牌的作用。例如,日本富士公司为打进美国市场,采用了低价渗透策略。在这种情况下,美国柯达公司在原来的目标市场上推出了"金柯达"商标,同时在低价市场上推出"快乐一刻"(Kodark

---

❶ 韩光军. 品牌策划 [M]. 北京: 经济管理出版社, 1997: 255.

Funtime）商标，该品牌的推出有效地保卫了柯达主导品牌在美国的市场份额。在经过多年的激烈竞争后，柯达仍然占据了 80% 以上的市场份额。至于柯达进入 21 世纪以来公司面临破产困境则是后话。

三、商标延伸策略的适用条件与模式

商标延伸策略并不是对所有企业都适用。如果盲目延伸，将不但不能达到提高市场占有率和企业声誉的目的，反而会严重损害企业的声誉，给企业发展带来巨大损失。原则上说，商标延伸不能淡化、稀释原有的商标个性。商标延伸也不能使消费者在原有商标与被延伸的新产品或服务之间产生不愉快的联想或者感到失望，否则不仅将失去商标延伸的效果，而且会损害被延伸商标在消费者心目中已经建立起来的良好形象和信誉。一般而言，企业实施商标延伸策略应注意符合以下原则。

1. 在商标定位、目标市场与价格档次上应具有可匹配性

商标延伸的重要目的是将原有的具有一定声誉的商标的信誉和形象移植到被延伸的产品或服务上，迅速获得消费者的认可与喜爱。只有获得消费者的认可甚至喜爱，新产品或服务才能尽快获得市场竞争力。这一特点要求商标延伸不能埋没品牌个性，而应当是使消费者能够在新产品或服务与被延伸的商标之间产生积极联想。商标定位、目标市场与价格档次上的可匹配性，则是维护企业品牌个性、产生积极联想的必要条件。使商标延伸与原有产品或服务相匹配的方法有多种方法，利用两种产品或服务之间的自然的联系是一种重要方法。另外，有关被延伸产品或服务的功能或特性也是需要被重点考虑的。

如果被延伸的产品或服务与原来的商标不大匹配，原有的商标联想就不仅不能对新产品或服务产生有益的作用，反而会损害品牌个性，影响原有商标的信誉。应当说，在企业商标延伸实践中，国内外企业都有过不少教训，值得重视。如国外的知名品牌"IBM""Levis""Xerox"在实施这一策略时都存在一些失误。美国"别克"牌女用裤袜与生活救星牌口香糖的商标延伸也存在惨重的教训。又如，美国斯科特（Scott）公司生产的"舒洁"卫生纸在美国卫生纸市场中曾占据头把交椅。但后来该公司除在将"舒洁"商标延伸到纸尿布外，还延伸到餐巾纸、面巾等产品。除纸尿布外，餐巾纸、面巾和卫生纸属于不相容的类别，这种延伸失败是很自然的。

2. 销售渠道与售前和售后服务相同或相似

一般来说，商标延伸只能是在销售渠道和服务领域相同或相似的范围内进行。就销售渠道而言，企业通过延伸商标发展产品线，产品线上的产品的销售渠道应当相同或相似，否则消费者难以将被延伸商标与产品线上

的新产品产生积极的联想。就服务系统而言,如果被延伸的产品或服务的服务领域明显不同,就会淡化被延伸商标在消费者心目中的定位,改变其对被延伸商标的品牌认知,从而降低被延伸商标的信誉价值,直接损害企业产品的市场竞争力。

显然,如何避免不适当的商标延伸是企业实施商标延伸策略必须重视的关键问题。商标不适当延伸的一个重要表现是商标延伸后对原有形象产生了消极的联想或使原有的品牌定位变得模糊起来。以下几种情形常有引发这种后果的危险:一是品牌联想十分强劲的原商标与新的联想之间有本质差别;二是原有商标与其联想之间没有使新的商标联想表现出独到的特色。具体来说,在以下几种情况下不宜适用商标延伸策略:第一,被延伸的产品或服务有淡化原有商标形象的巨大风险;第二,原有的商标形象不利于新产品销售或服务的提供;第三,由高档产品进入低档产品市场;第四,由低档产品进入高档产品市场。当然,对于最后一种情况来说,在特殊的情况下也不是不可以实施商标延伸策略的,如日本丰田就是一个成功的例子,不过这种情况下的商标延伸付出的代价比通常情况下的商标延伸要大得多。

3. 品牌个性不相抵触

品牌个性是商标在消费者心目中留下的特有形象。这里所说的品牌个性,是企业品牌背后凝聚的人性化特色。品牌专家都高度重视品牌个性的重要意义,认为它是一个品牌能够区分其他品牌并使之真正具有识别与信息功能的关键。在实践中,企业塑造品牌个性的方式有立足于产品与服务特征、包装设计、广告定位、价格定位、公关活动、群体定位等。

品牌个性的统一,可以为类别跨度很大的产品实施延伸策略。这种延伸,也包含了企业核心客户价值最大化的意蕴,即围绕企业核心客户的消费需求和习惯延伸商标的产品门类。如果被延伸产品在品牌个性方面不具有统一性、包容性,就难以利用原有的商标形象拓展市场。

4. 商标核心价值保持同一性

关于商标的核心价值,本书后面还将阐述。商标延伸是商标核心资产的价值最大化。商标核心价值如能保持一致性,商标延伸即具有可行性。在现实中,企业在保持商标核心价值不变的前提下成功实施商标延伸策略的例子很多。例如,"本田"(Honda)的核心价值定位是"优秀的动力",其产品涉及汽车、摩托车、割草机甚至发电机。由于其产品强调动力上的优秀,这些不同类型的产品都能借同一商标的同一核心价值定位拓展市场,赢得消费者青睐。又如,"金利来"商标的核心价值被定位于"男人的世界",与具有中高收入男士消费相关的商品,从领带、衬衣到腰带、皮包等都畅销,显示了商标延伸的魅力;而公司曾一度试图延伸到女装市场,结果情况不乐观。这从反面说明，商标延伸应注意不能与商标的核心价值相冲突，而应保持商标核心价值的同一性。

根据以上标准，企业可以有针对性地实施商标延伸策略。一般而言，在下列情况下，企业可以较好地实施商标延伸策略：企业业务实行战略调整或转移、企业开发出新产品需要拓展市场、企业进入空档市场或竞争不大激烈的领域、企业现有产品市场容量较小，以及企业经济实力较弱且商标推广能力不强。

四、商标延伸策略的实施步骤

商标延伸决策对企业来说是具有战略意义的事情。商标延伸策略的实施需要经过一定的步骤，主要有以下几方面。

1. 界定商标联想

前面的讨论表明，商标联想在商标延伸战略实施中具有关键性意义，如果消费者对被延伸的商标与新产品或服务之间不能产生积极的联想，这种商标延伸就是失败的。为此，需要确定消费者对被延伸商标可能产生的各种联想，然后从中选出比较密切的相关联想。一般来说，一个商标名称能够引起消费者一系列联想。在经过一定的市场调查和测试后，可以选定其中与商标连接力较强的并且能够提供与产品类别连接的核心联想。确定商标联想的方法通常以使用印象法、名称联系法等方法进行。

2. 选定相关产品或服务类别

在确定了主要的商标联想之后，可以通过一定的测试，找出与商标联想相关的产品或服务类别，再从中选出比较密切的相关产品或服务类别。从国际上看，大量国际品牌的延伸都重视延伸产品与原商标产品的关联性，关联度高的产品共享一个商标的现象非常多，服务类也一样。选定相关产品或服务类别确实是实施商标延伸策略的重要步骤。

3. 确定候选产品或服务

在完成上述步骤后，下一步就是选择相应的产品或服务。确定的原则是保证被延伸的产品或服务给消费者以舒适的感觉，这种感觉既可以是质量上的满足，也可以是产生积极的联想。通常，以产品或服务质量过硬赢得消费者青睐的商标延伸到相关产品或服务上也会使消费者对新产品或服务的质量有满意的感受。在选定候选产品或服务上，应注意该产品或服务在消费者看来比被延伸商标以前使用的产品或服务有某种特色或优势，如质量更可靠、文化附加值更高等。如果商标被延伸到的产品或服务在本身素质上没有明显的特色或优势，而是单纯为了提高新产品或服务的知名度、品质形象，那么很可能会适得其反。特别是如果没有过硬的质量作后盾，商标延伸的效果将大打折扣。

第7节　企业商标形象及广告宣传战略

一、商标形象战略

商标作为企业产品的"脸面",是企业的形象之一。商标本身可以是一个完美的艺术形象和具有深刻内涵的信息载体。商标形象战略是企业形象战略必不可少的组成部分。企业商标形象战略的内涵可以分为三部分:根据消费者的不同需求创制出具有特定形象的商标;从企业形象战略的总体格局出发创制和使用商标;通过提高商品质量等手段树立商标信誉,充实商标形象和企业形象。这三方面内容缺一不可,都是实施商标形象战略所必需的。

(一) 商标是一种艺术形象和具有深刻内涵的信息载体

在商品经济时代,商品本身的一个突出特点是交换,而商品的交换是通过信息作为媒介的。企业的商品显示自己的特殊性,区别于其他产品,并便于识别。这就需要一种信息媒介来表达企业和产品的特点,商标就是这样一种特殊的信息媒介。它成为消费者购物和满足消费者的不同需要的向导,成为实现商品交换综合信息的表现媒介。由此可见,商标决不单纯是商品的一个标志,相反,它具有展示商品特性、反映产品形象、传递商品出处的内涵。换言之,商标在其外在的直观形象背后,有其特定的内涵,这个特定的内涵最主要的就是传递商品信息。当然,依照我国《商标法》的规定,注册商标不能直接与商品本身的特性相联系,如直接表示商品的质量、规格、性能,但并不排除间接地传递信息。所谓间接传递信息,即商标成为一种象征物,诱导消费者将这一象征物的特征与企业该产品联系起来并产生一定的联想。在传达间接信息的基础上,商标形象就被塑造出来了。所以,从满足消费者的角度看,可以将商标看成一个以传递信息为目的、能够反映被标识商品特性并能激发消费者相应联想的商品特有艺术形象。商标不仅是一种艺术形象,而且是具有确定外在形式和深刻内涵的信息载体。

(二) 根据消费者的不同需求创制出具有特定形象的商标

从满足消费需求的角度出发,我们可以将商标形象战略定义为企业以消费者的不同需求来营造商标形象，以吸引同类产品消费者购买本企业商品，提高产品市场占有率，实现利润的最大化。为满足消费者的不同需求而制定的商标形象战略的起步应当是设计一个良好的商标形象。消费者需求不但有层次，而且不同的消费者也有不同需求。但大体上可以将适应消费者的不同需求的商品商标分为功能应用型、感知型和社会型三类。功能应用型商标形象侧重于商品的实用，如为消费者解决实际困难；感知型商标形象不重于实用，而是感觉上的愉悦，体现为消费者对商标外观形象的新、奇、特产生的一种心理满足和视觉刺激；社会型商标形象与前两者都不同，它侧重的是外在社会关系中的"人"获得某种社会地位、社会评价。

消费者需求的不同，无疑会对商标形象的定位产生影响。然而，消费需求本身又是受多种因素影响的。这些因素有政治的、经济的、文化的、历史的、心理的、生理的。大体说来，以下几种因素对企业商标形象战略的实施有重要影响：消费者的经济实力，特别是购买力；消费者群体所在地区的经济状况；消费者个性心理；外来文化影响等。

（三）从企业形象总体战略格局出发创制和使用商标

企业的商标形象是企业形象的重要组成部分，只有精心培植企业商标形象，形成商标信誉，才能形成良好的企业形象。因为商标是企业的形象标志之一，企业通过使用商标，不仅能将自己的产品与他人的产品区别开来，而且通过培植商标信誉，可以增强消费者对本企业产品的信任度。另外，商标信誉与企业信誉同样也是密切相关的，商标信誉反映了企业信誉，商标信誉价值高低在很大程度上决定了企业信誉。

正是由于商标形象是企业形象的重要组成部分，企业商标形象战略的创制、使用就不能不与企业形象总体战略紧密地联系起来。以商标的创制为例，一般要求商标与企业形象战略的风格、观念、视觉等方面保持一致，商标创制就应注重体现企业形象战略精神，从商标体现企业的形象、地位、信誉，否则就易造成商标与企业形象的脱节。国外企业在这些方面的经验是可以借鉴的，其关键是根据企业事先设定的形象培育商标。例如，世界著名的体育用品厂家"耐克"确立了"站在体育巅峰"这一明确的商标概念，在宣传上起用了 NBA 超级明星迈克·乔丹（Michael Jordan）设计出耐克独特的商标形象。德国的宝马公司提出"在人生的道路上全速奔驰"的口号，其精神体现在强有力的发动机及去繁重精的设计上。❶

（四）通过树立商标信誉充实商标形象和企业形象

商标作为商品的专用标志，象征着商品信誉，是企业信誉、实力、管

---

❶ 陈昌柏. 知识产权战略 [M]. 北京：科学出版社，1999：101.

理的综合反映，也体现了企业的创新精神和追求价值，是企业形象的重要体现。现代社会的竞争越来越表现为企业形象的竞争，企业的商标与其商号一样就成为企业形象的最重要代表。商标代表企业形象则体现在企业的商标信誉方面。商标的价值主要体现在商标在市场为消费者所信赖的程度上，即所谓商标的信誉价值，商标信誉价值的基础则是商标的信誉。商标信誉就是商标在市场上的声誉和知名度，它来自商标商品在市场中被消费者所充分认可、信任乃至偏爱。当商标取得一定的信誉后，它就超脱了区别同类商品标志的基础含义，而成为一定商品质量、性能、等级、特色的象征。企业可以这种具有一定信誉的商标为竞争武器，积极开拓市场，并扩大信誉。商标在这种市场开拓中本身也可以进一步提升其信誉程度。商标信誉价值要通过在消费者心目中确立起商标的信誉观念来实现。名牌商标之所以在激烈的市场竞争中畅行无阻，就是因为名牌商品对消费者意味着信任感、安全感。

商标信誉与商标形象、企业形象又是密切相关的，特别是与企业整体形象的商誉融为一体。商标信誉是构建商标形象和企业形象的基础。一个成功的商标，是由企业的精心设计、有效的广告、产品的质量形象共同构成的，反映了企业的形象、信誉。商标信誉反映了企业信誉，企业的信誉可以从商标的信誉价值上反映出来。商标信誉对商标形象、企业形象形成的作用是极其重要的。正因如此，商标信誉成为企业商标战略研究的重要问题，企业实施商标形象战略不可逾越树立商标信誉这一阶段。

（五）商标形象战略实施的基础——商标形象管理

商标形象战略实施的目的是千方百计地提升企业商标形象，最终确立商标的竞争优势。上述商标形象战略相互联系的几方面对策的实施，需要通过日常的商标形象管理加以保障。一般来说，企业商标形象是商标在消费者头脑中的综合性印象，涵盖了企业商标知名度、忠诚度、美誉度等因素。根据有的学者的研究，商标形象管理首先需要对现有的商标形象状况进行诊断。例如，通过调查、测定消费者对商标的知晓程度，明确商标知名度大小；通过检测消费者对商标的喜好程度，判断商标的美誉度；通过检查消费者对商标的信赖度，了解商标的忠诚度，以树立值得信赖的商标形象；通过挖掘消费者对商标内涵的反应，了解消费者对商标联想的状况。在此基础上，即可对现有商标进行正确的定位，运用多种形式塑造商标形象。❶

---

❶ 李光斗. 品牌战：全球化留给中国的最后机会［M］. 北京：清华大学出版社，2006：78-79.

二、商标广告宣传战略

一般来说，消费者对某一商标的认知有两个来源——购物实践和广告宣传。其中通过广告宣传商标，可以提高商标的知名度，树立企业形象，增强商品竞争力。企业广告宣传与商标宣传应紧密地结合在一起。企业应将商标广告宣传战略纳入企业整个发展战略的组成部分。

（一）企业广告宣传中商标的地位

广告宣传与商标具有密不可分的联系。从功能上看，商标和广告都是企业参与市场竞争的重要手段，成为连接企业和消费者的桥梁和纽带。甚至可以说，商标和广告如同企业腾飞的两翼，两者缺一不可。通过以商标为核心的广告宣传，"商标借广告而扬名，广告借商标而增强效果，广告中，商标似一面飘扬的旌旗，成为消费者购物的向导和指南，浓缩着商品和企业的整体形象，方寸之间展示给消费者广阔的商品世界，使人领悟到商标的深刻底蕴和内涵。"[1] 在广告宣传中，企业的商标应被置于核心的位置，即以宣传商标为核心，树立企业商标形象。

（二）企业商标广告宣传策略

1. 围绕商标、突出商标在消费者心目中形象的策略

企业应重视以下几种形式的策略。

一是商标载体宣传策略。商标载体形式有多种，无论以何种形式，要标明或指明注册商标。企业在进行产品装潢、包装设计时，应注意突出商标、以商标为中心，"众星捧月"，使商标在产品装潢、包装中处于耀眼位置。为达到商标广告的宣传效果，企业设计出具有独创性、显著性的商标并及时进行注册是企业实施商标载体宣传策略的基础和前提。为达到理想的树立企业形象的效果，企业应重视商标的创意，在商标设计上应体现企业的文化内涵并反映企业文化特色。

二是商标名称宣传使用策略。商标具有一定知名度后，消费者有可能将其代指产品名称，如果任其发展下去，有"淡化"该商标识别作用的危险。企业应定期或不定期提醒消费者某商标是本企业的注册商标。

三是商标定位策略。企业在广告宣传中应对自己的商标进行定位，这也是与企业形象结合起来的一种方式。具体内容是，根据潜在用户的消费需求和消费心理，将商标定位于潜在的消费者当中。例如，美国"万宝路"

---

[1] 赵春雷. 广告促销中的商标策略 [J]. 应用写作，1995（6）.

香烟用英俊的两位牛仔做广告,将品牌定位于男性化位置上,获得了很大成功。

四是渗透性策略。这种策略是以直接推销特定商品为目的,通过新闻报道、报告文学、祝贺广告、为社会提供公益赞助等多种形式进行宣传,提高商标信誉,培养消费者对本企业的信赖感及品牌情结。渗透性策略的要旨仍然是突出对商标的宣传。现实中一些广告创意本身不错,但对商标形象的渗透不够,以致消费者看后除了感觉愉快外,没有很好地记住商标,这是应当注意改进的。

五是情感诉求策略。广告大师大卫·奥格威曾指出:"每一次广告都应当为品牌形象作贡献,都要有利于整体品牌资产的积累。"通过广告形式确立或强化企业的商标形象,是向消费者的"表白"过程,这一过程不仅需要引起消费者的注意,而且也包含了消费者的情感诉求或者说"心理利益"。通过强化消费者的心理利益,企业商标形象在潜移默化中可以得到极大增强。例如,雀巢咖啡强调其咖啡"味道好极了",麦氏咖啡强调"滴滴香味,意犹未尽",德芙巧克力声称"牛奶香浓,丝般感受"都是比较典型的例子。情感诉求策略要求在广告中将想传达给消费者的信息有效地传达给消费者,这就要求应注意把握以下要点:围绕产品或服务确定明确的情感诉求点;将情感诉求点以广告创意的形式充分地表现出来。

2. 在广告宣传中传播商标的核心价值理念,培育消费者的商标情结

企业广告宣传与商标的密切联系,表现在商标表彰商品或服务的功能以及由此而来的负载商品或服务的信誉功能,通过广告宣传得以扩展。企业广告宣传对商标信誉的提升、消费者对商品或服务的认可具有的作用,是围绕传播商标的核心价值、培育消费者对商标的情结实现的。当然,企业广告宣传中传播商标的核心价值和建立消费者与特定商标的情结有一个潜移默化的过程。大体说来有三个阶段:一是通过广告宣传扩大企业商标的知名度,使消费者通过商标了解和认识企业的商品或服务;二是通过广告宣传树立商标形象和企业形象,同时向消费者展示商标的核心价值理念;三是在扩大商标知名度和美誉度的基础上,培育消费者的商标情结,建立消费者与特定商标的忠诚关系,从而使更多的目标消费者接受企业的商品或服务。

3. 运用多种手段、选择适当媒体有针对性地宣传商标

其一,利用广告语确立商标形象。这方面的成功事例不少。如"万家乐,乐万家""活力28,沙市日化""椰风,椰风,挡不住""维维豆奶,欢乐开怀——维维集团""春兰空调——高层次的追求""喝了娃哈哈,吃饭就是香"等给消费者留下的印象就十分深刻。

其二,广告的覆盖面要能达到所有销售区域。广告覆盖面越广,知名

度越高。如欲争夺海外市场，还有必要在国外做广告。

其三，利用名人效应树立商标形象。通过名人效应可以有效地提高商标的知名度。这一做法已被国内外一些企业所采用，收到了较好的效果。

其四，利用赞助文艺、体育及各种比赛活动提高商标形象。由于这些活动收视率或收听率较高，通过赞助这些活动可以提高商标信誉。如韩国三星公司在这方面就积累了丰富的经验。

其五，合理利用广告宣传的方法。广告宣传的方法很多，企业应根据特定产品或服务的情况以及广告的目标诉求点，适当加以选择。通常的技巧、方法有比较广告法、幽默广告法、悬念广告法、隐性广告法等。以幽默广告法为例，下面的例子有一定的启发性：Rolo 糖厂商为宣传该糖果，特意设计了"Rolo 糖小孩与大象"的广告创意。大致内容是，有一个淘气的小孩用 Rolo 糖招来了一头可爱的小象。小象用鼻子准备接小孩拿出的 Rolo 糖时，小孩却很快地将糖果吃掉并戏谑小象。20 年后，小孩长大成了青年人，小象也成了大象。在一次庆祝会上，当一支大象列队经过该青年身边时，突然一只大象用力甩出鼻子，狠狠地抽打了该青年一下。原来，这头大象就是 20 年前被那小孩戏弄的小象！看完这一广告，观众不仅感到妙趣横生，而且对 Rolo 糖留下了深刻印象。

其六，选择适当媒体进行广告宣传。广告媒体形式很多，如广播、电视、报纸、杂志、互联网、户外广告等。应当说，各类广告媒体都有自身的优点和不足，企业应根据自己的财力、产品或服务特点、市场营销战略等多种因素确定。另外，在可能的情况下，以多种手段宣传也是可行的。原则上说，广告媒体的选择应遵循以下原则：一是从产品或服务自身特点出发，因为广告的目的主要是在介绍产品或服务基础上宣传品牌形象，产品或服务本身的特点应作为选择广告媒体的重要因素；二是立足于产品或服务的特定消费群体的习惯、价值取向、时尚等因素，因为广告是要打动消费者的；三是应审慎评估广告的宣传效果、费用等重大事项，因为广告投入对企业来说是一笔不小的开支。

4. 注意广告宣传的真实性、经常性和适当的超前性

第一，商标广告宣传应注意真实性。真实性是商标广告宣传取得消费者信任的基本要求，也是我国《广告法》对广告宣传的基本要求。企业商标广告宣传不能虚夸，而应客观、真实、准确地在描述其产品或服务特点的同时展示其商标。

第二，广告宣传应注意经常性。企业商标广告宣传应根据产品生命周期的特点，在不同阶段采取不同的宣传策略，同时不应随意间断对商标的宣传。即使是已经驰名的商标，广告宣传也不能中断。像美国的"可口可乐"商标广告宣传，至今仍随处随时可以感知到。不注意这一点，就有可能使辛苦积攒起来的商标信誉随着时间的流逝而丧失。

第三，广告宣传应注意适当超前性。在广告宣传的时间上，除了对已经在市场上销售的商品或提供的服务进行宣传外，一些新产品或者服务在诞生之前的一段时间，就有必要以广告开路，以便在新产品或者服务诞生之际即能够迅速地占领市场。

另外，还必须指出的是，企业应对商标广告宣传战略有一个正确的认识。现实中一些企业对广告宣传偏爱有加，每年的广告费用比研究开发费用甚至还多，误以为广告是创名牌的捷径，而忽视了"练内功"，产品或服务质量没有实质性提高。这样做的结果，即令商标在短期内知名，也由于缺乏美誉度而不能持久。

第8节 企业商标特许经营战略

一、特许经营的概念

特许经营是企业通过协议的形式将其开发的商品、服务及其相关的营业系统授予加盟店在特定的区域和范围内的经营权，并由加盟店支付特许使用费和承担协议规定的其他义务的经营方式。特许经营的实质是特许方知识产权的总体非独占性转让，不仅涉及专利、商标、商号等的转让，而且涉及专有技术、经营模式等的转让。就加盟店来说，加盟特许经营意味着购买了特许权人多年积累的业务经验和被证明是成功的经营模式。

我国2007年5月1日施行的《商业特许经营管理条例》对商业特许经营的概念作了明确界定。依其第3条规定，商业特许经营是指拥有注册商标、企业标志、专利、专有技术等经营资源的企业，以合同形式将其拥有的经营资源许可其他经营者使用，被许可人按照合同约定在统一的经营模式下开展经营，并向特许人支付特许经营费用的经营活动。

显然，本节所讨论的特许经营是在商业特许经营的层面上展开的。

特许经营在国外被广泛使用，在世界营销业中占据越来越重要的地位。特许经营在我国也具有广阔的发展前景，如北京全聚德烤鸭集团借鉴国际特许经营经验，在全国开办了数十家分店，并且将特许业务拓展到国外。

二、商标特许经营及其特点

商标特许亦称商标权的特许，是商标使用权转移的一种特殊方式，也是商标使用许可的特别形式。商标特许是特许经营的重要组成部分。它可以被理解为商标使用权与经营管理方式转让相结合的特别法律形式。在两大法系国家，商标特许作为一种贸易活动十分普遍。与一般的商标使用许可较多地集中于产品的生产和销售方面相比，商标特许较多地集中于服务行业。从 1895 年美国胜家缝纫机公司创办第一家特许连锁店以来，商标特许连锁经营在商业零售、饮食、旅馆等服务行业不断渗透。自 20 世纪 50 年代以来，这种经营方式在全世界不断普及，并相应地在法律中作出规范。这种经营方式至今已造就了一批名牌商标，因而成为一种开辟市场、获取高额利润的战略手段。像麦当劳快餐、假日饭店、肯德基家乡鸡就是名声显赫的特许经营成功范例。

从法律上看，包括商标特许经营在内的特许经营具有以下特点。

（1）它通常是一揽子许可，即由特许人向被特许人转让具有某种市场价值的商品商标、服务标记和经营方式使用权的协议，协议中不仅包括许可方提供商标等知识产权，而且包括提供原材料、管理方式、人员培训、进货渠道等内容。

（2）具有独占性。没有取得特许的"特许经营"是非法的。

（3）具有时间性和地域性。被特许方只能在一定的时间和地域内享有独家经营的权利。

（4）具有对物的专指性。它是针对特定产品或服务而言的。

（5）被特许方的营业活动要受特许方的控制。在经营的内容，如店堂布置、记账方式、营业时间、产品配方、餐具摆放等都必须按特许方的要求办理。但应指出，被特许方在财产上和法律上是独立的，被特许方并不是特许方的成员，特许经营可看作由多个所有权主体以契约作中介而形成的经营方式。

（6）被特许方应向特许方支付经营特许费。经营特许费因特许方经营特色不同而不同，一般包括商标使用费、转让营业方式及加工生产方式费用、经营指导费、培训费等费用。另外，为便于特许统一进行广告宣传，特许方一般还要求被特许方支付一定的广告宣传费用。

（7）特许经营一般应经政府有关部门批准，这是规范特许经营所必需的。

三、我国企业商标特许经营

在我国，包括商标特许经营在内的特许经营模式起步于 20 世纪 80 年代，这在服装专卖、餐饮业和冲印洗相服务等行业尤为突出。近年来，特许经营在我国得到了长足的发展。我国的特许经营主要起步于第三产业的零售业、饮食业和服务业，制造业的比重不高，这与国外特许经营起步于制造业不大相同。特许经营在我国方兴未艾。其中，商标特许经营为我国企业提供了一条快速实现规模化经营和科学化管理的路径，也为个人创业提供了机会。实行商标特许经营，可以有效地解决我国老牌企业经营资金不足的问题。从实际情况看，我国不少老牌明星企业因为资金短缺，无法解决扩大生产经营规模的问题，严重影响了企业的发展和经济效益的提高，"景泰蓝"的遭遇就是一个例证。通过特许经营的形式，特许方可以利用加盟店的资金实现品牌、规模扩张的目的，从而可以增强企业竞争力。

但是，现实中我国企业商标特许经营的发展却存在一些瓶颈。这些问题既有认识上的，也有管理方面、制度约束、经营本身方面的。就认识方面的问题而论，无论是商标特许人还是作为被特许人的加盟店，对特许经营本质的认识都存在一些误区。从管理方面的原因看，特许企业的经营管理特色不够，缺乏全套推广经营模式的经验，也缺乏强有力的对整个特许经营系统的组织管理能力。从制度约束的原因看，我国有关特许经营方面的法律制度不够健全，缺乏对特许经营运作要求的详细规范。从经营本身方面的原因看，一些特许经营企业不具备建立特许经营系统的条件，即使开展特许经营活动后仍无法对加盟店的商品和服务质量进行必要的监督和控制。除此之外，我国企业商标特许经营存在的问题是知名度较高的品牌运作得比较少。这对于形成以名牌商品为龙头的集约经营发展是一个现实问题。

针对上述问题，有必要采取必要的措施促进我国企业商标特许经营的发展。

第一，完善特许经营的法律制度。自 2007 年 5 月 1 日起施行的《商业特许经营管理条例》有效地促进了特许经营的知识产权保护，但这仅仅是一个行政法规。商标等形式的特许经营权、特许经营协议等内容、特许经营总部和加盟店的法律关系、特许经营规范等问题都有必要通过法律的形式加以明确，以明确特许方与被特许方的权利义务，促进特许经营的规范化、制度化和科学化管理。

第二，精心培养企业品牌。商标特许经营的基础是具有良好的品牌。一个具有较高知名度的企业商标和企业形象，以及相应的成熟的经营管理体系是开展特许经营的基础。增强企业商标意识、不断提升企业商标形象，无疑将为商标特许经营创造条件。目前，我国企业具有国际知名度的品牌几乎是空白，经营管理水平也较低，大力培育品牌和龙头企业实为当务之急。

第三，开展规范化和现代化的经营管理。在规范化管理方面，商标特许方应在制度方面实行规范化管理，采用先进的管理手段，推广计算机管理，建立网络化的信息中心和物流中心，提高特许经营总部对各加盟店的有效监控，提高特许经营效率。

第四，理顺特许经营总部与加盟店之间的关系，强化总部职能。商标特许经营总部和加盟店不是企业与其下属企业之间的关系，因为两者都是拥有独立产权的经济实体。在实践中，由于认识发生偏差，一些特许经营总部不够重视对加盟店提供良好服务的义务，并且放松了对加盟店在产品或服务质量方面的监督管理，以致严重阻碍了特许经营的发展，解决这一问题的途径是需要以特许经营协议的形式合理地确定两者的权利与义务关系。在强化总部职能上，主要是完善特许经营管理系统，建立一套高效运行的管理机制。❶

---

❶ 除了上述策略外，与商标战略实施相关的策略也值得一提。以地理标志战略为例，那些具有悠久历史、符合地理标志申请条件的企业，可以考虑利用地理标志，既有效地保护自身的产品市场，又利用其提升企业的形象。以四川泸州老窖为例，其在 2008 年获得了国家地理标志产品，通过了《地理标志产品国窖 1573 白酒》和《地理标志产品泸州老窖特曲酒》国家标准。

第10章 企业创立驰名商标战略

创立驰名商标是一个长期艰苦努力的过程，也是企业最根本的商标战略。从企业的角度看，驰名商标是企业经济实力、经营管理水平、优异的商品质量的综合体现，体现了企业强劲的市场竞争力。创立一大批国内外驰名商标是我国企业的一项战略任务，是当代企业家的历史使命，更是企业实施商标战略的终极目标。

本章将就驰名商标与名牌战略的关系、企业创立驰名商标的策略、驰名商标防通用化策略及反淡化策略，以及驰名商标域外保护策略等问题进行探讨。

第1节 驰名商标与名牌战略思想

一、"名牌"与"驰名商标"的关系

在日常生活中，"名牌"使用的频率比"驰名商标"要高，原因之一可能是前者并非一个法律概念，后者才是一个法律概念。从狭义的角度讲，名牌可以等同于驰名商标。但一般来说，名牌不完全囿于驰名商标，它是一个"全优"的概念，是产品符合市场需求的综合标志。名牌在质量、款式、价格、服务、信誉等方面有独到优势，也是企业科技实力、营销水平、管理水平的体现。如根据《中国名牌产品管理办法》的界定，名牌产品是指实物质量达到国际同类产品先进水平、在国内同类产品中处于领先地位、市场占有率和知名度居行业前列、用户度满意高、具有较强市场竞争力的产品。

无论对名牌作何种理解，其产生是企业长期运营的结果，凝聚了企业的技术、管理、营销方面的智慧创造。名牌是珍

贵的信誉，是产品质量和企业信誉的标志。企业名牌意味着优质的产品质量、较高的市场占有率和被广大消费者所熟知。由此可见，名牌的内涵包含了驰名商标的内涵。实际上，名牌是驰名商标与驰名商号的聚合体，它不单纯是驰名商标，还包括驰名商号，驰名商标包含在名牌概念之中。因此，平常说的名牌战略实际上包含了企业驰名商标战略的内容。从名牌战略的层次上，可以对企业驰名商标战略的内涵有更深刻的认识。对于名牌产品来说，驰名商标是它的重要标志。企业推行名牌战略，应将商标问题上升到战略高度来认识——实施创驰名商标战略是推行名牌战略的根本保障。

还应当指出，名牌战略与商标战略、创立驰名商标战略等存在既相互区别又相互联系的关系。从区别的方面看，商标战略侧重于商标的选择、注册、使用、保护、管理，立足于商标本身的战略决策和实施策略，而包含驰名商标因素在内的名牌战略立足于产品，其重点是创立驰名商标时的名牌产品开发战略，企业内部人力与技术资源开发战略、发展名牌的规范化战略，以及集团化战略、集约经营战略和国际化经营战略等，其侧重点是名牌背后的产品开发和企业管理。从概念的内涵看，商标战略是名牌战略的重要组成部分。商标战略与包含驰名商标因素在内的名牌战略的联系体现在：商标战略的重要目标以创立名牌为战略目标；名牌企业在成名之前需要以有效的商标战略的实施为前提条件；即使在企业成名之后，企业驰名商标战略管理的基本根据仍然是商标战略。❶

二、企业创驰名商标、实施名牌战略的重要意义

企业创立驰名商标、实施名牌战略具有以下几方面的重要意义。

1. 是实现我国经济增长方式、经济体制两个转变的有力杠杆

我国在计划经济时代的经济模式是生产需求型和数量速度型。进入社会主义市场经济后，不少企业仍然未脱离这种经济模式的约束，忽视新产品开发和市场需求，资源配置不合理，产销脱节，产品滞销。创立驰名商标则可以促使企业经营模式由粗放型向集约型转变，经济增长模式由生产需求型、数量速度型向消费需求型、质量效益型转变。

2. 适合消费者心理，更好地满足消费者的需要

随着我国经济的发展，人们的物质生活条件不断得到改善，对名牌产品的需求越来越大。消费者认牌购物的心理在驰名商标上体现得更为明显。名牌产品不仅满足了消费者心理，而且实实在在地满足了现实需要。

---

❶ 何敏. 企业知识产权保护与管理实务 [M]. 北京：法律出版社，2002：264.

3. 获得高额附加值，提高经济效益

传统的市场竞争以产品价格竞争为主要特征。当代市场竞争的特点是非价格竞争因素已超过价格竞争因素而居第一位。非价格竞争因素包括产品质量、包装装潢、花色品种、安全性能、售后服务、技术含量，以及商标附加值等。在非价格竞争格局下，企业的非技术性竞争能力、商标战略的作用与专利战略的作用同样重要。创立驰名商标则是企业实行商标战略的关键。拥有驰名商标，产品的附加值随着商标信誉的增大而增大，而一般产品的附加值却低一些。驰名商标是企业聚集财富的重要手段，它在增强企业竞争力和获利能力方面具有普通商标无可比拟的优势。据联合国工业计划署统计，世界名牌在品牌份额中不足3%，但占据了世界50%的销售市场份额。可见驰名商标具有巨大市场拓展效果。在这方面，我国服装在国际市场的低品位、低价格则是一个反面例证。

4. 获得超强的市场竞争力和国际竞争优势，为企业和国家创造更多财富

任何商标，只要获得一定信誉后即成为具有一定竞争力的竞争性资源，驰名商标更是如此。创立驰名商标、实施名牌战略可以大大增强企业的综合竞争能力，获得较高的市场占有率。当代发达国家在国际经济中占据主导地位，这与其拥有一大批世界级的驰名商标具有很大的关系。在当代，企业之间的竞争越来越表现为形象和品牌的竞争，这从跨国公司近些年竞争战略的变化趋势即可以看出。以驰名商标为核心的品牌竞争将成为企业未来竞争的重要特点。

5. 实现企业向多元化、集团化、国际化、股份制发展，建立现代企业制度

驰名商标可以成为企业入股、合资、合作、联营、组成新的企业集团的重要资源。企业拥有驰名商标就具有较强的市场竞争力。市场竞争的结果是优胜劣汰，实现资源的重新配置。拥有名牌产品的企业独占鳌头，通过合资、合作、入股、联营等形式实现资产重组，有利于形成企业集团，以名牌产品为龙头，生产出更多适销对路的产品，有利于建立现代企业制度。

6. 拓展商品营销渠道，发展对外贸易

经济学家预言："哪个国家拥有更多的世界性商标，它就是未来世界的经济强国。"创立驰名商标既是发展国际驰名商标的必由之路，也是占领国际市场的重要条件。驰名商标在国际市场中标志着产品的质量和技术水平，代表着国家的商业信誉。在国际市场上争创驰名商标，大大有利于扩大我国企业产品的外销，发展对外贸易。

7. 企业驰名商标可以获得特殊法律保护

驰名商标由于凝聚了比一般商标企业经营者更多的心血、智慧，无论

是在国内还是在国外都是被给予特殊保护的。国际公约如《巴黎公约》、TRIPS 协定对驰名商标都提供了高出一般商标的特殊保护。我国 2013 年修订的《商标法》也进一步规定了驰名商标的特殊保护问题。这种特殊保护，自然能使企业更好地运用驰名商标发展和壮大自己。

第 2 节　企业创驰名商标的策略

驰名商标的创立，是一个艰辛的过程。驰名商标创立后，还存在一个保护、发展的过程。驰名商标无论是创立、保护，还是发展都具有很强的策略性，某一方面或环节的失误，都可能使之受到极大损失。创制、保护、发展可以说是企业驰名商标战略"三部曲"。

一、驰名商标的创制

驰名商标的创制源于企业对驰名商标的需求，而这种需求又源于企业的名牌战略意识和商标价值观念。随着社会的进步，人们的消费需求越来越名牌化、高档化，企业名牌意识植根于社会对名牌商品的客观需要。商标价值观念也是创立驰名商标的前提因素，特别是其中的商标竞争观、商标国际化观念、商标保护观念更是与企业创立驰名商标的愿望息息相关。可以说，企业树立名牌战略意识与商标价值观念是创设驰名商标的前提，这方面的意识越浓，争创驰名商标的劲头就越强。

企业在名牌战略意识和商标保护意识推动下，将着手进行驰名商标创制工作。在这一过程中，对自己的产品进行品牌定位是一个十分重要的步骤。所谓产品定位，即企业按照消费者对某种产品属性的重视程度，为本企业产品创造和培育一定的特色，树立一定的形象，争取有利的市场地位的活动。产品定位也要与企业整体形象结合起来。接下来就是商标设计、申请注册、加强使用、确保产品质量和优质服务、加强广告宣传等问题。

1. 商标设计

从创制驰名商标角度来说，企业商标设计可向无含义和抽象图形方向发展，商标设计定位应放眼世界，但同时也应考虑与国家形象的联系，因为名牌的国家地位也是提升国家形象的一种战略。

2. 商标的及时申请注册

这里说的及时申请注册，不限于国内注册，还包括国际注册。我国企业创立驰名商标后，最终要走向国际市场，创立国际驰名商标，在国外及时申请注册也是必要的。

3. 加强使用

驰名商标显然是一种已经使用了的商标，商标注册后不使用，驰名商标的创立就无从谈起。驰名商标的形成就是在长期的使用中逐渐培植起信誉的。因此，创立驰名商标应当重视商标注册后的使用。

4. 确保商品质量和优质服务

从质量战略的角度看，企业创立驰名商标不能仅仅停留在"质量过关"上，还应当建立高效运转的质量管理体系，在同类产品中有其明显的质量优势或质量特色。世界上的名牌产品，在质量战略上都有一个共同的特点，即依据某种有效的途径，创制自己的质量优势。如著名的"同仁堂"商标战略的物质基础就是过硬的产品和上乘的服务。以产品生产为例，"同仁堂"秉承"炮制虽繁必不敢省人工，品位虽贵必不敢减物力"的古训，精益求精，取得了良好的产品声誉和企业形象。名牌产品对质量的要求可以说是"好上加好"，它对质量有着特殊的深层理解，注重产品质量标准中的两个转变：以采用国内标准为主转向以采用国际标准为主，符合商品内在的物化指标标准转化为以满足用户需求、使用户满意为准则。

另外，优质服务也是不可缺少的。随着市场竞争的加剧，企业产品售前、售中和售后服务的状况对消费者影响越来越大。企业为创驰名商标，应有良好的服务意识，并建立健全的服务系统。

5. 加强广告宣传

如前所述，广告宣传对于提高企业商标的知名度具有无穷的魅力。忽视广告宣传，企业商标就很难驰名，广告宣传在现代社会已成为联系生产者和消费者的重要纽带。从统计数字看，国内外名牌大户也都是广告大户。不过，应特别指出，驰名商标创制中的广告宣传不是在广告宣传中申请自己的商标是"驰名商标"。2013年8月我国第三次修订后的《商标法》第14条明确规定：生产、经营者不得将"驰名商标"字样用于商品、商品包装或者容器上，或者用于广告宣传、展览以及其他商业活动中。

二、驰名商标的保护

驰名商标企业要注意对其商标进行精心维护，为此主要应做好以下工作。

1. 加强对企业商标的管理

商标管理是实行商标战略的基础性工作，也是精心维护驰名商标的组织保障。加强企业商标管理工作，需要从组织、制度、人员保障等方面入手。

2. 慎用商标许可，防止联营毁牌

商标使用许可是运用商标的一种战略，对拥有驰名商标的企业而言应

当谨慎运用。企业在许可之前对被许可人的经营管理水平、技术实力、资信状况等应有一个通盘的了解，以确保被许可人生产的产品质量不低于本企业生产的产品质量。拥有驰名商标的企业与其他企业联营，对于提高品牌知名度开拓市场具有重要意义，但也要严格把关，防止因短期行为而毁了自己的牌子。

3. 注册防御商标与联合商标形成防护网

拥有驰名商标的企业应当充分利用防御商标加强对商标专用权的保护。同时，联合商标注册也有重要功效。两者可以从"商标"和"商品"两方面组成一个保护网，更严格地保护驰名商标。

4. 实施自我保护，及时制止不法侵害以保护自己的合法权益

驰名商标的自我保护是企业保护驰名商标的重要手段。企业主要应做的工作包括：（1）经常性地进行商标监察。企业可定期查阅《商标公告》，了解是否有与自己商标相同或近似的商标获得注册。如果有应及时提出异议或注册无效宣告请求，以切实维护自己的商标权。（2）经常进行市场动态调查，一旦发现有不法企业或不法分子假冒、仿冒自己的注册商标，企业应迅速采取行动，收集足够证据，诉请工商行政管理机关处理或向人民法院提起诉讼，同时应积极配合执法人员对商标侵权的查处工作。（3）在一些价值较大、市场潜力大的商品上使用防伪标志。

5. 不轻易转让创出的名牌，防止企业知名品牌的流失

在当代国际竞争中，有效地遏制潜在竞争对手，保住自己的霸主地位，是商战中一种重要的战略。近年来，外商在知名品牌领域频频向我国企业发动攻势，在这个没有硝烟的战场上，我国的许多名牌商标岌岌可危。一些外商为挤垮我国竞争对手，想方设法利用合资等形式吞食我国商标，他们挑选合资对象时，特别热衷于那些商标知名度高、商品信誉好的有较强实力的企业。我国相当一部分这样的企业在引进外资或进行技术合作时，由于忽视了对名牌的保护或其他原因，被外商将牌子改换了门庭。众多知名品牌就这样通过合资等形式被外商"吃掉"了，这是一个严峻的现实——这些品牌的丧失等于放弃了一个具有关键领域的投资和多年积累的商誉。我国的企业，特别是拥有知名品牌的企业，必须冷静对待合资潮，不能只顾眼前收益而丧失品牌的所有权。

此外，对驰名商标的保护还涉及防止驰名商标转化为商品通用名称、驰名商标反淡化、驰名商标防止域外抢注等问题。这些问题将在下面专门讨论。

三、驰名商标的发展

驰名商标的发展是创立驰名商标的延伸，其主要内容是通过多种方式

扩大驰名商标的影响力,实施品牌延续,走集约经营之路,形成规模经济。驰名商标的发展对提升企业驰名商标的信誉价值,保持驰名商标的生命力具有重要作用,在驰名商标战略中具有决定性意义。具体地说,企业应从以下几方面入手促进驰名商标的发展。

1. 向国际驰名商标方向拓展

企业拥有的国际驰名商标是一个国家极为宝贵的财富,而国际驰名商标是从国内驰名商标发展起来的。企业应有战略眼光,及时在国外取得商标注册,扩大商标国际性影响,并使自己的商标在国外获得有效保护。

2. 扩大商标的广告宣传力度,尤其是增加对国外的广告宣传

对企业拟出口的商品而言,广告先行也是一种重要的手段。

3. 重视实施驰名商标延伸策略

拥有驰名商标的企业可以利用驰名商标的知名度,推出新产品系列,使商标的适用范围由一种产品增加到一组产品,利用名牌效应使消费者尽快接受新产品,扩大商品的市场占有率。例如,杭州娃哈哈集团在创出"娃哈哈"驰名商标后,又在推出的系列产品果奶、红豆沙、八宝粥、绿豆沙上使用"娃哈哈"商标,实行的就是这样一种品牌延伸策略,收到了很好的效果。

4. 开展集约经营,形成规模经济

驰名商标是企业重要的无形资本,拥有驰名商标的企业完全可以实现这样的目标。换言之,企业开展集约经营,走规模经济之路,这是拥有驰名商标企业发展的必由之路。企业可以利用自己的品牌优势,通过联营、合资、兼并、入股等外延或延伸,促成社会资源向名牌流动,以形成资源优化配置的机制,形成以名牌产品为龙头的集团优势,增强在国内外市场竞争上的竞争力。

5. 实施科技创新保持驰名商标长盛不衰的魅力

驰名商标的成长是一个漫长的过程,其发展也是一个"可持续发展"的问题。从世界上很多驰名商标的成长历史看,驰名商标的运作需要较长的时间。从国际驰名企业的经验看,最成功的经验是商标价值含量不断增加和科技创新。企业只有不断加强科技创新,才能使商标所负载的产品不断给消费者增加价值和带来消费者福利。以美国宝洁公司为例,该公司制定了比较完整的质量与品牌经营战略,将科技创新、质量保证与市场服务等融为一体,实行以质量为基础的市场创新经营。该公司质量管理系统延伸到世界各地的独资和合资企业以及产品销售市场,成为以高质量占据洗

涤用品市场的知名企业。❶ 科技创新对于保持驰名商标的魅力无疑具有举足轻重的意义。企业科技创新战略的实施则与专利战略具有更密切的关系。这也从另一方面说明：企业知识产权战略的实施不是孤立进行的，而是商标战略、专利战略等一体化运转的结果。

第3节　企业驰名商标防止被通用名称化策略

有些商标特别是驰名商标由于使用、宣传不当或其他原因，有可能演变为其所标识商品的通用名称，致使商标权丧失殆尽，商标失去识别功能，这是商标权人的一个重大损失。历史上，驰名商标被演化为商品通用名称的可谓不乏其例。例如，"热水瓶"（Thermos）原是美国瑟毛斯产品公司的驰名商标，当时商品的通用名称是"真空绝缘瓶"。由于1910年以来，该公司在广告宣传中将"Thermos"作为"真空绝缘瓶"的同义词使用，以致在公众印象中"Thermos"就是"真空绝缘瓶"。后来"Thermos"作为商标的识别功能日益丧失，以致1956~1960年的一场诉讼中，"Thermos"被法院认定为家喻户晓的商品通用名称，此后该公司永远丧失了"Thermos"的商标专用权。

商标，特别是驰名商标被通用名称化后，会带来相应的法律后果。原商标权人不再对该商标享有专用权，从而失去法律保护。❷ 因而，在我国企业创立驰名商标、实行名牌战略中，一定要对商标特别是驰名商标通用名称化现象予以防范，以防患于未然。借鉴国内外企业的一些经验，防范驰名商标通用名称化现象的策略主要有：

（1）在申请商标注册时即重视选择显著性高、识别性强的商标。一般来说，商标的显著性、识别性程度与其受到的法律保护程度呈正比例关系。

（2）在使用商标时加上注册商标标记，在进行广告宣传时声明此商标为注册商标。例如，日本松下电器公司在广告语中有一句"National Technics 和 Panasonic"均为日本松下电器公司的注册商标的说明。美国施乐（Xerox）公司在广告中声称"Xerox 是 Xerox 公司的商标"，以避免消费者将"Xerox"变成复印机的通用名称。

（3）利用商标延伸策略或防御商标策略，将同一注册商标使用于不同的产品上，从而可以切断某一商标与某一产品的单一联系，减少商标名称

---

❶ 于俊秋. 论我国企业品牌国际化的经营战略［J］. 内蒙古大学学报：人文社会科学版，2003（3）.

❷ 我国《商标法》第49条第2款规定：注册商标成为其核定使用的商品的通用名称或者没有正当理由连续3年不使用的，任何单位或者个人可以向商标局申请撤销该注册商标。

通用化的机会。

(4) 在商标宣传使用中，将自己的商标与商品名称结合起来使用，并在商标上注明为注册商标，在商标之后加上产品名称，以避免人们将商标等同于产品名称。

(5) 发现他人将自己的商标当作商品通用名称使用后及时采取措施并予以纠正。

这方面措施可以有：①通过传媒发表声明，说明自己的商标是注册商标，受法律保护，他人的不当使用行为构成侵权。②敦促有关主管部门以行政或法律手段制止将自己的驰名商标通用名称化的行为。③及时采取法律诉讼手段制止驰名商标被通用化。

(6) 即使是在驰名商标通用名称化后也要采取补救措施，有一线希望挽救就不要放弃。如美国胜家（Singer）公司的"Singer"商标失而复得的经历就值得借鉴。当然，应尽量避免这种情况发生，这只是迫不得已的办法。

第4节　企业驰名商标反淡化保护策略

在当代，对驰名商标进行特殊的法律保护是各国商标立法的通例。驰名商标因其具有卓越的信誉，对消费者有一种特殊的吸引力，它往往容易遭受攻击或其他侵害。"淡化"就是有别于传统商标侵权的一种损害驰名商标的行为。淡化行为的出现，使驰名商标的反淡化保护变得尤为迫切和必要。

一、驰名商标淡化的概念

"淡化"的英文原意是"稀释"。就其法律含义而言，是指商标显著性及商标的内在价值、识别作用，因他人在不相同、不类似的商品上使用与驰名商标相同或近似的商标而被弱化、削弱，甚至丧失。驰名商标淡化即未经驰名商标权人许可，在不相同、不类似商品上使用与驰名商标相同或近似的商标，利用驰名商标的信誉推销商品或服务，从而影响该驰名商标在公众中的形象，导致驰名商标对消费者的特殊吸引力弱化。例如，他人未经许可将"皮尔·卡丹"用于家具、眼镜、机械产品上，久而久之，消费者再难以将"皮尔·卡丹"与该商标权人的特定商品相联系，从而会冲淡、削弱该商标对消费者的特殊吸引力，构成驰名商标淡化行为。

二、驰名商标淡化的危害与表现

淡化驰名商标对驰名商标的危害是多方面的：其一，由于驰名商标信誉良好，具有重要的商业价值，一提起驰名商标消费者会自然而然地想到其生产企业。如果他人将驰名商标使用在其他商品上，消费者容易联想到该商品与驰名商标所有人相关，如认为是驰名商标所有人的新产品，或者这些不同的厂家与驰名商标所有人存在业务上的关系，从而会引起消费者的误购。其二，借用他人驰名商标促销自己产品，如果商品质量低劣，消费者对该商品失去信任时，必然会殃及原驰名商标产品。其三，即使不存在上述可能，由于驰名商标被反复地使用在其他商品上，驰名商标的识别作用减弱，其广告作用受到严重影响，这就必然会损害驰名商标的显著性，危及驰名商标所有人的利益。

驰名商标淡化的表现形式有：冲淡、丑化与污损、贬低及以间接曲解的方式将驰名商标误解为有关商品的通用名称等形式。其中，冲淡即暗化、逐渐模糊，是由于他人擅自在非类似商品上使用驰名商标，致使驰名商标的商品销售力、广告吸引力、商标价值减少或弱化；丑化与污损是指无权使用人将与驰名商标相同或近似的商标用于对驰名商标的信誉产生玷污、丑化、负效应的不同类商品上的行为；以间接曲解的方式将驰名商标误解为有关商品的通用名称是以不当改变，或贬损的方式来描述驰名商标，以间接曲解的方式将驰名商标误解为有关商品的通用名称等。需要指出的是，有些行为尽管涉及对驰名商标的使用，但不能归入淡化行为之列。如为新闻报道而使用该商标，为推销驰名商标所有人指定商品或服务时而合理使用该商标以及非商业性使用该驰名商标。

三、企业驰名商标反淡化保护策略

针对驰名商标淡化现象，我国企业应予以高度重视，采取必要措施防止自身来之不易的驰名商标被他人淡化。这些策略通常有：

一是规范自身使用驰名商标的行为。如上所述，驰名商标淡化有时是由于企业自身使用不当造成的。为此，企业需要在使用驰名商标时突出商标区别商品或服务的作用，避免消费者将其等同于商品或服务名称。

二是对发现淡化自身驰名商标行为及时采取措施，防止淡化行为对驰名商标的进一步损害。从我国目前发生的一些涉及驰名商标侵权纠纷看，有一些即涉及驰名商标淡化问题。通过行政处理或诉讼途径，能够及时遏制他人淡化驰名商标行为。

第5节 企业驰名商标域外保护策略

近年来,随着我国改革开放的深入,对外贸易发展迅猛。企业产品出口贸易也增长很快,特别是一些拥有驰名商标的企业利用自己的商标信誉在国外开拓了市场。然而,令人遗憾和担忧的是,由于我国许多厂商对出口商品商标保护意识不强,许多知名品牌时常遭到"抢注"。外商抢注我国企业知名品牌的目的,有的是想利用我国企业商标的知名度在其所在国开拓市场;有的是想控制市场,达到独占市场销售的目的;有的则是企图通过抢注他人商标获取超额非法利润。从企业被抢注的商标看,基本上都是知名品牌,其中一些已被我国商标主管机关认定为驰名商标。抢注行为严重影响了我国企业在国外开拓市场。

我国企业特别是拥有驰名商标或知名商标的企业,为防止驰名商标在国外被抢注,首先应当及时在国外进行商标确权。

企业在国外商标确权有以下两种方式,即在进口国商标确权和办理商标的国际注册。

1. 在进口国商标确权

世界上商标确权的形式有注册在先原则和使用在先原则两种。如果我国驰名商标企业向实行注册原则的国家出口商品,就应及时向该国申请商标注册。如果是向实行使用原则的国家出口商品,则应特别注意保留在该国最早使用我方驰名商标的证明材料,如销售记录、合同、广告宣传资料等原始凭证。而且,也应办理在该国的商标注册申请,这样可以使商标权的归属更加明确。

另外,企业在向商品出口国申请注册时,应事先了解该国与我国在法律上的关系。如果商品进口国是《巴黎公约》成员国,企业就应充分利用该公约赋予的优先权和国民待遇,以便有效地获得商标注册。如果进口商品国家不是《巴黎公约》成员国,但该国与我国存在商标保护方面的双边协议,我国企业则可以根据该协议确定的原则申请商标注册。如果进口商品国家既不是《巴黎公约》成员国,也不是与我国有商标保护方面双边协定的国家,则应按照对等原则或国际惯例申请商标注册。

2. 办理驰名商标国际注册,扩大企业驰名商标影响范围

商标国际注册是企业商标在国外获得保护的重要途径。我国拥有驰名商标的企业应当利用商标国际注册的有利条件办理这一注册。前面提到,我国许多商标特别是知名品牌纷纷被国外商家抢注。但被外商抢注后我国企业并非毫无办法,完全可以拿起法律武器,及时进行补救。主要有以下

策略。

一是运用《巴黎公约》中保护驰名商标的规定，申请撤销外商对我国企业驰名商标的抢先注册。《巴黎公约》对驰名商标实施特殊法律保护，这是我国企业有效对抗外商抢注的途径，因为一则抢注行为大多发生在《巴黎公约》成员国内，而我国是《巴黎公约》成员国；二则外商抢注我国企业的商标很多是驰名商标，且明显出于恶意。根据《巴黎公约》第6条规定，各成员国国内法均应禁止使用与驰名商标相同或近似的商标，并拒绝接受与其相同或近似的商标注册。如果有人在相同或类似商品上注册另一商标构成对驰名商标的复制、伪造或者翻译，权利人可以在注册之日起5年内提出撤销这种商标注册的请求。如果申请人出于恶意，权利人请求撤销的时间不受限制。基于此，一旦外商抢先注册我国驰名商标，我国企业在证明自己的商标系驰名商标后，即可以在不少于5年甚至更长的时间内请求注册国撤销其注册，进而夺回商标权。近年来，我国企业在这方面不乏成功案例。如我国著名的"同仁堂"商标曾在日本被人抢注。事件发生后，经我国商标局积极配合，日本商标主管机关确认了"同仁堂"是受《巴黎公约》特殊保护的驰名商标，最后撤销了对"同仁堂"的抢先注册。

另外，如前所述，TRIPS协定对《巴黎公约》第6条之二关于驰名商标的规定加进了反淡化内容，对驰名商标的保护延及不相同、不类似的商品，我国拥有驰名商标的企业应对此予以重视。

二是运用进口国之国内法，撤销外商的抢先注册。外商抢先注册的国家如果是采用注册在先原则的国家，我国企业在提供有效证据证明自己为某一驰名商标在该进口国的最先使用人就可以请求注册国依法撤销该商标的抢先注册。这方面我国也有成功事例。如"雄鸡"牌蚊香是我国远销非洲和南美一些国家的名牌产品，"雄鸡"商标却被尼日利亚不法商人抢注。该国在商标确权方面实行使用在先原则。我方在提出使用在先的一系列证据后，经过3年艰苦努力，终于使抢注商标被撤销。

3. 积极寻求政府和有关部门的支持，为我国企业驰名商标域外保护创造良好环境

国外一些企业在遏制商标国际纠纷时，往往主动寻求本国政府的支持，取得的效果比较明显，值得我国企业借鉴。我国企业在实施驰名商标域外保护时，也应当积极争取政府和有关部门的支持与帮助。

第11章 企业在建立现代企业制度过程中处理商标权的策略

企业改制是建立现代企业制度的基础性工作。企业特别是国有大中型企业应当及时转换经营机制,建立现代企业制度。企业在改制过程中,必然涉及对企业无形资产的处理,其中包括对商标权的处理,特别是商标权的价值、产权界定、法律关系的重新确立等问题。本章首先对我国企业改制中存在的一些问题作出分析,在此基础上探讨企业改制中对商标权处理的策略。

第1节 我国企业改制中在商标权方面存在的问题

企业改制是企业体制和机制的改变,企业改制的主要工作是企业资产结构的改革,要通过资产重组,优化企业资源配置,使企业资产构成合理化,最大限度地利用资源。企业资产重组有分立、兼并、对外投资的市场方式和政府以国有资产所有者身份通过行政手段促使企业重组的行政方式两种类型。企业资产重组是企业建立现代企业制度中的一个十分重要的环节,是企业有形资产和无形资产的重新组合。在企业资产重组、改制中,一个比较突出的问题是忽视对商标这一重要无形资产的评估、界定、重新确立法律关系,以致商标这类无形资产流失十分严重。另一个问题是企业改制后对商标的使用比较混乱,不符合商标法律的要求。本节对企业改制中存在的商标问题及其成因作一简要分析,以使企业深刻认识到加强企业改制中商标权处理策略的重要性。

一、企业在改制、重组、合并、合作中没有对商标进行评估或者评估数额偏低

根据国务院办公厅发出的《关于加强国有企业产权管理的通知》，国有企业转让产权前，要按照国有资产评估管理办法的规定对企业的资产进行评估。这里的资产当然包括商标这类无形资产。又据国家工商行政管理总局《企业商标管理暂行规定》，企业商标需要转让的，或者企业在合资、合作、改制、兼并等资产重组过程中需要以商标权进行投资的，企业应及时进行商标资产评估。然而，企业重有形轻无形的思想严重，加上其他一些非正常因素的影响，企业只重视对厂房、机器、设备等有形资产的评估计算，忽视对商标无形资产的评估计算。商标权的这种流失在中方企业与外方合资中表现得尤为严重。

造成这种现象有主观和客观两方面原因。从主观方面讲，表现为企业主管部门和企业领导的商标意识薄弱，缺乏商标战略思想，看不到名牌商品的巨大附加值。另外，有的地方政府为急于达到改制的指标数，廉价出售企业，也是一个原因。从客观上讲，则是我国对商标价值评估没有建立起一套完整、科学、规范的商标评估考核指标和高素质的商标评估队伍，商标评估工作仍不够完善。只有通过健全、完善企业商标评估管理制度，提高商标评估工作水平才能为企业改制中商标价值评估提供良好的基础。

二、企业在改制、重组中对商标权归属等问题没有作出明确规定

许多企业在改制中，反映不知是否应对商标产权进行界定和量化，也不知如何进行界定与量化，对于改制后如何按照法律的规定重新确立法律关系也不甚清楚。以对股份制改造中资产界定、量化、重组为例，目前一个普遍存在的问题是企业改制后仍使用原有企业的注册商标，企业较少对使用的注册商标进行界定以确定商标权归属和量化。在这种情况下，企业改制后商标使用可能就比较混乱。如企业在产品结构调整中将商标使用的范围超出注册范围之外。企业改制后生产的新产品由于与原核准的注册商标不同类，企业又没有重新办理注册手续而是沿袭原来的商标，这样就会产生冒充注册商标的行为；又如，企业组建企业集团时，由于不注意商标权归属的重新界定，忽视商标的统一管理，常常出现企业集团内部的成员企业在商标使用中相互串用，产生商标侵权行为；还有一些企业集团内部成员企业想借集团名牌商品效应盲目使用商标，如某空调厂成为"小天鹅"

企业集团成员后，欲借"小天鹅"商标知名度，将某空调改为"小天鹅波尔卡"空调，因在空调类别中已有"天鹅"牌注册商标的空调器，因此构成商标侵权，致使300多万元的广告费及上百万元的包装材料付诸东流，损失惨重。❶

三、企业在改制、合并中没有及时办理商标权变更、转让等手续

商标权变更是指商标注册人名义、地址及其他注册事项的变更。企业改制中涉及商标权变更的情形较多，企业改制中企业经营体制的变更，如企业变为股份有限公司就涉及注册人名义的改变。商标权的转让是商标所有权的移转，与仅涉及商标使用权移转的商标使用许可在法律性质上不同。企业改制、合并中也存在大量的商标权转让的情况。如几个企业组成集团企业后，原企业及其对商标的所有权仍然存在，此时需要通过商标转让合同将原企业商标权转让给集团企业并由集团企业统一安排商标的使用。又如，企业在被合并或兼并后，被合并或兼并的企业需要将商标权转让给新成立的企业。

在改制、合并中涉及商标权变更、转让的情况很多，我国很多企业在改制、合并中却没有及时办理商标权变更、转让手续。更为严重的是，由于改制后长期忽视或者根本不注意原商标的法律状况，导致到期不续展而丧失商标权的后果。

造成不及时办理转让、变更手续的原因，总体上说仍是对商标工作不重视，但在有些情况下转制缺乏明确的政策和程序规定也是一个原因。例如，在办理全民、集体企业出售给个人的注册登记程序中规定，在资产进行评估后，先对原企业办理注销，再对自然人办理开业登记。这样就不能同时出现两个合法主体资格办理注册商标的转让，即全民、集体企业办理注销手续前，自然人未取得合法的转让资格，而当自然人已取得合法的资格，但全民、集体企业已被注销，致使转让手续又难以实现。❷

第2节 企业改制中对商标权处理的策略

企业改制中正确处理商标问题，运用品牌重组，确立主导商标，形成

---

❶ 邓锡良．企业转制过程中的商标管理［J］．中华商标，1997（2）．
❷ 胡桂昌．转制中的商标问题及对策［J］．中华商标，1999（4）．

集约经营,是改制企业的成功经验。例如,著名的海尔集团也是利用自己的品牌优势通过不断地收购或兼并其他企业而成功的。企业改制中应当重视对商标权的处理。

一、企业商标权的产权界定

商标权是企业对其注册商标享有的一种独占权,企业在改制中都要界定自己的商标产权。这些商标有的已注册,有的则没有注册;在注册的商标中,有的知名度较高,甚至是驰名商标,有的则是一般商标。从法律的角度讲,企业商标权的产权界定只是针对注册商标而言的,不包括未注册商标。为界定改制企业商标产权,应当对企业注册商标的数量、注册时间、有效性、使用的商品商标核准注册范围作出完整的统计。这步工作完成后,改制企业应从商标战略出发,从中选出最有竞争实力和价值的注册商标作为改制后企业的主导商标,并且应选择最有利于企业发展的商标权处理方式。

值得一提的是,目前对股份制企业商标产权的界定有一种片面的认识,即由于企业设立时股金是由个人投入的,在改制后由个人资金投入而增值形成的商标产权应归个人所有或按投资主体的组成股份共有。应当看到,股份制企业仍是我国市场经济中集体企业的一种新的组织形式,不是私营企业,商标产权不能定为职工个人股,而应设定为法人股或职工集体股。股份制企业大都由城镇集体企业改制而来。股份制企业商标产权界定应注意克服上述片面认识。

二、企业商标权的价值界定

商标已被公认为一种经营性资产,商标权评估或者说注册商标的评估是企业整体产权量化界定中不可缺少的一部分。企业在改制中对商标评估有多种目的,如从资源分配看,有效分配市场资源是所有注册商标面临的一个问题,商标评估有利于实现商标资源的合理分配。从商标投资看,它是企业以商标出资的必要环节。正因如此,我国有关法规、行政规章、部门规定都开始重视商标在企业改制中的合理评估。

企业商标权的评估本身是个比较复杂的问题,它首先要考虑商标的价值构成。商标价值可分为商标的成本价值、权利价值和信誉价值等。企业改制中对商标权进行界定和评估后,应按照企业改制的具体形式对商标权进行处置、划分。例如,当企业改股份制企业为公司制时,应将企业商标权作为存量资产参与股份的划分,成为企业的股份。以股份制企业而言,当商标权是国家股或法人股时，可以由企业管理部门托管，有偿许可给企业使用；当商标是职工集体股时，商标权由企业建立的职工持股协会保存，并交企业使用。如果企业已被兼并，则应将企业商标权作为企业资产进行企业资产的转让。

三、企业改制中商标产权的权利界定

企业改制中商标产权的权利界定主要涉及商标权的转让、变更、许可使用等问题。

1. 商标权的转让

如前所述，企业在改制中涉及商标权转让的情形较多。企业改制中的商标权转让与通常情况下商标权转让一样，应符合商标法律规定并按商标法规定的程序进行。主要应做到：（1）商标权转让属于要式法律行为，应当由转让人与受让人共同向商标局提出。（2）属于类似商品的商标不得单独转让，只能全部转让。而且，类似商品商标的全部转让不得超越商标注册时所限定的商品种类。非同种也非类似商品上分别申请同一商标或近似商标并获得专用权的，则可以分开转让或部分转让。（3）受让商标权的改制企业应符合商标注册申请人的条件。（4）企业转让商标权时应处理好涉及该商标权的一些法律问题。这些问题主要有：①属于共同所有的注册商标，未经其他共有人同意不得自行转让。②转让已经许可他人使用的注册商标，应征得商标被许可人同意。③当企业商标权已被作为商标权质押合同的标的时，转让商标权应事先经质权人同意，或事先按质押合同规定终止合同，再进行转让。出质人所获得的转让费应向质权人提前清偿所担保的债权或向与质权人约定的第三人提存。

2. 商标权的变更

企业对改制中出现的商标权的变更，应该依照我国《商标法》及《商标法实施条例》的规定，向国家商标主管机关申请变更事项，否则会使变更后的注册商标得不到商标专有权，而且注册商标有被撤销的可能。企业应向商标局送交变更商标注册人名义申请书及变更证明，经商标局核准后，发给商标权人相应证明并发出变更公告。企业变更注册人名义或地址的，应将其全部注册商标一并办理。注册商标变更注册人名义，其事项不涉及商标专用权的转让，它只是商标权外在表现形式的改变。

商标权变更后，也会涉及相应的一些法律问题。例如，原商标注册人已将商标权许可给他人使用，那么变更后的商标注册人应继续履行原商标使用许可合同。如果涉及诉讼问题，变更后的商标权人应继受原商标中的权利与义务。

3. 商标权的使用许可

企业改制后，如果原来的企业存在，就可以使用许可合同为中介，许可改制后的企业使用原企业的商标，而改制后的企业也可以使用许可合同为中介许可其兼并的公司使用其商标，这样可以形成一个商标使用许可网络。国际上很多知名的跨国公司就是采用这一方法实现全球化经营的。如果改制后新企业承包原企业，原企业希望继续使用其商标，也应通过商标使用许可合同的方式进行，商标使用许可合同的签订应符合商标法的规定。

4. 商标延伸

企业改制后，根据市场需求企业的营业范围要扩大。扩大的营业范围与原来核准的注册商标在商品范围上如果不同，这时就要另行提出商标注册申请，而不能在原商标注册核准范围之外的商品上直接使用原注册商标，否则会构成冒充注册商标行为。例如，某美容品厂原生产美容产品，经改制后在产品结构调整中又生产洗涤用品，其将原注册在美容类别上的商标用在洗涤用品上并打上注册标记，即构成冒充注册商标行为而被当地工商管理部门查处。

第12章 企业品牌战略

品牌与商标既有联系又有重要区别。商标是一个法律概念，而品牌是一个市场概念，比商标的内涵更加丰富。当然，商标通常又是品牌的核心，因为品牌规划和设计中，商标往往被置于核心位置，品牌广告宣传的核心也是商标，商标成为承载企业产品信誉和厂商声誉的有形载体。不过，无论如何，不能将品牌等同于商标，商标只是品牌的构成要素之一，尽管是最重要的构成要素。正是基于上述考虑，本书将品牌战略纳入企业知识产权战略范畴，并将其视为与企业商标战略直接相关的问题予以研究。

第1节 企业品牌战略概述

一、品牌的概念与特征

（一）品牌的概念

关于品牌的定义，美国市场营销学会（AMA）指出，它是由产品、符号或者设计等因素构成，并能够与竞争对手的产品或者服务加以区别的标识。

与上述品牌和商标的关系一样，品牌与名牌同样具有联系和区别。名牌属于品牌的范畴，是品牌中那部分具有较高市场声誉和消费者忠诚度的品牌，也是企业品牌战略实施的结果，但也不应将名牌与品牌相等同或者相混淆。

（二）品牌的特征

品牌是企业连同其提供的产品或者服务在消费者心目中

的总体印象、形象，蕴含了企业及其产品、服务的品质、形象、声誉、特色等内涵。品牌与消费者和市场紧密相连、不可分割，品牌的价值和意义来自消费者及其市场。因此，与专利、著作权等知识产权不同，企业品牌的资产价值在很大程度上源于消费者，像企业品牌形象、品牌个性、品牌核心价值、品牌推广等，都深深扎根于消费者和市场中。从消费者的角度看，品牌的灵魂就在于它是一种文化象征，体现了消费者心理体验、认知、评判和印象，相应地塑造了品牌自身的个性、形象和风格。甚至可以说，离开了消费者及其所依托的市场，品牌将一文不值。在理解品牌的价值和作用方面，无论如何强调消费者和市场因素的重要性都不过分。

有学者认为，品牌是在市场上创造一定的声誉、关注度、声望等"无形物"，其创建与企业战略、消费者、市场等概念联系密切。品牌本身似乎是"无形"的，然而是企业最有价值的东西。品牌从外在形式看，主要包括品牌名称、品牌标识与商标。

二、品牌战略的概念与意义

品牌战略是企业为实现以品牌开拓、占领和巩固市场的目的，而对品牌进行规划、运用、保护和管理的总体性谋划。品牌战略是当今企业十分重要的战略形式。品牌战略的重要意义立足于品牌对于企业发展的极端重要作用，尤其体现于以下几点。

第一，提升产品或服务的附加值，获取更多的经济效益。品牌本身是企业重要的无形资产，品牌与企业及其产品、服务相连，不仅满足了消费者和顾客对产品、服务的功能性需求，而且满足了其消费心理等个性化需要。因此，在产品、服务日益同质化以及竞争日益激烈的今天，企业更需要营造良好的品牌形象赢得消费者，消费者也会愿意以更高的价格购买品牌产品或者接受品牌服务。实际上，当代国内外知名企业，无不是通过品牌战略大大提升产品或服务的高附加值的。很多企业与其说是"卖产品或服务"，不如说是在"卖品牌"。

第二，品牌战略是企业重要的营销武器，通过实施品牌战略可以促销，提高产品的市场占有率。品牌本身具有重要的营销价值，也是营销最重要的手段。品牌是企业与消费者、市场连接与沉淀的产物，品牌识别、品牌效用、品牌形象、品牌忠诚等营造了消费者接受企业产品或者服务的契机，有利于企业产品促销，所谓"认牌购货"。

第三，品牌战略是提高企业市场竞争力，特别是核心竞争力的重要保障。企业品牌不仅是其重要的无形资产，也是其获得市场竞争优势、形成核心竞争力的法宝。品牌战略实施的结果是形成品牌竞争力，其具有的差异化优势使得竞争对手难以复制和模仿，从而可以形成企业的核心竞争力。该核心竞争力是企业在整合现有资源与能力的基础上，以知识和技术为基础而形成的持续保持竞争优势的能力。从这个意义上讲，品牌战略乃现代企业发展的核心问题和根本性问题。也正因如此，实践中有所谓"一流企业卖品牌、二流企业卖技术、三流企业卖产品"之说。

第2节 企业品牌定位战略

一、企业品牌定位的概念与意义

（一）品牌定位的概念

所谓定位，按照美国品牌营销专家艾·莱斯和杰克·特劳的观点，是指针对现有产品的创造性思维活动，是针对顾客心理采取的行动，目的是要将产品定位在顾客的心中，而不是对产品本身采取什么行动。品牌定位策略讲的是"为特定品牌确立一个适当的市场位置，使商品在消费者心目中树立起良好的形象——当消费者某种需求一旦产生，会首先想到自己的品牌"。[1]

（二）企业品牌定位的意义

企业品牌定位具有以下重要意义。

其一，品牌定位是建立企业品牌形象的基础。在当代，市场竞争的加剧导致商品同质化现象相当严重。在同类产品生产经营中，企业吸引消费者购买自己产品的重要手段就是在消费者心目中建立起十分明确的、个性化的自身品牌形象。如果企业缺乏明确的品牌定位，或者品牌定位过于宽泛，消费者将感到无所适从。海尔集团在这方面提供了经验。该集团一直实行多元化经营战略，其产品已具有数十个系列、上万个品种。实施正确的品牌定位策略对于如此庞大的产品家族意义显然十分重大，否则很容易出现淡化公司整体形象从而削弱公司市场竞争力的后果。为此，海尔将集团品牌划分为：企业牌（产品总商标）、营销牌（产品行销商标）和产品牌（产品类别名称）三个层次。这种以"Haier 海尔"总商标统领，立足于产品细分市场战略，展示海尔产品独特个性的品牌定位策略，极大地发挥

---

[1] 郭修申. 企业商标战略［M］. 北京：人民出版社，2006：7.

了品牌的影响力和辐射力，为提升海尔集团整体形象作出了巨大贡献。

其二，品牌定位是企业划分细分市场，实行差异化营销战略、进行目标经营管理的需要。市场细分是企业根据自身经济实力、经营战略、消费者需求和购买习惯等将市场划分成不同消费群体的活动。在竞争日益激烈的市场，任何一个企业都不可能占据同类产品的所有市场，而只能根据自己的经营战略需要选择一定的细分市场。品牌定位是企业市场定位的核心，也是企业划分细分市场，进行目标经营管理的需要。其中特别重要的是，品牌定位是企业实行产品差异化营销战略的内在要求。差异化营销战略是现代市场营销战略的重要表现，它要求在市场细分的基础上，善于发现和创造消费者的个性需求，从而满足目标市场特定的消费者需求。品牌定位是在企业市场定位和产品定位基础上，寻求在目标市场中树立品牌的独特个性和文化差异，形成独特的品牌形象的决策过程。品牌定位需要从企业发展战略和产品经营特点出发，根据消费者的购买习惯、需求偏好、价值观念和生活方式等因素，在总体市场中寻求与自身个性和特色相适应的细分市场，开发出富有自身特色的新产品、新技术。

其三，品牌定位是企业满足目标消费者特定需求，构建品牌忠诚的需要。品牌定位意味着在消费者心目中形成特定的个性形象，有利于消费者青睐自己的品牌产品，从而获得更大的经济效益。国外实证研究表明，公司25%~80%的利润来自占总数20%的忠诚的用户。这从另一个方面说明企业培养消费者的品牌忠诚是何等重要。品牌忠诚的培养则需要以清晰的品牌定位为前提。

其四，品牌定位也是企业实施商标竞争战略，获得市场竞争优势的保障。品牌定位意味着企业建立了区别于竞争对手的个性形象，也有利于在市场竞争中脱颖而出，获得竞争优势。这里不妨以美国七喜公司确立非可乐型饮料"七喜"品牌以及我国宛西制药厂创建"六味地黄丸"品牌为例说明：软饮料可以分为可乐型和非可乐型两类，但这种分类在消费者心中并无重要意义。美国七喜公司是专门生产非可乐型饮料的厂商。它通过在消费者中强化饮料的这种区分方法，声称自己是专业生产非可乐型饮料的厂家，最终确立了七喜公司在非可乐型饮料市场的领导地位。

二、品牌定位包含的内容

1. 品牌品质的确定

品牌品质涉及产品的耐久性、可靠性、精确性等属性。企业确定品牌品质大体上可以在低品质、普通品质、优良品质、特优品质中选择。企业品牌品质的决策可依市场细分原理确定。例如，宝马公司在品牌定位上始终是白领阶层的成功人士，凸显其品位和身份。因此，其生产的小汽车以高质量和高品位为特色，始终坚持"品质、效率和专业化"的品牌价值。

2. 品牌作用、方向和消费者心理

品牌作用、方向及消费者心理显然是影响企业商标使用决策的重要因素，这些因素也是品牌定位的依据。这里不妨以洗发水领域"采乐"抗击"海飞丝"的经验为例加以介绍。在洗发水领域，"去屑"是非常重要的宣传目标和市场定位导向。在该领域，"海飞丝"占据绝对优势，"采乐"难以突破。但是，"采乐"发现在药品市场则尚未有如此诉求。于是，公司开发了"去头屑特效药"，将"采乐"品牌定位于药品领域，并通过广告等形式强化这种市场和消费者定位。如宣称头屑是由头皮上的真菌过度繁殖引起的，只有杀灭真菌才能清除头屑。而一般的洗发水仅能洗掉头发上的头屑，而其产品则能杀灭头屑上的真菌。在药品市场，很多受头屑困扰的消费者自然对该产品青睐有加。通过抓住目标消费者的心理需求，"采乐"获得了一个新的目标市场。

3. 品牌重新定位

随着市场状况变化、消费者对商品爱好的转向，企业应对品牌态势进行调整，如改变产品的品质、包装、设计配方。为此企业应当考虑品牌重新定位的收益、风险等情况。品牌重新定位是企业适应经营环境、市场竞争的需要，也是企业实施经营战略的需要。通过重新定位，企业及其产品在消费者心目中的形象得以改变，"旧桃换新符"，能够使企业获得更大的生命力。

企业品牌之所以需要重新定位，是因为出现了需要重新定位的一些客观情况。这些情况大致可以归纳为以下几方面：❶

第一是扭转原有定位存在的问题。品牌定位存在的问题，可能是原有品牌定位错误，也可能是原有品牌定位未能实现企业的营销目标或原有品牌定位模糊。出现这些情况，都需要对品牌进行重新定位。例如，生产销售"万宝路"香烟的菲利普·莫里斯公司是全球烟草巨头。但其在早期香烟的消费者群体定位是女性，而不是男性，使其经营业绩不佳。后来将品牌定位改为男性，很快给公司带来巨额的利润。

第二是出于市场竞争的需要。市场竞争格局本身是影响品牌定位的重要因素，也是企业进行品牌重新定位的原因之一。以美国"联邦"快递（FedEx）为例，当它发现其他一些竞争对手也开始以快递服务为基本定位时，即开展了大规模广告活动，强调无论条件如何恶劣，"联邦"快递都会

---

❶ 李光斗. 品牌战：全球化留给中国的最后机会 [M]. 北京：清华大学出版社，2006：125-130.

保证交货的理念，从而增加了"联邦"快递的品牌个性，巩固了其自身品牌的领导地位。

第三是目标人群的消费观念发生了变化。在现代生活节奏不断加快的今天，人们的消费观念也在悄悄地发生变化，原先赋予目标消费群体的品牌定位可能变得不合时宜。在这种情况下，企业品牌重新定位变得十分有必要。例如，宝洁公司在开始打进中国市场时，将"飘柔"定位于二合一，带给人们方便和使头发柔顺的功效。但公司后来经过调查发现，人们最需要的是建立自信。因此，公司从2000年起开始对该品牌以自信为诉求重新进行定位。

第四是企业实施新战略的需要。具体来说分以下两种情况。一是原有品牌定位不利于企业新的市场战略。以黄酒品牌"古越龙山"为例。该品牌的主要消费者是中老年人。为了在保持原有目标消费者的基础上拓展新的市场空间，公司将该品牌重新定位于"进取的人生、优雅的人生——品位生活真情趣"，而不限于原来的传统文化上的诉求。后来在2005年，公司再次调整品牌定位战略，强调中国国粹黄酒（高端黄酒）的品牌定位，大大促进了其全国品牌地位的确立。二是实施新的战略之所需。企业为适应环境的变化而需要进行战略转型或调整，这就可能牵涉品牌的重新定位。

当然，由于品牌重新定位对企业生产经营战略影响极大，企业在进行品牌重新定位时，需要综合考虑各方面因素，特别是消费者的反应和可接受度。例如，可口可乐公司在1985年曾试图放弃一成不变的传统配方，改用消费者偏好口味更甜的软饮料要求的"可口可乐1号"，结果引起大量忠实客户的强烈抗议。最后，公司只得顺应顾客的习惯，恢复了原有配方，避免了更大的损失。

在企业品牌重新定位的实施策略上，主要应了解品牌重新定位需要经过的几个步骤。主要内容有：一是调查与分析评估，明确企业的竞争优势。二是选择最具有品牌竞争力的定位。为此，企业需要对重新定位的品牌在消费者的认可度、与企业形象的匹配和便于确立在竞争中的优势等方面加以权衡。三是制定整合营销传播方案，在不断传播中强化新的品牌形象。[1]企业可以通过广告、促销、公关等多种手段和形式树立新的品牌理念，以使重新定位后的品牌形象尽快扎根于消费者心目中。

三、品牌定位的常用策略与模式

品牌定位具有一定的技巧和规律。以下将对现有研究成果作简单

---

[1] 李光斗. 品牌战：全球化留给中国的最后机会 [M]. 北京：清华大学出版社，2006：130.

介绍。❶

　　品牌定位策略、技巧可以从需求层次定位、需求细分定位等方面认识。就需求层次定位而言，是遵循消费者需求层次规律，从消费者的需求特点入手进行品牌定位。它是在充分调查、了解消费者内心需求的基础上确定品牌定位的。需求细分定位法是针对传统的品牌定位模式而提出的。传统的品牌定位模式重视产品本身的功能和特点以建立独特的差异化优势；需求细分定位则更多地关注消费者的潜在需求，善于发现尚未被满足的消费者需求，以此获得不同于竞争对手的差别利益。还有一种策略是在他人已有品牌概念或资源的基础上发展自己的个性品牌，既遏制了竞争对手，又拓展了自己的产品市场空间——这种策略被称为借梯定位法则。

　　在实践中，品牌定位可以围绕品牌的核心价值和个性，从多方面展开。以日本索尼公司的品牌定位为例，索尼公司重视产品以商标为核心的品牌定位，其基本经验是从产品、市场竞争、消费者需求等多方面进行品牌定位。其一是产品导向定位，公司定位于更为个性化的、轻巧的、更为前卫的塑造设计和产品高端特质的代名词；其二是价格导向定位，公司采用网上直销方式，以在保障高品质基础上保持最佳的性价比；其三是竞争导向定位，市场激烈竞争使得公司需要加快产品创新速度；其四是消费者导向定位问题，公司设计开发各个层次的新产品，以充分满足不同消费群体的需要，追求一切以消费者需求为出发点。❷

　　在国内外企业实践中，还逐渐形成了关于品牌定位的成熟模式，值得我国企业学习和借鉴。主要的品牌定位模式如下：

　　（1）独特定位策略。这一策略的核心就是向消费者表明其品牌的独一无二性，以此确立在消费者心目中无可替代的位置。如诺基亚声称其销售的手机"无辐射"，摩托罗拉则向消费者表明其提供的手机"小、薄、轻"等特点。❸ 此种定位，显然是立足于产品具有的独特优势的。

　　（2）逆向定位策略。这种策略"创造一个全新的细分市场。在很多行业，提供同一类产品的大多数企业都会不断扩充自己产品的价值点，不断为自己的产品增加新功能。在这种情况下，企业在定位过程中，可以独辟蹊径，以简单化、个性化为目标进行重新定位"。❹ 这种策略显然需要以企业的技术改进和技术进步为支撑，它深刻地反映了企业的品牌战略与技术

---

❶ 郭修申. 企业商标战略 [M]. 北京：人民出版社，2006：77-102.

❷ 包晓闻，刘昆山. 企业核心竞争力经典案例：日韩篇 [M]. 北京：经济管理出版社，2005：152-183.

❸ 这种定位方式也被称为功能性定位，即将自身品牌与特定环境和场合下产品的使用情况联系起来，力图使消费者在特定情境下产生对该品牌的联想。参见：汲剑磊. 品牌定位的九大策略 [J]. 经营管理者，2008（5）.

❹ 郑志坚. 企业品牌形象的更新策略 [J]. 企业改革与管理，2012（8）.

进步之间的内在关联性。

（3）比附定位策略。在市场同类产品中，已经有了强势品牌、领导品牌，企业很难超越。为此，通过依托该强势品牌，以行业领导品牌为参照物，在目标市场建立与强势品牌相关联的自身品牌，从而提高自身品牌的知名度。国外这方面典型例子如前面述及的"七喜"可乐。❶ 我国也有企业采用了类似的对策，如金蝶软件通过宣传"北用友、南金蝶"，借势迅速发展。

（4）改良定位策略。针对现有品牌在某些方面存在的缺陷，新品牌对此予以突破，重新定义品牌的内涵，占领原先品牌的市场。例如，"泰诺林"进入痛药市场之际，阿司匹林已经是该领域主导品牌。"泰诺林"则指出阿司匹林可以导致胃肠道毛细血管的微量出血，于是在该领域取而代之而成为领导品牌。❷

（5）关联定位策略。所谓关联定位策略，是指企业利用产品消费者之间的关联性，将一种产品与另一种产品建立关联性，便于消费者接受的品牌定位策略。例如，20世纪90年代初吉利公司推出的"女性刀片"就是如此。

四、品牌定位实施应注意的问题

对企业而言，如何避免错误的品牌定位是实施品牌定位战略值得高度注意的问题。美国营销学专家凯温·格兰西和罗伯特·舒尔曼在《品牌的营销秘密》中即指出了可能产生错误品牌定位的三种情形：（1）企业自始没有形成一个清晰明确的定位策略；（2）企业未能清晰地将定位思想、理念和原则传达给市场和顾客；（3）企业未能提供足够营销资源的支持并保证定位的努力。其中，前两种情况是由于企业缺乏明确的品牌定位意识和理念造成的，第三种是由于企业没有为品牌定位营造良好的实施环境。以我国企业而论，在品牌定位上确实存在定位不清晰、定位不准等问题，值得反思。例如，对早年较为流行的VCD、DVD，众多同类企业都宣传自身产品"超强纠错、全面兼容"的特点和优势，在消费者心目中无法形成独特的定位和形象。

---

❶ 这种定位方式也被称为"类别定位"，即根据产品类别建立品牌联想，使消费者在心目中形成该品牌等于某类产品的形象。参见：杨俊丽. 论竞争情报在企业品牌定位中的作用［J］. 情报科学，2012（5）.

❷ 胡美伦. 关于我国企业品牌策划的几点建议［J］. 企业家日报，2013-11-27（003）. 这种定位方式，也有学者称为"给竞争对手重新定位"。参见：杨俊丽. 论竞争情报在企业品牌定位中的作用［J］. 情报科学，2012（5）.

第 3 节　企业品牌形象战略

一、品牌形象的概念与内涵

品牌形象理论是品牌战略理念发展的一个重要阶段。[1] 一般认为,品牌形象理论是 20 世纪 60 年代广告大师大卫·奥格威(David Ogilvy)提出的。因为随着买方市场的形成,商品之间同质化问题利益严重,消费者也由关注产品的功能性利益转向关注产品的声誉和形象。[2] 根据奥格威的观点,品牌产品需要塑造个性和运用成功的广告加以演绎和展现。如果将产品比喻为一个人,那么品牌形象就是人的个性。根据其品牌形象理论,品牌形象理论强调创造差异、树立个性、反映自我、长期贡献、综合因素和长远目标。[3]

品牌形象是针对消费者对品牌的总体感知、评价和态度。从企业品牌管理的角度看,企业应着力塑造品牌在消费者心目中的正面形象。品牌形象与产品形象密切相关。关于产品形象,LG 公司的解释是:产品作为企业与用户之间联系的一个关键性因素,在用户面前表达企业和品牌的形象。通过系列的产品设计进行企业的识别,持续传播和建立企业的识别形象,以得到用户的信赖。[4] 有学者认为,产品形象可以分为核心产品形象、视觉形象和附加形象。其中,核心产品形象即产品的品质形象,如产品的功能形象和质量形象;视觉形象是产品的形态、色彩、质感、式样、包装等在消费者心目中的印象;附加形象为企业产品增加的服务和企业的服务文化等。产品形象还包括一个重要层面即产品的社会形象,它是"社会形象是贯穿于三层次形象之神韵,将三层次形象从物质层面综合提升为精神层面,是物质形象的内化的结果,代表着企业品牌最核心的内容,最具有生命力"[5]。

有学者认为,企业品牌形象包括内在品牌形象和外在品牌形象两个相

---

[1] 品牌战略理念经历了独特销售主张、品牌形象理论和品牌定位理论等阶段。其中独特销售主张强调产品的独特功效与利益。

[2] 杨俊丽. 论竞争情报在企业品牌定位中的作用 [J]. 情报科学, 2012 (5); 张明立, 冯宁. 品牌管理 [M]. 北京: 清华大学出版社, 2010: 90-95.

[3] 马秀弟. 关于企业品牌管理的分析 [J]. 管理观察, 2013 (6).

[4] 吴讯. 企业品牌形象在产品设计中的体现 [C]. 南京: 南京理工大学, 2004.

[5] 赵雅, 俞璋凌, 殷浩. 基于企业品牌识别的产品形象塑造研究 [J]. 安阳工学院学报, 2012 (2).

互联系的要素,其中前者包括企业产品形象和文化形象,后者包括企业品牌标识系统形象和品牌在市场及消费者中体现的信誉。❶ 这种分类有其合理性。在企业品牌形象的内在要素方面,产品形象无疑是企业品牌形象的立足之处,因为品牌固然承载着特有的文化内涵和精神诉求,但产品的功能性特征毕竟是消费者需要满足的最基本的特性,而产品形象就是在产品功能性特征上形成的。例如,质量上乘的产品能够形成消费者对产品品牌的信任,而实践中发生的很多品牌危机就是因为产品出了质量问题。产品形象对于企业品牌形象的基础性作用也表明,企业应当高度重视产品和服务的质量,不断地通过改进产品与技术,实施技术创新,尽可能满足消费者需要和心理需求,才能真正塑造企业品牌形象,形成品牌优势和竞争力。

品牌文化也是企业品牌形象的内在要素,而且是品牌的精神气息和价值追求的表征。品牌文化是企业文化的重要组成部分,它是在企业使命、愿景、核心价值观的指引下经过企业员工的努力而沉淀的企业精神气质与价值追求,体现了企业的经营理念、行为规范、价值取向和道德水准等精神要素。品牌文化是企业品牌的灵魂,很多成功企业无不具有良好的品牌文化。品牌文化形象是支撑企业品牌形象的核心,企业因而需要高度重视品牌文化的塑造。品牌信誉作为企业形象的外在要素,它反映了消费者或者顾客对企业品牌的评价与认可度,是建立品牌忠诚的关键。品牌如果在消费者心目中失去了信誉,很可能会发生品牌危机,品牌形象可能会一落千丈。因此,品牌信誉对于品牌形象具有关键作用。品牌信誉建立在企业产品或者服务的品质保障、履行社会责任、良好的售后服务、提供有别于竞争者的差异化优势等方面。至于品牌视觉识别,它是通过视觉形式体现出来的品牌外在表征,对于树立企业品牌形象也不可忽视。品牌视觉识别需要通过设计合理的品牌标识,体现企业的核心价值观与经营理念,并便于消费者辨认、识别、理解与接收。

当然,上述几个内在和外在要素并不是孤立的,而是相辅相成的,它们共同为企业打造良好的品牌形象发挥各自独特的作用和功效。

二、企业品牌形象战略实施的意义

企业塑造品牌形象、实施品牌形象战略,提升品牌形象,对于企业形象和实现经营战略具有重要意义。良好的企业品牌形象,既是企业生产经营追求的重要目的,也是其开展市场竞争的有力武器。企业品牌形象与企业形象具有密切关系,并且是企业形象的重要组成部分。企业品牌形象有

---

❶ 李欣. 企业品牌形象的塑造与管理研究 [J]. 科技与管理,2013 (5).

助于提高企业的知名度和竞争力。在当代，随着生产技术水平不断提高和消费者需求的不断提升，企业产品同质化问题日益严重。技术水平的不断成熟则导致同类产品在基本的消费功能上差别日益缩小。为了在市场竞争中脱颖而出，就需要采取各种手段提升企业形象，而品牌形象就成为企业形象的重要内涵。好的品牌形象能够大大增进消费者对企业产品的好感和信赖，从而有利于促销，提高产品的市场竞争力。企业品牌形象还可以诠释和展现品牌的内涵和核心价值。中国第一汽车集团公司企业形象策划部王雪峰以"一汽"品牌形象构建为例，指出"一汽"品牌内涵是"品质·技术·创新"。"红旗"的定位是"大气尊贵、经典科技"，诠释了"一汽"高端的品质形象。优秀的品牌形象使公众对"一汽"的品牌和产品产生了好感甚至偏好，极大地提高了产品的认可度。而且，良好的品牌形象还有助于增强企业员工的荣誉感和凝聚力。❶

三、企业品牌形象的构成要素

如何在实践中对品牌形象进行"量化"，以便企业有针对性地提升品牌形象，值得研究。有学者认为，企业品牌形象的量化指标有品牌的知名度、美誉度、忠诚度、品牌联想和品牌定位。❷本书表示赞同，并认为还可以加上视觉识别性这一因素。下面分别加以阐述。

品牌知名度反映的是企业特定品牌在相关消费者被了解、熟悉的范围和程度。知名度越高，相关消费者在同类产品中选择该品牌的可能性越大。反过来说，如果企业品牌知名度很小，由于消费者对其产品知晓范围有限，该品牌产品的市场占有率就可能很低。因此，品牌知名度是企业品牌建设的基本出发点。企业需要通过广告等多种手段提高品牌知名度。品牌知名度本身也是决定企业品牌资产的重要价值因素。

品牌的美誉度就是关于品牌的声誉和信誉方面的概念。品牌美誉度是相关消费者对企业品牌产品在消费后产生的积极评价和感觉。其与人的"口碑"相似，是对产品质量、功能、精神诉求等方面得到满足的体现。品牌美誉度的形成源于企业全体员工的努力，具有渐进性和累积性，需要经过对品牌的逐渐认知、接受和满意的过程。品牌美誉度是品牌知名度的升华，企业品牌只有既享有知名度又享有美誉度时才能赢得更多的消费者。如何提高企业品牌的美誉度，始终是企业品牌形象和品牌战略的重要内容。

品牌忠诚度反映了相关消费者对企业品牌接受和认可的连续性与稳定

---

❶ 王雪峰. 企业品牌形象塑造与提升的途径和方法 [J]. 汽车工业研究, 2012 (7).
❷ 王文丽. 企业品牌形象塑造研究 [J]. 市场论坛, 2012 (10).

性，是企业排斥竞争对手挤占市场的无形武器。品牌本身是企业维系消费者、客户忠诚度的关键。在消费实践中，如果某消费者对某一品牌形成了消费偏好，拒绝其他品牌产品，品牌忠诚度就很高。品牌忠诚度的背后是产品的市场份额和竞争力。如何培养消费者的品牌忠诚度，无疑是企业经营战略和品牌战略的重要内容。品牌忠诚度不是自然形成的，它是企业提升品牌知名度、美誉度的产物，本身构成了品牌资产价值的核心因素。品牌忠诚度的建立关键在于不断提高顾客对企业品牌商品的满意度。

品牌联想属于消费者品牌认知的范畴，是指消费者基于某一品牌而建立的与其相关的联系。在品牌实践中，人们一想起那些强势品牌，就很容易将该品牌的相关的信息模糊地联想在一起。例如，说起当今在我国流行的国内手机品牌，人们自然而然地想起"华为""中兴"等手机品牌，进而联想到期独特的功能和特点。品牌联想有助于扩大品牌的影响力，加深消费者的品牌认知，对于提升品牌形象具有积极作用。为了提升品牌联想效果，企业在进行品牌名称、标识设计时，就需要选择那些能够引起消费者共鸣、将其与企业产品个性特点联系起来的名称或标识。

品牌定位是使品牌在消费者心目中有一个适合的位置。品牌定位与企业细分市场的确立有对应关系。定位准确的品牌有助于赢得细分市场目标消费者的认可与接收，甚至偏爱。因此，品牌定位对于企业品牌形象的建立也是非常重要的。

至于品牌标识本身的设计之所以对塑造企业品牌形象重要，是因为品牌形象首先需要在企业日常生产经营中使用加以展现，而品牌标识本身是其有形载体。为了便于消费者理解和接受品牌，需要巧妙地进行品牌标识的设计。

四、企业品牌形象塑造的策略

企业品牌形象塑造应注意以下几点。

第一，企业品牌形象应当与企业形象保持高度的一致性。如前所述，企业品牌形象是企业形象的重要组成部分，其应当与企业形象保持一致性。因此，企业品牌形象塑造应当从企业使命和愿景出发，立足于企业发展战略，与其保持一致，以塑造良好的品牌形象提升企业形象，形成相得益彰的效果。

第二，企业品牌形象应当具有相对稳定性。企业品牌形象形成具有累积性，是企业品牌知名度、美誉度、忠诚度等因素综合的产物。良好的品牌形象一旦形成，就会对企业发展产生巨大的推动作用。因此，企业品牌形象不能随意改变，否则会使消费者模糊品牌形象和品牌定位，进而失去品牌忠诚和品牌的市场竞争力。现实中，很多成功的企业品牌形象总是诺守在消费者心目中业已形成的良好形象，如麦当劳著名的"拱门"始终如一。当然，在特定情况下，企业面临的经营环境、竞争结构或消费时尚出现重大变化，就需要及时重塑品牌形象。

第三，品牌塑造重在找准品牌的个性化内容和特色。品牌形象建立在品牌个性的基础上，缺乏个性的品牌难以形成良好的品牌形象。这是因为品牌具有个性才能区分同行业竞争者的产品，避免产品的同质化竞争；才能彰显品牌核心价值观与企业文化，形成具有自身特色的产品。从企业实践看，很多企业对自身品牌形象缺乏清晰的认识，盲目跟风，不重视个性化品牌的创建，结果在大浪淘沙中很容易被淘汰。

五、企业品牌形象重塑及其策略

如前所述，企业品牌建设应保持一致性和相对稳定性。然而，在企业发展中，可能遇到一些重大事件或外部环境的重大变化而导致企业不得不重新塑造品牌形象。例如，在产业转型升级、产品技术生命周期发生变化、技术发展导致消费者时尚发生重大变化，以及企业内部基于产权结构发生重大调整或者企业被合并、分立等原因出现时，都可能需要重塑企业品牌形象。企业可能因为市场环境、竞争结构和消费时尚发生重大变化而需要重新塑造品牌形象对现有品牌形象加以更新。无疑，企业重塑品牌形象需要付出代价甚至非常大的代价。因此，在一般情况下，企业品牌重塑需要尽量利用现有品牌的一些元素，而不是完全"重新洗牌"。当然，有时不得不实施脱胎换骨式的重新定位和塑造新的品牌。这需要根据个案确定。

（一）品牌形象重塑的概念

关于品牌形象重塑的定义，可以从狭义和广义上理解。狭义上，可以认为是品牌视觉识别的变化。如国外学者海伦·斯都尔特（Helen Stuart）认为，品牌重塑可以理解为"一个品牌的重新创造、改革、改造、再发明和再定位"，是一个与"再生"稍有区别的概念，包含了品牌名称、品牌标识及广告语的变化。❶ 广义上，品牌形象重塑还包括因为企业外部环境变化、竞争结构变化和企业内部中企业战略和股东结构变化等引起的品牌重塑。❷ 本书认为，采用广义的定义更能揭示品牌重塑的内涵。不过，无论采

---

❶ HELEN STUART, LAURENT MUZELLEC. Corporate Makeovers: Can a Hyena be Rebranded? [J]. Journal of Brand Management, 2004, 11 (6): 472-482.

❷ MUZELLEC L, DOOGAN M, LAMBKIN M. Corporate Rebranding: An Exploratory Review [J]. Irish Marketing Review, 2005, 16 (2): 31-40.

用哪种概念，企业品牌形象重塑涉及品牌形象的更新，这一概念本身反映了企业品牌规划和建设是一个动态的运行过程，它需要随着企业内外部环境的变化而及时予以更新、调整或重新定位。

(二) 品牌形象重塑的原因

关于品牌重塑，国外学者对此研究较多。如关于品牌重塑的原因，有学者认为根本动因是"通过改变产品的名称、包装及商标等外观，利用市场营销手段来发布创造新的附加品牌以增强消费者购买意愿"。❶ 显然，这仍然是从企业内部分析重塑的原因。由于企业品牌重塑更多来自外部环境的变化，因而品牌重塑的原因更可以从企业外部环境的变化加以理解。例如，温迪·洛马克思（Wendy Lomax）即认为，大多数企业选择品牌重塑是因为企业所在市场发生了变化以及外部对企业及其行为的理解发生了偏差，企业品牌重塑是应对外部因素变化的结果。❷ 国内则有学者认为，品牌形象重塑或者更新的原因有品牌形象老化、原有的品牌定位发生变化、应对竞争对手威胁和配合企业整体战略等因素。❸ 本书认为，由于品牌重塑属于品牌战略范畴，而且是品牌战略实施中非常特殊的重大事件，将其置于企业面临的外部环境加以研究更具有意义。更不用说，战略本身是组织与环境变换的互动机制。

(三) 品牌形象重塑的过程和途径

关于企业品牌重塑的过程和途径，国外学者也有深入探讨。如根据劳伦特·木泽勒克（Laurent Muzellec）等学者的研究，企业品牌重塑分为重新定位、重新命名、重新设计和重新发布四个阶段。其中，前述品牌重新定位是对品牌现有定位进行改变，使得市场中的消费者和竞争者、企业的其他股东对品牌的形象、个性和核心价值进行新的认知。品牌重新定位与品牌定位一样，都是企业品牌规划和建设中的重大问题，需要结合新的市场竞争环境和消费者时尚重新表达企业的个性特色。因此，品牌重新定位必须全面考虑企业面临的新的市场和竞争环境的机会和威胁，以及自身在这一环境下的优势和不足，以便使重新定位的品牌能够适应新的市场和竞争环境。为此，企业需要了解新的竞争环境下的消费者心理和需求，弄清楚

---

❶ KELLER K L. Conceptualizing, Measuring, and Managing Consumer-Based Equity [J]. Journal of Marketing, 1993 (57): 1-22. 转引自：鲜洁. 自企业品牌重塑初探 [J]. 时代金融, 2012 (9).

❷ WENDY LOMAX, MARTHA MADOR, ANGELO FITZHENRY. Corporate Rebranding: Learning from Experience [EB/OL]. [2015-03-11]. http://eprints.kingston.ac.uk/6396/1/Lomax-W-6396.pdf. 转引自：鲜洁. 自企业品牌重塑初探 [J]. 时代金融, 2012 (9).

❸ 郑志坚. 企业品牌形象的更新策略 [J]. 企业改革与管理, 2012 (8).

其对品牌认知的状况，明确目标消费群体的特点，进而确定新的细分市场。

就消费者心理与需求及其对品牌的认知状况而言，应通过调查研究等方法，明确消费者购买相关产品的选择元素及其重要程度，了解消费者对品牌的认知度及品牌对其购买行为的影响，明确消费者的消费偏好和对相关同类产品的关注度等因素。在消费者调查的基础上，企业需要根据消费者购买产品和心理需求特点，在同类产品市场中确定目标消费群体，以此进行市场细分并确定产品的细分市场。由于消费群体是支撑细分市场的主体，企业品牌重新定位应当对确定的目标消费者进行更细致的研究，以便对症下药，重新设计与目标消费者需求相适应的品牌形象。例如，目标消费者与现有品牌消费者在价值观念、审美意识、消费时尚和消费观念与现有消费者有何区别，其能否接受新品牌等。以前述"万宝路"香烟品牌重塑为例，将香烟消费者主体由女士改为男士，新的消费群体在消费观念、价值取向、审美追求等方面显然具有与女士不同的特点，万宝路公司选择美国西部牛仔自由、冒险与野性形象显然是合适的。

品牌重新命名是企业对外展示新的品牌形象的外在形式，品牌负载的核心价值、企业文化和个性需求都是通过这一特定名称实现的。因此，重新命名也是一项非常重要的工作。例如，当初联想使用"Legend"，出于国际化经营战略发展的需要，将其变更为"Lenovo"。当然，联想重新设计"Lenovo"品牌，除了国际化经营这一原因外，还包括赋予品牌以新的内涵的意蕴。例如，"Lenovo"中的"novo"表示"创新"的意思，而"Le"则来自原先的品牌"Legend"，包含了传承的意思。将"Le"与"novo"组合成"Lenovo"则表示在传承原有"Legend"品牌的基础上，追求创新和卓越，这样既能维护消费者的品牌忠诚，又能够确立新的品牌形象。还如，百事可乐公司从1898年至今一百多年中对"百事可乐"品牌进行了多次更新，与时俱进，使品牌在不同时代保持其活力。

在重新设计阶段，最重要的是在重新定位基础上设计视觉形象识别系统，并通过广告语、统一的制度规范加以落实。重新发布阶段是品牌重塑的最后一个阶段，它决定着品牌如何让企业内部及外部公众重新接受它。国内则有学者将品牌重塑分以下三阶段看待："第一个阶段即企业不改变品牌最初形象和原有价值而做出的细微调整阶段；第二个阶段是将最初形象、价值与现有形象及价值进行融合的阶段；第三个阶段则完全打破原有的形象和价值，树立品牌新形象和价值。"[1] 本书认为，上述三阶段体现了品牌重塑的渐进性，在重塑过程中关键是要在维护原有品牌核心价值和品牌忠

---

[1] LAURENT MUZELLEC, MANUS DOOGAN, LAMBKIN. Corporate Rebranding：An Exploratory Review [J]. Irish Marketing Review, 2005, 16 (2)：31-40；转引自：鲜洁. 自企业品牌重塑初探 [J]. 时代金融, 2012 (9).

诚度的基础上实现品牌形象的改变和提升。如果在重塑中忽视与现有品牌形象和价值的嫁接与融合，就可能对好不容易形成的品牌资产和消费者忠诚、品牌情结毁于一旦。因此，可以认为品牌重塑的过程对企业来说亦是品牌战略的重新选择和整合的过程，颇具战略意义。

第4节　企业品牌国际化战略

一、品牌国际化的概念与意义

（一）品牌国际化的概念

品牌国际化的概念可以从不同方面加以认识。如有观点认为，品牌国际化是指企业将同一品牌以相同的名称或标志、广告策划、外包装等向不同国家或地区进行延伸并扩张的一种品牌经营策略，旨在实现基于统一和标准化基础上的规模经济效益和低成本运营。❶ 还有观点认为：品牌国际化是一种品牌经营策略，可以表述为使某一区域品牌成为国际品牌，使其在国际上有一定影响力的品牌行为过程。❷ 本书则认为，品牌国际化战略属于企业经营战略范畴，它是企业以品牌在国际市场推广为手段，以产品或服务占领国际市场为目的的品牌的全球化经营战略。

（二）品牌国际化战略的意义

当代世界经济全球化的步伐日益加快，世界贸易组织的成立更加快了这一节奏。这一情势使得各国企业之间的竞争日益由产品竞争、质量竞争上升到品牌竞争。品牌国际化战略是我国广大企业不可回避的现实问题。品牌国际化也是一个国家软实力的象征。那些拥有较强经济技术实力的发达国家无不具有一些响当当的国际品牌。

品牌国际化战略是企业国际化战略的重要组成部分和内容，企业国际化过程中离不开品牌的国际化，否则将无法利用品牌打开和占领国际市场，并取得竞争优势。

品牌国际化的最终目的是确立具有国际影响和国际市场地位的全球性品牌。企业一旦拥有国际品牌，就能为其带来具有巨大无形资产价值的财

---

❶ 韦福祥. 品牌国际化：模式选择与度量 [J]. 天津商学院学报，2001 (1).
❷ 林红. 中国企业品牌国际化战略探讨 [J]. 中国商贸，2012 (4).

富和资源。品牌国际化的优势可以概括为："（1）品牌国际化使企业在全球行业范围内具有领导优势；（2）品牌国际化能降低企业营销成本；（3）品牌国际化能扩大企业品牌的影响力，获得大范围的感染力；（4）品牌国际化能保持企业品牌形象的一贯性；（5）品牌国际化能促使企业营销活动在全球范围内保持统一性；（6）品牌国际化是企业参与国际竞争的关键。"❶

品牌国际化对于我国企业具有重要意义，因为企业拥有国际化品牌不仅可以利用品牌保护自身的市场优势，防止他人染指，而且可以形成规模经济，构建自身的国际产业链，在产业链中获得较高利润。品牌国际化是我国企业进军国际市场的重要武器。

二、我国企业品牌国际化战略问题

品牌国际化是我国企业必由之路，因为随着对外开放，我国大量企业需要"走出去"。然而，我国企业在"走出去"时，品牌战略方面却存在不少问题。以下问题尤其值得重视：

其一，我国企业品牌声誉在国外市场特别是在发达国家市场不够高。品牌的国际竞争力是企业开拓国际市场的法宝，而它是以品牌在国际市场的声誉和影响力为基础的。我国企业当前的现实是，企业品牌在国际上信任度较差、品牌形象不佳，如我国大量电器、服装和日用品进军国际市场时，国外消费者总体上将我国商品与低档次、质量不高联系起来。加之由于一些假冒伪劣事件的发生，以及国外对我国知识产权保护方面的偏见，国外消费者对来自我国的商品表现出不信任感。这些因素自然影响了我国品牌在国际市场的竞争力，削弱了我国企业国际竞争力。

应当指出，我国品牌国际化程度不高、国际品牌少，与整体上国际形象品牌在外国消费者心目中的定位也直接相关。一般而言，消费者对于一个国家某一产品方面整体的品牌形象认可度较高，则该国该类产品在国际市场上容易获得认可。例如，说起"时装""红酒"，人们会对来自意大利、法国的产品感兴趣，并且充满自信。来自我国的瓷器、中药、中国功夫，在国外公众心目中具有很高的认可度。然而，由于我国是发展中国家，整体上技术实力相对落后，国外消费者对来自中国的产品的高质量、高技术含量缺乏深刻的认知度，甚至不相信中国能够制造出高质量品牌产品。加之中国企业在开展外向型经济时创立品牌意识较为薄弱，习惯于充当国外大品牌的代工商，很难培植出国际品牌。

其二，我国企业世界知名的国际品牌少，特别是创新型企业国际品牌

---

❶ 林红. 中国企业品牌国际化战略探讨［J］. 中国商贸，2012（4）.

少。这必然会影响我国企业整体品牌在国际上的影响力。我国已经是名副其实的制造大国,但我国拥有的国际品牌数量与制造大国形象严重不匹配。国外学者麦奎尔(McGuire)指出:目前中国制造了世界 30% 以上的产品,但在美国《商业周刊》评选出的世界前 200 名品牌中没有中国品牌的身影。❶

此外,我国国内知名品牌近年来在国外被抢注的现象层出不穷,也影响了我国企业品牌国际化战略的开展。

其三,我国出口型企业自主品牌严重不足,贴牌加工多,严重影响了企业品牌国际化战略的开展。如有资料统计,我国服装业出口产品拥有自主品牌的只占出口总额的 10% 左右,初级产品出口企业只有 20% 拥有自己的商标。

其四,我国企业在国际化进程中,品牌经营意识不够,品牌推广不力,缺乏具有国际视野的品牌哲学指导,也缺乏对品牌长期投资的规划和战略。这些因素也导致了企业创立国际品牌难。

三、我国企业品牌国际化战略的对策

逐渐改变国外消费者对我国产品的不信任感,提高我国企业品牌在国外的形象和影响力,是我国企业品牌国际化之路的必然选择。我国企业实施品牌国际化战略,可以采取以下方式进行。当然,不同企业的经济技术实力和面临的国际市场竞争环境不同,需要根据其自身情况灵活地运用。

第一,从宏观方面讲,需要不断提高我国整体的国际品牌现象,让国外消费者真正了解中国,了解中国文化,提高对来自中国产品消费的信心,为我国企业品牌国际化奠定良好的基础。国家整体品牌形象无疑有助于企业品牌国际化之路。为此,我国需要通过多种形式、采取多种方式"让世界了解中国",传播中华文化,提升"中国制造"产品的整体形象。令人欣慰的是,近年国家有关部门已开始重视这些问题,如《中国国家形象片》制作后向全世界播放,从 2009 年开始国家商务部开始就"中国制造"向海外宣传。

第二,进行商标国际注册,使用自主品牌。商标是品牌标识的核心,也是品牌凝聚的商誉价值的基本载体。企业通过在其他国家或地区申请商标注册,并在产品的国际化经营中使用自主品牌,可以逐渐形成品牌的国际影响力,提升品牌形象。具体而言,企业可以寻找国外贸易代理商,通过外贸的方式和国外合作伙伴合作,直接在海外市场销售自己的产品。企

---

❶ 赵寰. 中国企业品牌全球化传播的问题与对策 [J]. 新闻传播,2012 (5).

业在积累了一定资金实力和海外营销经验后，也可以在海外直接设立自己的营销分公司或者派驻机构，聘请当地的销售与管理人员，与当地的批发、零售商及客户建立合作关系，逐步加强自己在海外的销售网络建设、销售渠道，并加强对海外销售网络的监控。具备雄厚经济实力的企业，还可以考虑在海外直接投资设厂，建立研发基地和中心，构建销售渠道与网络，走在国外品牌本土化道路，实现本土化的研发与设计、本土化的生产与本土化的销售。这样更能够贴近目标市场消费者的消费心理和需求，满足其需要。

企业在海外取得注册商标后，还可以实施海外连锁经营，通过在国外寻找加盟商，实现品牌的国际化扩张。当然，品牌海外连锁经营不能急于求成，一般应是企业品牌国际化经营已经有了一定的知名度和美誉度，占领了部分细分市场的情况下加以实施。在选择海外加盟商问题上，应注意合作伙伴的信誉和品牌推广能力，严防加盟商因为产品或服务质量没有达到连锁经营的统一标准而出现"砸牌子"的事件发生。

第三，利用外方品牌，实施贴牌加工，同时在海外申请自主品牌。企业在进行国际化经营初期，可以采用这一策略。我国目前很多实施贴牌加工的企业，不大重视借用外方品牌的知名度和影响力逐渐培植自主品牌，结果永远无法培植自己的品牌优势。企业在贴牌加工式国际经营中，可以充分利用外商的营销渠道和网络，将自己的产品打入国际市场。

第四，并购海外企业，实现海外市场的扩张。本书研究表明，很多企业并购的重要目的和动机是为了取得被并购企业的知识产权。我国具备条件和实力的企业，在一定情况下也可以考虑这种方式。其优点在于，可以直接获取被并购企业的商标、专利、营销网络和销售渠道、品牌等，迅速打开和占领国际市场。

第五，品牌战略联盟。战略联盟是当前企业之间实施战略的重要形式。通过战略联盟，企业可以实现互利共赢、资源共享，达到共同占领市场、取得较好的经济效益的目的。品牌战略联盟就是企业战略联盟实施的重要内容。

第六，大力推进企业国际化经营战略，提高品牌国家辐射力和影响力。具体而言，表现为生产国际化、研发国际化、资本国际化、人力资源国际化和营销国际化。❶

所谓生产国际化是指在国外投资设厂，将企业的生产基地直接搬到国外，而不是像以前一样主要是在国内生产、通过出口的形式进入国际市场。生产国际化具有多方面优势，按照海尔集团总裁张瑞敏的观点，"本土化可以缓解国内企业进入国际市场的三个难题：消费者对外来品牌的抵触心理、进入国的非关

---

❶ 赵寰. 中国企业品牌全球化传播的问题与对策 [J]. 新闻传播，2012（5）.

税壁垒和国内企业国际商务人才的极度匮乏。"应当说,我国海尔、康佳、格力等众多国内知名企业品牌国际化之路的重要经验就是生产的国际化。当然,生产国际化对企业的要求较高,我国很多企业并不具备这一条件。不过,随着企业经济技术实力的增长,在适当的时候可以对此加以考虑。

研发国际化是指企业在迈向国际化市场时,对于技术和产品开发重视借用国际人才和与国外企业实施联合攻关、合作开放。研发国际化可以利用国外企业和研究机构在技术方面的优势,为我所用。而且,也更能保障在国外销售的产品在技术性能上满足海外消费者的需要。目前,我国很多国际化企业都开展了研发的国际化活动。例如,华为公司在海外设立了一些研发基地,并与国外巨头进行联合开发。长虹公司则与世界著名的跨国公司联合组建了若干联合实验室。

资本国际化则是企业在国际化进程中充分利用国际资本的参与,为企业品牌国际化提供资金运作机制。资本国际化可以使企业利用目标国家资本市场的本土化融资,使国外合作伙伴在风险共担、利益共享的机制下与国内企业开始全方位合作。

人力资源国际化,一方面是指企业在国际化进程中应充分重视、吸纳国外技术专家、管理专家、法律专家、公共关系专家等方面人士参与,充分利用本土化的人力资源为企业发展服务,另一方面则是指企业内部应培养适应国际化市场开拓的团队,使其具有国际视野和处理国际商贸问题等方面的经验和才能。

营销国际化则是指企业需要采取过重营销手段和方式,在海外实行本土化的营销推广和销售。营销国际化要求企业了解当地消费者心理、消费时尚和习惯,采取与之相适应的品牌营销模式。

第七,积极进行品牌国际化的推广和整合营销活动,不断提升品牌的国际影响力。企业品牌国际化显然需要大力加强品牌的国际化推广,在国际市场树立品牌的良好形象。为此,企业需要高度重视品牌的国际化定位,充分考虑品牌在目标国家和地区的文化内涵,避免中西文化冲突现象的发生。尤其值得注意的是,企业在进行品牌规划时就应当考虑品牌在不同国家和地区的文化差异、生活方式和风俗习惯等因素,在品牌命名、品牌定位、品牌形象塑造方面考虑到在国外消费者心目中树立良好的形象。在品牌国际化推广方面,企业需要运用整合营销方式,大力推广品牌。例如,企业可以充分利用具有国际性的商品博览会、展销会、展览会、交易会等商业形式向国内外消费者展示自身产品和品牌的特定和优势。[1] 这些形式无疑是企业品牌推广的形式。

---

[1] 吴小勇. 中国企业品牌国际化的路径研究 [J]. 市场周刊:理论研究,2012 (6).

第3篇

企业著作权与商业秘密保护战略

第13章 企业著作权战略

企业著作权战略和商业秘密保护战略也是企业知识产权战略的重要内容，对有些企业而言其重要性甚至超过专利战略或商标战略。本章将讨论企业著作权战略。

第1节 企业著作权战略概述

一、企业著作权战略的概念与意义

企业著作权战略是企业以著作权法律制度为依托，以著作权充分保护为基本手段，谋求通过激励智力创作、著作权保护、运营、管理以获取市场竞争优势的总体性谋划。它是企业充分利用著作权制度的功能和特性，谋求最佳市场竞争地位的总体性谋划。企业著作权战略属于国家著作权战略的范畴。在当前，我国著作权战略的核心是以完善著作权法制为基础，以促进版权产业发展为重要目标，以繁荣我国科学文化事业发展为依归，大力发展文化创意产业，提高文化创新能力和版权产业在国民经济总产值中的比重。目前，我国一些经济文化发达的省市就十分重视提升版权产业的地位和推进著作权战略。

当然，相对于专利战略和商标战略，企业著作权战略的重要性似乎略逊一等。不过，对于以著作权资产见长的企业来说，著作权战略就是值得高度重视的战略模式。例如，像微软一类的以计算机软件著作权作为主要无形资产的公司，其知识产权战略的重点也体现为对盗版的打击。事实上，某些跨国公司在刚打进中国市场时实行的放任盗版，以挤占国内竞争对手市场，甚至击垮国内竞争对手，然后再以高价正版控制国内市场，这本身也是跨国公司在华实施的著作权战略形式。金山软件就是在这一战略的实施下受到重创的。加之采用捆绑销售、价格歧视等策略，这些公司在中国市场获取了巨额利润。对于主要经营文化产品的公司，如图书出版、音像、软件、传媒等，著作权战略也特别重要。

二、企业著作权战略的目标

战略目标是企业著作权战略的重要内容之一。企业著作权战略的目标是在激励企业作品创作的基础上，通过对著作权的充分保护、有效运营和科学管理，使著作权作为企业的无形资产发挥重要作用，为提高企业经济效益和市场竞争力服务。随着信息网络社会的发展和电子商务的开展，企业生产经营和研究开发的成果在很大程度上表现为受著作权法保护的作品，这些作品需要受到法律的严格保护，同时在可能的情况下尽量发挥其资产价值，为企业带来经济和社会效益。因此，企业著作权战略目标最重要的是使自身著作权获得法律的充分保护，防止盗版等侵权行为。对于以著作权资产作为企业最重要无形资产价值的企业来说，除了充分保护，在有效运营基础上获取著作权资产的最佳价值当为最重要的目标。

第 2 节　企业著作权战略的实施

根据企业著作权战略的内容，其实施策略可以分为著作权创造战略、著作权运营战略、著作权保护战略和著作权管理战略的实施策略。以下将分别予以探讨。

一、企业著作权创造战略

企业著作权创造战略的实施，重点是培养企业著作权的创造意识，提高企业著作权资产的存量和质量。事实上，企业积极创造包括著作权在内的知识产权，既是企业整个知识产权战略的核心问题，也是企业生存和发展的大事。企业知识产权战略以市场机制为驱动手段，以提高企业创新能力，建设创新型企业为要旨。2009 年 5 月 12 日，时任国家知识产权局局长田力普在"中法创新与价值创造研讨会"上指出：在当今世界，创新已成为各国企业关注的一个焦点问题。通过提升创新能力促进企业尤其是中小企业发展是一个世界性的课题。企业能否有效地在创新的基础上获得并应用知识产权资产，实现从知识产权资产到市场价值和市场竞争优势的转变，成为企业能否成功的关键因素。可喜的是，我国企业也越来越认识到知识产权创造对其发展壮大的重要性，如在 2008 年 11 月组织的一次针对上海生物医药企业的知识产权问题的调查中，关于"企业对知识产权的态度"这一问题，高达 97.6% 的企业认为企业应不断地创造知识产权，积极开展知识产权工作。就企业著作权战略而言，企业应将著作权看成是和有形资产一样具有重要价值的财产，形成强烈的著作权创造意识。

二、企业著作权运营战略

作为著作权动态部分的财产权，必须通过作品进入商品流通领域才能实现。前面关于企业知识产权运营战略的一般原理自然也适用于著作权运营战略。企业著作权运营包括自行独占性利用、著作权转让、许可、质押融资、证券化等形式。

在上述形式中，著作权的许可使用，是在商品流通领域中利用作品的一种常见形式，也是智力产品的交换和流通在法律上的体现。各国著作权法都毫无例外地规定，可以通过许可使用的方式使用受著作权保护的作品。著作权许可使用是著作权权能中极重要的一种，也是著作权人将著作权变成现实权利的最有效途径。著作权的许可使用，可以分为专有许可与非专有许可两种类型。著作权的专有许可，是指著作权人在一定的范围、时间内将使用作品的权利只授予一个被许可使用作品的人，被许可人则垄断使用该作品的权利。著作权的非专有许可，又称非独占许可，是指著作权人在同一范围、时间内可将使用作品的权利同时授予若干个被许可使用的人，被许可人取得的是非排他性的使用权，它们之间不得相互排斥对方取得的使用权利，也无权禁止著作权人行使其著作权。就企业拥有的著作权而言，可以根据市场和经营战略的需要，适当进行著作权许可。事实上，以著作权见长的企业，著作权许可证贸易非常普遍。

在涉及企业著作权许可使用管理问题时，需要高度重视著作权许可合同管理。《著作权法实施条例》第 32 条规定："同著作权人订立合同或者取得许可使用其作品，应当采取书面形式，但是报社、杂志社刊登作品除外"；第 33 条规定："除著作权法另有规定外，合同中未明确约定授予专有使用权的，使用者仅取得非专有使用权。"上述规定强调了一般情况下著作权许可使用合同应当采取书面形式。原因在于，著作权许可使用合同对著作权人利益关系重大，也影响第三人的利益，因此应当以书面的形式加以确认，以免发生纠纷时不能提供有效的证据。同时，为了充分保障著作权人的利益，规定除著作权法另有规定外，专有使用权的获得必须以合同明确约定为依据。

著作权转让则是将著作权作为商品流转的典型形式，也是著作权人实现其作品经济价值的重要方式，具体指著作权人在著作权有效期内将著作权中财产权利的全部或部分出让给他人的一种法律行为。通过转让，受让人成为部分或全部著作权主体，转让人则丧失了所转让的权利。我国《著作权法》第10条第3款规定："著作权人可以全部或者部分转让本条第一款第（五）项至第（十七）项规定的权利，并依照约定或者本法有关规定获得报酬。"据此，我国企业对其拥有的著作财产权，可以依法将其部分或者全部转让，以获取生产经营需要的资金。当然，与其他形式的知识产权转让一样，企业著作权转让也有很强的战略性，企业需要根据其经营战略目标、特定著作权的市场状况、受让企业或其他单位或个人的情况决定是否转让其著作权。

著作权质押无疑也是企业利用其著作权的一种形式。与著作权的一般意义上的利用的不同之处是，它具有担保的功能，是盘活无形资产，实现著作权这一无形资产价值保值增值的重要形式。在当前我国实施国家知识产权战略，大力推进知识产权运营和文化产业发展的背景下，提升企业著作权的融资质押功能，通过无形资产盘活有形资产，对于促进我国经济发展方式转型升级具有重要价值。

与上述著作权许可使用合同管理一样，在企业著作权转让和质押融资时，合同管理也是关键性问题。企业需要严格按照《著作权法》《著作权法实施条例》等的规定，签订相关的著作权合同，防止因合同疏漏而损害企业利益行为的发生。

企业著作权运营战略的实施重点在于针对不同作品的特点选择合适的利用形式，以使其发挥著作权资产的效能。根据日本学者的观点，知识产权运营战略可分为封闭式战略、开放式战略和流通战略。其中，封闭式战略是指企业自己利用知识产权生产和销售具有差异化的产品，实现对产品和技术的垄断；开放式战略是指以许可或转让等方式直接从知识产权中受益；流通战略则是指以投资信托、担保融资、资产证券化等形式以知识产权进行融资的运营战略。❶ 这些运营战略形式也完全适合作为知识产权一部分的著作权。此外，由于著作权的客体在相当多的情况下也同时属于外观设计专利或注册商标的客体，企业著作权运营战略在很多情况下也需要与专利、商标战略嫁接，实行知识产权组合战略。在一般情况下，企业知识产权战略实施必须要将其与企业其他有形或无形资源组合才能发挥知识产权的独特作用。从企业知识产权组合战略的一般原理看，在不同类别的知识产权内部及其相互之间，实现知识产权组合战略也是知识产权战略的重

---

❶ 赵旭梅. 企业知识产权经营战略及其启示［J］. 亚太经济, 2009（5）.

要形式。在广义上,知识产权组合还可以涉及知识产权与其他资源和能力的组合与整合。企业著作权战略也适用这些原理。以外观设计专利保护为例,根据《专利法》第59条第2款规定,其保护范围限于"以表示在图片或者照片中的该产品的外观设计为准,简要说明可以用于解释图片或者照片所表示的该产品的外观设计",单纯的外观设计本身则难以在专利法中获得充分保护,企业将其在先设计的外观设计本身进行作品著作权登记则有利于通过著作权保护途径加强对该外观设计的保护。

从实际情况看,我国企业著作权运营情况不够理想。当然,这其中也存在企业出于战略防御考虑而未进行著作权运营行为的情况。例如,一项针对四川省知识产权示范企业知识产权工作情况的调查表明,示范企业著作权转让和许可情况的仅占11%,而未进行转让和许可的占89%。在未进行转让、许可的企业中,出于战略防御的占50%,缺乏这方面考虑的占25%,缺乏合适受让和被许可对象的占38%。❶

三、企业著作权保护战略

企业著作权保护战略的实施,重点则是形成保护自身著作权和尊重他人著作权的观念,同时采取有效保护措施保护自身的著作权。就后者而言,主要如下。

(一)培育企业著作权保护意识

企业著作权意识的培育,主要是使企业确立保护自身的著作权和尊重他人著作权的观念,防止自身著作权被他人侵犯和侵害他人著作权现象的发生。一个企业可能没有专利申请或专利授权,但不可能没有著作权,因而企业著作权管理是任何企业都存在的。企业涉及的科技论文、工程设计、产品设计图纸及其说明以及计算机软件、数据库、网站界面设计等都是享有著作权的作品。企业没有公开的具有或者不具有商业秘密属性的资料也可以获得著作权保护。企业应当珍惜自身的著作权,特别是那些以著作权产品作为营利工具的企业来说,保护企业著作权就是保护企业的生命。同时,企业在利用他人作品或者作品题材进行创作时,应当注意防止侵犯他人作品的著作权。在近年来发生的很多著作权纠纷中,有些就是由于企业缺乏尊重他人著作权的意识而导致侵权的,如公司在进行产品外观设计时,直接从开放的互联网上下载图片,结果导致侵权行为发生。为提高著作权

---

❶ 企业知识产权能力发展研究课题组. 企业知识产权能力发展研究:以四川省知识产权管理示范企业为例 [M]. 北京:知识产权出版社,2013:41.

意识，企业可以通过开展著作权方面的教育，邀请专家讲座、进行著作权保护方面的宣传等形式予以实现。

（二）建立和完善著作权保护制度

企业著作权方面的规章制度，可主要围绕职务作品、法人作品、合作作品、委托作品等进行规范，旨在防止由企业享有著作权的作品被他人侵占，或出现权属不明现象。企业可建立《著作权管理与保护办法》之类的规章制度，以规范本单位作品著作权的归属、利用、传播、保护、信息管理、惩奖等问题，使企业著作权管理步入规范化和法制化轨道。例如，企业在这类规章制度中可具体规范以下内容：（1）著作权管理与保护的宗旨，强调旨在提高本企业著作权意识，加强著作权管理和保护，提高企业著作权资产的利用和运营效率，服务于企业经营战略目标；（2）著作权管理与保护的对象，列举本企业享有著作权的作品的范围和条件；（3）各类作品著作权利益关系的调整，重点规范由企业享有署名权以外的著作权以及单位作品著作权、合作作品和委托作品著作权问题；（4）著作权利用的方式和要领，强调本企业著作权利用的特色和要求；（5）企业著作权知识的宣传、教育和培训，规定本企业著作权知识普及的形式和落实措施；（6）著作权信息管理和档案管理，规定著作权信息管理和档案管理的内容、职责和方式；（7）著作权侵权的制裁与纠纷，规定对侵害本企业著作权的处理和制裁措施；（8）其他必要事项。

（三）对部分作品及时进行著作权登记

尽管著作权登记不是我国法律规定享有作品著作权的前提和条件，但其意义仍然是不可否认的。例如，很多企业对其设计的外观设计产品就进行著作权登记，以防止他人抄袭其外观设计本身。著作权登记可以起到发生著作权纠纷时及时提出初步权属证明的作用，对一些容易发生权属纠纷的作品而言，著作权登记是有必要的。至于企业享有的计算机软件，对其进行著作权登记意义就更大了。

我国一些企业比较重视著作权登记。例如，"法蓝瓷"是我国第一个被国际社会认可的瓷器品牌，其销售点遍布全球6 000多个网点。法蓝瓷高度重视瓷器的著作权保护，其创办人陈立恒先生指出，法蓝瓷只有10%卖的是瓷器本身，因为"精品卖的就是人文价值"。该观点指明了企业产品蕴含的知识产权、品牌等价值内涵的重要性。以瓷器为例，它在我国著作权法意义上为实用艺术作品，不仅具有审美性、欣赏性，还具有实用性。为有效保护法蓝瓷的著作权，公司进行了持续的著作权登记，迄今已有数百件之多。例如，到2012年年底，法蓝瓷在中国版权保护中心登记的作品有92

个系列，468 件作品，在江西省版权局登记的作品 125 件。此外，为使其作品在国外市场也能受到版权保护，法蓝瓷在美国的版权登记机构也登记了 184 件作品。❶

（四）进行必要的市场调查，对发现的著作权侵权行为及时采取维权行动

保护著作权是企业著作权保护战略的实质内容和重要目的。对企业著作权的保护则在很大程度上体现为防止和制止著作权侵权行为。所谓著作权侵权行为，是指未经作者或其他著作权人的授权，也没有法律依据，擅自行使著作权人的专有权利的违法行为。我国《著作权法》对著作权侵权行为的表现做了明确列举。在企业著作权受到侵害时，可以依法追究侵权行为人的民事责任、行政责任乃至刑事责任。

当企业著作权受到侵害时，企业应及时收集著作权侵权的证据，并在必要时将证据以公证等形式加以固定，采取和解或诉讼等手段维护自身权益。为防患于未然，企业在日常的著作权管理中应注意及时保存创作作品的原始稿件、不同版本的电子版和相关的创作材料，建立著作权档案管理制度。一旦发生著作权纠纷时，这些原始档案资料就成为创作的最好证明。在企业内部涉及职务作品、法人作品著作权纠纷时，也便于及时解决。在选择诉讼途径时，企业应注意利用法律赋予的权限。例如，《著作权法》规定，著作权人或者与著作权有关的权利人有证据证明他人正在实施或者即将实施侵犯其权利的行为，如不及时制止将会使其合法权益受到难以弥补的损害的，可以在起诉前向人民法院申请采取责令停止有关行为和财产保全的措施。为制止侵权行为，在证据可能灭失或者以后难以取得的情况下，著作权人或者与著作权有关的权利人可以在起诉前向人民法院申请保全证据。这些规定明确了著作权人可在诉前采取临时措施、财产保全和证据保全等措施，企业在进行著作权侵权诉讼时可以灵活采用。

关于企业著作权保护，还应重视网络环境下的著作权保护问题。在网络与电子商务环境下，企业在网络空间传播其作品，同时也需要利用网络空间的作品。为有力保护与管理网络空间的作品，企业应利用著作权法律制度规定的技术保护措施和权利管理信息保护制度。以技术保护措施而论，企业可以采取防火墙技术，对称加密、非对称加密等加密技术，数字签名、数字指纹或数字水印等技术手段，防止其作品被擅自获取和传播。权利管理信息则可以纳入数字著作权管理系统范畴，企业可以利用数字著作权管理技术（DRM），以确保其作品在网络环境中进行正常交易、使用和传播。

---

❶ 杨于佳，邹璐. 瓷器企业知识产权管理研究 [J]. 东方企业文化，2013 (13).

（五）防范著作权侵权风险

防范侵犯他人著作权的风险与保护自身著作权一样重要。为此，企业首先需要由较强的著作权侵权风险防范意识，避免因为缺乏著作权风险防范意识而侵犯他人著作权。其次，企业应采取著作权风险防范措施。根据《知识产权管理与评估指南》5.2.3部分规定：企业在作品创作与开发前，实行必要的著作权检索；作品创作与开发过程中及完成后，进行必要的跟踪检索，对作品进行鉴定验收时应有著作权检索分析；企业投资建立中外合资、合作企业时，外方以著作权作投资的，企业应就所涉及的著作权进行著作权检索和分析。合作方应当对该作品的权利予以确认和作出合法性承诺。企业委托社会组织创作和开发作品，项目取得阶段性成果或完成后，承担者应向企业提供作品属于新作品的著作权检索报告。

（六）落实专人负责企业著作权的保护和管理

企业著作权保护与管理需要专人负责，在可能的情况下纳入企业知识产权管理部门的重要内容。这样才能做到及时有效地保护和管理其著作权。

四、企业著作权管理战略

企业著作权管理战略的实施则以加强前述企业著作权管理为基础。由于企业著作权管理在其著作权创造、运营和保护中都有体现，企业著作权管理战略的实施需要在企业著作权战略实施的全过程中发挥作用，以使企业著作权战略目标如期实现。

第14章 企业商业秘密合法获取与保护策略

商业秘密具有知识产权的性质，在当代被视为一种特殊的知识产权，也是现代企业无形资产的重要组成部分。许多西方国家在立法中将商业秘密作为知识产权加以保护。同时，商业秘密本身可以作为企业拥有的重要财产。在当今高度发达的信息社会，企业开发、经营、保护、维持其特有的商业秘密是一项十分重要的战略措施，往往成为企业成败的关键一环。因此，企业注重合法获取与有效保护其商业秘密，在企业经营发展中具有十分重要的意义。本章将对企业商业秘密合法获取与保护策略进行探讨。

第1节 企业商业秘密的合法获取策略

享有商业秘密是实施商业秘密保护策略的前提。独立研究开发无疑是企业获取商业秘密的重要途径。由于商业秘密不具有其他知识产权那样的专有性，某一主体商业秘密的获取并不能排斥他人以相同或不同的方法研究开发出相同的商业秘密，特别是技术秘密。企业除了自己独立研究开发外，在法律允许的范围内，还可以采取其他一些策略。在激烈的市场竞争中，企业在商业秘密保护战略方面，除了做到尽量通过保守商业秘密来隐藏自己的机密外，还要做到知己知彼，通过合法的手段获得他人的商业秘密。

一、通过"反向工程"获取

《最高人民法院关于审理不正当竞争民事案件应用法律若干问题的解释》（下称《审理不正当竞争民事案件司法解释》）第12条规定：反向工程，是指通过技术手段对从公开渠道取得的产品进行拆卸、测绘、分析等而获得该产品的有关技术信息。通过自行开发研制或者反向工程等方式获得的商业秘密，不认定为我国《反不正当竞争法》规定的侵犯商业秘密行为。

商业秘密信息一旦通过反向工程被他人获取，原商业秘密所有人的商业秘密的秘密性则相对丧失。当然，这并不意味着原商业秘密所有人即全部丧失了商业秘密权。因为只要反向工程实施人没有将该商业秘密公开，原商业秘密所有人就在事实上仍然拥有一定范围的商业秘密控制权，只是对反向工程实施者无权控制。

不过，反向工程不能违反法律的规定，特别是反向工程依据的产品必须是合法的，或者说实施反向工程的产品获取途径必须合法。最高人民法院上述司法解释第12条还规定："当事人以不正当手段知悉了他人的商业秘密之后，又以反向工程为由主张获取行为合法的，不予支持。"如果该产品仅是出租产品，就不能通过反向工程破译其商业秘密，因为产品商业秘密的所有权属于出租人，而不是承租人。美国曾有这方面的一个案例：美国一家通信设备企业将一种包含有发明创造的通信线路中继装置出租给一家电信电话公司使用，电信电话企业却擅自拆卸了中继装置并加以仿制，后来引发一场官司，电信电话企业被判决恢复原状、赔偿损失、停止使用。

另外，对有些产品实施反向工程，法律还有特别限制。以集成电路布图设计为例，它可以通过反向工程解剖集成电路芯片而获得。为适应集成电路国际保护的要求，1989年5月，《关于集成电路的知识产权条约》诞生，TRIPS协定也有涉及保护集成电路布图设计的内容。根据其有关规定，反向工程仅限于对他人产品的布图设计分析研究，但不得简单复制，否则违法。

反向工程还受到合同的一定限制。例如，合同明确规定了"黑箱封闭条款"❶的出租产品即不能通过反向工程的途径获取商业秘密然后进行仿制或者复制。无论如何，反向工程是企业获取商业秘密的一种重要途径，条件是企业获得产品的途径合法。企业通过反向工程获得技术秘密后即成为该技术秘密的所有权人，不受原权利人的干涉。不过由于反向工程涉及第三人的技术秘密，易发生纠纷。为此，企业应注意保存产品来源合法的证据，如供货合同、购货发票，对实施反向工程的过程作详细记录，并妥善保管反向工程成果，以备在对簿公堂时提出有力的证据而获得胜诉。

二、通过情报分析与直接调查获取

情报分析的方法也是获取商业秘密的一种重要策略。情报在企业经营、

---

❶ 产品的出租人不允许承租人以破解、拆分等形式对出租产品实施反向工程，合同中这样的条款即为黑箱封闭条款。

管理、对外公关、人事组织等多方面都会有所折射。在激烈的市场竞争中，企业应在使自己的情报竞争行为合法的前提下，采取正当的方式获取竞争对手的商业秘密。企业通过长期跟踪、收集、研究竞争对手某方面的情报信息，运用科学的分析方法，就能够获取对自己有用的商业秘密。直接调查也是获取对方商业秘密的途径之一。以上两种方法的具体实施方式有多种。例如：(1) 收集商品推销员、采购员、供应商业已发表的有关购销方面的报告、评述，获得有关信息；(2) 通过收集竞争对手从书刊等渠道公开发表的资料，获得有关信息；(3) 分析企业招聘广告、合同，了解竞争对手人才资源状况；(4) 出席竞争对手主办或者参加的各种活动，通过商品展销会、鉴定会、新闻发布会、交易会等形式，分析竞争对手提供的信息；(5) 参观、访问对方的生产经营场所；(6) 通过市场调查获取市场情报等。

情报分析策略在国外运用得很多，特别是日本企业更是精于此道，值得我国企业借鉴。如我国刚建成大庆油田时，很多情况都是保密的。但日本情报人员根据我国《人民日报》《人民中国》等的公开报道及相应的文字材料，准确地推断出我国开发大型油田对进口设备的商贸需求。日本企业很快设计了符合我国特点的石油设备，在向我国提供石油采炼成套设备的竞标中一举击败欧美对手，通过出售设备赚取了可观的收入。

三、因商业秘密所有人的疏忽泄露而获取

依据法律精神，商业秘密所有人对他人善意取得的商业秘密无权主张权利。即商业秘密所有人因疏忽而泄露其商业秘密，他人获得该商业秘密是合法的。这种情况通常见于商业秘密所有人在未申明保密的情况下自行向第三人泄露了商业秘密，而该第三人对该商业秘密并无法定或者约定保密义务。在有的情况下，由于商业秘密所有人的疏忽，例如商业秘密所有人在公共场所、交通工具中无意中透露商业秘密内容，而对方对该商业秘密并无明示的或默示的保密义务，此时获得的秘密是合法的。如我国景泰蓝制作工艺的流失就属于这种情况。一位日本华侨突然来到我国，向接待部门表示想参观景泰蓝的制作过程，有关部门很快答应，并安排专人陪同参观。陪同人员不仅热情地详细介绍了景泰蓝的制作过程，而且对该华侨提出的问题一一作答，并允许其对关键环节拍摄照片。不久，日本市场上即出现了标有"日本制造"的景泰蓝，此时我国有关人员才如梦初醒。千年绝技就这样在数小时内付诸东流了。❶ 又如国外也有一个案例：一公司软

---

❶ 温旭，等. 知识产权的保护策略与技巧 [M]. 北京：专利文献出版社，1996：196.

件操作人员由于疏忽，未将存有商业秘密的软盘从计算机中取出，后来该计算机被当作旧设备淘汰，正好被一竞争对手购买，于是竞争对手掌握了该商业秘密且付诸商业性使用。该公司提起侵犯商业秘密的诉讼，结果败诉。这说明，因商业秘密所有人对载有商业秘密的图纸、资料的载体保管不善而导致商业秘密被泄露，此时他人获得的该商业秘密具有合法性。

四、通过合法受让或许可获得

前面已指出，商业秘密不具备其他知识产权那样的专有性，同一商业秘密在客观上可以为多人拥有，而且互不排斥，企业完全可以通过合法受让或取得实施许可的形式利用商业秘密。实际上，在国际技术贸易中，专有技术贸易是十分普遍的。

五、善意取得

根据我国《反不正当竞争法》之规定，商业秘密侵权形式有以下几种：（1）非法获取商业秘密的行为；（2）非法泄露他人商业秘密，其中包括第三人明知或应知他人所掌握的商业秘密是以非法手段获取的，仍将其泄露；（3）非法使用他人商业秘密的行为，包括非法获取商业秘密的人自己使用或者允许他人使用，通过合法途径知悉、掌握商业秘密的人擅自使用或允许他人使用所有权不属于自己的商业秘密，以及第三人明知或应知商业秘密是未经授权而仍予以使用等情况。

除上述情况之外，企业获取、使用该商业秘密属于不知道也不应知道该商业秘密是他人所有的或是以不正当手段侵犯他人权利而获得的，并且企业对该商业秘密无明示或默示的保密义务，企业获取、使用他人商业秘密的行为就是合法的。且在第三人非善意地取得商业秘密时，企业从该非善意第三人处善意取得的商业秘密，不受追究或限制。当然，原商业秘密权利人可以对非善意取得商业秘密的人行使权利。由此可见，企业获取商业秘密的途径是多样的。其中最关键的是无论采用哪种形式都要符合法律的要求。

第 2 节　企业商业秘密保护的实用策略

企业对商业秘密的保护，最根本的是要落实自我保护措施。如果不采取保密措施，商业秘密就不但极易被外泄，而且被泄露后也难以获得法律救济。实践中一些企业将商业秘密混同于国家秘密，这样会使一些商业秘密无法纳入受商业秘密保护的范围。还有一些企业在商业秘密保护观念上，存在"对外不对内"的倾向，忽视了对本单位员工的商业秘密管理。这些都是值得注意的问题。借鉴国内外企业保护商业秘密的成功经验，企业商业秘密的实用保护策略可由以下内容构成。

一、建立实施商业秘密保护策略的基本原则

企业实施商业秘密保护策略，应遵循以下几项原则：一是预防为主的原则。商业秘密的生命在于维持秘密性，因此预防商业秘密被泄露具有极端的重要性，而事后补救只是减少损失的一种手段。企业商业秘密保护策略应以尽可能消除泄密隐患、防止可能泄密的漏洞出现为原则。二是整体性与系统性原则。商业秘密渗透到企业技术与经营管理领域的方方面面，并且还与企业外部存在千丝万缕的关系，企业商业秘密的保护必须从人员落实、制度建设、业务管理等方面全面落实，并且具有长期性和连续性。三是突出重点的原则。每一个企业都有其重要的和一般的商业秘密，商业秘密保护的重点显然是企业的重要商业秘密，在实施商业秘密保护策略时应注意重点突出。

二、通过培训、教育等多种形式强化企业领导和员工的商业秘密意识

企业商业秘密保护的重要基础是其领导和员工具有较强的商业秘密意识。商业秘密意识是落实企业商业秘密保护的观念基础和思想保障。如果企业领导和员工商业秘密意识淡薄，即使制定了完善的保密制度，也将形同虚设。这里所说的商业秘密意识，不仅包括商业秘密保护意识，还包括商业秘密的价值意识，特别是商业秘密对企业极端重要的意义、在企业生产经营中的重要地位。只有深刻认识到企业商业秘密的价值、认识到它是企业的无价之宝，企业领导和员工才会珍惜它，并考虑以适当方式加以保护。

实践中，我国很多企业就是因为缺乏商业秘密意识而导致惨痛教训的。这里不妨以我国文房四宝之一的宣纸工艺泄密为例，加以说明。宣纸具有纸质洁白、细腻，柔软富有韧性，色泽经久不变等优点，因而其工艺早已为日本商人所觊觎。一次，一位日本商人要求参观宣纸造纸厂，被厂方拒绝。后来该商人得知该厂在浙江还有一家联营厂，遂决定试试。就连该商人也没有料到，他在参观该厂的要求不仅没有遭到拒绝，而且还受到了隆

重的礼遇。原来，联营厂为了吸引外资，便有意讨好该外商，将制造宣纸的全部配方、工序、工艺技术诀窍和盘托出，临走时还赠送了清檀树皮与稻草样品让日商带回。日商喜出望外，回国后很快制造出了同样的宣纸。结果，不仅使中国宣纸在日本的市场丧失殆尽，而且日本宣纸大量出口国际市场，大大挤占了中国市场份额。我国堪称一绝的宣纸工艺技术诀窍就这样因为企业缺乏商业秘密意识而毁于一旦，实在令人痛惜。❶

因此，在知识产权管理实践中，企业应将商业秘密意识培养作为知识产权方面培训、教育的重要内容之一。

三、明确企业商业秘密的内容，确定商业秘密的等级

企业商业秘密的内容相当丰富，它涉及企业大量未公开的情报资料。企业的情报资料并非都属于商业秘密，属于商业秘密部分的也有主次之分、重要与非重要之分，故企业应当对商业秘密进行分类，确定商业秘密的等级。具体地说，可将本企业的商业秘密分为最重要的或者关键性的、核心的商业秘密，重要的商业秘密，一般性的商业秘密和其他商业秘密。历来被企业作为最重要商业秘密的如未申请专利的重大技术发明，独家生产的产品、工艺流程，以及具有特殊价值的机密情报资料；重要的商业秘密如图纸，商品的具体设计、研究开发技术的工作文件，企业综合性内部手册，实验数据；一般性的商业秘密如财务、会计、法律及有关保安方面的情报资料，销售、采购、政府征购、客户及公司计划等情报资料。

四、制定企业商业秘密保护方案和规章制度

在明确企业商业秘密内容和等级的基础上，企业应制定保护商业秘密的方案和制度。保护方案涉及的实际上是商业秘密保护的一个完整系统，包括企业商业秘密保护意识的增强、保密制度的建立、人员的配备、保密措施的落实、对本企业员工与非本企业员工的约束、商业秘密的利用特别是实施许可时的保密等问题。根据丹尼斯·昂科维克勾画的内容，企业商业秘密保护方案的内容有：在指定范围内分离并确定属于商业秘密的具体资料；确定保护商业秘密的责任及其监控；对属于商业秘密的文件实施统一标记；设立保护商业秘密的机械安全系统；处理好保护商业秘密与雇员之间的关系；如何以较低的风险向企业外部人员在某种程度上展示某些商业秘密；妥善处理向企业主动提供的专项商业秘密资料及鼓励雇员个人发

---

❶ 钟华. 强化知识产权管理提高企业核心竞争力［J］. 铜业工程，2003（4）.

展；定期更新商业秘密的内容。❶

这一方案无疑具有参考借鉴意义。结合我国企业实际情况，本书认为企业商业秘密保护方案及制度，至少应包括以下内容：

（1）明确企业商业秘密保护的人员，实施专人负责管理。

企业在决策层中应确定主管商业秘密工作的领导人员，配备专职或兼职人员负责企业商业秘密工作。企业各部门则应确定商业秘密管理责任人员，以建立健全企业商业秘密监督保护网。在设立知识产权管理部门的企业，商业秘密保护工作应纳入知识产权管理部门工作范围之列。知识产权管理部门应加强对本企业包括商业秘密在内的有关知识产权的培训，提高企业全体员工保护商业秘密的意识。

我国一些企业因为对商业秘密缺乏专人管理而造成重大流失的现象并不少见。例如，中国"英雄"制笔抛光技术的流失的就是一个教训。早些年，派克公司的两位负责人曾来华，发现厂家门户开放，进厂后也没有发现有管制措施与保密检查。于是他们在众目睽睽之下利用便携式摄像机将制笔抛光整个工艺过程摄制下来，公司事后后悔已晚。

（2）建立、完善保护商业秘密的各项规章、制度，使企业商业秘密保密管理规范化、具体化。

合理的规章制度可以受到国家法律的保护。建章立制是企业保护商业秘密的制度保障。完善的商业秘密保护规章制度，本身证明了企业对商业秘密采取了合理的保密措施，也有利于使员工对企业的商业秘密保密义务明示化，便于员工在实际工作中自觉维护企业利益。

在制定企业的规章制度特别是关于保密的规章制度时，应将商业秘密作为重要内容加以规范。一般来说，凡是有可能使商业秘密流失的场合都应有相应的规章制度加以防范。企业保护商业秘密的规章制度应涵盖企业商业秘密范围、商业秘密管理机构和人员、商业秘密保密义务、商业秘密档案管理、商业秘密申报与审查、违反保密义务的处罚等内容。具体而言，企业可以建立以下商业秘密保护的管理制度：①企业商业秘密保护机构与人员职责；②企业商业秘密认定机构与程序；③废文件、废物处理管理制度；④商业秘密使用、转让、解密、销毁制度；⑤企业对外交流商业秘密审查制度；⑥对外发布新产品信息和广告的商业秘密审查制度；⑦企业情报档案资料管理制度；⑧企业员工保守商业秘密规定；⑨企业商业秘密投资的审查、保护规定；⑩商业秘密争议处理制度、保密工作奖惩制度等。

另外，对于企业现有规章制度中不利于商业秘密保护的规则应从完善

---

❶ 丹尼斯·昂科维克.商业秘密[M].胡翔，叶方怡，译.北京：企业管理出版社，1991：51-52.

商业秘密保护的角度加以修改。

五、落实商业秘密保护措施

企业商业秘密保护方案和规章制度最终要体现为商业秘密保护措施的落实。这些措施主要有：（1）建立保密设施，如保密资料室（柜）、保险箱；（2）对生产车间、实验室、研究室等涉及商业秘密的机构采取隔离措施；（3）处理废弃物；（4）计算机软件加密；（5）研究开发人员填写研究开发记录；（6）处理对外交流合作时散发的材料；（7）商业秘密信息的销毁；（8）及时订立保护商业秘密的合同；（9）严格限制接触商业秘密人员的范围等。

由于商业秘密受到法律保护的前提条件是企业采取了保密措施，企业落实上述保密措施具有重要意义。否则一旦泄露，在诉讼中企业将处于被动地位。在实践中，我国一些企业就是因为没有采取保密措施而泄露商业秘密的。例如，"龙须草席"是我国的传统工艺，在清朝时是皇帝享用的贡品。该产品曾在莱比锡世界工艺品博览会上被誉为"中国独有的工艺品"。20世纪80年代初，日本一家公司专门派人到某省一家龙须草席生产厂家考察。该厂家没有采取保密措施，任由日方人员参观了全部生产过程并对每一道工序都进行了详细了解和拍照。结果，日本人回去后不到3个月就制造出了代手工锤草的机器，致使我国龙须草席国际市场全部被日本垄断，中国龙须草席出口厂家全部倒闭。教训何等深刻！

六、与本单位员工订立商业秘密协议

如前所述，在西方国家雇员进入企业时一般要签订涉及保护商业秘密的雇用合同。从实际情况看，商业秘密由本企业内部人员泄露出去的比例很高，因为他们和外部人员相比更容易接近商业秘密，特别是本企业的高层管理人员、高级研究与开发人员、营销人员、安全保管人员，他们直接掌握着企业商业秘密或比较清楚本企业商业秘密状况。为此，企业应加强对接触商业秘密人员的管理，与之订立保密协议。

企业应对可能接触商业秘密的内部人员分类，评估他们接触商业秘密的程度，以便采取相应的对策。保密协议对于接触关键性商业秘密的内部人员来说尤为重要。协议应当明确员工保密的义务、范围，还包括离职或被解雇时对商业秘密的保密义务。内容通常包括员工保守本企业商业秘密的义务、正确使用商业秘密的义务、取得商业秘密职务成果后及时向单位通报的义务、妥善保管和使用商业秘密文件资料的义务、商业秘密保密的期限和范围，以及竞业禁止义务和违反协议的责任等事项。企业可以在员工就业时与之签订专门的商业秘密保密协议或在劳动合同中规定商业秘密的保密条款，作为劳动合同的一部分。对于没有签订商业秘密保密协议的员工，可以要求与其补签。对企业离职员工而言，也同样有必要签订商业秘密保密协议。对于接触、掌握本企业关键性商业秘密的人员，特别是高级管理人员、高级技术人员等，有必要专门签订商业秘密保密协议。附带指出的是，企业即使没有与员工签订保护本单位商业秘密的协议，员工仍有保守本企业商业秘密的默示义务。当然，为加强对企业商业秘密的保护，还是以签订保密协议为好。从实践中调查的情况看，企业与员工签订包括商业秘密在内的知识产权保密协议的比例并不高，应当予以改进。

另外，企业的科技人员在进行科技转化活动中也有必要签订保守商业秘密的协议。如根据我国《促进科技成果转化法》规定，企业、事业单位可以与参加科技成果转化的人员签订在职期间或者离职、离休、退休后一定期限内保守本单位技术秘密的协议。有关人员不得违反协议的规定，泄露本单位的技术秘密和从事与原单位相同的科技成果转化活动。

七、与非本企业人员订立商业秘密协议

企业商业秘密不可能都限于企业内部使用，由于企业经营的需要，有时有必要让外部人员接触、使用本企业的商业秘密。这种情况通常见于企业之间的合作、联营、股份转让、委托开发、科技项目承包、技术服务等场合。从法律上讲，如果企业出于疏忽而让外部人员掌握了本企业的商业秘密，没有事先的保密协议约束，该外部人员并不存在保守该企业商业秘密的义务。因此，当企业外部人员有可能接触本单位商业秘密时，与其订立保密协议是十分必要的。签订协议事实本身也证明了企业作为商业秘密所有人对商业秘密已采取合理的保密措施。这不仅可以在法律上约束第三人的行为，在万一发生商业秘密纠纷时也处于有利地位。过去我国一些企业就是因为在洽谈合资合作过程中，由于没有与外商签订商业秘密保密合同而泄密并造成巨大损失的。例如，武汉市一家生产销售化妆品原料的公司产品远销东南亚。公司为加快发展，准备引进外资扩大生产。但在谈判阶段却忽视了保密，向外商提供了商业秘密资料，并允许其自由参观公司，结果外商在轻松获悉商业秘密后便一去不返。不久却在东南亚市场上见到了该外商生产的同样的产品。公司在东南亚市场被外商无情地挤出，造成了惨重的损失。

国外学者丹尼斯·昂科维克所著的《商业秘密》一书也较详细地介绍

了这种保密协议的内容,现将主要内容列举如下,亦可供我国企业借鉴。❶

约束非雇员以保护商业秘密的保密协议有以下几项要点:(1)确定商业秘密的内容。应签署一个附件,详细列出可能被披露给对方的商业秘密情报的种类。(2)文件披露范围。协议应明确文件披露的目的,它与向外部人员披露秘密文件的范围直接相关。(3)秘密文件使用的期限。期限届满时,对方应归还所掌握的商业秘密文件并销毁复印件,还规定一个期限,到期必须停止使用商业秘密。(4)外部人员对拥有商业秘密所有权公司的明确义务。如要求所有秘密文件、资料在外部人员雇用期届满时归还。(5)要求对方雇员签订个人保密协议。在保密协议中,商业秘密所有人还要明确是否与对方雇员签订个人保密协议作为向对方移交商业秘密的前提条件。作为常规,一定要坚持让对方使用商业秘密的关键雇员签订个人保密的协议。(6)要求所有有关各方执行保密协议。(7)规定违约赔偿金的标准。(8)明确协议的有效期。

八、在商业秘密实施许可中商业秘密的保密

商业秘密的实用性、价值性等决定了它可以成为许可贸易对象。商业秘密的使用许可同样涉及保密问题。企业首先要慎重地确定许可贸易对象,一般来说,要考虑可能的被许可人的资信状况、经济实力、市场规模,特别是实施商业秘密的能力。当候选的被许可人确定后,下一步就是就商业秘密的使用许可进行谈判。就被许可的企业来说,它当然先要对引进的商业秘密进行评估,作一些了解才能确定是否购买以及相应的价钱。但这样会让被许可方知悉该商业秘密,一旦谈判没有成功,许可人将无法禁止对方实施。为此,作为许可方的企业应当在谈判前签订保密协议。该协议应当特别明确在没有获得许可方书面同意前,对方当事人不得将该商业秘密泄露给任何第三方。当然,企业在谈判中披露给对方商业秘密的范围应尽量缩小,不能"和盘托出",特别是其中的关键性商业秘密。正式达成的商业秘密许可证应明确商业秘密的范围、许可证性质、对方的保密任务、重要概念界定、技术回授、使用费交付等问题,其中特别应体现对商业秘密的充分保护。

九、及时有效地制裁侵害企业商业秘密的行为

当企业的商业秘密受到侵害时,企业应及时拿起法律武器,追究商业

---

❶ 丹尼斯·昂科维克. 商业秘密 [M]. 胡翔,叶方怡,译. 北京:企业管理出版社,1991:73.

秘密侵权人的法律责任。根据我国《反不正当竞争法》《刑法》《关于办理侵犯知识产权刑事案件具体应用法律若干问题的解释》等的规定，侵犯企业商业秘密的，可以分别承担民事责任、行政责任和刑事责任。企业通过追究商业秘密侵权人的责任，可以在相当的程度上挽回损失，保护企业的合法权益。

另外，依《审理不正当竞争民事案件司法解释》第14条规定，企业指称他人侵犯其商业秘密的，应当对其拥有的商业秘密符合法定条件、对方当事人的信息与其商业秘密相同或者实质相同以及对方当事人采取不正当手段的事实负举证责任。其中，商业秘密符合法定条件的证据，包括商业秘密的载体、具体内容、商业价值和对该项商业秘密所采取的具体保密措施等。第15条规定，对于侵犯商业秘密行为，商业秘密独占使用许可合同的被许可人提起诉讼的，人民法院应当依法受理。排他使用许可合同的被许可人和权利人共同提起诉讼，或者在权利人不起诉的情况下，自行提起诉讼，人民法院应当依法受理。普通使用许可合同的被许可人和权利人共同提起诉讼，或者经权利人书面授权，单独提起诉讼的，人民法院应当依法受理。因侵权行为导致商业秘密已为公众所知悉的，应当根据该项商业秘密的商业价值确定损害赔偿额。商业秘密的商业价值，根据其研究开发成本、实施该项商业秘密的收益、可得利益、可保持竞争优势的时间等因素确定。

第3节　网络环境下企业商业秘密的保护策略

近年来，随着网络技术的飞速发展，企业电子商务正如火如荼地开展起来。企业电子商务的开展，离不开大量的技术信息和经营信息在网络空间的存储、发送、传输与接收。网络空间的虚拟性、开放性、隐蔽性、信息的易复制性等特点，使得企业在网络环境下的商业秘密较之于传统环境下更容易遭受侵害，而且侵权发生后被侵权人很难及时发现，发现了也难以加以控制和追究侵权人的责任。一旦造成商业秘密被泄露等侵权后果，企业将蒙受重大损失。因此，加强对企业网络环境下的商业秘密保护策略的研究变得十分紧迫。

一、网络环境下企业商业秘密的表现形式与侵权特点

（一）网络环境下企业商业秘密表现形式

在网络环境下，企业商业秘密的表现形式会有变化。由于网络环境下

企业商业秘密是利用网络信息技术手段而存在、传播和使用的，网络环境下企业商业秘密的表现形式就相应地带有"技术性"特点。具体地说，主要有以下几种：一是以软盘、光盘、计算机软件等方式记载、存储的技术信息和经营信息；二是以数据库形式体现的商业秘密；三是为保障网络交易安全而设置的用户口令、密码；四是企业在网络空间进行交易时涉及的一些重要信息等。当然，企业在网络环境下的商业秘密还有其他一些表现形式。原则上说，凡是企业通过网络信息传播或接收的、尚未公开的、具有商业秘密属性的技术信息和经营信息都属于网络环境下企业商业秘密的表现形式。

（二）网络环境下企业商业秘密侵权的特点

与传统的商业秘密侵权相比，网络环境下企业商业秘密侵权表现出一定的独到特色。这些特点主要体现于：其一是技术性。由于网络环境下企业对商业秘密的存储、使用、传播基本上是借助计算机系统完成的，这就使得网络环境下企业商业秘密侵权具有技术性特点，而且表现为一定的高技术手段。从现实中发生的网络环境下侵犯企业商业秘密的案件看，侵权人采用的手段通常表现为利用技术手段非法破解他人计算机系统的密码、防火墙等技术保护措施后，非法侵入他人计算机系统或登录其远程计算机终端，进而实施窃取、非法截获、在网络空间或其他场所泄露权利人的商业秘密的行为，或者通过无线网络窃听或窃获企业商业秘密。其二是侵权的复杂性和隐蔽性。由于网络环境下企业商业秘密侵权通常在联网的计算机系统上完成，被侵权人很难及时发现侵权人的身份和实施侵权的位置。网络本身也为这种侵权提供了"便利的"渠道。其三是侵权后果的难以控制性。网络具有无国界性、开放性和隐蔽性，一旦企业的商业秘密在网络空间以泄露、披露的形式被侵权，企业往往难以控制。

二、网络环境下企业商业秘密侵权的主要形式

网络环境下企业商业秘密侵权具有一定的复杂性，这与在这一环境下商业秘密侵权主体多样化、侵权手段智能化和高技术化有很大的关系。前述商业秘密侵权的形式无疑也适用于网络环境下的商业秘密侵权场合。不过，在网络环境下，这类侵权表现形式具有新的特点。从现实中已经发生的在网络环境下侵犯企业商业秘密的案件看，其侵权表现形式主要有：

一是从侵权主体看，既有企业内部人员的侵权，也有企业外部人员的侵权。企业内部人员侵权主要表现为通过企业内部网络窃取或者合法掌握本企业商业秘密的员工违反其工作职责或有关商业秘密保密的规定，擅自

披露、泄露、使用或者允许他人使用本企业的商业秘密。与通常情况下企业内部人员侵犯商业秘密不同，网络环境下企业内部人员侵犯商业秘密更多表现为企业的网络管理人员利用职务之便利条件非法泄露或允许他人使用企业的商业秘密，或与企业外部人员串通共同侵害企业的商业秘密。在企业外部人员侵犯本企业商业秘密方面，与通常情况不同的则在于，一些虚拟企业或者企业联盟内部成员成为侵权主体。虚拟企业涉及的商业秘密通常有成员企业合作投入的商业秘密和合作后产生的商业秘密，以及成员企业各自的商业秘密。虚拟企业产生的商业秘密侵权通常体现为某一成员企业的工作人员侵犯其他企业的商业秘密或某一成员企业侵犯其他企业的商业秘密。❶ 企业联盟内部成员侵犯其他成员商业秘密的情形也时常可见，如通过企业联盟的内部网络实施侵权行为。企业外部主体侵犯企业商业秘密的情形还有一种情况是黑客攻击。在当代信息社会，黑客攻击已成为计算机网络信息安全的最大隐患之一。黑客攻击也是网络环境下企业商业秘密遭受侵害的途径之一。在竞争日益激烈的现代社会，有些竞争对手以黑客身份攻击企业的计算机网络，值得警惕。

二是从侵权的手段看，通常表现为运用高技术手段，非法窃取、截获、披露、泄露企业商业秘密。这些手段如上面提到的破解企业的计算机系统技术措施。侵权者可能利用企业没有采取加密措施或者利用系统存在的漏洞，借助互联网、公共电话网、搭线、在电磁波辐射范围内安装截获装置或在数据包通过的网关和路由器上截获数据等方式，获取传输的机密信号，或通过对信息流量、流向、通信频度和长度等参数的分析，推出有用信息，如消费者的银行账号、密码等企业的商业秘密。并且，侵权者还可以利用各种技术手段以变更、修改、删除等形式篡改企业计算机网络中的商业秘密，从而形成危害更大的侵害。❷ 另外，病毒攻击也是网络环境下企业商业秘密面临的危险。

三、网络环境下企业商业秘密侵权的防范与控制策略

针对网络环境下企业商业秘密的上述侵权表现，企业采取有效的防范和控制策略十分重要。总体上，对网络环境下企业商业秘密侵权的防范、控制，应采用技术手段、管理手段、法律手段等多种手段进行。以下将分别讨论。

---

❶ 王伟军，汪琳. 网络环境下企业的商业秘密保护 [J]. 科技进步与对策，2002 (7).
❷ 付音. 网络时代企业保护商业秘密的特殊问题 [J]. 甘肃省经济管理干部学院学报，2003 (3).

（一）完善技术保护措施

技术保护措施的建立和完善是网络环境下企业商业秘密保护的关键性手段。通常采取的保护企业商业秘密的技术措施有防火墙技术、数据加密技术、数字签名技术和数字认证技术。其中，加密技术包括对称匙加密、非对称匙加密和混合密码系统加密等形式。在网络环境下，企业开展电子商务需要建立自己的交易平台即企业内部计算机网络系统或称为企业内部网。由于企业内部网在与互联网连接后，不但企业内部的商业秘密可能在互联网上传输时被泄密，而且互联网用户也可能通过技术手段进入企业内部网获取企业的商业秘密，企业应在内部网和互联网之间加上一个安全隔离带。这个隔离带的建设可以采取在原局域网的基础上附加特定软件以建立防火墙的方式实现。这一措施，旨在对企业输入和输出信息进行安全过滤，保障只允许被授权的信息通过。

采用数字认证技术、数字签名和数据加密的方法也是保障企业商业秘密的重要技术手段。通过数字认证，采用身份识别技术，企业可以对加密的商业秘密在通过互联网传输时保证只能由被授权的用户获得，防止在传输过程中被他人非法截获、截取、篡改或披露，从而可以保证信息的安全性和完整性。

（二）加强技术防范措施

技术防范措施主要是防止黑客攻击和防止病毒入侵。在防止黑客攻击方面，可以根据企业的情况采用一些技术手段，如防火墙、安全工具包、商业软件等。另外还可以用计算机信号干扰器扰乱计算机工作时发出的电磁信号，防止商业间谍使用特殊装置探测出计算机正在使用的内容。❶ 在防范病毒侵入方面，企业在其计算机系统中应安装防病毒软件，并经常进行升级。在网上进行电子商务时，也需要加以防范，如谨慎处理陌生电子邮件。

（三）建立网络环境下的企业商业秘密保护制度

无疑，前面讨论的企业商业秘密实用保护策略同样适用于网络环境下。但是，在网络环境下企业商业秘密的表现形式及侵权的特殊性决定了企业有必要针对这一特点进一步完善企业商业秘密保护制度。其要点可以包括：

（1）制定网络环境下企业商业秘密保护的专门制度。该制度应确定在

---

❶ 付音．网络时代企业保护商业秘密的特殊问题［J］．甘肃省经济管理干部学院学报，2003（3）．

网络环境下企业商业秘密的范围、等级，明确网络管理室、机房、网络档案室等部门的岗位职责。

（2）强化对企业内部员工的保密责任制度。企业应重点对接触网络环境下商业秘密的人员加以控制，特别是对企业负责网络管理的人员加以控制。企业网络管理人员掌握了接触、传输、接受商业秘密的技术手段和密码，其业务素质和工作责任心对网络环境下企业商业秘密的保护关系重大。企业在选择时应严加挑选，并制定专门的制度明确接触、使用和传播商业秘密的权限、职责，以增强其责任心。对企业的其他员工，则应加强保护商业秘密意识教育，防止其有意无意泄露本单位的商业秘密。

（3）强化对企业外部人员的管理，杜绝企业外部无关人员通过网络接触、泄露本企业商业秘密。对于因业务关系需要接触和了解本企业商业秘密的外部人员，应事先以保密协议的形式加以约束，约定对其了解和掌握的本企业的商业秘密承担保守秘密的义务，既不得通过网络传输形式传播、使用，也不得通过其他形式扩散。

（4）建立企业网络安全检查制度。网络安全的维护是确保企业商业秘密安全、及时消除隐患的重要保障。企业应建立定期不定期的网络安全检查制度，一旦发现问题，应采取紧急处理措施，以防止损失的扩大。

第4节　企业商业秘密保护中的竞业禁止策略

竞业禁止又称竞业避免，是保护商业秘密的重要方法。通过合理的竞业禁止，可以限制特定劳动者从事特定职业或生产特定产品的机会，从而达到防止本企业商业秘密被泄露、擅自使用等目的。在我国，随着市场经济的发展，竞业行为也悄然出现，这方面的纠纷也逐渐增多。企业实施合理竞业禁止策略对于保护商业秘密具有十分重要的意义。本节从竞业禁止的含义、依据出发，阐述企业实施合理竞业禁止的条件及内容。

一、竞业禁止的概念

竞业禁止，顾名思义，是指竞争行为的禁止。商业秘密保护的竞业禁止是从狭义上理解的，具体是指本企业职工在任职期间和离职后一定时间内不得与本企业进行业务竞争，包括禁止员工在本企业任职期间在本企业业务竞争单位兼职以及在离职后从事与本企业业务范围相同的事业。它是依照法律规定或者当事人之间的约定，义务人在一定的范围被禁止从事与权利人相同或者类似的以营利为目的的竞争性行为。

二、竞业禁止的类型与依据

竞业禁止的类型，可以按不同的标准分类。

（一）在职职工竞业禁止与离职职工竞业禁止

按照企业职工是否在职的标准，可以分为企业在职职工的竞业禁止和企业离职职工的竞业禁止。在职职工对本企业的商业秘密负有当然的对外保密义务。企业商业秘密是企业的重要财富，是企业在市场竞争中求生存和发展的重要武器。企业在职职工从业期间应为本企业利益着想，使企业商业秘密免受损害。即使企业在职职工没有就商业秘密订立书面或口头协议，也应推定为对企业商业秘密有默示的保密义务。不仅如此，企业在职职工在从业期间不得从事与本企业业务范围相同的竞争，不得同时供职于与本企业竞争的其他企业，也不得另行为自己利益而经营属于本企业营业范围的业务。这些原则实际上是许多国家劳动法、企业法、合同法或其他相关法律规定企业雇员对本企业负有的一种忠实义务。企业离职职工竞业禁止的合理性则主要体现于避免离职职工在离职后泄露、利用其在原企业就业期间掌握、了解的商业秘密损害原企业的利益，以保障企业商业秘密不因本企业职工离职而丧失。当前市场经济条件下人才流动十分活跃，社会上甚至还存在一些专门挖掘高级人才的"老板市场""猎头公司"。在利益的驱使下，企业一些员工便通过跳槽、辞职、退职等形式将在原企业掌握的商业秘密带到新的工作单位使用，甚至干脆"另起炉灶"，与原企业争夺产品销售市场，展开商业竞争。这必然会损害原企业的利益，使原企业的商业秘密丧失竞争优势，甚至因为被泄露而使原有优势化为乌有。因此，对离职职工实行竞业禁止是必要的。

（二）法定竞业禁止与约定竞业禁止

按照竞业禁止产生的来源，可以分为法定竞业禁止与约定竞业禁止。法定竞业禁止即由法律、法规明确规定的竞业禁止。如根据我国《公司法》规定，董事、高级管理人员未经股东会或股东大会同意，不得利用职务便利为自己或他人谋取公司的商业机会，自营或为他人经营与所任职公司同类的业务；董事、高级管理人员也不得违反公司章程规定或未经股东会同意，与本公司订立合同或进行交易。约定竞业禁止则是当事人之间通过协议的形式产生一定义务的竞业禁止。与法定竞业禁止不同，约定竞业禁止的义务直接来源于当事人之间的约定，并且禁止的内容主要是不作为义务，即不得从事与权利人相同或者相似的具有竞争性的行为。另外，约定竞禁止只适用于特定的义务主体,而不是全体企业员工。约定竞业禁止的本意也在于保护商业秘密所有人的权利,而不是限制劳动者的一般劳动技能或择业机会。

三、合理竞业禁止的条件

竞业禁止对企业商业秘密保护具有重要作用。然而,事物总有两面性,如果实行绝对的竞业禁止,对企业竞业禁止行为不加以一定的约束,这种竞业禁止会构成对权利的滥用,侵犯员工正当、合法的自由择业权利。近年来,我国劳动用工制度经历了巨大改变,"铁打的营盘流水的兵",鼓励人才流动是大势所趋。竞业禁止不能侵害劳动者的自由择业权。如果对劳动者限制过多,以致使其失去了利用在原单位工作所获得的劳动技能、工作经验、技术知识从事新的工作的机会,就会构成对劳动者自由择业权的侵害。当然,在实践中有时要区分一般的经验、知识、技能与员工掌握的企业商业秘密的界限存在一定的难度。为求得利益平衡,需要对竞业禁止给予一定条件的限制。这些合理条件取决于原企业商业秘密的保护对它的需求程度。如果保护该商业秘密没有必要实施竞业禁止,此时商业秘密竞业禁止就是不合理的。

综合考虑国内外立法与实务经验,本书认为合理竞业禁止应符合以下条件。

1. 必须出于保护商业秘密,维护公平竞争的目的

竞业禁止不得用于破坏公平竞争,限制正当择业,不得用于限制劳动者的一般劳动技能。这就要求企业首先必须存在商业秘密以及相关的值得保护的利益,与商业秘密无关的竞业禁止措施无效。企业因而应重视诚实信用、等价有偿、自愿公平原则,在设定竞业限制时避免员工的择业自由权和劳动权相冲突。

2. 期间的合理性

我国《劳动合同法》第 24 条第 2 款对此有明确规定。原则上,竞业限制的时间应根据以下因素确定:企业商业秘密在市场竞争中具有的竞争优势和持续时间;该商业秘密的经济寿命;员工掌握该商业秘密的程度等。另外,值得注意的是,在高科技领域,竞业禁止的时间有缩短的趋向。

3. 对象的合理性

竞业禁止不适用于全体雇员,特别是不能包括临时工、普通工人之类,这些人一般不应接触重要的商业秘密,而且这些人在就业市场上处于弱势,不宜限制其择业机会。一般来说,竞业禁止限制的对象是因为职务关系或工作关系接触或可能接触本企业商业秘密的员工,特别是处于关键岗位有

可能接触本单位重要商业秘密的人员。这类人员主要有：处于领导和决策岗位的经营管理人员，如经理、董事；处于关键岗位的技术人员，如高级研究开发人员、技术人员、关键岗位的技术工人；企业计划和市场营销人员，如市场计划人员、销售人员；接触或者可能接触本企业商业秘密的其他人员，如秘书、财会人员、保安人员等。对于一般的企业职工，则不宜约定竞业禁止。实践中应注意的一个问题是，有些企业碍于情面而忽视了与本单位高层管理人员签订竞业禁止协议。其实，企业的高层管理人员对企业商业秘密的掌握和了解程度比其他人员高得多，如果忽略对他们的竞业限制，竞业禁止在很大的程度上就可能落空。

另外，对于企业的新聘任员工，则应注意其与原企业的劳动关系，尤其是有无竞业禁止协议的约束。有时，为了避免与原单位的商业秘密纠纷，企业可以要求新进员工提供书面保证。当新员工违反与原企业签署的竞业禁止协议，而企业明知或应知该新员工与原单位存在该协议并且没有履行完毕而仍然与之建立劳动关系，根据法律规定，企业应承担竞业禁止连带责任。

4. 范围的合理性

竞业禁止的范围一般是生产或者经营同类具有竞争关系的产品或企业的具体范围。在确定竞业禁止措施时，应明确企业存在值得赋予竞业禁止保护的商业秘密，竞业限制措施不能牵涉任何与商业秘密无关的领域和事项。一般而言，限制的地域不得超出原企业业务活动或即将开拓业务活动的地域，不得超出企业商业秘密所产生的经济利益或实现竞争价值的领域。限制的范围过广会损害员工利益。

实践中，值得注意的一个问题是，有的企业对员工竞业限制的范围规定过于笼统，如只是规定"员工离职后不能从事同种行为"，这样的规定可操作性显然不强。在范围的确定上，应明确员工不得开展与本企业业务相同或受雇于竞争对手的具体区域，该区域和本企业的业务开展范围及其相应的市场份额相关。

5. 补偿的合理性

在通常的情况下，企业职工因竞业限制会在经济上受到一定程度的损失。为此，对其实施竞业限制的企业应当给予适当的补偿，以体现公平与合理原则，实现劳动者自由择业权与保护商业秘密权的利益平衡。合理的补偿应以补偿企业员工在重新就业、择业、劳动报酬方面的损失为基准。我国《劳动合同法》第23条第2款则规定，对负有保密义务的劳动者，用人单位可以在劳动合同或者保密协议中约定竞业限制条款，并约定在解除或者终止劳动合同后，在竞业限制期限内按月给予劳动者经济补偿。实践中，一些企业在与员工签订竞业禁止协议时提出的条件比较苛刻，有意压低补偿费,这一做法不可取。

6. 方式的合理性

企业竞业禁止应体现于企业与员工的竞业禁止合同、规章制度或商业秘密保护制度中的规章制度,以规范形式确立下来,并得到企业员工明示或默示的认可。如合同约定的竞业禁止体现于企业与职工签订的劳动合同、聘用合同或者商业秘密合同中的竞业限制条款;规章制度对竞业禁止的确立体现于企业以内部规范性文件的形式确认企业员工的竞业限制责任。

四、企业合理竞业禁止的实施

企业合理竞业禁止的实施形式主要有,以下几种。

1. 通过订立竞业禁止合同实施

订立竞业限制合同是企业实施合理竞业禁止以保护商业秘密的重要手段。这类合同的订立应注意遵循合同自由、公平自愿的原则,兼顾企业利益、企业员工利益和社会公共利益的平衡。

竞业禁止合同可以包括以下内容:(1)企业职工在职期间不得在生产同类产品或经营同类业务的具有竞争关系的用人单位任职或兼职;(2)企业职工在职期间不得另行成立实体(如组建公司)或投资入股其他企业、实体与原企业展开竞争,不得自行生产销售与本企业有竞争关系的同类产品或者经营同类业务;(3)企业职工在职期间和离职之前不得引诱其他职工一同离职,谋取个人私利或他人利益;(4)企业职工不得在离职之前抢夺企业客户、诱使客户脱离本企业;(5)企业职工在离职后特定地域、时间内不得开展与原企业竞争的业务或成立企业与原企业展开相同业务的竞争,或供职于竞争企业;(6)企业职工离职后的保密义务;(7)企业对职工,特别是离职职工在采取竞业禁止措施时的相应补偿;(8)竞业限制的地域、期限;(9)违约责任等。

2. 通过制定企业规章制度实施

企业内部的规章制度可以经过民主、合法程序确立下来,只要规章制度不违反法律、法规,妨害社会公共利益和损害职工正当权益,而职工进入企业后没有明示的异议,就对企业的职工具有约束力。例如,某大型企业在其知识产权保护办法中规定,本企业职工在职期间,不得在研究开发、生产经营范围相同或类似本企业的竞争单位兼职或直接投资。本企业职工无论以何种形式离职之日起2年内,非经本企业同意,不得兼职或直接投资于与本企业研究开发、生产经营范围相同或者类似的竞争单位。企业可以在规章制度中明确商业秘密竞业禁止的方案,如确定商业秘密竞业禁止适用的对象、范围、地域、时间和责任、企业与员工的权利与义务等,以加强对竞业禁止的实施。

3. 执行国家有关竞业禁止规范

依法执行国家有关竞业禁止规范是实施企业竞业禁止的一个重要方面。我国这方面的规范还不够完善，导致在实践中企业与员工签订的竞业禁止协议缺乏统一的标准，今后需要逐步加以解决，特别是应对合理竞业禁止的原则、条件，竞业禁止合同的基本条款如期限、范围、适用对象、补偿金等问题作出明确规定，以增强对企业的可操作性，使合理竞业禁止制度规范化、法制化。

上述措施有利于企业实施竞业禁止管理。当然，企业缺乏竞业禁止规范或未与相关人员签订竞业禁止协议，并不意味着相关人员不存在竞业禁止义务。如在美国，司法实践中即发展了一种所谓"不可避免披露原则"，以充分保护行为人所在企业的利益。根据该原则，前雇主在知悉商业秘密的雇员离职后到被竞争对手雇佣或创办竞争企业前，有合理理由认为该雇员被竞争对手雇佣或创办公司后，会不可避免地使用其掌握的商业秘密并使自己造成难以弥补的损失，即使在没有竞业禁止协议的情况下，亦可请求法院判决禁止泄露其掌握的商业秘密。这一原则对于我国解决竞业禁止问题，也具有一定的借鉴意义。不过，为防止竞业行为损害企业利益，企业最好制定相关制度并与有关人员签订竞业禁止协议。

第4篇

企业知识产权资本运营战略

第15章 企业知识产权投资战略

知识产权作为投资方式，在理论上又称为知识产权的资本化。在当代，随着科学技术的迅猛发展、贸易的自由化和经济的全球化，技术本身越来越商品化，知识产权资本化也越来越突出，并且知识产权本身在保护企业投资方面的作用也越来越突出。在西方国家，知识产权已被作为重要的资本输出，日益成为贸易的重要内容，这反映了在当代知识产权与国际贸易日益交融之势。本章将从企业知识产权投资战略的一般原理出发，就企业专利权投资战略、商标权投资战略，以及企业并购中的知识产权战略的有关问题进行阐述。

第1节 企业知识产权投资战略概述

知识产权是科学技术和商品经济发展的产物。商品经济的发展使科学技术成果日趋商品化、产权化、资本化，科学技术的发展则使知识产权价值在更大的范围内得以实现。在当代，知识产权的内涵已经远远超过了单纯的一种法律权利的含义，而成为社会的宝贵财产，成为企业最具有活力的生产要素，并成为国际社会竞争的战略要点。从投资战略的角度看，一方面，知识产权成为企业投资战略决策的重要因素；另一方面，知识产权本身越来越成为一种重要的投资方式。近年来，随着投资结构的变化，知识产权在投资中所占的比例越来越高。知识产权投资战略是企业、特别是跨国公司在开拓市场及获取巨额利润时特别重视运用的一种重要手段。

一、知识产权保护对企业投资的影响

企业投资是企业投入财力，希望在未来的经济活动中获

得收益的行为。在建立现代企业制度的背景下，企业能否筹集到必要的投资资本并实现收益高、回收快的结果，直接关系到企业的生存和发展。企业在进行投资决策之前首先需要考虑到投资环境问题。影响投资环境的因素很多，而其中一个极端重要的方面就是法律环境，包括相关的法律制度及执法的状态，其他因素对投资的影响最终可以通过法律形式反映出来。法律环境的改善，特别是法律制度的健全会使投资者对其投资产生安全感。在投资项目中与知识产权有关的法律问题越来越多，知识产权保护越来越成为完善投资环境的重要问题，这主要体现为知识产权保护制度的建立与完善，能为企业提供法律上的保障，确保投资安全。

仅以新产品研究开发为例，在企业研究开发过程中需要大量的投资。当企业决定进行该项投资时，希望在研究开发中获得良好的投资回报，取得在同行业竞争中的优势地位。企业如果没有投资安全保障及获利的前景，研究开发投资的积极性就会受到极大打击。这里的投资安全保障与知识产权保护状况有直接的关系：研究开发成功后，无论企业是将技术创新成果作为技术秘密保护以在较长时间内取得超额利润，还是拟申请专利以获得专利保护，或者借助已有知名品牌将技术创新成果推向市场，都离不开有效的知识产权保护。特别是对专利技术产业投资来说，知识产权保护状况对于投资决策有更重要的意义。

二、企业知识产权投资的合理性

在当代，知识产权已越来越成为社会的重要财富，知识产权投资越来越受到青睐，这是因为与其他形式的投资相比，它具有更大的灵活性、更大的市场占有率和更好的经济收益前景。如前所述，知识产权作为投资方式在理论上被称作知识产权的资本化。知识产权的资本化是将知识产权转化为资本的机制。

知识产权资本化不是偶然的，可以从理论的、法律的、经济的层面加以认识。

1. 理论层面

从理论上讲，知识产权资本化是知识产权许可贸易发展的深入形式。近几十年来，随着国际经济、技术交流与合作的扩大以及科学技术成果商品化进程的加快，以专利、专有技术贸易为主要内容的技术贸易发展异常迅速。国际投资领域无形财产所占比例逐步增加。技术贸易之所以发展迅猛，当然还与它对于技术出让方与受让方均有较大益处有极大的关系。

知识产权许可贸易除专利、专有技术、许可贸易外，当然还包括商标、著作权、计算机软件许可等。知识产权许可贸易的进一步发展则使知识产权出让方不仅仅想获得许可回报，更重要的是能够通过知识产权获得更大的利益。于是，知识产权许可贸易便纵深发展为资本式运营，即以知识产权作为投资方式进入合营。并且，这种投资方式在内涵上不断扩大，涵盖了知识产权转让形式，于是知识产权资本化便应运而生。

2. 法律层面

法律是为现实需要服务的。知识产权资本化问题不仅在国际上早已得到承认，在我国的有关法律、法规中也有明确规定，如《中外合资经营企业法》《中外合作经营企业法》《外资企业法》《担保法》《公司法》《合伙企业法》等法律及一些行政法规、行政规章中即有规定。

3. 经济层面

企业知识产权资本化具有重要的经济意义。这主要体现为：

（1）知识产权资本化可以充分发挥知识产权的作用，促进企业扩大生产经营规模，获取较大的投资效益。

知识产权的资本化本质上是知识产权的一种投资行为。知识产权资本化对于企业投资方与接受方来说都具有各自的优点。对投资方来说，除了直接表现为现金支出的减少外，可以在更深层次的意义上运用自己的知识产权资源，发展规模经济，获取高额利润。对接受投资方来说，则可以直接利用投资方的先进技术、知名商标使用权，分担亏损和风险，分享利润，增强企业活力。

（2）知识产权资本化有利于建立现代企业制度。

建立现代企业制度是我国企业改革的重要目标，而大力推行知识产权的资本化有利于推进企业股份制改造，特别是民营高科技企业的股份制改造，建立现代企业制度。一般来说，实施知识产权资本化的企业需要实行股份制度并建立由员工持股的制度。近年来，我国股份制改造的形式通常有：国有企业成立股份有限公司、股份合作企业；集体或者民营企业经股份制改造而成立股份制企业；私人企业通过改制而成为股份制企业；各方以资金、专利技术等技术作价入股组建有限责任公司或股份有限公司；科研院所通过转制而成为股份制企业等。通过这些形式的股份制改造，企业产权更加明晰，有利于建立现代企业制度。这种投资形式和有形物投资形式不同，因为有形物的投资使被投资公司掌握并形成公司的独占财产权，而企业通过以知识产权投资入股的形式使知识产权资本化，对被投资企业而言获得的是知识产权的所有权或使用权，以及相应的权利获利能力，获得知识产权投入经营所带来的资本收益。作为投资方的企业则转移了按照章程或者合同规定的所有权或使用权，获得相应的股权。

通过知识产权资本化形式，知识产权人和被投资的企业之间形成投资关系。作为出资人的知识产权人以知识产权作为出资的对价，换取对公司财产的股权，同时获得股东地位。通过知识产权出资，知识产权人能够获得以股权分红形式体现的经济收益，这也是知识产权人取得股东自益权的体现。此外，知识产权人还可以通过行使公司股东共益权这种公司管理性权利为公司和自身获得经济利益。

（3）知识产权资本化有利于进一步开展国际经济技术交流与合作，发展我国对外贸易。

知识产权已成为国际投资的一个重要方面。知识产权资本化在更大范围发生于经济技术发达的国家和发展中国家的贸易中。发达国家的跨国公司、大型企业通过知识产权投资这种资本输出形式，既可以减少货币投资支出，也可以在一定程度上减轻投资风险。包括我国在内的发展中国家的企业接受知识产权投资，可以增强我国产品出口竞争力，提高企业技术创新能力和生产经营管理水平。

第 2 节　企业专利权投资战略

专利技术投资是企业知识产权资本化最主要的形式之一。企业通过专利权投资，虽然不能立即实现投资变现，但相应获得所投资企业的一部分股权。对被投资的企业来说，尽管专利权的投资存在较多的风险和变数，但专利权投资总体上对引进先进技术、改进企业产品质量、提高企业竞争力、增加企业利润方面具有重要作用。正是由于专利权投资对投资方和被投资方来说都具有重要意义，企业专利权投资已成为当前企业投资的重要方式。这在国外表现得尤为明显。例如，从 2003 年开始，从 IBM、英特尔等大公司辞职的一些专业人士专门成立了专利公司，从事专利投资等业务。如微软前首席技术官南赛恩·迈荷沃尔顿（Nathan Myhrvold）在 2000 年成立高智（Intellectual Ventures）公司，通过购买专利和专利生产等方式专门进行专利投资业务。1999 年成立的海洋动力（Ocean Tomo）公司则是目前美国最著名的专利拍卖公司，该公司也同时从事专利获得、专利评估和专利资产管理等业务。这些从一个侧面反映了在美国专利投资理念的浓厚。

本节先讨论专利申请、保护对企业投资的影响，然后分析企业专利资本化、专利证券化等问题。

一、专利申请、保护对企业投资的影响

专利制度在发达国家已有悠久的历史。发达国家在企业投资中运用专利保护手段也有较成功的经验。因此，这里探讨的专利申请、保护对企业

投资的影响主要以发达国家企业的情况为例加以说明。

前面已指出,知识产权保护对企业投资有密切的联系,主要体现为通过对企业投资的知识产权保护为其提供安全保障。专利是知识产权的重要组成部分,专利保护与企业投资具有十分紧密的联系。发达国家的很多企业认为:专利制度是企业投资的原动力,可以加速技术成果的实施,减少企业投资风险。根据欧洲专利局对欧洲国家要求专利保护的意图进行的调查统计,在专利申请的企业中约有 40%的企业将专利作为减少投资风险的防身罩。

专利申请、保护对企业投资的影响可以从以下几方面体现出来。

1. 专利申请、保护是影响企业投资流向的重要因素

专利申请、保护影响投资流向,这是专利申请、保护对企业投资影响的重要体现。例如,青霉素早在 1929 年即被发明出来,发明人亚历山大·弗雷明考虑到尽快在社会上无偿推广运用而没有申请专利保护。但正因为没有取得专利保护,没有人愿意就提纯这种药品、开发制造技术进行投资。结果,这项具有广阔应用价值的技术直到"二战"期间因为战争的需要才得以被开发应用。

一般来说,企业专利申请量的多少、分布能够大体反映该企业日后取得专利权的状况。企业在某一技术领域申请的专利较多,这说明该企业在这一领域内有较强的竞争实力,而且还能说明该企业的投资流向。由于专利制度是对技术发明进行保护的重要制度,发达国家为便于技术转让和投资,一般对其具有市场价值的发明进行专利保护。分析发达国家企业近年来专利申请状况,可以得出一个结论:专利申请密集的领域往往就是企业投资集中的领域。例如,近年来,国外跨国公司在我国申请的专利在很大程度上集中于我国国内将重点发展的一些高新技术领域,这些领域也就是其在我国重点投资的领域,它们企图围绕自身的技术优势占领我国市场,并同时制约我国同类技术的发展。这反映了发达国家投资企业重视对我国市场的长远的竞争优势,以知识产权垄断权独占我国市场。

而且,近年来,在一个国家或地区专利权能够获得有效保护的前提下,一些国家企业的国际投资活动与专利申请紧密地结合起来,在专利申请获得授权后,再进行大规模的投资活动,这深刻地反映了专利申请、保护对企业投资流向的重要影响。美国最大的化工企业杜邦公司近年在华专利申请与投资活动就是一个典型的例子。该公司截止到 1997 年在我国共开办了 9 个子公司,而这些子公司大多数又是在 1996 年才开工的。公司却早在 1990 年就开始大规模地在一些领域集中申请专利了。如 1990~1991 年两年间申请了 270 件专利,而临近开工的 1995 年才申请 11 件专利。

2. 企业技术创新成果的创造性影响企业投资时对专利制度的运用

一般来说,中小企业经济实力有限,技术开发能力也不及大型企业。

它们开发出的产品一般周期较短而实用性较强，但创造性整体上低一些，专利保护对它们进行投资的影响要小一些。当然，这也只是相对的。

3. 专利保护是企业投资的杠杆

拥有专利等知识产权的企业进入新市场的途径通常有专利技术贸易、外国直接投资和专有技术许可等形式。在企业决定将投资于某一新市场时，专利保护是其中的重要因素。美国两位作者的研究证实，美国的专利权等知识产权对新商业的形成和资本市场的发展都具有影响。一些新创办的、正寻求资本的公司发现，如果他们对风险投资进行了法律保护，就会有获得更多资金的机会。如美国的 Jay Walker 公司在网上经营拍卖生意就比较典型。该公司曾因采用以顾客为导向的电子拍卖模式而获得专利权。该专利权在为公司募集高达 1 亿美元的风险基金方面立下了汗马功劳。

总体上，发达国家企业认为应将专利作为实施投资决策的杠杆，企业在进行技术商品贸易时要考虑专利保护对其进行投资的地区会有多大的影响。技术开发—专利保护—商业投资—利润增值这一过程是发达国家企业生存和发展的基本轮廓。

二、企业专利权资本化若干问题

（一）企业专利权资本化的条件

1. 企业专利权资本化的程序必须合法

企业专利权资本化可以通过专利权转让与专利权使用许可两种形式。应当注意，通常所说的专利权转让、使用许可与专利权资本化范畴的转让、使用许可不同。在专利权转让方式出资的情况下，出资方不像普通专利权转让那样获得专利转让费，而是获得投资企业的股权。而且，并未完全丧失对该专利的权利，因为出资方仍可以股东的身份参与企业财产的分享。在企业终止时，原专利权人仍可按照合同约定分享该项专利权，专利权可以重新回到出资方手中。但无论采取哪种形式，都应当办理权利移转手续。就专利权以转让方式出资的，应由出资方与接受方订立专利权转让合同；采用专利许可使用形式出资的，应当签订专利许可使用合同。

2. 企业专利权资本化与企业有形资产投资应当同步进行

企业专利权资本化是企业的专利权在专利法律保护下进行资本运营的过程，也就是作为专利权人的企业将其专利权作为资本进行投资。这一资本化过程是与投入资金、设备、厂房等物质资本投资方共同投资入股的过程。换言之，专利权只是企业经营的生产要素之一，它只有与实物、货币等有形资本相结合才能充分发挥其效能，形成资源的优化配置。不仅如此，企业专利技术出资还必须将它与有形资产投资的比例限定在一定的比例之内，不能让专利权量化为产业资本后所占的企业资本的比重过高。当然，国家另有规定的高新技术企业除外。

3. 企业专利权资本化对专利权出资方的限制

（1）权利限制。

企业如果以专利权转让的形式出资，它对用于出资的专利权应享有出资入股的处分权，保证投资于企业的该专利权没有任何第三人相对抗。企业如果以专利权使用许可的形式出资，它对用于出资的专利权要按照使用许可合同的约定承担义务。具体地说，如果是专利独占许可合同，在合同约定范围内出资方不能自己利用或授权他人使用，也不得再以该专利权向第三人投资。如果是专利排他许可合同，除出资方与所投资的企业都可以使用外，在合同约定范围内出资方不得授权任何第三者使用，也不得再以该专利权向第三者投资。

而且，企业以专利权投资本身存在一定的风险。由于专利技术是无形资产，不易估价，一旦作为投资后就具有长远的影响。对这种权利的投资自然应作一定的限制。特别是当专利权在被作为投资后因出资方的原因未缴年费、声明放弃、提前终止时，对被投资的个人及其他投资者的利益影响较大。为此，专利权出资方应当承诺当出现上述情况时，必须补足其出资，给他人造成损失的，还要依法承担赔偿责任。

不过，对企业以专利权出资承担的风险也不能限制过多。从公司法上的有限责任角度讲，无论是有限责任公司还是股份有限公司，公司以其全部资产对外承担有限责任，股东则以其出资额对公司承担责任，即公司和股东都只承担有限责任。就企业以专利权出资而言，专利技术价值的不稳定性、被投资公司对专利权出资占有的非独占性都会使专利权的资本化和物质资本相比存在一定的不稳定性和风险。特别是就企业以专利权出资本身看，存在的不稳定性和风险较大。另外，企业投资的公司接受专利权出资后，通常需要围绕专利技术进行配套投资，如在专利产品和工艺商业化方面的投资、外观改进的投资、广告促销投资以及相应的售后服务方面的投资等。如果专利权资本化运营中存在问题，这些投资效益也会受到影响。这些问题的存在也表明在企业专利权的投资方面更需要企业自身良好的管理。

（2）对其他投资者行使权利的限制。

企业以专利权出资不得恶意利用出资损害公司其他物质资本股东的权益。不仅如此，从制止不正当竞争角度出发，企业专利权出资方不得利用其专利技术优势向所投资的企业提出不合理条件。例如，不准所投资的企业再接受第三者的专利权投资，要求接受投资的企业必须购买其原材料、零部件、设备等。

(二) 用作企业出资的专利权的评估作价

对专利权依法评估作价是企业专利权资本化的核心问题。作价过高会造成所投资企业资本的虚假膨胀,使专利权出资方侵占其他股东的合法权益,因为这样势必会多占股权收益。作价过低则又会损害专利权出资方利益。因此,如何科学、准确地将企业出资的专利权量化为产业资本,实现其投资价值确实是一个比较重要的问题。从前面引述的法条也可以看出,用于投资的专利权是必须依法进行评估作价的。这一问题比较复杂,将在下一章中详细讨论。

第3节 企业商标权投资战略

与专利权一样,商标权日益被企业作为重要的投资手段。企业商标权投资或者说企业商标权资本化、商标资产的资本化,是企业经营决策的重要内容。本节先从商标资产的相关问题谈起,旨在更深刻地认识商标权何以能作为被投资的对象。然后再对商标权资本化的条件、程序、决策等问题进行剖析。

一、商标被上升为"资产"——企业商标权资本化的前提

商标被注册后并不能立即形成一种具有较大价值含量的资产,在初始阶段它只是以储备资产的形式存在,以商标所有者拥有的权利形式存在。但是这种储备的资产一旦被企业利用、精心培植,它就会为企业带来特殊的经济利益,成为企业获得市场优势的重要经济资源,使商标的价值永远超过申请注册时的价值,而成为企业信誉、产品质量的象征。消费者也会逐渐由对商品的偏爱转化为对品牌的偏爱。商标上升为资产,其基础条件正是商标被创立一定的信誉。这种信誉创立的前提则是商标被赋予一定的专有权,表现为企业通过生产和交换而取得的对商标的使用、支配的权利。从这里也可以看出,商标被创立出一定的信誉通常也是商标权投资的重要条件。这是因为,只有具有一定信誉的商标才具有一定的资产存量价值。

从"资产"的角度认识商标和商标权,可以说是现代营销观念的产物。传统营销观念仅将商标作为一般财产看待,这样就很难从资本运营的角度认识和发掘商标权的价值。现代营销观念则要求从战略的角度来认识、开

发商标的价值，将商标作为一种不断被增值的资产来培育，就能够使企业以商标作为重要的资源来开发，而不仅仅以当前的回报作为投资决策的依据。而且，现代营销观念是系统性的整体营销观念。在培植商标资产价值上，强调在发展商标知名度、商标忠诚度、商标形象、商标联想等方面合理地分配资源，使对商标的投资效益达到理想状态。

"商标资产"目前仍主要在市场营销学领域被作为重要的研究对象，其作为学术用语进入市场营销研究领域始于20世纪80年代的美国。1988年，美国市场营销科学学会（MSI）曾将商标资产问题列为重点。迄今为止，商标资产问题仍然是西方市场营销学领域研究的热门话题。

随着商标竞争的开展及企业名牌战略的进行，商标作为一种资产投资形式日益受到重视。商标资产形成后，便具有较高的市场价值，反映了企业经营的组合效益与竞争力。商标资产的核心是商标能够给消费者带来超越产品功能价值的附加利益，从而对消费者形成感召力，这种感召力与商标的资产价值成正比。

二、企业商标权资本化的意义

企业商标权资本化是企业运用商标战略的一种重要形式。其意义主要体现在以下几方面。

（1）在更大层面上发挥商标作为存量资产的价值，实现商标的投资效益。

商标权的资本化是以商标作为投资的方式，这种形式可以节约出资方的现金支出，扩大使用注册商标的商品或服务项目的生产经营规模，进一步提高商标的信誉。另外，对接受商标权投资的企业来说，则可以直接利用已享有一定声誉的商标拓展生产经营活动，增强市场竞争力。

（2）有利于消费者利益的保护和实现。

商标权资本化后，有利于接受商标权投资的企业以享有一定声誉的商标开展集约经营，扩大名牌商品或服务项目的生产经营规模，从而更好地满足消费者的需要。

（3）有利于扩大我国与其他国家和地区的经济技术交流，发展对外贸易。

商标权的资本化通过商标权投资的形式输出资本，减少了现金支出，既减轻了投资风险，又有利于拓展我国企业商标的国际空间。

三、企业商标权资本化的条件

企业商标权资本化有商标权转让与商标权使用许可两种形式。应当注意，作为商标权资本化的商标权转让与商标使用许可和通常意义上的商标权转让与使用许可不完全等同。就商标资本化意义上的商标权转让来说，与一般的商标权转让相比，出资方没有完全放弃商标的权利，而是以股东的身份享有企业财产权利。另外，在企业被终止时，出资方还可以根据事先达成的协议重新获得被转让的商标权。就资本化意义上的商标使用许可来说，作为许可人的出资方更没有丧失对商标使用的权利。商标出资方通过股东身份参与所投资企业的经营管理，并可以通过利润分成的形式获得投资效益。出资方即使是在独占许可的情况下也没有完全丧失使用权，因为出资方可以股东身份享有企业财产共有权。在出资方所投资的企业终止时，则可以按照合同约定收回商标使用权。无论哪一种形式，都应符合法定条件。主要包括以下内容。

1. 企业商标权资本化主体资格

企业如果以商标权转让的形式出资，则必须符合商标权或者说注册商标转让的条件，例如接受投资的企业作为受让人应符合商标法规定的商标注册人的条件等。另外，依据国家工商行政管理总局发布的规章，转让其商标除应当符合有关商标管理法律、法规和政策外，还应当提交商标转让协议和商标评估报告，报商标局核准。企业如果以商标使用许可方式出资，则商标权出资方应当为商标注册人，商标出资者和所投资的企业应对使用该商标的商品质量负责。并且，商标权出资方即商标使用许可方应当与被许可方订立商标使用许可合同。

2. 商标权资本化中应对商标权出资方权利作必要限制

这与前面已阐述过的企业专利权资本化的情况相类似，不再重复。

3. 商标权资本化应依照法定条件和程序进行

这方面内容较多，可以概括为以下几点：

（1）企业以商标权投资，必须在有关投资文件中明确商标投资方式，商标作价数额，使用商标的商品品种、数量、时限及区域，商标收益分配，企业终止后商标的归属等内容、违约责任及纠纷解决方式等内容。

（2）企业以商标权投资，被投资的企业在登记注册时，应当向工商行政管理机关提交商标主管部门的审查文件。未提交审查文件的不予核准登记。

（3）企业以商标权转让方式出资时，商标权出资方与接受方应共同向商标局交送转让注册商标申请、商标评估报告各一份，办理商标权转让手续。商标局受理后将依法审查，核准后将原商标注册加注后发还接受方，并予以公告。对可能产生误认、混淆或者其他不良影响的转让申请，商标局不予核准，予以驳回。以商标使用许可方式出资的，应当签订商标使用许可合同，并在合同中明确使用该商标的义务和不使用该商标的责任。商标使用许可合同应当报商标局备案，对不符合有关商标管理法律、法规及政策的商标使用许可合同，商标局将不予备案并不予公告。

（4）商标权转让、使用许可不符合法律、法规的规定，未能办理财产权转移手续的，则以商标权出资的股东或者发起人应当以其他出资方式补交其差额，补交数额应当重新验证并出具验资报告。若所投资的企业是有限责任公司，出资的商标权实质价额显著低于公司章程中所定价额的，应当由交付出资的股东补交其差额，公司设立的其他股东对其承担连带责任。原出资中的商标权应当重新进行评估作价，公司注册资本应当重新验资并出具验资报告。企业商标权出资后如因出资方的原因被商标局依法撤销或注销，商标出资方应当补足其出资，如果给他人造成损失，则应承担赔偿责任。

四、用作出资的商标权的评估作价

国家工商行政管理局在1995年2月2日发布《企业商标管理若干规定》规定：企业商标投资，除法律法规另有规定外，应当委托商标评估机构进行商标评估。必须在有关投资文件中明确商标投资方式，商标作价金额，使用商标的商品、数量、时限及区域，商标收益分配，企业终止后商标的归属等内容。被投资的企业在登记注册时，应当向工商行政管理机关提交商标主管部门的审查文件等。

无疑，为保证商标权投资作价的公平合理，企业对用作出资的商标权应当作出合理的评估作价。企业以商标权投资，应经国家工商行政管理局核定的商标评估机构进行商标评估，提交商标评估报告及有关商标权投资文件，报商标主管部门审查。商标主管部门对企业以商标权投资的审查，实行分级管理的原则：在国家工商行政管理总局登记注册的，由商标局审查；在地方各级工商行政管理机关登记注册的，由省级工商行政管理机关审查。

五、企业商标权资本化的局限性

商标权资本化使商标权量化为产业资本，与通常的商标权转让、使用许可有一些不同之处。特别是商标权被资本化后使商标权变成了一种动态资本，由于构成商标资产的商标知名度、商标形象、商标联想、商标忠诚在商标权作为运营资本运转后会出现各种变化，商标权资本化因而不稳定，即商标权资本化期间价值变动可能较大。作为商标权出资方的企业对此应有充分的考虑，慎重选择商标权资本化形式。

第4节　企业并购中的知识产权战略

并购是企业实行多元化战略的一种方法。它是指一个企业通过购买另一个企业全部或部分资产或产权，从而控制、影响被并购企业，以增强企业竞争优势，实现企业经营目标的行为。[1] 企业并购中必然涉及知识产权问题，因为被并购的企业（目标企业）的知识产权和企业其他资产一样在并购的情况下被转移到并购企业手中，而对并购企业而言，并购的动机有可能是以知识产权为目标的。特别是对主要以知识产权立足的目标企业（如高新技术企业）来说，企业并购现象在一定程度上可以被视为知识产权的投资。企业通过直接购买知识产权增强自己的竞争地位，在近年来的跨国公司之间的并购案中不断体现出来。

一、以知识产权为目标的企业并购

如前所述，知识产权越来越成为企业获得和占领市场并取得市场优势的重要武器。企业对知识产权的开发、保护和运营能力与水平在很大程度上决定了其市场竞争力。特别是在知识产权的运营中，知识产权越来越成为世界资本市场交易中日益重要的价值因素。在国外的法律咨询公司中，知识产权律师逐渐取代融资专家的现象就是知识产权的资本化运作越来越重要的信号。以知识产权为目标的企业并购即反映了现代企业对知识产权的资本化运营的重视和知识产权在企业中地位不断提高的事实。

从实际情况看，企业并购存在很多种情形，以知识产权为目标的企业并购则是其中的重要形式之一，知识产权已经成为众多大公司并购的一股潜在动力。通过并购，被并购企业的知识产权不仅重显其巨大价值，而且顺利地实现了投入产出效益。具体地说，以知识产权为目标的企业并购主要存在以下几种情况。

1. 并购企业和目标企业在技术和经济实力上大体相当

在这种情况下，严格地说，这一并购是一种企业联合或者说企业合并。这种并购可以将双方之间的知识产权整合，通过企业战略联盟的形式形成一股合力，共同对付市场中的竞争者，达到独占市场的目的。对这种情况来说，由于企业之间实力相近，企业并购的目的可能还存在其他一些重要因素，但知识产权的共同整合应当说在新的企业战略联盟中具有举足轻重

---

[1] 王铁男. 企业战略管理 [M]. 哈尔滨：哈尔滨工业大学出版社，2006：160.

的意义。研究发现，上述形式的企业并购在制药企业之间表现得比较典型。西方媒介分析也认为：对全球一些大型制药企业来说，合并是一种关系到生存与发展的迫切需要。它可以使其保持规模效益，并使自己在那些能够带来数十亿美元利润的药品生产方面保持领先地位。对制药企业而言，并购与知识产权相关的一个问题则是，医药产品的专利保护对制药企业来说具有极端重要的意义。但专利保护期限的有限性和新药品开发周期的漫长性、开发成本的巨大性使得制药企业之间在药品的专利保护期限届满前有必要通过合并或收购的形式继续占领市场并实现规模效益。如英国葛兰素-宝威集团和史克-比彻姆公司合并后，形成了一个能够控制全球药品市场8%的份额，年营业额近200亿美元的大型制药集团。❶

2. 并购企业出于经营战略的需要决定实施产品与技术拓展战略

并购企业实施产品与技术拓展战略可能存在多种多样的原因，例如有时涉及业务转型，需要开拓新的领域，实行多元化经营；有的是为控制他人新开发的具有重大市场应用价值的专利技术；有的属于实力强大的企业，需要利用手头资金开拓投资渠道。无论属于哪种情况，当目标企业具有较强的知识产权实力而这些知识产权对并购企业的经营发展战略目标的实现具有重要意义时，可以通过收购目标企业而直接占有新技术或品牌，从而取得竞争优势。这方面国外企业的案例很多，而且很多获得了成功。以下将不妨以雀巢公司为例加以说明。

雀巢公司是世界著名食品巨头，近些年实施的品牌战略，在很大程度上是和不断地兼并其他食品企业紧密地联系在一起的。雀巢公司在实施多品牌战略时具有非常鲜明的个性特色：一是重视主导品牌的维护和使用；二是重视品牌的本土化战略。公司没有采用以单一品牌创单一世界的市场营销学观点，而是重视品牌的本土性，特别是在人口众多的发展中国家，公司强调以适合当地条件的技术和为当地人接受的品牌拓展市场。这使雀巢公司在激烈竞争的食品市场占据了优势，而造就这种特色的重要经验就是实行以知识产权为目标的企业兼并。如雀巢公司在过去的10年中，先后投入180亿美元进行企业收购，它通过大量兼并像卡内森、派斯瑞、斯托福、黑尔、比唐尼等公司，极大地扩大了生产规模，并运用在当地为人熟知的被兼并的品牌继续开展经营，获得了极大成功。早在1993年其销售额即达到430亿美元，利润22亿美元。

随着出于经营战略的需要决定实施产品与技术拓展战略时的企业并购现象越来越普遍，我国企业也越来越重视实施这一战略，联想集团收购案即具有代表性：

---

❶ 马秀山. 创新与保护：专利经营启示录[M]. 北京：科学出版社，2001：102-103.

2004年12月，联想集团与IBM签订了并购IBM个人电脑事业部的协议。通过这个协议，联想集团收购了包括IBM所有笔记本、台式电脑及其相关业务，除客户、分销、经销和直销渠道外，还包括"Think Pad"品牌与相关专利。这样，联想集团一举成为一家拥有著名品牌、丰富产品组合和领先研发能力的国际化企业。根据2003年业绩计算，这次收购将打造约120亿美元的世界第三大个人电脑厂商。集团总裁柳传志表示，联想集团要迈向国际化，需要的是品牌、市场规模和技术专利，这三点在并购IBM个人电脑业务后即都拥有了。❶ 当然，并购后是否能够实现预期的经营目标，取决于多种因素。

对于企业实现转型升级或者扩大生产经营领域，并购是一种快捷而有效的方式。在当前市场竞争环境下，由于知识产权的地位不断提高，企业并购的重要动机和意图在相当大的程度上来自获取被并购企业的专利权等知识产权。

实际上，随着当前企业经营形势的变化以及企业战略发展的需要，企业之间跨行业和领域并购的现象非常普遍，通过并购成功实现产业转型和结构调整的例子也很多。如方正集团就并购江苏苏钢集团和重庆西南合成制药有限公司，步入电子信息产业以外的行业，深圳比亚迪公司并购西安秦川汽车有限责任公司，从而使前者步入汽车行业。值得注意的是，这些并购的一个共同特点是，被并购企业拥有一些被并购企业看重的专利权等知识产权。这一现象也凸显了知识产权在支撑企业发展中的重要作用。

3. 并购企业的技术开发或产品市场受到目标企业知识产权的严重阻碍

相当多的情况下，并购企业拥有强大的经济实力与技术开发力量，目标企业则属于中小型的企业如小型高科技公司。但由于目标公司掌握了若干关键的专利技术或其他知识产权，对并购企业技术研究开发和产品市场拓展构成了严重障碍，需要通过一定的途径加以解决。通过兼并形式收购该企业便成为一种行之有效的方式与手段。通过收购该目标企业，原目标企业的知识产权将受到并购企业的控制，从而能够尽快地摆脱原知识产权的约束。❷ 美国在线（AOL）、太阳微系统（Sun Microsystems）争夺并购网景（Netscape）的案例即是这种情况。太阳公司道出了并购的"天机"："真正促使我们这样做的原因在于我们能够控制网景的知识产权"，"那是让我们着迷的关键所在"。一份研究报告也解释了太阳公司并购的内幕："实质上，太阳公司购买的是知识产权，有了这份协定，太阳公司就能够获得

---

❶ 王晋刚，张铁军. 专利化生存：专利刀锋与中国企业的生存困境 [M]. 北京：知识产权出版社，2005：326.

❷ 夏淑萍，陈国清，朱雪忠. 通过企业并购实施并强化知识产权战略 [J]. 科学学与科学技术管理，2002（8）.

他们已经错过的关键软件。如太阳公司靠自身开发该软件,则不仅要花费 10 亿美元,而且要投入大量时间。"❶

4. 实施专利收购战略,巩固技术垄断地位

在有的情况下,被并购的企业并不构成本企业的直接竞争对手,或者对本企业的威胁不大。但由于这些企业掌握了部分本企业核心技术领域的一些专利,为了巩固本企业在该领域的垄断地位,有必要以专利收购战略的形式,并购相关企业。这种形式还具有更深一层次的意义,即增强对主要竞争对手的抗制力。例如,为了在路由器、交换机技术领域压制 3 COM、朗讯科技、北电网络公司等竞争对手,思科公司收购了数十家中小型网络技术公司,其中的重要原因就是思科看中了这些公司拥有的具有市场价值的专利。以取得专利权为目的的收购为思科获得路由器领域的垄断地位起了重要作用。事实上,通过并购控制主流核心技术是该公司的一个重要战略。公司并购的重要动机是不将市场空白留给竞争者,以便在提供产品或服务的每一个领域占据最大或者至少是第二位的市场份额。

5. 通过并购形成良好的知识产权组合以提高企业整体竞争力

从并购企业的角度来说,被并购的知识产权应当与其自身拥有的知识产权具有互补性,以便形成良好的知识产权组合,获得更大的市场竞争力。这方面在很多企业的知识产权并购实践中都有体现。例如,我国台湾地区的奇美电子并购日本 IDTech,获得其 112 件专利,这些被并购的专利与奇美电子具有互补性,提高了奇美电子整体的专利竞争实力。

二、企业并购中涉及的知识产权问题

以知识产权为目标的企业并购显然会涉及一系列的知识产权问题,解决这些问题是顺利完成企业并购的保障。这就需要对并购企业中的知识产权问题给予充分的重视,仔细分析、评估并购项目中所涉及的知识产权的状况。由于在并购活动中,涉及知识产权的权利状况和价值评估比较复杂,并购活动需要有法律专家、技术专家、财务专家、市场营销专家等共同参与,重点对被并购企业专利、商标、著作权、商业秘密等知识产权的权属、权利的有效性和保护期、资产价值等进行调查与分析。

在企业并购涉及的知识产权问题中,知识产权的权属情况最为重要。这是因为,以知识产权为目的的企业并购需要取得目标企业的知识产权,目标企业的知识产权一旦存在权属争议或者知识产权处于不稳定状况,将

---

❶ 凯文·G. 里韦特,戴维·克兰. 尘封的商业宝藏:启用商战新的秘密武器 专利权 [M]. 陈彬,杨时超,译. 北京:中信出版社,2002:6-7.

对并购企业产生不可估量的后果。换言之，并购企业在以知识产权为目标的并购活动中，需要确保目标企业的知识产权不存在瑕疵。如果目标企业的知识产权与第三方存在争议，则会影响并购目标的实现。例如，2004年10月，我国UT斯达康公司在收购韩国现代系统通信公司时，就因为没有认真调查被并购的CDMA技术所有权并不属于被并购企业一家独占而陷入诉讼。企业并购活动中重视对知识产权权属问题，国外久经沙场的大公司有时也发生失误。例如，大众汽车公司收购了劳斯莱斯汽车公司的所有资产，大众汽车公司取得劳斯莱斯汽车公司厂房、设备、零部件、工具等资产，但令公司感到奇怪和气愤的是，大众汽车公司并没有取得劳斯莱斯商标所有权。原来，劳斯莱斯汽车公司并不拥有该商标所有权，该商标所有权由劳斯莱斯飞机发动机公司拥有，该公司是一个与劳斯莱斯汽车公司完全独立的实体。随着劳斯莱斯汽车公司所有权的变更，劳斯莱斯飞机发动机公司与劳斯莱斯汽车公司有关该商标的使用许可协议也告终止。❶

为了保障企业并购目标的实现，并购企业一方面需要对目标企业的知识产权问题进行必要的调查，另一方面则可以向目标企业提出对知识产权真实性和无争议性的担保，纳入并购协议中，以保证在日后发生纠纷时处于有利地位。

在并购活动中，并购企业对于目标企业知识产权的调查，主要涉及专利、商标、商业秘密、著作权等内容。对企业并购中涉及的专利问题的重视，美国著名的制药公司眼力健公司的专家阐述的观点值得我国企业借鉴：如果一个企业打算收购另一家企业或者与另一家企业合并，必须要明确产品与技术的适用性、兼容性，这是专利分析开始之处。对专利分析应注意专利失效日期和目标企业是否仍然对专利享有权利，而且还要顾及目标企业的人员，因为收购后所需要的不只是专利，还包括专利背后的专业人员和知识。❷ 就商标而言，需要评估目标企业的商标形象与品牌资产价值，以决定在企业并购后目标企业原商标的走向，进而在整合并购企业商标战略后决定商标使用策略取向。就商业秘密而言，需要了解目标企业现有商业秘密的范围、内容和其他企业开展商业秘密许可贸易情况，以及采取的保密措施等情况，以确定商业秘密的价值和应采取的对策。就著作权而言，也需要了解目标企业现有著作权的状况，包括许可、转让等利用情况。目标企业是软件类型的高科技企业，著作权问题更加重要。

另外，还值得指出的是，并购通常涉及被并购企业的研究开发人员、

---

❶ 亚历山大·I.波尔托拉克，保罗·J.勒纳.知识产权精要[M].于东智，谷立日，译.北京：中国人民大学出版社，2004：52-53.

❷ 凯文·G.里韦特，戴维·克兰.尘封的商业宝藏：启用商战新的秘密武器——专利权[M].陈彬，杨时超，译.北京：中信出版社，2002：164-165.

管理人员等企业人才的转移，他们是被并购企业创造和管理知识产权的主体，在并入到新企业后，如何体现他们的价值，也值得研究。当然，这里涉及人力资本等问题，已超越了知识产权问题本身。

三、企业并购中知识产权战略的运用

通过企业并购行为，达到对被并购企业知识产权以及被并购企业知识产权的创造者的控制，本身是企业运用和实现知识产权战略的一种重要模式。在前面阐述的一些案例中，企业之所以愿意并购濒临破产的企业，原因在于被并购企业拥有并购企业所需要的、对其市场经营战略具有巨大价值的专利权等知识产权。其中，通过并购企业获得目标知识产权后，再对该知识产权进行有效的经营，特别是开展许可等形式的投资活动，从而获取比并购的支出大得多的利益，是以企业并购形式实施企业知识产权战略的更深一层的内容。如美国 ST 微电子公司通过并购形式买下了颇具市场潜力的专利，后来通过不断发放专利许可证的办法实现了营利目的。该公司并购莫特公司的成本花费只有 7 100 万美元，但通过发放专利许可证，在 7 年之内获得利润 4.5 亿美元。

除此之外，在特殊情况下，以知识产权为目标的企业并购行为还可以作为实现企业竞争战略目的、对抗竞争对手打击的有效手段。这里不妨以美国威盛公司并购美国国家半导体公司克莱克斯芯片制造部为例加以说明：威盛公司是美国电脑芯片制造商。该公司看准了开发速度快、成本低廉且与英特尔公司兼容的芯片设施领域。但是，英特尔公司在 1999 年撤销了给威盛公司的许可证，使威盛公司的战略计划受到严重阻碍。为摆脱英特尔公司设置的技术封锁，威盛公司果断地收购了国家半导体公司克莱克斯芯片制造部，因为该部获得了英特尔公司许可证。在成功进行收购后，威盛公司在国家半导体公司支持下，进入了快速发展的轨道。

第16章 企业知识产权融资战略

知识产权融资是知识产权具有资本属性、实现知识产权资本化和资产价值的体现。从企业知识产权收益运营的角度看，它是企业以专利权、商标权、著作权等知识产权为资本，通过银行、风险投资机构等金融机构进行融资而获得的一定现金流的活动。企业知识产权融资通常包括知识产权担保、知识产权质押融资、知识产权证券化、知识产权信托等形式。上一章关于企业知识产权投资的问题也可以纳入广义的知识产权融资的范畴。不过，本章主要对知识产权投资问题以外的融资问题展开讨论。

第1节 企业知识产权融资战略概述

企业知识产权融资体现了知识产权的经济价值。在经济学意义上，知识产权是具有价值和使用价值的无形商品，具有商品属性，它可以通过金融资本形式转化成企业的现金流量，实现知识产权的资本效益。从此意义上说，知识产权融资是知识产权财产属性的升华，它更直观地反映了知识产权这一无形资产的价值性。

关于企业知识产权融资的类型，现有研究认为可以分为负债式知识产权融资和所有者权益式知识产权融资。其中，前者是指知识产权运营者将其拥有的合法有效的知识产权资产出质，从银行等金融机构获得资金，形成负债，并按时偿还资金本息的知识产权融资模式；后者是指知识产权运营者凭借其合法有效的知识产权，依照保险、信托、证券化等金融手段从银行等金融服务机构或者资本市场上获得资金收益的行为。❶ 本书认为，这种分类方法主要是从法律属性上进行的考量，它有利于知识产权运营者明确不同形式的知识产权融资法律属性定位，避免在知识产权融资活动中产生知识产权权益的损失。

从国外经验看，发达国家企业的知识产权融资发展较早，也积累了相当多的经验。不过，不同国家企业知识产权融资采用的形式不尽相同。以美国为例，美国企业的知识产权金融尤其是其中的专利金融具有完全市场化性质，政府对企业知识产权金融市场的干预不大，其主要作用是为知识产权金融提供良好的法律环境和投资环境，并通过完善知识产权融资数据库和信息网络，为知识产权金融创造良好的外部条件。美国知识产权金融的高度市场化，具体又体现于推陈出新的金融产品创新与活跃而完善的风险投资环境。在美国，出现了大量的民间金融服务机构，特别是风险投资机构，这为企业专利等知识产权融资创造了十分有利的条件。日本的情况则不同，其知识产权融资重视政府的支持，具有半市场化性质。在日本，由政府设置或支持建立的金融机构、产业发展基金与信托保障协会等为知识产权融资提供帮助与保障。韩国知识产权融资运营体系则完全由政府主导。韩国政府设立了国家银行、投资公司、创投基金和技术保证基金等金融机构，为知识产权融资提供资金支持。韩国还十分重视中小企业知识产权融资的支持，为这些企业提供低利率融资、信用保证与技术保证金等各种协助。韩国政府设立的公营金融机构还与专利评估机构、技术保证机构保持密切联系，以确保专利融资的高效。❷ 本书认为，美、日、韩这些国家在知识产权融资问题上政府所处的地位与采取措施不同，反映了在知识产权融资问题上政府的态度，也与知识产权融资的市场环境有关。像美国市场经济高度发展，大量活跃的民间风险投资为知识产权融资的完全市场化提供了坚实保障。反观我国，虽然近年来政府一直在不遗余力地力推企业知识产权融资业务，尤其是知识产权质押融资业务，似乎是对日本和韩国经验的借鉴，但效果并不理想。其中一个重要原因就在于我国民间性质的风险投资市场过去一直对风险大、见效慢的知识产权风险投资不感兴趣的现实有关。这需要采取多种措施加以解决。

---

❶ 毛金生，陈燕，李胜军，谢小勇. 专利运营实务 [M]. 北京：知识产权出版社，2013：187.

❷ 毛金生，陈燕，李胜军，谢小勇. 专利运营实务 [M]. 北京：知识产权出版社，2013：186.

第 2 节　企业知识产权质押融资

企业知识产权质押融资是知识产权融资功能和资本价值的重要体现，也反映了知识产权对企业发展的独特价值。随着我国科教兴国战略、知识产权战略的制定和实施以及创新驱动发展战略的推进，知识产权在我国企业中的地位越来越高。如何盘活知识产权这一无形资产，使其为企业生产经营发挥更重要的作用，是我国近年来政策法律十分关注的问题。其中，知识产权质押融资便成为盘活企业无形资产的重要形式。

一、企业知识产权质押融资的概念与意义

企业知识产权质押融资是企业以知识产权这一无形资产筹措资金，解决资金需要和不足问题的重要手段，是企业传统融资手段的发展。具体而言，它是指债务人或者第三人将其特定的知识产权向债权人出质，用以担保债权的实现，当债权没有如期履行时，债务人或者第三人将其被质押的知识产权以拍卖、变卖等形式优先受偿的贷款融资形式。由此可见，企业知识产权质押融资本质上是一种担保机制。它是指知识产权人作为债权人或者第三人将其拥有或者控制的知识产权作为债务人履行债务的担保，当该债务未能在约定期限内偿还时，即通过变卖、拍卖该知识产权等方式偿还所担保的债权。企业知识产权质押融资在我国相关法律中得到了确认。如《担保法》《物权法》中即有规定，《著作权法》在 2010 年修订时，也专门增加了关于著作权质押方面的规定。

企业知识产权融资是企业将"知本"变为"资本"的崭新的融资方式。我国第一例知识产权质押融资业务是 1999 年在山西忻州实现的。基于知识产权质押融资的日益重要，近年来我国有关政府主管部门大力推动该项工作。当前我国企业，特别是中小企业普遍存在融资困难的问题。企业知识产权质押融资具有十分重要的意义，它能够有效促进企业知识资本和金融资本的嫁接和融合，缓解企业融资困难。

二、企业开展知识产权质押融资的基本流程

企业知识产权质押融资既是一种经济上的资本运作行为，也是法律上的一种法律行为。我国相关法律法规和部门规章对于知识产权质押融资作出了相应规定。企业在以知识产权进行质押融资活动时，应当遵循这些规

定。企业开展知识产权质押融资，应完成以下三个基本程序：

第一，知识产权人委托知识产权运营者办理知识产权质押业务，如专利权质押、著作权质押等知识产权质押业务。基于此，知识产权人应与知识产权运营者签订委托协议，在协议中明确双方的权利与义务。

第二，由出质人与质权人（通常是银行等金融机构）签订书面的知识产权质押合同。关于签订这类合同的内容和要求，《专利权质押登记办法》和《著作权质押合同登记办法》都做了详细规定，需要按照其要求进行。

第三，在签订知识产权质押合同后，还需要履行相应的质押登记手续。

三、我国企业知识产权质押融资的现状与问题

当前，我国企业知识产权质押融资难度大、开展情况不甚理想。这与知识产权交易市场不完善、知识产权价值的不确定性、知识产权价值评估难度大、信息不对称等多种因素有关。

就知识产权交易市场来说，它直接关系到知识产权的价值变现。一个成熟、活跃的知识产权交易市场能够使知识产权较快地被转化，为银行向企业发放知识产权质押贷款提供坚实保障。现实中，银行之所以青睐于房地产、设备等固定资产抵押，就是这些有形物在企业到期不归还贷款时可以较快地通过拍卖、折价售卖等形式收回，而银行对知识产权则不那么放心，担心万一企业逾期不还贷款无法实现其债权。因此，如何完善我国知识产权交易市场，促进知识产权及时流转和价值实现，既是我国开展知识产权交易评估促进工程的应有内涵，也是促进知识产权质押融资的重要机制。

就知识产权价值而言，知识产权质押与企业房产、设备等固定资产抵押相比，具有的无形性使得不能像有形抵押物那样直接由债权人占有，知识产权本身价值难以确定，并且具有动态可变性。这不仅体现为知识产权市场价值随着相关市场行情和市场竞争结构的变化而变化，也体现于知识产权本身存在诸多法律风险而使其价值具有一定的不确定性。

就知识产权价值评估本身而言，它本身需要考虑很多因素，而这些因素本身又具有相当的不确定性，加之目前我国知识产权评估体系和制度、组织机构不大健全，专业人员缺失，研究基础薄弱，知识产权价值评估成为知识产权质押融资的一个难点。

就信息不对称而言，企业与信息不对称导致对知识产权质押贷款无法进行科学决策。由于银行对企业掌握的信息不真实、不完整，银行对企业信任度存在问题。即使银行发放了知识产权质押贷款，也难以保持对设立质押贷款的知识产权的有效监控。

四、促进我国企业知识产权质押融资的策略

企业知识产权质押融资在较大程度上依赖于相关的政策环境和外部支持条件。因此，加强企业知识产权质押融资需要政府、金融机构和企业协同建设，完善政策规范，创新企业知识产权质押融资模式。主要策略如下：

（1）加强金融机构对企业知识产权质押融资的风险控制，防范各类风险。

具体地说，需要重视以下措施的运用：①充分发挥政策性银行的导向和调节作用，建立多层次的风险防范机制。②银行在开展企业知识产权质押融资活动时，对授信评级严格掌握，并在总结知识产权质押贷款经验的基础上创新授信等级。③强化与担保公司和无形资产评估公司的合作，对贷款数额予以把关。④加强银行对知识产权质押企业的贷前审查和贷款后的跟踪管理，防范知识产权风险和其他相关风险。⑤加强对质押的知识产权的保护，以增强知识产权的稳定性，降低知识产权风险。⑥在风险控制方面，注重社会资源与金融资源的整合，企业与政府主管部门、银行业监管部门等可以建立合作关系，促成企业、政府相关部门、银行和各类投资基金等多方主体的参与，建构风险分担体系和机制。

（2）加强政府与银行的沟通，制定和完善企业知识产权质押融资制度，指导企业开展知识产权质押融资活动。

2009年8月，上海市人民政府转发了上海市知识产权局等七部门联合制定的《关于本市促进知识产权质押融资工作的实施意见》。其提出建立促进知识产权质押融资工作联席会议、开展知识产权资产评估工作、创新知识产权质押融资方式、培育知识产权质押物流转市场体系、形成知识产权质押融资风险多方分担机制、健全知识产权质押融资保障机制、实施知识产权质押融资试点等多项措施。如规定了以下知识产权质押融资方式：企业将知识产权出质给银行等融资服务机构，银行等融资服务机构作为知识产权质权人向企业出借资金，企业按期向银行等融资服务机构偿还本息；企业将知识产权出质给融资担保机构、保险公司等第三人，融资担保机构、保险公司等第三人作为知识产权质权人为企业融资提供担保或信用保险，银行等融资服务机构向企业出借资金，企业按期向银行等融资服务机构偿还本息；由拥有知识产权的企业与银行等融资服务机构协商确定法律允许的其他知识产权质押融资方式。这类指导意见对于其他省市企业建立健全知识产权质押融资制度、开展知识产权质押融资活动亦具有一定的借鉴意义。

（3）积极探索企业知识产权质押融资新形式。

例如，在"上海浦东模式"中，以试点促推广，实现面上突破。在试

点中，有孚公司授权登记的计算机软件著作权被质押给科诚小额贷款公司，在经科诚公司对该软件著作权价值评估出 500 万元价值后办理著作权质押登记证书。有孚公司获得了期限为 1 年的 400 万元贷款。同时，有孚公司企业法人代表的股权被质押给科诚公司作为联保，并约定当有孚公司不能按期返还贷款时，由杨浦科技创业中心下属的科艾投资管理公司根据协议约定的价格参股有孚公司，也就是将债权转化为股权进行追偿。这种模式的重要特点是，通过科艾投资管理公司的加入，实现了债权和股权的联保，确立了将知识产权质押转化为债权与股权联保的方式，与美国硅谷银行的做法有相似之处。❶

第 3 节　企业知识产权证券化

一、企业知识产权证券化概述

（一）企业知识产权证券化的概念

知识产权证券化是指将具有可预期现金收入流量的知识产权即基础资产，通过一定的结构安排对基础资产中风险与收益要素进行分离与重组，转移给一个特设载体（Special Purpose Vehicle，SPV），并由该特设载体发行一种基于该基础资产的现金流的可以出售和流通的权利凭证，并以此融资的过程。知识产权证券化作为一种创新的知识产权运营模式，其实质是在当今知识经济时代，以专利权、商标权、著作权等知识产权权利本身为基础的资产证券化的一种结构性融资的新型尝试。

（二）企业知识产权证券化的意义

知识产权证券化的渊源是资产证券化，资产证券化则是 20 世纪 30 年代以来金融领域的一项重大创新。知识产权证券化将以前可以证券化的资产由不动产抵押债券和金融资产扩大到知识产权领域，为在知识经济环境下在更大的程度上实现知识产权的价值，促进创新成果转化，提供了崭新的渠道。知识产权证券化也是在新技术环境下知识产权制度与金融市场嫁接的有效手段，体现了金融创新和知识产权运营模式的创新，使知识产权获得了金融市场的支持。

---

❶ 周丽. 我国知识产权质押融资面临的困境、挑战及对策 [J]. 电子知识产权，2011（7）.

知识产权证券化成为当今知识经济时代的融资新趋势具有诸多客观成因。我国广大中小企业尤其是创新型企业或称高新技术企业在融资过程中基于知识产权权利本身所具有的风险性和不稳定性而很难通过银行获得充分的贷款，出于规模水平等方面的局限性又很难通过其他传统融资途径获得其生产发展所急需的资金。此外，有关权威调查的数据表明，我国当前在将科研成果转化为现实生产力方面尚远远落后于发达国家，然而这一问题自其被正视以来又因受制于资金的短缺限制和风险的难以避免等种种因素而迟迟得不到有效解决。知识产权证券化正是基于对这些问题的解决应运而生并不断发展起来的。知识产权证券化还能够将原属于知识产权人的风险通过破产隔离等机制的运作分担给整个社会中人数众多的该证券的投资者，从而能够达到降低风险的作用，最起码能够保证知识产权所有人在侵权发生的时候有能力承担诉讼的风险。与此同时，购买此知识产权证券的投资者们出于利益考量对于将科研成果转化为现实生产力也会起到一定的监督作用。从总体上看，知识产权证券化有利于知识产权的转化运用，而知识产权向生产力转化的比率提高必然能够起到激励知识产权人的作用，这种激励进而又会在更大范围上促进整个社会创新能力的提高。可以说，从宏观的角度来看，知识产权证券化对于我国知识产权战略的实施、创新型国家的建设等都会起到不可小觑的重要作用。

（三）知识产权证券化较之传统资产证券化的特殊复杂性

从知识产权证券化本质特征的角度，可以将知识产权证券化概括为证券化载体之上的以知识产权权利信用作为担保的结构型融资方式。知识产权证券化中具有可预期现金收入流量的知识产权的权利主体和权利本身的范围都比较难以界定和厘清，故而知识产权证券化的基础资产权利状态较之传统的金融资产证券化而言必然会复杂许多。同时，知识产权范围上固有的不稳定性不可避免地给知识产权证券化带来比其他资产证券化更多的风险。然而，现今这种风险又因缺乏公认和明确的评估标准而难以做到足够科学的评估，尤其是商业秘密等类型的知识产权更加难以评估其现时，将此类资产纳入证券化的操作过程更困难。加之知识产权固有的无形性以及地域性限制、时间性限制使得知识产权这一特殊资产难以预计和测算其未来的收益，进而导致很难评估知识产权资产现金流的价值。现在对于国际化趋势日趋明显的证券化工具而言，各国知识产权法律制度的差异也会带来不少风险。此外，知识产权资产被侵权的风险可能性也是随着科学技术的不断发展而与日俱增的，例如网络技术的日趋先进化引发了一系列关于影视作品、音乐作品的复制权、传播权等版权侵权案件。显然，伴随着新技术的层出不穷，专利权、商标权等工业产权所可能遭受的各种侵权案件会更多。上述错综复杂的原因使得知识产权证券化这一基于知识产权权利本身的证券化交易过程较之传统的一般资产证券化而言难免更加复杂。知识产权证券化的这种特殊复杂性昭示着：知识产权证券化的顺利开展和进行必然离不开区别于一般资产证券化的较高标准的法律制度设计。❶

总的来说，知识产权证券化是知识产权资本化的新形式，也是知识经济阶段资产证券化的新发展。知识产权证券化反映了随着经济社会发展，技术创新和知识产权资本功能的提升，知识产权结构性融资的新特点。知识产权证券化本身并不是单纯的资产运作行为，它需要与有形资产或其他无形资产结合，通过一定的商业运营活动才能实现。这自然与知识产权作为无形财产权的特点有关，因为在很多情况下实现知识产权的价值需要将其与企业的有形资产相结合。另外，基于知识产权本身价值的不稳定性和复杂性，知识产权证券化也表现为一定的不确定性。因此，知识产权证券化具有一定的投资风险，在其运转过程中应充分考虑。

二、企业知识产权证券化内容

原则上，不同类型的知识产权均可以开展证券化活动。不过，现实中以专利和著作权证券化居多。以下即以其为研究对象，探讨企业知识产权证券化实施过程及其风险控制。

（一）企业专利证券化

1. 企业专利证券化的概念

企业专利证券化是知识产权证券化在专利领域的具体表现形式，是企业可行的结构性融资手段之一。它是指发起人以专利将来可能产生的现金流剥离于企业对外披露的财务报表之外作为基础资产，分离与重组其中的风险和收益因素，将专利许可使用费收益权转移给特殊目的机构（SPV），并由该特殊目的机构向投资者发行以该基础资产为担保的可流通权利凭证的过程。专利证券化是一种重要的金融创新，是资产证券化在专利领域的拓展。其本质是以专利资产的预期收益为核心的融资模式。

2. 企业专利证券化的产生与发展

在我国，专利证券化是专利资产投资经营领域一个颇为新颖的问题。但是，随着专利资产经营范围的拓展，企业专利证券化是一个不可阻挡的趋势。在国外，企业专利证券化问题已被逐渐引起重视。美国罗姆拉公司金融家 Eisen Pierre 对权利证券化问题研究较早。他在 20 世纪 90 年代早期

---

❶ 冯晓青，吕莹. 知识产权证券化：创新型国家建设的重要推手 [N]. 证券日报，2013-05-06.

即尝试将证券化的贷款转化为有价证券,再卖给各大投资者,实现了抵押业务的重大突破。他认为在专利权领域也完全适合于证券化。一些公司可能负有大量债务,这自然会影响其收支平衡和股票价值。但通过专利证券化,它们便有了一条筹措资金的途径,这也有助于收支平衡,因为这些贷款不可追还,惟一的担保是专利。

近年来,美国一些资产公司已开展专利证券化活动,并取得了一定的成效。例如,1999 年 1 月,设在旧金山的环球资产资金公司最早宣布进行专利资产证券化。该公司将一种抗癌药物的专利的预期营利证券化,并将其出售给投资者。2000 年耶鲁大学以转让药品专利许可使用费收益权的形式完成了专利证券化,融资约 1.1 亿美元。随着专利资产证券化在实践中的实行,对这方面的理论研究也逐步展开。如在 1999 年 4 月,美国在纽约召开了专利资产证券化会议,美国主要的投资银行代表都参加了会议。该会议讨论最热烈的题目即是评估知识产权价值和将其证券化问题。❶ 日本也出台了一些政策,允许对专利进行证券化融资。实践证明,成功的专利证券化能够为企业提供一条筹措资金的途径,在企业负有债务、资金短缺的情况之下帮助企业提高专利的流通性,在将专利成果充分转化的同时维持资金链,实现企业的正常运转和收支平衡。

3. 企业专利证券化的主要流程

企业专利证券化流程主要如下:❷

其一,由创新型企业等专利证券化发起机构将其拥有的专利权及其衍生的债权,如预期的专利许可费、已签署合同中保证金支付的使用费等,转移给一个特色机构。其中第一步在于选取合适的专利或者专利组合作为纳入专利证券化的基础资产。该专利资产应当能够具有较强的变现能力且产生预期的现金流量,同时避免专利权属等多方面风险。关于专利证券化风险及其防范,以下将继续予以探讨。第二步则在于建构特设信托机构(SPV)作为载体。特设信托机构有信托和公司两种形式,其中以信托形式设立的 SPV 称为特殊目的信托,以公司形式设立的 SPV 称为特殊目的公司。如 Royalty Pharma 在 2000 年即成立了一家特殊目的信托 Biopharma Roralty,专门对 Zerit 的专利许可收益进行证券化处理。

其二,由特设机构以该专利资产进行担保,对该专利资产进行重新包装、信用评级与信用增强活动。在设立 SPV 后,即进行完善专利证券化结构,进行内部评级等活动。具体内容包括:与会计师事务所、律师事务所

---

❶ 凯文·G. 里韦特,戴维·克兰. 尘封的商业宝藏:启用商战新的秘密武器 专利权 [M]. 陈彬,杨时超,译. 北京:中信出版社,2002:281.

❷ 毛金生,陈燕,李胜军,谢小勇. 专利运营实务 [M]. 北京:知识产权出版社,2013:203-206.

等相关参与单位签订协议，明确专利证券化过程中各方的权利和义务；银行、保险、企业等外部信用增级机构评估专利资产组合的信用风险与专利资产证券化结构，以此明确是否进行信用增级及其相应的幅度。信用增级是吸引专利证券化投资者的重要形式，专利证券化信用增级可以由发起人或者第三人进行。信用评级机构在进行信用增级后，评级机构即进行发行评级，接着向投资者公布评级结果。

其三，发行证券并支付购买价款。在上述基础上，将经过信用评级的证券由证券承销商承销。证券承销既可以采取私募形式，也可以采取公开发售形式。发起人可以从证券承销商那里获得发行现金收入，作为承销商购买证券化专利资产的对价。

其四，证券挂牌上市交易。在完成发行证券程序后，即可申请证券挂牌上市交易。

其五，证券化专利资产的管理与服务。证券化专利资产挂牌上市交易后，发起人需要指定一个资产池管理公司提供服务或者亲自管理该资产池，收取和管理来自资产池产生的现金收入，并将其交付托管银行的托管账户，由托管银行根据约定建立积累基金，交付给SPV并由其管理该积累基金。

其六，向投资者支付本金和利息。发行证券化专利资产所获得的收益用于向投资者支付本息。根据证券发行说明书的约定，委托银行及时与足额地向投资者支付本息。当证券化专利资产池产生的收益大于支付的本息和各种服务费用时，发起人和SPV有权对这些剩余收入进行分配。

由此可见，企业专利证券化交易主要涉及专利资产转移模块、SPV组织形式模块、信用增级与信用评价模块，以及证券发行与偿付模块。

然而，证券市场本身就是一个充满风险的地方，数次世界性经济危机都始于证券业的溃退；与此同时，专利本身价值具有不稳定性和复杂性，所以专利证券化表现出一定的不确定性，在实际操作过程中必然存在若干风险，影响着专利证券化的最终效果。

其一，专利自身的法律状况可能给专利证券化带来一定风险。从权利的角度来看，拟进行证券化的专利可能并没有处于完满的法律状态：如专利权属不明或专利权属存在争议的事实可能影响证券化程序的进行；专利侵权纠纷和专利无效程序可能使企业陷入诉讼风险，不仅会造成专利价值受到贬抑，还可能导致融资企业失去权利源泉、专利证券化失去根基；以专利权设立的质押担保则会影响专利权的绝对权效力，使得专利权存在"瑕疵"；而若专利权的保护期限即将届满，专利将在短时间内进入公有领域，专利权人不再享有法定垄断优势。此外，未按照法律规定缴纳年费的专利不再受法律保护；而专利权还要受到地域性的限制，如果企业未在其他国家申请专利权，可能失去国际竞争力，不利于实现专利证券化的目标。

这些都使专利证券化具有高度的风险性和复杂性,在一定情况下甚至会直接造成专利证券化的失败。

其二,专利自身的经济寿命可能给专利证券化带来一定风险。专利的经济寿命受到诸如专利类型、专利的市场化程度以及可替代性等多方面因素的影响。专利的市场化程度也影响着其经济寿命。只有高度市场化、产业化的专利才能真正实现科技成果的转化,给权利人带来经济利益。此外,专利的可替代性还与该专利的经济寿命呈现出一种负相关的关系:专利的可替代性越强,则其经济寿命越短;反之则越长。科学技术处于日新月异的发展状态之中,新的专利技术不断出现,不断覆盖、取代旧的技术,专利的经济寿命具有不确定性,因而专利证券化无法即时对专利的经济价值做出精准的预估。

专利证券化作为一种新型的资产证券化方式,是在知识产权领域进行金融创新、促进科技成果转化的有效途径。然而,美国次贷危机告诉我们,不对资产证券化风险进行管控将使金融创新走进过度膨胀、急于求成的死胡同。所以,为了保护投资者的利益,实现证券市场的基本稳定性,在专利证券化初期就加强风险控制是推动制度良性发展必不可少的举措。

首先,应当充分发挥特殊目的机构(SPV)的风险隔离作用。SPV 是专利证券化风险隔离机制中最核心的部分,是受让专利许可使用费收益权并据此发行证券,独立于专利权人、被许可人以及投资者的特殊实体,通常采用更新、让与或信托方式来实现专利许可使用费收益权的移转。一方面,投资者的利益不会因为作为专利权人的企业经营不善或进入破产程序而受到影响;另一方面,SPV 阻却了投资者对原企业的责任追究,解除了企业融资的后顾之忧。

其次,应当加强对专利证券化中介机构的监管,完善专利评估机制。目前我国具有全国性债券市场评级资质的机构仅有几家,并且评级结果客观性不够、公信力不强,与具有强大人才储备和丰富实践经验的国外评级机构相比,不足以满足日益成熟的证券市场的需求,评估环节成为专利证券化制度中制约其进一步发展的短板。信用评级机构和信用增级机构则是证券领域中最为重要的中介机构,其往往在解决财会、金融和法律问题方面扮演十分重要的角色。它们对专利的经济价值、盈利能力等因素进行分析,对专利进行评估并决定专利的信用等级,进而影响投资者决策,以达到防范投资风险的目的。所以应当加强对中介机构的监管,尽可能实现评估结果的客观化、公正化、准确化,为专利证券化的成功实施奠定基础。

除此之外,专利证券化还可以通过加强行政机关的市场监管、优化 SPV 运行模式、谨慎选择基础资产构建专利池、建立科学有效的后续偿付机制、健全配套制度等举措来规制风险因素,实现专利权人、投资者利益的正和博弈，促进该项制度健康、良性、长足的发展，从而提高专利技术的流通性，促进科技成果的转化。[1]

（二）企业著作权证券化

著作权是知识产权体系的重要组成部分，以音乐产业、影视产业为代表的文化产业已经显露出明朗的商业前景，一部成功的影视、音乐作品可以产生巨大的利益，为实现著作权证券化奠定了基础。在20世纪90年代末期，美国娱乐业的知识产权证券化现象即比较突出。1997年，美国著名摇滚歌星大卫·鲍伊（David Bowie）在美国金融市场上以其25张专辑做成著作权资产池，发行了5 500万美元债券。百代唱片公司（EMI）则与其签订了为期15年的全球著作权许可协议的方式提供信息增级。这被认为是世界上第一个知识产权证券化案例。

著作权证券化是知识产权证券化在著作权领域的具体实现，对象一般为具有未来收益前景，可产生一定现金流的作品著作权或者以尚未成为作品的著作权创意、半成品为对象进行投资，利用发行证券的资金帮助其完成创作、产生收益，进而使证券化投资者获得利润。著作权证券化过程中存在的风险主要来自选择基础资产时，其所具有的市场风险、法律风险，在我国的特定环境下，还存在盗版猖獗、相关法律政策缺失带来的风险等。

在证券化的过程中，需要对基础资产未来可产生的收益进行评估，而著作权资产恰恰具有波动性大、难以预测的特点。与前期的宣传手段与力度，导演、演员的知名程度以及当时市场的流行元素等诸多要素相关联，这一切在证券化初期的资产评估时难以预料，并且热点多变、易变本就是文化产业的特点。由此带来的另一个风险就是将来根据著作权资产所取得的许可使用费以及销售收入的不确定性。著作权本身的特点也为著作权证券化带来风险。著作权作为无形资产，其可分割利用、可重复利用的特性也为证券化带来风险。由此可见，著作权证券化过程伴随着风险，而大的风险也伴随着巨大的利益，著作权证券化可以为文化产业汇集资金，也可为投资者带来丰厚的收益。最大限度地规避风险是实现著作权证券化目的的关键所在。

首先，由于著作权资产价值的波动性特征，所以在基础资产的选择上要更加慎重。经过评估的著作权资产应该可以产生可预期的、稳定的现金流。为了达到这一标准，所选择的基础资产首先应当是具有价值的作品。内容庸俗、一味迎合低端品位的著作权资产不会是市场的主流，不应纳入

---

[1] 冯晓青，张艳冰．防范风险大力完善专利证券化的规制［N］．证券日报，2013-07-08（A04）．

资产池。并且，著作权资产自身的法律状况也会影响证券的价格与商业价值。因此要全面考察基础资产可能具有的法律风险。例如，其归属是否混乱、是否曾经卷入诉讼等方面。作品权属关系明确，权能界限分明，法律状态稳定的作品更加适合作为证券化资产池中的资产。

其次，构建著作权交易信息公示平台。由于著作权的自动保护原则，著作权的归属没有专门的行政管理部门保存登记，也就无法查询。相关的著作权交易信息也没有统一的平台进行管理，很可能存在"一物二卖"的情况，投资人却无法明确得知。因此，建立一个完善的著作权登记制度，甚至开发著作权交易信息数据库，可以使作品著作权的交易归属有据可查，这样可以使著作权交易市场秩序得到保障，也可以帮助投资者查询到有效、稳定的著作权资产。

再次，由于著作权资产本身的特性，市场风险无法完全规避，要充分发挥特殊目的机构（SPV）的风险隔离作用。

最后，大力发展中介服务机构。著作权证券化的各个环节涉及法律、金融、经营管理、市场营销等多个环节，因此，专业的中介服务机构的介入必不可少。尤其是成熟的价值评估机构与信用评级机构，在知识产权证券化的过程中起了关键作用。准确评估资产池中著作权资产可能产生的效益，加之以客观科学的信用评级，可以实现促进文化产业繁荣与投资者取得经济效益的目的。❶

第 4 节　企业知识产权信托

一、企业知识产权信托的概念与意义

（一）信托制度及其特征

信托制度来源于国外，特别是英国衡平法。根据我国《信托法》第 2 条规定，信托是指委托人基于对受托人的信任而将其财产委托给受托人，并由其以自己的名义为受托人的意愿或目的，进行管理或处分的行为。

信托制度具有以下几个特点：一是信托财产的独立性。信托关系一旦建立，信托财产与委托人自身拥有的财产划分开来，并成为独立的信托财

---

❶ 冯晓青，张日广. 著作权证券化可促进文化产业发展 [N]. 证券日报，2013-07-29（A03）.

产，以便于实现信托的目的。二是权利与利益的可分离性。信托关系成立后，受托人从委托人接受的财产构成信托财产，受托人应当基于受益人的利益管理和处分该财产，并将所得收益交付给受益人。三是受益人利益的可保障性。在信托关系中，信托财产的管理风险和风险责任均由受托人承担，受益人则只享受利益而不承担风险责任。❶ 当前，信托制度已成为西方发达国家运用日益广泛的财产制度。随着我国金融制度的建立和发展，我国也引进了信托制度。信托作为一项古老而成熟的财产管理制度，"受人之托，代人理财"是其基本价值构造。

（二）知识产权信托的产生及其重要意义

传统信托制度中没有知识产权信托发展的空间。但是，随着知识产权价值的增加以及资本形式的发展，信托制度与知识产权实现了自然的结合，即产生了知识产权信托。它是指知识产权人以出让其部分投资收益作为对价，将其知识产权在一定期限内委托信托投资公司加以管理。信托投资公司在对受托的知识产权价值进行评估和适当包装后，即向投资者出售受托知识产权的风险投资收益期权或吸纳风险投资基金。❷

知识产权人通过信托方式委托专业机构管理其知识产权，弥补了知识产权人市场运营、管理能力不足的缺陷，拓宽了知识产权流转途径，有利于促进智力成果转化为经济效益，从而实现知识产权的保值增值的目的。信托制度的风险隔离制度使知识产权转化过程中的市场风险最小化，其融资功能有效解决了知识产权的商品化、产业化中资金不足的问题。

二、企业知识产权信托的运营——以专利信托为例

专利信托是企业专利运营的重要形式。它是指作为专利权人的委托人基于对受托人的信任，将其拥有的专利权及其衍生权利委托给受托人，受托人则以自己的名义（而不是委托人的名义）对该信托权利进行经营管理，并将所得收益支付给委托人或者第三人的专利收益运营形式和法律行为。

专利具有财产属性，是一种重要的财产权。专利本身也是一种能够产生收益的资本，符合信托财产的特性，能够成为信托财产。我国专利等知识产权信托业务始于 2000 年。目前，在专利信托业务方面，我国有关信托公司存在的问题主要是，信托投资公司针对专利的市场化运作经验缺乏，盈利模式还没有超越为企业牵线搭桥从而获取中介费的范围，没有认识到

---

❶ 毛金生，陈燕，李胜军，谢小勇. 专利运营实务 [M]. 北京：知识产权出版社，2013：195.

❷ 王玉民，马维野. 专利商用化的策略与运用 [M]. 北京：科学出版社，2007：194.

信托的本质在于以市场为导向提供可出售、可转让的市场行为。❶

三、知识产权证券化环境下的知识产权信托

知识产权信托制度主要适用于知识产权许可、知识产权证券化和著作权集体管理等方面。尤其是在知识产权证券化中，信托制度的运行顺畅与否甚至可以决定证券化的成败。知识产权证券化作为一种融资工具，其风险隔离制度的设计、严谨顺畅的交易构架对知识产权证券化的成功运作至关重要，而特殊目的机构（SPV）正是实现破产隔离制度的载体，也是知识产权证券化交易结构的中心所在，其组织形式的选择直接关系到破产隔离的效果以及证券的发行，进而影响预期的融资效果。

构建 SPV 模式一般有信托型 SPV、公司型 SPV 以及有限合伙型 SPV。其中，信托型 SPV 最适合知识产权证券化。信托型 SPV 是指发起人将拟证券化的知识产权委托给受托机构，成立信托关系，由受托人以自己的名义，为发起人的利益或特定目的进行管理和处分，向发起人发行代表证券化资产享有权利的信托受益证书，然后再由发起人将受益证书出售给投资者。

如前所述，信托财产具有独立性特征。信托一旦成立，信托财产就从信托当事人的财产中分离出来，成为独立的财产，其运作仅服从于信托成立的特殊目的。受托人成为信托财产的所有人，其依据信托成立目的管理、经营财产，不得利用信托财产或受托人身份谋取私人利益，否则受益人得追偿其信托财产。信托财产在法律关系上归属于受托人，但信托财产受信托目的约束，为信托目的而独立存在。信托财产的这些独立性特征非常有利于在知识产权证券化中对风险的有效隔离。证券化的发起人就是信托关系中的委托人，特殊目的机构就是信托关系中的受托人，投资者就是信托法律关系中的受益人，知识产权资产池中的基础资产就是信托财产。在特殊目的信托成立之时，就可以完成基础知识产权资产的"真实销售"与"破产隔离"，受托人在法律上取得了拟证券化的知识产权，从而实现知识产权资产的真实销售。该知识产权资产也成为独立的信托财产，与委托人的资产分离，实现风险隔离，保障委托人其他资产安全。

信托型 SPV 成立后就成为一个相对较为稳定的经济实体，可以凭借其获得的知识产权资产为支撑发行证券；当该信托实现了其特殊目的，剩余的信托资产将返还委托人，委托人通常保留对剩余财产的请求权。通过成立信托这种方式，委托人可以省去自己缺乏经验的管理运营工作，又获取经济利益。

---

❶ 毛金生，陈燕，李胜军，谢小勇. 专利运营实务［M］. 北京：知识产权出版社，2013：26.

我国于2001年颁布了《信托法》，为发展信托型SPV打开了大门。《信托法》的规定明确了信托财产的独立性，其不影响委托人与受托人的其他财产，为知识产权证券化的风险隔离提供了法律保障。但资产证券化在我国尚处于试点阶段，相关立法规定级别较低，且以试行的规定为主。2013年3月15日，中国证券监督管理委员会公告〔2013〕16号公布《证券公司资产证券化业务管理规定》，为我国具体实施知识产权证券化提供法律依据。该规定对公司资产证券化的基础资产进行了突破，包括财产与财产权利，如"企业应收款、信贷资产、信托受益权、基础设施收益权等财产权利，商业物业等不动产财产，以及中国证监会认可的其他财产或财产权利"。

知识产权证券化作为一种融资手段可以有效解决高新技术企业以及中小型技术企业技术研发过程中的资金短缺问题，有利于促进知识产权的转化与利用。SPV作为知识产权证券化的核心环节，其组织形式的选择对于证券化成功与否至关重要，信托财产的独立性使信托型SPV更加适合知识产权证券化。我国立法也为推动知识产权证券化提供了保障，企业应该利用好这一金融工具，实现创新开发转化利用的良性循环。❶

第5节　企业知识产权保险

一、企业知识产权保险的产生及其意义

企业知识产权交易中可能存在各种风险，如权属风险和诉讼风险等法律风险，以及商业风险、技术风险。为了促进知识产权交易，国外在知识产权领域逐渐引入了保险制度。例如，美国在20世纪90年代设计了知识产权保险这一分散风险的险种。该保险主要目的是解决因为知识产权侵权导致的损害赔偿与财产损失问题，保险标的包括知识产权的财产权和知识产权侵权赔偿责任。

一般而言，知识产权保险是由金融部门提供，内容涵盖专利、商标、著作权等。通常的保险形式，一种是对追究知识产权侵权者法律责任而进行的法律维权活动费用的支持，另一种是当被诉侵权时，提供相关的应诉费用。因此，知识产权保险可以理解为以知识产权中的财产权和知识产权侵权赔偿责任为标的的保险形式。从根本上说，企业知识产权保险存在的

---

❶ 冯晓青，张艳冰. 信托成知识产权证券化主推手[N]. 证券日报，2013-07-04（A03）.

缘由在于，随着企业之间竞争日益激烈，知识产权纠纷增多，并且知识产权本身被企业当成是获取竞争优势的重要手段，企业为了开展正常的生产经营活动，预防知识产权侵权风险与被侵权风险，知识产权保险的方式就应运而生。

二、企业知识产权保险的运作——以专利保险为例

专利是企业知识产权的重要内容。以下将主要以专利保险为例，阐述企业知识产权保险相关问题。从国外来看，英美专利保险制度较为发达，而在我国还是一个新生事物。这里不妨介绍与分析一下美国的相关做法：❶

1973 年，美国保险服务所的 CGL 保单首次将专利保险纳入普通商业责任保险的范围。根据该保单规定，由于毁谤、诋毁、损誉、侵犯隐私权、侵犯专利权和侵犯著作权造成的损害，保险公司均应承担相应的保险责任。1994 年，美国国家联合火灾保险公司推出了首张综合性专利侵权保险单，随后被多家保险公司遵从。从美国近年来专利保险开展的情况看，专利保险涉及传播、使用和销售被保险人产品的专利侵权诉讼费用和损害赔偿，不过很多公司仍将故意侵权以及不正当获取商业秘密的行为排除在理赔范围之外。值得注意的是，美国还存在一种以专利保险为主营业务的专利运营公司，如 2008 年成立的 RPX 公司。根据该公司创始人的观点，公司成立的重要目的就是应对恶意提起专利诉讼的公司及其带来的高额诉讼成本。公司收购了大量可能给其会员企业带来侵权困扰的专利，然后许可给会员企业使用，同时收取每年 4 万~520 万美元不等的年度使用费。又如在英国，劳埃德海上保险协会推出了一种名为专利执行保单，以解决中小企业在专利侵权诉讼中必需的费用问题。根据该保单的规定，理赔范围包括：被保险人对侵权人提出起诉的诉讼费用、被保险人因抗辩侵权而提出的反诉费用、被保险人对抗请求人专利无效宣告侵权而应诉专利无效的费用。

在我国，知识产权保险尤其是专利保险日益受到重视。2012 年年初，北京、武汉、镇江等成为我国专利保险试点工作启动单位。以江苏镇江市为例，其知识产权局在 2012 年 4 月发布了《镇江市开展专利保险试点工作实施意见（试行）》。该市制定了专利保险试点工作方案与相关政策，设计了专利保险的险种。为推动专利保险，还搭建平台促成保企对接。例如，在 2012 年 4 月 28 日，举办"专利保险试点启动仪式暨保企对接大会"。在本次活动中，政府以购买服务的方式向 142 件专利提供专利保险优惠费率和

---

❶ 毛金生，陈燕，李胜军，谢小勇. 专利运营实务 [M]. 北京：知识产权出版社，2013：198.

保费补贴，江苏正丹化学工业股份有限公司拿到了人保财险的全国第一张专利保险单。为推动专利保险业务，镇江市还开展了相关的配套服务，即以购买服务的方式向企业赠送为期一年的专利维权托管服务。[1]

---

[1] 孙华平，刘桂锋. 科技型小微企业专利运营体系及融资模式研究 [J]. 科技进步与对策，2013（18）.

第17章 企业知识产权价值化战略

Chapter 17

企业知识产权价值化涉及的是企业知识产权评估作价的问题。评估企业无形资产是我国企业向现代企业制度迈进的必然要求。增强人们对知识产权价值的认识，加强对企业知识产权价值评估的研究，具有十分紧迫而深远的意义。本章将先分析企业知识产权评估的基本问题，然后分别对企业专利权评估、商标权评估、著作权评估、商业秘密评估等问题进行分析。

第1节 企业知识产权评估概述

企业知识产权评估问题的存在，是基于知识产权本身具有的价值性。从知识产权的价值评估的角度看，可以将知识产权视为"知识资产"。知识资产是和实物资产相对而言的。实物资产必须依赖于有形的物质载体，而且载体的灭失会相应地导致实物资产价值的灭失。知识资产则不同，其存在虽然有赖于负载于一定的实物资产中，如专利产品、图书，但其价值实现则并不依赖于体现其存在的物质载体。而且，有形的实物资产具有消耗性和使用的排他性，知识产权意义上的知识资产则并不具有这种消耗性和使用的排他性，即它可以无限地为不同的人使用。正是由于知识资产具有这些不同于有形的实物资产的特征，知识资产被认为是无形资产和无形财产权。在当前知识经济凸显，知识产权制度日益完善的时代，知识产权成为企业最具有价值的重要竞争资源和经营资源。

所谓评估，是指用适当的技术程序和行为规范，对某项资产的货币价值所作的界定。企业资产评估则是对企业拥有资产依其资产评估的目的，如产权变动、资产保全、股份制改造、清算等估算出特定评估基准日的公平市价。根据不同的评估目的可以采取不同的评估方法。企业知识产权评估属于资产评估的范畴，它是用来确定知识产权现在的价值和通过未来的效应所应得到价值的方式。从理论上说，之所以需要对企业知识产权进行评估，是因为知识产权对企业具有重大的价值，日益成为企业宝贵的资产。知识产权的评估和变现因而成为无形资产学中最具有操作意义的部分。以下将对企业知识产权评估的几个重要问题进行研究。

一、企业知识产权评估的特点

1. 时效性

知识产权具有时间性特点，在知识产权保护期届满时或者因其他原因权利失效时，其价值可以从"有价"降到"无价"，后者指的是评估价值为"零"。如果不考虑知识产权在不同的时候其权利运营的状态，某一时段所作的评估价值就很难说是符合实际的。这就是说，在不同的时段，知识产权评估价值是不同的，某一时段评估出的企业知识产权价值只反映评估基准日的价值。

2. 针对性

资产评估具有针对性或者目的性，企业知识产权评估也不例外，它是适合于某一特定目的而进行的，与产权交易条件如投资条件、转让条件、许可条件密切相关，是为市场的产权变动如企业联营、股份制改造、合资兼并、公司上市收购、技术贸易、知识产权转让等提供中介服务，以对被评估的知识产权作出一个合理市价，促成实现企业资产经营活动目的。

3. 估价性

企业知识产权评估是在特定的产权交易条件下基于企业知识产权在企业运营的状况，由评估者运用一定的科学方法和逻辑分析，根据知识产权的特性并结合评估目的对企业某项知识产权在特定时间的价值所作出的合理结论，因而具有估价性特征。

4. 参考咨询性

企业知识产权评估并不具有法定效力，而只是为企业知识产权交易各方提供参考意见，最后的成交价值仍应由交易各方协商确定。企业知识产权评估表现出参考咨询性的特点。

二、企业知识产权评估的重要意义

企业知识产权评估的意义是多方面的，概括地说有以下几点。

1. 评估企业知识产权，有利于提高全社会对无形资产重要性的认识

资产评估是我国在建立社会主义市场经济过程中发展起来的一种社会公正性中介服务行业。早在1991年11月国务院即颁布了我国第一部关于资产评估的行政法规《国有资产评估管理办法》。1996年中国资产评估协会发布《资产评估操作规范意见》，是我国首部资产评估行业的技术规程。2001年7月23日，财政部发布《资产评估准则——无形资产》，其中涉及的可辨认无形资产评估包括专利权、专有技术、商标权、特许权等知识产权的评估，有利于促进我国知识产权评估工作的规范化和制度化。搞好企业知识产权的评估，科学地确定其具有的价值，对于从定性与定量的结合上提高人们对知识资产重要性的认识，形成"尊重知识、尊重人才"的社会风气，无疑具有重要作用。

2. 知识产权评估是确保企业资产保值增值，防止国有资产流失的需要

确保国有资产保值增值，防止国有资产流失，这是建立和发展我国社会主义市场经济的一项根本性任务。近年来，由于产权关系不明晰等原因，我国国有资产流失相当严重。长期以来，由于对无形资产作用和价值普遍不重视，无形资产流失更为严重。此外，企业、事业单位获得国家巨额资助而完成科研成果后，不是主动申请专利或采取保密措施等寻求法律保护，而是热衷于成果鉴定，造成被其他单位、个人无偿使用，也造成了国有无形资产的重大损失。解决这些问题的关键环节就是对以知识产权为重要内容的无形资产进行评估。通过无形资产评估，作出科学、合理、公正的估价，弄清国有无形资产的"含金量"，在企业产权变动、产权交易时有效地防止企业产权主体合法权益受到侵害，防止国有资产流失。

3. 知识产权评估有利于企业正确地进行经济核算

以知识产权为重要内容的无形资产是企业资产不可缺少的重要组成部分，而且也是企业生产要素的重要组成部分。我国在相当一段时间里没有将无形资产列入企业会计核算中。随着无形资产在企业资产构成中地位的提高，为满足企业无形资产记账、摊销和核算的需要，1989年4月财政部首次将无形资产纳入会计核算体系，并规定企业接受投资取得无形资产，应按照评估确认或合同约定的价格入账，企业以无形资产对外投资时，应按照确认的评估结果记入长期投资账户，并将增值部分记入资本公积金账户。该规定为我国企业正确进行知识产权等无形资产的核算，准确反映无形资产给企业带来的收益提供了良好的基础。不过，由于资产会计计价的局限性，知识产权等无形资产的真实价值难以在企业财务报表中作全面反映。如何评估企业包含的知识产权等无形资产价值就成为现代企业经营决策的重要环节。

4. 知识产权评估有利于企业转换经营机制，建立现代企业制度

建立现代企业制度要求做到权责明确、产权清晰，明确企业为独立的

法人实体，这就要求对企业资产进行量化。在我国企业股份制改造的合资、兼并、联营、拍卖、租赁、转让、资产抵押等过程中，就大量涉及对知识产权等无形资产等的界定评估问题。如果不进行知识产权等无形资产评估，就会酿成企业无形资产流失的后果。

5. 企业知识产权评估是企业进行投资决策的重要前提条件

通过对企业知识产权的评估，可以为企业进行投资决策提供客观的依据。在建立现代企业过程中，往往要涉及企业产权变动、转让、重组、股份制改造等经济行为。企业为了正确地进行投资决策，以保证投资行为的合理性，需要对其知识产权等无形资产价值有一个正确的估价。就企业以知识产权作价入股为例，它是利用知识产权的一种特殊形式。为了确认知识产权所占之股份，就需要对知识产权的价值进行客观、公正、合理的评估作价。这一评估结果可以在作为出资方的企业与被投资单位谈判时提供重要的依据，又可以比较客观地确定被投资单位的知识产权资产入账价值。

6. 企业知识产权评估是规范发展无形资产交易市场的需要

规范无形资产交易市场的一个很重要的方面就是交易应当按照价值规律和市场竞争规律进行。企业知识产权等无形资产由于其产生的特殊性、复杂性，其价值往往难以用社会必要劳动时间来衡量，主要体现在其寿命周期内给企业带来的超额利益。为此，采用科学的方法，按照国家规定的程序，公正、合理地对企业知识产权等无形资产进行评估，使企业知识产权等无形资产价值得以量化，就能够促成无形资产交易顺利实现，也能够保障交易双方的合法权益。

7. 企业知识产权评估有利于提高对知识产权重要作用的认识

从保护知识产权的角度看，通过对企业知识产权的评估，人们可以清楚地看到知识产权的价值，提高对知识产权保护的意识。同时，司法保护是我国对企业知识产权保护的主要途径之一。在知识产权司法保护中，一个关键而又难以解决的问题就是侵权损害赔偿额的界定。资产评估机构以第三者的身份对侵权行为所造成的经济损失进行评估，就能够为企业知识产权司法保护提供一个比较客观、公正、合理的参考借鉴标准，有利于企业知识产权纠纷的圆满解决，加强企业知识产权保护。

三、企业知识产权评估的情形

从多数国家企业知识产权评估的情况看，一般是对运营中的知识产权进行评估，而不是评估静态中的知识产权。但在有些场合必须评估企业知识产权。根据《资产评估价值类型指导意见》第2条、第5条和第6条规定，资产评估价值类型包括市场价值以及市场价值以外的价值。其中，前者是指买方和卖方在完全自愿的前提下，评估对象在评估基准日进行正常交易的情况下的估价数额，后者是指投资价值、在用价值、清算价值、残余价值等价值，其中清算价值运用较多。

根据国务院第 91 号令的规定，国有资产占有单位有下列情形之一的应当进行资产评估：资产拍卖、转让、企业兼并、出售、联营、股份经营；兴办中外合资经营企业或者中外合作经营企业；企业清算；依照国家有关规定需要进行资产评估的其他情形。占有单位有下列情形之一，当事人认为需要的，可以进行资产评估：资产抵押与担保；企业租赁；需要进行资产评估的其他情形。这里的资产当然包括无形资产。财政部 2001 年颁布实施的《资产评估准则——无形资产》第 10 条规定："当出现无形资产转让和投资、企业整体或部分资产收购和处置等经济活动时，注册评估师可以接受委托，执行无形资产评估业务。"

大体上讲，在下列情况下应当对企业知识产权进行评估。

（1）确定企业知识产权作为转让或许可贸易的价格。

在开展企业知识产权许可或转让贸易时，最重要的是确定许可或转让价格，这就离不开对企业知识产权进行评估。评估对购买双方都有利：对购买者而言，可以量化所购买的知识产权所有权或使用权合理的最高价格、购买知识产权的预期增值作用和未来的效益；对出售者而言，则可以量化出售的知识产权的合理的最低价，保障通过知识产权转让或许可贸易获得必要的经济效益。此外，在进行知识产权许可贸易的场合，企业知识产权评估对于确定许可证的合理的使用费率也有重要作用，因为企业知识产权评估需要了解目标知识产权的未来市场获利能力、经济寿命、现金流量等因素，而确定这些因素对于计算许可证使用费率具有相当大的价值。

（2）评估知识产权作为企业产权之一，确定企业知识产权资本化价值。

如以企业知识产权作为入股的投资额，建立中外合资经营企业或中外合作经营企业一方或双方以知识产权作为出资方式时，需要对企业知识产权进行评估。还如在企业收购、重组项目实施中，也有必要进行知识产权评估。在当前的企业重组、收购项目实施中，对包含企业知识产权价值在内的企业价值评估是其中的重要内容，而且知识产权价值评估所起的作用甚至具有关键性，因为重组或者购买方可以利用知识产权评估的结果完成相关的融资工作，为企业重组或收购谈判交易价格的合理确定提供重要依据。

（3）在企业破产或解散时的价值评估。

企业在破产清偿、涉及产权变更时，有必要进行知识产权评估。根据我国《破产法》的规定，申请破产的企业拥有的知识产权可以被作为破产执行的标的。企业申请破产后，在确定和分配债人的资产时，破产案件法官有权将债务企业的知识产权出售给外界团体。

（4）以知识产权设立质权融资。

以知识产权设立质权是当前的一种新型融资方式，这种方式具有明确的法律依据。如我国《担保法》规定，依法可以转让的商标专用权、专利权、著作权中的财产权可以进行权利质押。这种权利质押不仅具有法律上的担保价值，而且是企业知识产权价值变现的重要方式之一。

（5）知识产权侵权赔偿诉讼。

在知识产权的侵权赔偿诉讼中，由于涉及侵权赔偿数额的计算，也有必要进行知识产权的评估。近年来，随着知识产权保护的加强，知识产权侵权诉讼有增加的趋势。通过评估知识产权，可以对知识产权的预期市场收益能力、市场价值有更清楚的了解，这样有助于加强对企业知识产权的保护。

当然，也并不是说，企业在其知识产权处于静态时完全没有必要进行评估。有时出于管理信息、知识产权战略决策、资源分配或知识产权拓展性利用的考虑，评估企业知识产权也是有必要的。以管理信息而论，知识产权评估能改变企业管理信息，并使企业管理者决策与知识产权直接相关。又如，就知识产权战略而论，企业全面的知识产权评估要考虑在较长一段时间内的营利能力，以便综观全局，及时作出相对于竞争者的知识产权战略。更为重要的是，对知识产权评估可以为企业知识产权战略管理打下良好基础，因为包括评估价值在内的所有与知识产权有关的数据综合在一起可以对知识产权战略形成基础性认识。

（6）以成本摊销或知识产权审计为目的进行知识产权评估。

除上述情形外，在企业经营管理活动中，以成本摊销为目的进行知识产权评估也具有必要性。根据无形资产权责发生制与适当摊销原则，支出应当在收益中得到补偿。知识产权的摊销，需要在知识产权的有效期限内将其价值分摊到各期的管理费用中。基于知识产权摊销的目的，有必要对企业拥有的知识产权进行评估。

知识产权审计在我国还是一个尚未系统开展的项目。根据国外企业的经验，企业知识产权审计的目标是：确认公司拥有的所有知识产权；确认所有已经明确的知识产权进行了恰当的转让和获得适当的保护；发现值得保护的智力资产，进而将其转化为知识产权；发现知识系统提炼中所存在的差距，进而将智力资本转化为智力资产；发现公司所遵循的发掘和保护智力资产程序中存在的差距、问题或出现的失误。❶ 在将来我国企业开展知

---

❶ 亚历山大·I. 波尔托拉克，保罗·J. 勒纳. 知识产权精要［M］. 于东智，谷立日，译. 北京：中国人民大学出版社，2004：51.

识产权审计业务时，必要时也需要对其知识产权进行评估。

企业无论基于上述何种目的，其知识产权评估准备一般包括以下几个程序：首先，提出知识产权评估申请，并与评估机构签订合同；其次，制订评估计划，包括知识产权评估范围、评估目的、起止时间、评估内容、日程安排和人员安排等内容；再次，准备知识产权评估的相关资料和数据。评估结束时，知识产权评估机构需要撰写评估报告和评估总结，验证确认知识产权评估结果。

四、企业知识产权评估的原则

资产评估涉及评估的标准、被评估的量与评估的方法三个要素。企业知识产权评估作为无形资产评估的重要组成部分，也应遵循评估的这三要素要求，符合公平与合法性、科学与可行性、客观与真实性的原则。这也是知识产权评估的技术性原则。知识产权评估基本原则还包括知识产权评估的目的性原则、评估内容作用机制原则。企业知识产权评估基本原则就是这三个原则的统一组合。除此之外，根据企业知识产权的特殊性质，如企业知识产权作为资源在企业经营活动中投入的状况，企业知识产权评估原则还可以进一步包括以下几项内容。

（1）替代性原则。

一般来说，购买者购买企业的一种知识产权其出价不愿高于他在市场上同样能达到目的、满足要求的类似的知识产权成本。如果有可供选择的能相互替代的资产，比如说专利产品替代品，该项知识产权价值就会受到影响。

（2）预期收益原则。

一般来说，一项知识产权的价值与它的研制成本不呈正比例，而与该项知识产权预期或未来收益有很大关系。换言之，知识产权的价值是基于对未来收益的期望值而确定的，科学而合理地预测企业知识产权的未来获利能力以及获利期限成为知识产权评估价值的基础。因此，对知识产权未来收益的预测，就成为评估一项知识产权的重要依据。

（3）变化性原则。

知识产权的价值在企业运营中受多种因素的影响，这些因素的变化趋势如何，对知识产权价值变动的影响系数有多大，特别是对企业获利能力的影响有多大，是评估企业知识产权价值时必须考虑的问题。

（4）一致性原则。

对企业知识产权的评估存在许多要考虑的关联因素、变量，这些关联因素与变量之间要存在合理的一致性，否则就会影响评估结果的科学性、真实性。

五、影响企业知识产权价值评估的因素

企业知识产权价值评估受到多种因素的影响,而这些因素本身也处于不确定性中,这无疑加重了企业知识产权价值评估的不确定性。对此,相关研究成果较多,以下将选取一种代表性观点加以介绍和分析:[1]

企业知识产权价值评估与企业信用程度、评估中介、企业发展与运营、企业价值,以及许多其他因素有关。在企业涉及知识产权质押贷款而需要评估知识产权的价值时,这些因素具有更重要的作用。就企业信用程度而言,企业信用程度越高,对其拥有的知识产权的价值评估可能越高。在知识产权评估实践中,由于企业特别是很多中小企业财务管理不够规范、管理制度缺乏,银行对企业缺乏信任,这必然会影响对企业知识产权的价值判断。就评估中介而言,由于知识产权价值评估最终是通过聘请评估中介机构的专业人员完成的,评估机构的专业水准、诚信状况、执业经验,评估人员的个人素质,以及采取的具体的评估方式、参数,也都是影响企业知识产权价值评估的重要因素。企业发展和运营水平则与其知识产权的价值变现直接相关,在涉及知识产权质押融资场合,也必然有利于评估其价值。企业价值与企业知识产权价值则存在正相关关系,企业价值高有利于推动知识产权的价值。企业市场占有率、竞争优势、市场份额等无形因素对知识产权价值评估也具有重要作用,因为知识产权价值最重要的还是体现为在未来市场的盈利能力。

上述观点虽然主要是针对企业知识产权质押融资时价值评估而言的,但对一般意义上的企业知识产权价值评估也具有参考意义。当然,影响企业知识产权价值评估的因素还有很多,其中评估方法和参数的采取、评估目的和评估资料的完整与翔实程度等也会影响知识产权的评估价值。

六、企业知识产权评估方法剖析

(一) 以成本法评估企业知识产权

成本法可以定义为:以购置相同资产的现时完全成本减其各项损耗来确定被评估资产的评估值。通常适用的"重置成本法"即是在现时条件下

---

[1] 秦竹萍. 江苏省中小企业知识产权价值评估:基于知识产权质押融资的研究 [J]. 中国证券期货, 2013 (5).

被评估资产全新状态的重置成本减去该项资产的实体性贬值（自然损耗）、功能性贬值（新技术出现造成的无形损耗）和经济性贬值（由于外部环境变化造成的贬值）估算价值的方法。在运用成本法评估一项资产时，有一个基本的假设前提——此项资产能够产生经济收益且产生收益的期间和数量足以证明为购置或开发所进行的投资在经济上是合理的。在一般情况下，资产卖方不愿意低于该资产的成本要价，而资产买方的出价不愿意高于使用该资产所获得的收益。成交的条件则是资产使用的收益大于或等于资产的成本。

根据成本法评估企业知识产权价值，首先需要确定该项知识产权的成本，再扣减各种损耗和贬值。确定企业开发知识产权时所耗费的成本主要有历史成本法和重置成本法，这两种方法的立足点都在于找出开发目标知识产权所耗费的成本。下面分别讨论。

一是历史成本法。历史成本是企业开发中实际支出的成本。有些企业对开发某一项知识产权的费用有比较详细的记录，就可以将这些历史成本换成现值，然后得出现时开发这项知识产权的总成本。这种换算要考虑通货膨胀因素。历史成本法可以满足客观性、一致性要求。但是，在实际运用时也有一些实际困难，如要确定研究开发时间，要区分为维持知识产权价值而耗费的成本及为增加它的价值而投资的成本，分离与开发该项知识产权相关的研究开发费用，而且可能还会缺乏过去关于该知识产权的成本记录，并且要对历史成本进行调整以反映现价。

二是重置成本法。重置成本是重新购置知识产权或创造同样的知识产权所耗费的成本，也可以理解为假定再构建一个功能和效用完全相同（待评估参照）的知识产权所耗费的成本。重置成本适用于企业对开发知识产权成本没有详细记录的情况。重置成本法与历史成本法相比，不存在将历史成本转换成现价的问题。但这种计算方法主观色彩更浓，并且也同样存在适用上的局限性。其原因在于，知识产权成本和收益的弱对应性，企业开发某项知识产权所耗费的成本不能决定该知识产权的收益，因而也就难以作为评估的依据。而且与有形资产相比，相当一部分企业知识产权成本的识别和计量比较困难，以致以其作为估价基础成为不可能，这使得用成本法评估知识产权价值是十分有限的。当然，在有些情况下还是有适用价值的。例如，如果很难获知从知识产权的应用中得到的收益时，或者企业某项知识产权是在较短的时间内创造出来的且所花费的各项成本比较容易判断出来时，就可以运用重置成本分析评估该项知识产权价值。

成本法一般不考虑与目标知识产权相关联的未来获利能力。尽管这种方法的运用有比较大的局限性，在特定的场合仍然具有其适用价值。

（二）以市场法评估企业知识产权

市场法是选择一个或几个与评估标的同类或类似的资产作为比较对象，分析比较对象的成交价格和交易条件，进行对比调整，估算资产价格的方法。即以近期市场上同类资产的交易价格作为参照价格，在此基础上分析调整差异因素，进而确定被评估资产的评估值的方法。

以市场法评估知识产权有一个假设前提，即所评估的知识产权已经成熟，企业正试图拓宽其利用范围，而且正在研究开发其潜在市场价值和市场用途。市场法评估知识产权需要市场上存在与被评估的知识产权相同或类似的资产交易对象，而由于知识产权的专有性，难以形成决定知识产权价值的开放市场。相应地，用于可比较的知识产权交易案例也不是很多，而且对比较因素差异的调整也比较复杂。因此，市场法用于企业知识产权价值的评估也有很大的局限性。在运用这种方法时，往往需要与其他评估方法配合使用。当然，在有的时候市场法相对于其他评估方法也有其优势。例如，在市场上发生商标使用许可的情形，同种商标使用权转让之评估即可采用这一方法。在成本法和下面将要讨论的收益法难以评估企业知识产权价值时，也要用到市场法。

以市场法评估企业知识产权，比较难的是进行可比性分析。在选择用来作比较的知识产权时，通常要考虑的因素有：

（1）行业。企业知识产权价值与其所在行业和自身条件有一定关系。在选择用来作比较的对象时，首先要考虑行业因素。

（2）获利能力。获利能力是企业知识产权价值存在的基础。

（3）市场份额。这一因素通常与获利能力相联系。

（4）新技术。新技术的出现会对企业知识产权的价值产生显著性影响。新技术出现后产生的潜在竞争会影响知识产权的剩余经济寿命。当用知识产权的市场交易状况确定知识产权市场价值时，应考虑新技术的出现对所选的交易案例和待评估的知识产权的影响。

（5）增长前景。这一因素与知识产权价值有直接联系，因为收入呈上升趋势的资产价值比收入水平低或呈下降趋势的资产价值大。

市场法在具体运用上，还可以分为可比市场价值法和可比使用费率法。如运用前一种方法时，应参考最近的可比的同类知识产权交易的价格确定目标知识产权价值。通常，可比使用费率法可以参照同类知识产权许可或转让合同的交易价格。

（三）以收益法评估企业知识产权

收益法是将评估对象剩余寿命期间每年（或每月）的预期收益，用适当的折现率折现，累加得出评估基准日的现值，以此估算资产价值的方法。该方法是通过被评估资产预期获利能力与平均资金利润率（折现率）估算出资产现值，以此确定重估价值。简单地说，是通过被评估资产未来的预期收益，然后折算评估基准日的现值。

资产的价值一般都能够通过未来的经济收益的现值得以体现，这就为收益法的产生奠定了理论基础。再联系企业知识产权的特殊使用价值及其独占性，可知它往往给企业带来超额收益而背离其价值。因此，企业知识产权价格主要不是根据其创造过程中付出的社会必要劳动时间而定，而是取决于它给企业所带来的垄断利润、超额利润等超额收益。知识产权的价值是由使用或实施该知识产权带来的预期现金流量决定的。因此，收益法的立足点是企业知识产权的价值由使用所产生的效益决定，并不考虑创造该知识产权的成本。

收益法可以说是评估企业知识产权最常用的方法，特别是评估技术型资产时更是如此。以收益法评估企业知识产权价值，主要是确定好几项技术经济指标和参数，问题并不在于计算上的困难。这些技术经济指标和参数主要包括：收益额、折现率、收益期限（经济寿命周期）。当然，收益变化趋势也是应当考虑的。

以收益法评估企业知识产权的准确性，关键在于确定好以下几个参数。

（1）企业知识产权所能产生的收益大小。

收益额是企业知识产权使用后能带来的超额收益。由于企业知识产权资产所产生的现金流量可以用来估价未来经济收益，在未来总现金流量中除掉运营成本和维持现金流量的资本性支出后，剩下的净现金流量即可以代表企业所拥有的知识产权可能获得的未来经济收益。在运用收益法时，净现金流量和适当的折现率即可反映企业知识产权价值。以净现金流量作为企业知识产权收益额有其独特之处和优点，因为净现金流量反映了企业真实的经济价值，它不受不同的会计核算方法、折旧方法的影响，并且考虑到了收益取得的时间。它是相对于一定期限确定的，直到知识产权经济寿命终期日，与货币时间价值相关的收益贴现法一致。此外，从国际上看，以净现金流量评估企业价值也是一种通行的方法。

（2）折现率的确定。

折现率反映了投资者对资本投入所要求的报酬率，体现了资产与其未来收益运营中收益现值之间的比例关系，其实质是收益率或称获利率。一般来说，折现率的确定应从定性与定量的角度把握，根据目标资产的收益水平、企业及其所在行业的状况综合考虑确定。折现率与企业知识产权使用人、使用条件、使用效果密切相关。它受企业风险、通货膨胀、利息风险、风险报酬、购买力风险以及企业知识产权变现能力等多种因素的影响。

原则上,折现率的确定应参考同行平均资产总额收益水平和企业实际资产收益水平而定,并且应大于安全利率。同时,折现率也要反映知识产权资产本身的特点,主要是受法律保护和未来收益风险较大。不同的知识产权价值的评估,采用的折现率可以是不同的,在不考虑通货膨胀的前提下,折现率可用无风险利率与风险报酬率测算。即:

$$折现率＝无风险利率＋风险报酬率$$

这里的无风险利率也称为安全利率,是投资者获得的不考虑风险和通货膨胀因素的报酬率,也就是投资者投资应获得的最低的社会平均报酬率。折现率显然应大于无风险利率。在国外,折现率多以政府利率确定,因为国债利率很低。但在我国由于国债利率并不是最低的,一概以国债利率作为无风险利率会使评估结果失去客观性。风险报酬率是投资者冒险所取得的报酬与资产的比率。不同类型的企业知识产权,由于其用途、市场竞争力、适用范围不同,风险报酬率也不同,要根据具体情况确定。知识产权风险报酬率与反映投资风险程度的指标相关,如市场风险、购买力风险。风险报酬率还与可能造成企业该项知识产权损失的某些因素相关,如企业在实施商标拓展战略时,由于没有对拓展对象使用自己商标的商品质量进行有效监督,结果使该商标信誉降低,该商标价值自然也会相应降低。

通货膨胀会降低未来经济收益的购买力。确定折现率时是否应考虑通货膨胀的影响,应当与收益额的确定一起考虑。也就是说,如果预期收益额没有反映通货膨胀的影响,折现率就可以不包含通货膨胀率,如果反映了就应考虑这种影响。

从现实情况看,尽管折现率没有一个统一的适合于各项知识产权评估的标准,仍然有一些市场上同行业使用的"经验参数"可作为借鉴,一般来讲,折现率为15%以下。

(3) 经济寿命周期的估算。

企业知识产权的经济寿命与企业知识产权价值和企业的知识产权利益有很大的关系,它主要取决于知识产权的无形损耗。这种无形损耗是在知识产权保护期内,由于技术的进步引起的贬值,主要有几种形态:一是同类新一代更先进的新产品或技术出现,使原有知识产权价值和交换价值都受到贬值;二是随着知识产权的普及,尽管未出现新一代替代物,但企业原知识产权因普及而逐渐失去交换价值;三是随着工艺和管理方法改进,产生同一项知识产权的成本降低。

总的来说,以收益法评估企业知识产权价值,不是简单地套用有形资产评估的收益现值法,而应紧密结合知识产权这一重要无形资产的特殊效用,对其所带来的长期收益予以界定。在使用收益法时,应运用有效的方法,从总收益中分离出知识产权收益额,适当考虑知识产权具体适用地区的区位差异也是必要的,因为在不同区域,企业知识产权的收益能力往往存在较大差别。

第 2 节　企业专利权的评估

企业专利技术评估主要应解决两方面的问题,一是考虑哪些因素对评估存在影响,以及这种影响的程度有多大;二是采用何种可以量化计算的方法。下面对这两个问题分别加以阐述。

一、企业专利权评估应当考虑的因素

在评估企业专利权价值时,除应首先弄清评估的目的、该专利保护期限、该专利适用的条件、该专利的特点和基本情况外,还应着重分析、考虑以下因素。

(1) 该专利的先进度和成熟程度。一般来说,专利技术越先进、越成熟,技术的使用寿命就越长,技术的获利能力就越强,该专利权价值也就越大;反之,就越低。在评估企业专利权时,应当了解该专利是属于高、精技术还是一般的技术,应用该专利的难易程度和所需的费用。自然,了解该专利是属于发明专利、实用新型专利还是外观设计专利也是必要的,因为发明专利比实用新型专利的技术先进度要高,而外观设计专利不涉及技术内容。

(2) 该专利的现时法律状况。专利权是一种法定权利。为确保专利权的质量,维护公众利益,我国《专利法》规定了无效宣告制度,并且规定了一定的保护期。专利权如经历过无效宣告程序并被维持下来,该专利效力的可靠性能就高,比在同等条件下评出的专利价值可能要高一些。如果在评估时企业专利权正经历无效宣告程序且尚未定案,或者该专利权正陷入一场侵权诉讼之中,对通常情况下评估出来的专利权价值就要打些折扣。也就是说,专利权的稳定性也是值得考虑的因素。

(3) 该专利是基础专利还是从属专利。从属专利是指一项专利比在前专利(基础专利)在技术上先进,但其实施又有赖于在前专利的专利。如果是从属专利,那么企业的该专利受制于基础专利,评估价格过高会对自己不利。

(4) 该专利权利要求的范围。权利要求是确定专利保护范围的法律文件和依据。如果权利要求十分宽泛,那么专利保护范围就比较大,这对提高专利评估价值有积极作用。

(5) 该专利剩余的有效期及经济寿命。与商标评估相比这一因素重要得多。随着专利有效期的缩短，专利权价值可能逐渐降低，而到专利权有效期届满时，专利权价值等于零。专利经济寿命同样是应考虑的一个重要概念。专利并非在整个保护期内都具有市场价值、获利能力。专利具有一定的经济寿命周期，这个周期可能长于、等于或者短于专利的剩余保护期。

(6) 运用该专利给企业带来的预期经济收益，包括可能获得的最高利润与最低利润。分析市场与行业情况，确定专利技术商品化的市场容量、适用范围、应用状况，其对现有技术的改进程度、同类产品产量、价格、行业市场利润等因素，确定有关的专利市场及给企业带来的利润状况。

至于考虑哪些因素对企业专利权的评估存在影响，以及这种影响的程度有多大，除了上面这些企业在进行专利权评估时应重点考虑的因素外，以下几个因素也是非常重要的：一是企业专利权评估基准日的选择；二是采用的评估方法、手段、价格标准；三是企业专利权评估目的。另外，评估机构的水平、评估人员的素质，以及评估程序的设置是否科学、评估过程是否公正等，也是影响企业专利权评估的重要因素。

二、企业专利权评估方法简析

（一）成本法

根据马克思政治经济学原理，商品的价值量是由凝聚在商品中的社会必要劳动时间决定的，这种社会必要劳动是一种人类抽象劳动。而且，商品的价值量与体现在商品中的劳动量成正比，与这一劳动的生产率成反比。但具体到专利权等知识产权，则不能简单地适用这一原理，因为专利权等知识产权的生产成本和带来的收益没有直接的关系。成本法评估企业专利权的局限性也正是在于专利技术的开发成本和专利权的价值之间的弱对应性。有时一项专利技术的开发成本十分巨大，但所得利益极少，有时则完全相反。

不过，以成本法评估企业专利权仍有一定的适用性。它主要为企业已使用专利成本费用摊销而用，即作为财务处理上成本摊销补偿，基本上涉及专利的权属和包容的技术，国家会计准则即有明确的处理规定。用重置成本法评估的企业专利权价值也可以作为专利投资底价的参考依据。当企业专利的预期收益难于确定，又没有明显的证据证明预期受益的本金化价格将较大偏离重置成本时，作为投资底价参考依据是比较合适的。另外，当发生了专利侵权行为时，该评估值也可用作专利侵权赔偿额的参考因素。

在运用成本法评估企业专利权价值时，还应注意专利的成熟度和市场风险。有相当一部分专利技术尚停留在技术方案阶段,还有些专利技术可能不具备市场开发能力,这时对评估价值就会有极大的影响。

(二) 市场法

市场法在企业专利权评估时一般不宜采用,这是因为专利技术不存在相似于评估对象的物品,很难找到一个可以类似的交易资产。以专利方法而论,它与已有技术的生产方法不可能近似,否则会因缺少专利性而不能获得专利权。专利方法被授予专利权的原因,在于解决了已有生产方法、工艺方法等的不足,而这种差异正是专利权价值所在。从根本上说,市场法在企业专利权评估方面的不适用性是由于专利的新颖性和技术资产的多变内涵及复杂性所决定的。一般来说,市场法只有在待评估的企业专利与参照物是同一产品的不同方法专利,或者是用在同一产品上的外观设计专利时才适用。并且,应具备以下条件:一是存在比较规范、成熟的技术市场;二是存在可比专利交易参照物,并且能够收集到相关的技术参数。

(三) 收益法

以收益法评估企业专利权,就是将在专利剩余有效期内,预期实现的总收益转换成现值,再按一定比例提取成为企业专利权评估值。或者说,是将专利权在未来获得收益的年限内产生的超额收益折合成货币现值,累计得出评估基准日专利权价值现值的评估方法。收益法评估企业专利权是立足于企业专利的未来收益,而不是单纯考虑专利技术本身。

收益法评估企业专利权适用的情形比较广,特别是企业出现专利资产投资、转让、特许使用,以及企业专利随同其所在的企业或其他整体资产一同转让、特许使用或投资等时,运用更有效。运用收益法评估时,应当考虑一系列相关因素,主要包括以下内容:

一是企业待评估专利技术的先进性、成熟程度、经济可行性。专利技术的先进性、成熟程度与该专利的市场竞争力、市场应用前景有很大关系。从收益法的基本精神看,待评估的企业专利应当能产生经济效益,能产生超额利润。在评估企业专利权时,对待评估专利的技术性能、成熟程度、经济可行性进行具体、科学的论证,了解该专利的竞争力度、法律状况,因垄断市场而带来的预期收益区间就能为评估打下良好基础。

二是企业待评估专利技术的市场状况。企业专利和预期收益是在竞争性市场获得的,因而该专利所制造的产品所处的市场状况就是评估的关键因素之一。市场状况涉及的因素较多,如产品价格、生产规模、市场容量、市场竞争状况、市场占有率、市场需求弹性、边际成本以及已有技术同种产品的收益等,都直接或间接地影响该专利技术产品的销售情况和利润。

专利技术作为人类智力劳动成果，本身是一种非物质形态的商品。它在使用、创造效益时是物化在有形产品中的。在一般情况下它是与企业其他资产一起产生总的收益的，因而在以收益法计算专利的获利时，应当从预期的总收益中分离出专利权的收益。对这一问题，国际上通常用利润分成率来确定，这一指标反映了企业专利权对企业总利润的贡献率。按照联合国工业发展组织（ONIDO）对发展中国家引进技术价格的分析，利润分成率可在16%~27%确定。另外，当专利技术的采用对产品销售收入、价格变动影响较大时，销售收入分成率也是可以考虑的。按照国际标准，销售收入分成率约为3%。当然，不同国家、不同行业这一比率有所不同。

在考虑以上因素的基础上，收益法评估企业专利权的关键在于确定未来收益、剩余经济寿命、合适的折现率。下面分别略加阐述。

其一是未来收益额。这里所说的未来收益额是由专利权直接带来的未来收益。它是通过"预测"获得的。"预测"当然要立足于企业专利权的现有获利能力，但更主要的是预测未来的获利能力。对于已经实施过的企业专利，可以采用一种比较简单的预测方法，即根据历史财务报表和发展计划，收集相关经济费用指标进行调整，预测未来5年收益，对5年后的收益则采用"年金化"处理而获得，然后折现汇总。

其二是剩余经济寿命。剩余经济寿命是确定企业专利权收益期限的依据。剩余有效期限自然是企业专利权剩余经济寿命的最长期限。剩余经济寿命除与剩余有效期限有这种关系外，还与企业技术创新和技术进步、专利产品周期、市场需求等因素密切相关。在实际评估中，可以参照以下期限确定：（1）法定有效期；（2）合同有效期；（3）统计分析的有效期；（4）经与同类资产比较确定的有效期。

其三是折现率。折现率的估价方法前面已作阐述。就企业专利权评估而言，折现率不应低于所在行业的平均收益水平。折现率受专利实际收益能力、通货膨胀率，以及企业专利技术面临的市场风险、技术风险、法律风险和国家政策外部调整风险等因素的影响，而且与这些因素呈正比例关系。企业专利权评估折现率也可以用风险最小的投资回报率或工业利润率的倍加值代替，一般为10%~15%。

第3节 企业商标权的评估

一、企业商标权评估的重要意义

商标是企业无形资产的重要代表，对企业商标进行评估是社会经济发展到一定阶段后的必然要求，也是知识产权保护向纵深发展的必然要求。国家工商行政管理局发布的《企业商标管理若干规定》即规定了企业应当进行商标评估的情形，企业有下列情形之一的，除法律、法规另有规定外，应当委托商标评估机构进行商标评估：（1）转让商标；（2）以商标权投资；（3）其他依法需要进行商标评估的。国家工商行政管理局 1996 年发布的《商标评估机构管理暂行办法》则对商标评估机构的审定条件、人员考核、行为准则、备案制度、法律责任等方面都做了明确规定，对我国商标权评估工作走向规范化、制度化具有重要作用。

二、企业商标价值分析

企业商标的价值是指商标能够为企业带来预期收益的能力。企业商标价值具有一些不确定性，如收益的不确定性、成本的不确定性、转移价值的不确定性。这些为商标的价值评估带来了一定的困难。但是，企业商标价值仍可从不同角度加以认识：从其内涵的因素分析，可以认为商标价值由商标的成本价值、商标的信誉价值、商标的权利价值、商标艺术价值等构成；从表现形式分析，可以分为内在价值和外在价值等；从消费者的角度来说，商标的价值由消费者对商标的认知、消费者对商标商品或服务的购买态度或满意度、消费者对商标的忠诚度等方面构成。另外，商标的价值构成还可以从企业形象、企业产品或服务质量、售后服务或后期服务、商标保护等方面加以衡量。无论如何，企业应认识到商标是一项具有价值的无形资产。企业不能非法占用他人的商标，但也不能忽视自己创造的商标的价值。企业在生产经营过程中，通过实施商标战略，可以使商标的资产价值不断累积。

三、企业商标权评估应考虑的主要因素

商标权是一种潜在的可确指的无形资产。评估企业商标权时，除首先应考虑评估的目的、使用该商标的商品范围、该商标的特点等外，还应考虑该商标所处法律状况、市场状况、竞争状况、未来计划、风险程度等问题。也就是说，对企业商标权的价值评估，除了充分考虑商标权的个性特征外，还要充分考虑构成商标价值的诸因素，主要如下：

1. 该商标的市场使用状况

如前所述，企业商标权价值是通过使用逐渐形成的。企业商品商标的不同使用状况，如该商标最早使用及连续使用的时间、该商标商品在国内的销售量及销售区域、该商标商品近 5 年销售量、销售利润、市场占有率

等，其中商标商品的规模、市场覆盖率对商标价值构成影响较大。国际上的观点是，工业规模反映了企业的国际竞争力，它是通过产业集中度指标反映的。在确定市场占有率指标中，不仅要看过去的情况，而且应比较准确地评估该商标使用的市场占有情况的发展趋势，因为企业产品的市场占有情况可能在未来发生变化。

2. 企业为创制该商标、树立该商标信誉所付出的代价

企业商标创制需要付出活劳动与物化劳动，支付相当费用，如设计费、制作费、注册费、商标管理费；为树立商标信誉要进行广告宣传，支出广告费；在制止商标侵权时需要付出调查费、诉讼费等。这些成本支出与商标价值没有必然联系，不能当然地当作商标价值基础，因为维护商标权的成本与行使商标权的收益并不成正比。不过，在适当的条件下，这些费用开支对于评估企业商标权价值却是很有用的。

3. 该商标的信誉、知名度，特别是该商标是否为驰名商标

商标价值的高低从根本上取决于商标信誉、知名度的高低，信誉好、知名度高的商标意味着企业商标商品有较高的市场占有率，该商标的价值就较大。商标的信誉、知名度可以从商品市场占有率上反映。一般来说，商标信誉是商标价值形成的基础和重要因素，也是商标价值的主要来源。它具体体现为商标对驱动消费者在同类商品中选择商标权人商品的能力，是在市场上具有的实在获利能力。信誉高的商标具有强大的驱动消费者购买商品的功效，因而也具有强大的市场竞争力。

另外，该商标是否为驰名商标也是影响评估价值一个极端重要的因素。同类产品驰名商标的价值比一般商标要大得多。这是因为驰名商标的超值创利能力极强。驰名商标超值创利能力来自商标的高信誉、法律特别保护，一般商标则没有这些特点，其价值也较低。

4. 该商标目前所处的法律状况

商标权评估涉及的法律因素主要有：

（1）该商标注册保护范围。从地域上看，有国内注册商标与国际注册商标之分。商标在多国获得注册，符合国际惯例，比仅在某一国注册的商标价值也大一些。如果该商标在全球性发展中已付出巨额资金培植，获得比一般商标范围更大的市场竞争力，该商标价值就更大。

（2）该商标有效使用期限。商标的有效使用期限受商标法定使用期限和剩余使用期限的影响，同时也受到负载商标的产品生命周期及其所处阶段的影响。其中前者属于商标的法律状况问题，主要涉及商标权的续展问题。商标权有效期届满之际应进行续展，否则会导致商标权的丧失，使原商标权变得一文不值。由于续展并非都能获得核准，以及在商标出售、许可使用中商标续展义务人有可能不及时地依法办理续展注册，距离商标续

展日期的长短就会影响企业商标权的评估价值。

（3）该商标在法律上的稳定性。这主要是指企业的注册商标是否处在无争议期间以及企业的注册商标是否有被撤销的可能。就后者来说，评估时主要是看是否存在有可能被商标局撤销的法定因素：违反商标法的禁用规定、与他人在先权利相冲突、以不正当手段注册或者是抢先注册他人使用在先的已有一定声誉的商标、与在先注册的商标相同或者近似且使用的商品相同或类似。

（4）该商标受保护的类型、程度。一般而言，注册联合商标、防御商标比单一商标价值要大一些。该商标受法律保护的程度、广度对于评估商标权价值也有很大影响。

此外，企业对商标的持续投资与发展也会影响商标的价值。如企业重视产品的技术含量，运用高科技手段不断提高产品质量，实行专利与商标相结合战略，提高产品的信誉和知名度，能够有力地增强企业商标的价值。

四、企业商标权评估方法剖析

（一）成本法

成本法是指在现有技术条件和市场条件下，将重新开发一个同样价值的商标需要投入的成本视为商标权评估价格的一种方法。成本法需要计算从另一途径获得被评估商标资产及现在拥有的被评估商标资产所能带来的未来经济收益的花费。成本法的出发点是实际投入被评估商标的成本以现行市价重置。

以重置成本法评估企业商标权价值，关键要确认重置成本。实践中常将企业商标构成设计者、有关广告宣传费用、售前售后服务附加值及其他促销费用加起来作为商标权的评估价值。

应当指出，重置成本法评估企业商标权价值的局限性也是很多的。除了在商标权的创造方面不存在公认的社会平均成本外，还有以下制约因素。

（1）包括商标权在内的知识产权具有很强的专有性，想要找出一个与待评估商标类似、其代表的未来利益也相同的另一个商标几乎不可能，要找到商标的重置成本也是很困难的。根据商标法原理，在相同或者类似的商品上不允许使用与他人商标相同或者近似的商标。对企业商标权进行重置在理论上也难以自圆其说。

（2）与有形资产相比，商标权作为无形资产在创造成本上难以计量，如商标成本的项目、比重不易确定。实践中，采用重置成本法中的市场调节法、成本核算法、投入成本累加法都有相当多的不确定性。

(3) 从财会角度讲，由于申请注册费、广告宣传费之类已经计入成本，再次计价不应摊入成本。

(4) 从商标权价值形成的理论层面看，创造商标的成本不能决定商标权的收益，也难以决定商标权的评估值。该方法没有考虑商标资产所带来的未来经济利益，而商标的真正价值与商标资产带来的未来经济利益有极大关系，与所投入的成本并不成正比，有时候广告费用巨大但收效甚微，这时商标价值就不可能很大。

由于成本法存在的缺陷较多，它往往只是作为商标产权交易底价评估时被运用。

（二）市场法

市场法评估企业商标权的基本思路是通过市场分析调查，在市场上成交价格得到公认的商标中，选择一个或几个与被评估商标所指示的商品或服务，或者商标权主体相同或近似的商标作为比较的对象，分析比较对象的交易条件和成交价格，估算出企业商标权价值。

运用市场法应当考虑以下几个因素：

(1) 存在一个比较活跃的商标权市场，一个能够在附近的市场上实现交易的场所；

(2) 能够找到一个条件相当、实力相当，又准备出售商标的参照企业；

(3) 交易对象清楚无误，交易时间确定，以保证比较的时效性；

(4) 被评估的市场参照物及其比较的项目、技术参数等资料是可以收集得到的。

市场法评估企业商标的优点是评估结果易为商标权买卖方所接受，操作性较好。但是，其局限性也是明显的，例如，由于商标权的专有性，很难找到与被评估商标相同或者近似的商标。不同企业商标之间的可比性不强，在市场上找到与目标商标相同或者近似并已有公开成交价格的商标并非易事。这样一来，市场法所要求的市场上存在与目标商标相同或近似的较公认的资产成交价格和参照企业难以找到，这一困难决定了市场法只是在上述信息资料比较容易找到时能够适用。

（三）收益法

收益法评估企业商标权是将商标在剩余有效期内，预期创造的总收益以适当的折现率折现，再经过累加确定商标权的现时价值，是先估算出被评估商标未来收益现值，在考虑影响商标价值的各种因素后调整收益现值，进而得出商标评估价值的方法。在用收益法评估企业商标权价值的实践中，常用的方法是超额收益现值法，关键环节是计算出企业超额收益，即企业收益与按同行企业平均收益率计算的收益差额的本金化价格。具体做法如下：

（1）收集全国同行业大中型厂家最近 5 年的逐年产量、销售量和年创利税等数据，测算出该行业平均资金利润率。

（2）根据需要测算出本企业平均资金利润率。

（3）按照本企业对后几年的产量及销售的预测、分析，利用预测模型计算出今后几年该企业的超额收益。

（4）按照对每年超额收益的折现等方面的计算，确定出该企业商标权的评估值。例如，在"青岛啤酒"商标权这一无形资产评估中就采用了超额收益法。

收益法在实践中的可靠性则主要取决于对上述几个参数的正确选择、判断和确定。实际上，无论是商标权在特定期间的收益、商标在使用过程中的贴现率，还是商标使用期都是比较难确定的因素。不过，比较而言这种方法优点也是明显的，它已成为评估企业商标权价值普遍适用的方法。

除了上述几种常见的评估方法外，下面两种方法在评估企业商标权价值时也很有用，这里作一概要介绍。

一是剩余法。剩余法也叫剩差法，其基本思路是先以收益法估价企业总体资产价值，然后确定有形资产和可以单独评价的无形资产（如专利、商业秘密、著作权），其剩余的资产即为企业商标权价值。这种方法当然也有局限性，它涉及的评估方面多，各方面评估的结果都会对剩余下来的商标权价值产生影响。

二是超额收入计算法。此种方法由郑成思教授提出。根据他的观点，同一企业在产销同一种产品时，使用某种商标与使用其他商标在实现收入上的差额，即为该商标实际存在的价值，这种"差额"一般要 5 年或更长时间。从理论上讲，这种方法应是最精确的，但实践中除了像"美加净"商标失而复得的实例，用此种评估方法并不多见。❶

第 4 节　企业著作权的评估

科学地评估企业著作权价值，有利于增强著作权保护意识，也有利于企业作为著作权人更好地行使权利，更好地实现著作权的价值。虽然前面论述的适用企业专利权、商标权评估的情况大多也适用于企业著作权的评估，这些评估方法适用起来却会受到或多或少的限制，因为很多国家著作

---

❶　郑成思. 简论商标的价值评估 [J]. 中国专利与商标，1997 (3).

权法规定了著作权转让合同或许可使用合同的价格或版税比例,很多国家著作权集体管理组织还将法定的标准进一步细化。因此,本节对前述几种评估方法在著作权评估中的适用不再阐述,而主要研究企业著作权评估的几个原则及估价时应考虑的一些因素。

一、企业著作权评估应考虑的几个原则

(一) 社会价值原则

著作权的客体是文学、艺术和科学作品,它与专利权、商标权客体在性质上有所不同,即它更多地作用于人们的精神生活领域,满足人们精神生活的需要,而专利权、商标权客体更多的是作用于社会物质生产领域。作为著作权客体的作品,其很重要的一个方面就是通过传播,能产生较大的社会价值。优秀作品能起到一种启发人、教育人、鼓励人的作用,它所产生的社会价值是不可估量的。[1] 这里所说的社会价值,主要是指作品的传播、使用对社会所起的积极作用,也就是我国《著作权法》第1条的规定"有益于社会主义精神文明、物质文明建设的作品的创作与传播,促进社会主义文化和科学事业的发展与繁荣"。进行企业著作权评估时不能仅考虑其商业价值,还必须考虑其社会价值。

(二) 评估经济价值原则

企业拥有的著作权的评估主要是对企业作为著作权人的创造性劳动进行合理的量化。同时,作品创作出来以后,能够作用于人们的精神生活,使人们获得从事各种社会活动的知识与本领,满足人们的精神生活需要,从而起到促进生产力发展和推动社会前进的巨大作用。这种有偿性又使作品具有使用价值。具体来说,作为著作权客体的作品的使用价值体现为作品的扩散性、共享性、使用的非排他性、有偿性等。在商品经济条件下,文学、艺术和科学作品具有商品的两个基本属性,即使用价值和价值,因而能够成为一种特殊商品。

著作权作品这种商品与有形商品的不同之处在于智力上的消耗大于体力上的消耗,并作为人类的抽象劳动而凝结在作品之中。在现实中,智力作品也是以商品的形式流通的,商品形式的流通必然带来财产上的利益,实际上成为一种财产。换言之,作品也是一种物质财富。正是在这一意义上,作品著作权具有人格权和财产权的双重属性。评估企业著作权时应充

---

[1] 袁振保. 艺术价值与艺术作品的商品价值 [N]. 文艺报,1992-11-07.

分考虑作品形成后的获利能力，著作权的经济价值一般体现于此。

二、企业著作权评估应考虑的因素

影响企业享有的著作权价值的因素比较多，其中既有创作中的因素，也有作品本身的性质、法律保护状况、市场同类作品竞争状况的因素，同时还与评估目的、条件相关。下面对这些因素略加阐述。

（一）作品独创性程度

作品创作离不开对已有资料、成果的使用，但这种使用必须是合理的、符合著作权法规定的。从总体上说，作品应有独创性，不能剽窃、抄袭他人的作品。如果作品中剽窃了他人作品，那么这部分的评估价值就不能包含在内。而且，由于剽窃、抄袭构成了著作权侵权行为，有剽窃、抄袭之虞的作品的声誉会受到极大影响，即使是对独创性部分的评估，该部分的价值也会受损。

（二）作品本身的性质、类型

不同性质的作品，其著作权可以行使的内容是大不相同的。以演绎作品为例，由于该作品是在原有作品的基础上再创作完成的，尽管其本身享有著作权，但该著作权的行使在一定程度上受原作者的著作权的控制，在评估这类作品著作权价值时就要考虑这一特点。

不同作品的内容不同，同一类作品在题材、体裁、篇幅上也有区别，这些因素同样影响著作权的评估价值。

（三）市场同类作品的状况，特别是更新颖的替代性作品的状况

著作权作品的市场对著作权的价值有很大影响。原则上，著作权作品占有的市场范围越大，其评估价值就越高。当然，这里主要是针对著作权评估的经济价值而言。对很多学术性质的作品来说，专业读者对象的有限性决定了其市场销售范围无法和通俗性质的畅销作品相比。对于这类作品，评估著作权的价值当然主要考虑的是其社会价值。前面分析的著作权评估的原则之所以强调著作权作品的社会价值，是因为著作权与专利和商标权虽然同属于知识产权，但它更多地作用于人们的精神生活领域，更强调智力成果的社会价值。

另外，就替代性作品而言，它对作品著作权价值也有影响。例如，在DOS 6.6版本软件面世后，DOS 3.0版本软件尽管早就在著作权保护期内，却难以再卖到好价钱，原因是不言而喻的。对于其他类似的应用性作品，

如字典、辞典、工具书而言，作品新版本的出现对旧版本著作权的价值也会有很大冲击。

（四）作品著作权的保护期与经济寿命

著作权也有一个经济寿命周期，其不同于著作权的法定保护期，它因作品类型和作品利用不同而异。有些作品，如计算机软件由于更新换代较快，其经济寿命周期远比法定保护期要短。在评估企业软件著作权价值时，经济寿命无疑是应考虑的一个重要因素。以通用软件为例，在确定经济寿命时，应当考虑诸如软件的应用范围、更新情况、同行竞争对手状况、该软件是否依托于特定操作标准、该软件是否与某种型号的硬件相联系等因素。无疑，著作权经济寿命越长，其被评估的价值将越大。

（五）获得著作权的成本

著作权是作者智力创造性劳动的产物。著作权的产生既需要花费活的脑力劳动，也需要耗费一定的物化劳动。通常前者带有很强的个性特色，难以用社会必要劳动时间加以衡量，后者则可以根据在创作活动过程中所消耗的物质材料和支出的必要费用来计算。不过，获得著作权的成本不宜视为著作权的价值，因为获得著作权的成本与著作权价值之间不存在一一对应关系，而社会公众对著作权作品的承认与需求才是决定著作权价值的关键。但是，对于特定的评估目的来说，如针对企业内部运营的记账和摊销，确认上述成本具有重要意义。

另外，评估范围也是应当考虑的。由于著作权包括的内容广泛，有时购买人只想得到部分著作权，那么在为这笔交易而评估著作权时，就无需将作品的著作权予以全面评估，而由受让者承担不必要的费用。

第5节 企业商业秘密的评估

一、企业商业秘密评估的意义

商业秘密是企业十分重要的无形资产。在市场竞争中，商业秘密对企业获得独特的竞争优势，具有十分重要的意义。作为一种重要无形资产和经营战略武器，商业秘密也可以许可使用、转让、投资入股、质押融资等多种形式进行市场运营，为企业无形资产保值增值做出贡献。在这些情况下，企业都有必要对其拥有的商业秘密的价值进行评估。通过评估企业商业秘密价值，有利于促进企业商业秘密尽快实现商品化、产业化，促进商业秘密特别是其中的技术秘密成果转化，使商业秘密由潜在的生产力转化为现实的生产力。同时，由于商业秘密评估是企业在某一时点上对其公允价值进行的评定和测算，它能够为企业特定的商业秘密提供比较合理的价格，从而能够为企业商业秘密产权变动提供价格基础，有利于实现企业产权交易。

二、企业商业秘密评估的原则

与其他无形资产评估相比，商业秘密评估也具有自身的特殊性。一般来说，企业商业秘密评估除遵守无形资产评估的一般原则外，还应重视以下原则。

一是技术经济寿命原则。企业商业秘密与专利权、商标权、著作权等知识产权具有的显著区别是，其受法律保护的期限取决于企业对其拥有商业秘密的保密程度。保密措施得当，理论上说该保护期具有无限性；保密措施不当，那么保护期将从该商业秘密被泄露之时被终止。当然，商业秘密所有人有权依照法律的规定追究非法泄密者的法律责任，那是另外一回事。商业秘密评估的价值会因技术经济寿命不同而有很大不同。

二是行业对比原则。企业所在的行业中，该商业秘密的应用价值、使用范围大小，以及行业内开发该商业秘密的概率大小等都会影响该商业秘密的评估价值。

三是立足于预期效益原则。企业商业秘密的价值与其在企业生产经营中运用所获得经济效益直接相关，而与研制、开发成本之间没有直接联系，因此在一般情况下应立足于预期效益原则。

三、企业商业秘密评估应考虑的因素

1. 商业秘密的先进性和成熟程度

商业秘密的先进性和成熟程度直接反映了该商业秘密的应用价值。显然，技术先进、成熟度高的商业秘密，其评估价值相对来说较大。技术先进但成熟度不高的商业秘密，则因受到技术市场化风险的影响而影响评估价值。

2. 商业秘密的经济寿命

商业秘密特别是其中的技术秘密，其经济寿命直接影响该商业秘密的市场开发和拓展。即令商业秘密尚未有泄密现象，但一旦经济寿命到期，被更先进的技术替代，那么该商业秘密将无价值可言。因此确定其经济寿命即合理有效的使用年限是必要的。

3. 商业秘密的保密程度

商业秘密的保密程度决定了商业秘密事实上的保护期。保密程度高则可以大大延长保护期限，反之亦然。因此，评估企业商业秘密价值应考虑企业采取的商业秘密保密程度。这可以从商业秘密保密措施、该商业秘密本身被泄密的难易程度、商业秘密的应用范围等方面确定。

4. 商业秘密（技术秘密）获取专利的可能性

商业秘密获取专利的可能性，是指其中的技术秘密而言的。将商业秘密申请并获得专利，对拥有该商业秘密的企业来说，可以增强该商业秘密的评估价值；但对于其他人来说，同样的商业秘密被他人申请、获得了专利，将极大地削弱企业对该商业秘密的评估价值，因为商业秘密被其他人申请、获得了专利意味着企业将不能以之作为独立的产权转让、许可，而且除非符合先用权条件，否则在他人获得专利后，企业自己也不能再使用已成为他人专利的技术。在实践中这种可能性是存在的，因为随着技术进步和市场情况的变化，企业所拥有的商业秘密会被更先进的技术所替代。从这里也可以看出商业秘密保护的局限性。

5. 商业秘密的市场应用前景、产品与市场范围

商业秘密的市场应用前景、产品与市场范围大，将提升企业商业秘密的价值，而市场应用前景、产品与市场范围小的商业秘密，其获利能力和水平受到较多限制，因而其评估价值将减少。因此，评估企业商业秘密时，预测市场情况，包括市场需求、市场占有率、同行业或同类产品竞争情况是有必要的。

6. 商业秘密创造性程度及被他人独立开发或实施反向工程的可能

商业秘密的创造性程度直接影响该商业秘密在事实上的独占性。一般而言，创造性程度不高的商业秘密被他人独立开发或以反向工程形式破译的可能性较大；创造性程度越高，则这种可能性越小。

7. 商业秘密的发展情况

如果市场上同类性质的商业秘密更新换代快、市场可替代的技术多，那么商业秘密的价值就将大打折扣，反之则可以提高商业秘密价值。

8. 运用该商业秘密给企业带来的预期经济收益

预期收益是商业秘密价值的主要评价指标。企业需要预测在何种规模下该商业秘密的应用可能产生的经济收益。评估这种经济收益主要是测定该商业秘密的预期获利能力。企业需要通过分析该商业秘密有关资料，确定该商业秘密的直接获利能力和间接获利能力。

在对上述因素加以考虑后，需要进一步分析该商业秘密的性质，即该

商业秘密是技术秘密还是经营秘密。无论是哪种性质的商业秘密，都需要进行市场、收益能力和投资可行性分析。以市场分析而论，包括使用该商业秘密的产品和技术市场需求总量、市场占有率和市场风险分析等；就收益能力分析而言，需要明确测定未来合理有效期限内的生产规模、产量、销售价格、成本、销售利润等；就投资可行性分析而言，主要是在有关参数和指标的基础上，结合投资目标和环境，分析投资风险和收益。如果是技术秘密，还需要专门进行技术现状和发展趋势的分析，如该技术秘密目前处于技术寿命周期的哪一阶段、该技术秘密是否已经过工业化试验阶段而不再需要进行二次开发等。

四、企业商业秘密评估的方法

商业秘密的评估方法，特别是其中的技术秘密评估方法，和专利技术评估方法比较相似。一般来说，可采用以下方法进行评估。

（一）成本法

成本法中的重置成本法在适当的情况下可以用于评估企业商业秘密的价值。它是在现有的技术和市场条件下，将开发同样的商业秘密所需要投入的成本视为商业秘密的价格的方法。

（二）成本收益法

这种方法既不同于成本法，也不同于收益现值法。其适用具有一定的范围。例如，在企业商业秘密还处于发展阶段而不太成熟时，该商业秘密获取收益的能力还不够高，但开发该商业秘密的成本却相当高昂。在这种情况下，适用成本收益法比较合适。又如，企业在改变经营方式或者以转让为目的评估其拥有的商业秘密时，也可以使用该方法。其基本计算方法是，在各项成本的基础上，再加上一定期限内的预期收益作为该商业秘密的评估价值。

（三）收益现值法

收益法评估企业商业秘密是将商业秘密在合理有效期内，预期创造的总收益以适当的折现率折现，再经过累加后确定该商业秘密的现时价值。即通过将被评估商业秘密未来合理有效期限内的收益折算成评估基准现值，进而得出商业秘密评估价值的方法。收益现值是未来特定时期内企业商业秘密预期收益折算成当前价值的总金额。在确定企业商业秘密收益现值时，需要考虑是否符合以下条件：被评估的商业秘密存在可以用货币量化的潜在收益；在预期收益期限内商业秘密的风险是可以确认的。企业商业秘密预期收益的确定，可以结合企业资产财务状况分析，如资产负债表、损益表、财务状况变动表和成本费用表，预期收益的时间一般不少于 5 年。

第5篇

企业知识产权战略实施的保障

第18章 企业知识产权战略协同

企业知识产权战略的有效实施，离不开战略协同；其实施的效果如何，需要对之进行绩效评估。基于此，本篇将对企业知识产权战略协同、企业知识产权战略实施绩效评估问题加以研究。本章将探讨企业知识产权战略协同问题。

第1节 企业知识产权战略协同的概念、特征与必要性

从系统论的角度看，企业知识产权战略也是一个复杂系统，它需要在充分考虑内外部环境的前提下，通过整合内外部资源实现既定目标。企业知识产权战略实施需要利用企业各方面人财物，并实现资源的优化配置，因而提出了战略协同问题。换言之，协同学原理和理论也可以用于分析企业知识产权战略协同问题。

一、协同及协同理论

所谓"协同"，指的是协同作用，是协同学中的重要概念，指的是相关事务聚集在一起并基于共同目标所发挥的作用。协同作用的结果是产生协同效应。协同效应则是指基于协同作用而产生的结果，即复杂开放系统中大量子系统相互作用而产生的整体效应或者集体效应。[1] 协同效应来源于复杂系统中基于协同作用在临界点发生质变所产生的效果。协同效应对于复杂系统聚合发生整体的效能，使系统从无序到有序状况并维护其相对稳定的结构和功能，均具有重要作用。

---

[1] H. 哈肯. 协同学引论 [M]. 徐锡中，等，译. 北京：原子能出版社，1984：287-288.

协同理论最初由国外学者哈肯（H. Haken）提出，他认为开放系统中的子系统既包括自发的无规则的独立运动，也包括各子系统之间的固定关联而形成的协同运动，该运动产生的结果可以称之为协同效应。在 20 世纪 80 年代，安索夫（H. L. Ansoff）第一次提出协同概念，认为企业之间在资源共享的基础上实施战略协同有利于企业开展多元化经营，更有效地利用企业拥有的资源和外部条件，实现企业战略目标。20 世纪 90 年代初，哈默（Gary Hamed）和普拉哈拉德（C. K. Prahalad）提出的核心竞争力理论则强调公司行为的系统关联性，认为竞争效力的有效发挥有赖于公司一系列行为的整体协调性。[1]

二、企业知识产权战略协同的特点

从协同学原理看，企业知识产权战略协同具有自身特点。主要有以下几点：

第一，耦合性。耦合本身是物理学概念，是指两个或两个以上体系或者运动形式在相互作用的基础上彼此影响的现象。[2] 如前所述，企业知识产权战略本身也是一个复杂系统，具有本身的体系结构。企业知识产权战略的实施，必然要调动其各方面人员的积极性，整合内外部资源，发挥企业内组织要素的作用。此外，从战略管理角度看，企业知识产权战略的实施也是一个管理过程和流程，这些流程环环相扣，相辅相成，企业知识产权战略组织者就需要调动企业内外部各种组织和资源，运用其知识和能力，为实现共同的战略目标而努力。再从知识产权价值链的角度看，企业研究开发、产品经营不同环节和阶段都在为企业创造知识产权价值，只有整合不同因素和资源才能发挥最佳的效果。耦合性特点决定了企业知识产权战略实施应注意协调企业内外部力量和资源，不能将其当成企业某一个部门的事情。以企业研发部门和知识产权管理部门专利战略协同为例，两个部门之间需要就研发的市场导向、专利战略引入进行密切的交流与沟通，以专利战略思想和市场导向原则引导研发部门开展研发活动。这种战略协同能够更好地使研发活动服从于企业技术创新战略，更好地促进专利技术实施和转化。

第二，利益协调性。企业知识产权战略协同要求企业不同职能部门和事业部门群策群力，相互协作。同时，由于企业内部不同部门具有自身的

---

[1] 于丽艳，吴正刚，程晓多. 基于运作过程的企业知识产权战略协同研究 [J]. 管理现代化，2012（5）.

[2] 金明浩. 区域知识产权战略实施协同机制体系构建及其实现路径 [J]. 南京理工大学学报：社会科学版，2013（2）：50-59.

局部利益，在大型企业集团中这种情况尤为明显，在实施知识产权战略过程中，难免存在利益冲突和矛盾。根据协同管理思想，就应当本着企业共同利益原则，尽量化解矛盾。例如，企业营销部门可能为节省营销支出而不愿在品牌建设上投入更多的资源，而这最终将损害企业产品的市场营销。为此，营销部门应本着企业品牌做大做强的战略考量，除了对产品营销投入外，品牌营销投入也不能缺少。

三、企业知识产权战略协同的必要性：基于知识产权协同管理的需要

基于协同学原理，企业知识产权战略实施的协同是指企业整合内外部资源，运用协同管理的思想，在企业研发、生产、制造、采购、产品经营、市场营销等活动以及企业不同部门及外部之间建立协同合作关系，为实现企业知识产权战略共同目标而进行的行为与过程。企业知识产权战略协同是近年来关于企业知识产权战略研究的一个值得关注且重要的内容，它是协同理论与企业知识产权战略理论的有效结合，对于提高对企业知识产权战略的认识，有效整合企业内外部资源，提高企业知识产权战略的实施效果，具有重要意义。

企业知识产权战略协同的必要性来源于企业对知识产权的协同管理。企业知识产权管理的系统性对知识产权管理提出了协同的要求。这里的企业知识产权协同管理，是提高知识产权管理能力和水平的重要内容，是以知识产权管理组织为依托，调动各方面管理要素和资源，协调内部各组织之间以及内外部环境变化之间的关系，对知识产权进行有序的计划、组织、指挥、安排、控制等活动。知识产权协同管理的理论基础是知识产权管理的系统性、动态性和开放性。知识产权协同管理离不开知识产权战略规划和指引。为提高知识产权协同管理能力，企业需要从知识产权战略规划高度对知识产权创造、运用、保护和管理的各个环节进行整体部署，取得知识产权战略协同效应。在这方面，主要是进行周密的知识产权战略规划，实现知识产权战略、生产经营战略、技术战略和市场战略的有机协同。在企业知识产权管理系统内，则需要保持技术开发人员、市场营销人员、知识产权管理人员及其他相关人员在知识产权战略实施的各个环节密切联系，建立知识产权管理各职能部门和主管人员的双向交流机制，使研究开发管理、营销管理、知识产权管理各系统之间保持信息畅通和联络。企业知识产权协同管理也是一种动态管理，因此应实施知识产权动态管理，将知识产权管理置于开放的技术环境、市场环境和法律环境中，从技术、市场和法律维度建构知识产权管理系统。此外，还应建立和完善企业内部知识管

理系统，促进组织内部知识和信息的流动，建立知识产权组织协同效应、知识产权信息协同效应和知识产权保护协同效应机制。[1]

第 2 节　企业知识产权战略协同的运作

近年来，我国学者也逐渐关注企业知识产权战略协同理论的研究。其中代表性的成果有于丽艳等撰写的《基于运作过程的企业知识产权战略协同研究》（以下简称"于文"），以及唐珺所著《企业知识产权战略管理》等。以下不妨结合本书的认识进行介绍和分析。

企业知识产权战略协同大致可以分为内部协同和外部协同两方面，其中前者是指企业内部各个职能部门和事业部门之间就实现知识产权战略目标所实施的相互配合、相互支持的行为；后者是指企业与政府、其他企业或事业单位、中介机构、金融机构等外部主体就知识产权的创造、运用、保护、管理等方面事务进行的协同行为。

一、企业知识产权战略协同的基础

根据上述研究，企业知识产权战略协同本质上是知识产权开发战略、保护战略、市场运营战略之间连续多次的协同运动。企业知识产权战略协同可以从知识产权活动基本运作过程加以研究。根据"于文"的观点，企业知识产权活动可以分为知识产权开发、知识产权保护和知识产权市场运营，相应地，企业知识产权战略分为知识产权开发战略、知识产权保护战略和知识产权市场运营战略。企业知识产权战略不同阶段的这些不同形式，需要协同运作才能取得最佳效果。从运作过程看，企业知识产权战略协同存在共同的基础，正是这些共同基础为企业知识产权战略协同运营提供了保障。具体而言，上述共同基础体现于以下几点：

第一是战略目标趋同。从理论上说，知识产权开发战略、知识产权保护战略和知识产权市场运营战略目标相同是毫无疑问的，因为它们都是企业知识产权战略运作过程中的一个子系统，服从于企业知识产权战略整体目标的需要，即通过扩大市场占有率，提高企业经济效益，提高企业整体的竞争实力并获得竞争优势。当然，由于处于企业知识产权战略系统中的不同环节，具体的知识产权战略目标各有其侧重点和主要任务。其中，企业知识产权开发战略以开发出具有技术和市场潜力的成果为主要目标，它

---

[1] 冯晓青. 企业知识产权管理 [M]. 北京：中国政法大学出版社，2012：4.

关注通过对新技术、新产品和新工艺的研发，对前沿技术的跟踪和模仿，不断积累自身知识产权；企业知识产权保护战略侧重于知识产权风险防范和管理，一方面注重充分保护自身获得的知识产权，另一方面则要注意在研发、生产销售等技术创新的各个环节防范侵权行为的发生；企业知识产权市场运营战略则侧重于如何促进企业自身知识产权的转化，提升企业品牌形象，实现企业知识产权的保值增值。这些不同战略目标的实现则需要相互配合，为实现共同的目标而协同运作。例如，企业知识产权开发战略和运营战略都离不开保护战略的法律保障和风险预警机制发挥的作用，否则要么在开发新技术、新产品、新工艺过程中由于忽视他人在先的专利技术而落入侵权的陷阱，要么在市场运营中出现其销售的产品涉嫌侵犯他人的知识产权，从而会陷入十分被动的地位，在国际贸易中更是如此。正是基于三者之间相辅相成而需要整合企业的人财物资源，提高相互融合、协同的水准。

第二是信息融合。在企业知识产权战略运用领域，它是指协同运用多元信息源进行决策和行动的理论、技术和工具。在企业知识产权战略实施过程中，需要广泛获取、利用信息，其中包括以专利技术信息为核心的知识产权信息。知识产权等相关信息是企业进行研发、开展市场营销活动、保护知识产权不可缺少的工具。例如，知识产权开发战略应当以充分的情报信息检索、分析为依据，无论是可行性研究、立项还是在研发过程中都需要充分占有信息，并保持对信息的动态跟踪；在实施知识产权保护战略时，需要通过对专利文献与情报等的细致分析，确定技术成果及其产品化、产业化过程中是否涉嫌侵犯他人的知识产权；在企业知识产权运营战略实施中，同样需要广泛地捕捉信息，指导企业营销活动，加快知识产权转化，使企业拥有的技术优势、产品优势转化为知识产权优势与市场竞争优势。这些内涵不同但相互关联的战略模式中，不仅都存在对信息占有、开发、利用的需要，而且需要整合相关信息，共同服务于企业的技术创新。

第三是企业部门之间协同以及部门之间的知识和经验互补。企业知识产权战略作为企业生产经营战略的重要组成部分，其实施深刻地渗透到企业研发、生产、加工、制造、营销、售后服务、品牌维护等各个部门和技术创新的各个环节，因而其实施需要企业各经营层和各职能部门的密切配合，加强不同部门之间的相互沟通、相互支持、精诚合作。对此，本书在企业知识产权战略实施应注意事项中实际上已经指出，这里只是从企业知识产权战略协同的角度加以阐述。除此之外，企业不同部门之间知识和经验互补与共享也是确保知识产权战略实施的有利条件。

二、企业知识产权战略协同的运作机理

应当说,我国目前关于企业知识产权战略协同的研究还处于初期,研究成果严重不足。不过,现有成果对相关知识产权战略协同的研究仍具有比较重要的参考和借鉴价值。前面已经引述的关于区域知识产权战略协同研究就是一例。以下仍将借鉴其中的观点,探讨企业知识产权战略协同的作用机理。[1]

第一,序参量是企业知识产权战略实施协同的决定性力量。序参量是协同学中的一个重要概念,它是协同学中描述系统有序程度的状况变量,其对系统的演化过程具有决定作用,是支配于系统的行为。[2]将协同学原理运用于企业知识产权战略,企业知识产权战略实施协同关键是要寻找能够推动战略进程的具有质性飞跃的序参量,在其有力参与下,通过激发自组织行为的主动性和积极性,从而促使企业知识产权战略的各个子系统协同运行。企业知识产权战略系统在运行中可能会出现不同的序参量,如何进行序参量的选择取决于其特定阶段企业面临的内外部环境、竞争市场、产业状况和战略阶段目标等因素。例如,在企业知识产权战略制定之初,企业如何出台有效的知识产权战略规划与实施方案是推进其知识产权战略的关键,此时的最重要的序参量就是企业知识产权战略的有效性。又如,在企业研发完成阶段,企业知识产权战略面临的主要任务是及时而科学的知识产权确权,防止知识产权流失,此阶段序参量就是知识产权确权有效率。无疑,企业在知识产权战略实施协同中,如何确认序参量,是导致协同行为有效的重要因素。

第二,自组织是企业知识产权战略实施协同的支撑。协同学创新人哈肯基于组织的进化形式而将其分为自组织和他组织两种类型。在企业知识产权战略实施协同中,外部存在能量流、信息流和物质流的输入,内部则存在一种自发的驱动知识产权战略系统运用由不稳定到稳定、由低级到高级运行的自组织能力。根据自组织理论驱动企业知识产权,需要构建战略系统内部的运行机制,促进系统内部各个环节和阶段自组织知识和能力的形成,特别是知识产权战略运作能力和协调策略,使知识产权战略目标沿着既定目标前进。

---

[1] 有关观点,参见:金明浩. 区域知识产权战略实施协同机制体系构建及其实现路径 [J]. 南京理工大学学报:社会科学版, 2013 (2).

[2] 姜璐,郭治安,沈小峰. 协同学与社会学的结合:定量社会学简介 [J]. 社会学研究, 1986 (3).

三、企业知识产权战略协同的内容与实施策略

（一）企业知识产权战略协同的内容

以上三个方面的共同基础无疑为企业知识产权战略之协同运作奠定了良好的基础。从企业知识产权战略具体运作过程看，上述三类不同的企业知识产权战略相互之间保持高度的战略协同尤为重要。下面将具体予以分析。

首先是企业知识产权开发战略与企业知识产权保护战略的协同。如前所述，企业知识产权开发战略旨在获取、创造知识产权，积累知识产权的数量。企业拥有的知识产权数量和质量，是企业实施知识产权战略的基础，反映了企业的科研生产力、技术实力和水平，是企业技术竞争能力的关键，是提高企业知识产权能力的关键资本。作为知识产权创造战略的范畴，企业知识产权开发战略因而十分重要。离开企业知识产权开发而产生的知识产权的有效积累，知识产权市场运营就将是空中楼阁。然而，开发只是第一步，如果企业开发出来的成果没有获得有效的法律保护，就将无法使技术优势变成产权优势，进而变成市场竞争优势。因此，在企业知识产权开发中，知识产权保护必须适时介入，如技术开发过程中的保密控制、技术开发成果的知识产权决策和分流、技术创新成果的侵权防范。通过使企业知识产权开发战略与保护战略的战略协同，就可以使企业知识产权开发在严密而有序的知识产权保护机制下，既避免侵犯他人的知识产权，又能够使自身获取的开发成果从战略高度获得最有效的保护和未来的市场化运用。否则，就像现实中我国很多企业一样，知识产权开发和保护脱节，以致大量知识产权流失，给企业造成了不可估量的损失。

其次是企业知识产权开发战略与市场运营战略的协同。明确两者协同的重要性，需要弄清楚企业知识产权开发和知识产权市场运营之间的内在关系。知识产权开发显然是知识产权市场运营的前提和基础，因为没有知识产权开发，"皮之不存，毛将焉附"。从这个角度看，企业知识产权市场运营首先取决于知识产权的有效开发。然而，企业知识产权开发本身毕竟不是目的，知识产权之所以对企业重要、需要站在战略高度加以认识，其实主要还是它服务于企业经营战略和总体战略，需要与企业生产经营有效结合，通过知识产权的市场运营获取最佳效益。现实中，我国很多企业大量知识产权被闲置，无法转化为生产力、知识产权优势和竞争优势，重要原因就是知识产权运营情况不佳。基于此，企业不仅应重视知识产权的开发，更应重视知识产权的市场运营，通过市场运营凸显知识产权开发的巨

大价值。在上述理解基础上，则需要从战略高度加以审视，即企业知识产权开发战略和知识产权市场运营战略之间的协同。从战略高度看，企业知识产权开发战略与知识产权市场运营战略的协同，并不是简单的前后相继的承接关系，而是在开发中应当融入知识产权市场运营的内涵，同时在知识产权市场运营中应当为再开发提供指引，这是两者协同更深层次的意义所在。具体而言，企业知识产权开发决不能是为开发而开发的孤立的、静态的行为，而是需要引入"市场导向"原则，以便使未来开发出来的知识产权能够更好地适应市场需要，满足消费者的需求。过去我国很多企业以及研发单位就是因为不大关注市场，对市场不敏感，结果虽然为研发付出了大量投资和人力，但研发成果难以适应市场需要，致使知识产权市场运营举步维艰。

再有就是企业知识产权保护战略与知识产权市场运营战略的协同。理解两者协同的机制，与前述一样，也首选需要弄清楚知识产权保护与知识产权市场运营之间的关系。就企业来说，知识产权保护并不是目的，最重要的是为知识产权的安全、有效地运营及其产业化提供法律保障。当然，企业知识产权保护对于知识产权市场运营也是不可或缺的，离开知识产权的保驾护航，知识产权市场运营就会出现各式各样的法律风险。另外，知识产权市场运营既是企业保护知识产权的重要目的，也为其提供了资金保障和动力保障。这是因为，通过知识产权市场运营，企业知识产权价值得以实现，如通过知识产权投资，企业获得入股公司的股权，在公司运作中实现分红。

最后，根据前述现有研究，基于运作过程的知识产权战略协同的内容有意识协同、部门协同、资源协同和政策协同等内容。其中，意识协同是指企业不同部门、全体员工应形成较为统一的企业知识产权文化，避免部门、人员之间对知识产权问题产生较大的认识分歧。这其中最为重要的是企业需要根据其理念、使命与愿景，培养具有自身特色的知识产权文化，特别是保护自身知识产权、尊重他人知识产权以及强化创新进取精神。意识协同有利于企业不同部门和人员之间在落实企业知识产权战略具体环节、具体任务时互相认同而不是拆台，互相支持而不是各自为战。部门协同是指在企业知识产权战略实施过程中，企业各经营层和职能部门之间应加强合作与配合，树立企业一盘棋的思想，在人财物资源配置和利用上，应以企业总体利益为重。当然，企业内部各部门之间在知识产权战略实施中难免也存在局部利益冲突，此时需要企业领导出面进行总体协调。资源协同是指企业在实施知识产权战略过程中应注意聚集和整合其拥有的相关资源，促进不同层次资源实现耦合。在开放式创新环境下，企业知识产权战略的资源协同还应当包括对企业可以利用的外部资源的整合和利用，以及内外部资源的适当整合。由于企业拥有的内外部资源的有限性，企业在实施知识产权战略资源协同方面，还应当注意资源投入和分配的效率，避免平均分配，原则上应从企业知识产权价值链出发，保障在最有价值环节重点投入。

（二）企业知识产权战略协同的实施策略

企业知识产权战略协同的实施，应当重视以下手段：❶

第一，协同机会识别与动态决策机制。企业知识产权战略运行是企业知识产权业务流程与研发、市场规划、生产制造、产品经营、销售等生产经营活动相互渗透和融合的行为和过程。从协同学理论来看，则是系统各要素相互作用、相互影响的过程。在企业知识产权战略系统结构中，如何从无序状态到有序状态，形成有序的结构和功能模式，是企业知识产权战略协同发挥协同效应的重要保障。企业知识产权战略之协同机会识别，就是针对企业知识产权战略系统运行中出现的矛盾和问题，基于企业知识产权战略各主体需求的互补性和利益相关性，及时予以捕捉。协同机会识别既是企业知识产权战略协同的起点，也是下一步动态决策机制的基础。换言之，企业应在协同机会识别的基础上，及时进行协同决策，进而启动相关部门和人员予以协同。这样就能够保障企业知识产权战略运行的连续性特别是能够对外界环境保持灵活的战略柔性，使企业知识产权战略在动态运作中始终能够整合企业内外部资源和组织力量，朝着既定目标迈进。还应当指出的是，基于企业知识产权战略对外部环境高度的权变性，协同机会识别本身也具有动态性，企业需要随着内外部环境的变化及时启动协同机会识别，并做出协同决策。

第二，信息沟通与要素整合机制。从企业信息系统构建与运行、信息流的观点看，企业知识产权战略运行需要信息系统的支撑，知识产权信息系统本身也构成了企业知识产权战略系统的重要组成部分。但在现实中，由于企业不同部门和人员承担了不同职责，集团公司之类则还存在地域隔离的问题，企业或者企业集团内部信息不通畅，势必会对企业研发、市场规划和决策、市场营销等活动产生不利影响。加之很多企业并没有建立有效的知识管理系统或信息情报系统，企业内不同部门、人员之间缺乏足够的信息交流。信息沟通与交流则是企业知识产权战略各子系统或要素产生协同效应应采取的交流方式，也是企业知识产权战略协同实现的基础。因此，企业应通过建立信息发布平台、交流平台等方式加强企业内部信息沟

---

❶ 有关观点，参见：金明浩．区域知识产权战略实施协同机制体系构建及其实现路径［J］．南京理工大学学报：社会科学版，2013（2）．

通与交流，有条件的企业还可以考虑建立内部的知识管理系统或信息管理系统。要素整合机制则是指企业知识产权战略协同主体基于充分的信息沟通与交流，将企业不同组织要素和资源要素本着实现企业知识产权战略协同目标的原则，实现人力物力和财力的优化配置，提高组织知识和能力水平以及资源的利用效率，力图产生最佳的战略协同效益。在开放式创新条件下，要素整合机制还特别要重视对外部资源和能力的占有、利用，并使之与企业现有的组织要素和资源禀赋有机结合。

第三，协同评价控制与行为调适机制。企业知识产权战略运行具有适应外界环境动态变化的特点。在实施知识产权战略过程中，企业通过协同机会识别、动态决策、协同行为、信息沟通与要素整合，能够为企业知识产权战略实施提供良好的保障。但是，企业知识产权战略系统的复杂性和技术环境、市场环境的变幻莫测决定了战略协同行为难以避免偏离战略协同目标。这就需要在企业知识产权战略协同运作过程中，保持必要的监控，针对协同行为中出现的各种问题，及时进行分析，找出解决问题的方法和对策，因而提出了协同评价控制的问题。这一思路与企业知识产权战略管理之"过程控制"有相通之处。协同评价控制需要借用一定的评价指标，通过对这些指标进行定量和定性分析，为下一步改进协同行为提供依据。评价控制与行为调适则是一脉相承的。行为调适是协同行为的结果，在评价控制基础上改进协同行为，能够使企业知识产权战略协同产生期望的结果。

四、专利战略协同：企业知识产权战略协同的重要内容

由于专利是企业知识产权的关键内容，专利战略协同也成为企业知识产权战略协同的重要内容。以下将从知识产权战略协同的角度，对这种重要的知识产权战略协同的运作加以探讨。

企业专利战略不是孤立的，其实施绩效在很大程度上取决于其与企业总体发展战略的契合性，特别是企业创新战略、技术发展战略、产品经营战略运行的协同性，以及为企业相关战略提供的有效支持与配合。例如，企业专利战略能够有力支撑和支持技术发展战略、创新战略，使其技术创新融入专利导向，通过专利获取、专利布局、专利运营提升企业创新效能，进而提高技术创新能力。另外，企业技术发展战略、创新战略也会为专利战略的实施提供良好的保障，特别是专利创造是专利战略的基础，通过技术发展战略促进研发活动，就为专利战略的实施奠定了基础。再如，企业专利战略与企业市场运营、产品经营战略也具有高度的契合性。企业专利战略本身立足于市场，以占领市场、获取市场竞争优势为目标，它能够充

分运用专利制度的功能和特点，围绕占领市场这一目标，在有效申请专利、保护专利权的基础上防止和抵御竞争对手对相关市场的渗透，而市场运营与产品经营战略则围绕基于竞争性市场获取产品市场优势。专利战略与市场运营与产品经营战略的有效结合，能够形成一股合力，最大限度地赢得市场竞争优势。

企业专利战略的协同性要求，其实施应与企业其他战略相互配合、相互支持，共同服从并服务于企业总体发展战略。

第19章 企业知识产权战略实施绩效评估

企业知识产权战略实施绩效评估,是检验企业实施知识产权战略取得成绩的关键。在企业知识产权战略系统中,它是一个必不可少的内容。正如有学者指出:"没有战略绩效评估,也就没有战略的实施。"[1] 企业知识产权战略实施绩效评估,需要解决一些关键性问题,包括评估指标设计和选取、评估模型设计和指标权重确定等。本章将在介绍与分析国内外现有研究成果的基础上,探讨企业知识产权战略实施绩效评估的有关问题。

第1节 企业知识产权战略实施绩效评估现有成果介绍与述评

知识产权战略对企业的重要性在于,当前企业面临的竞争环境日益严峻,通过实施知识产权战略提高知识产权创造、运用、保护和管理能力,以此获得市场竞争优势,成为企业不得不做出的选择。企业实施知识产权战略的效果如何则是决定是否能够赢得市场竞争优势的关键。因此,企业不仅需要制定知识产权战略,而且需要通过有效的实施才能真正实现知识产权战略的目标。这样就相应地提出了对企业实施知识产权战略的效果进行评估的问题。

企业知识产权战略实施绩效是企业战略性地管理和运用知识产权所产生的经济技术效果和社会效益,反映了企业实施知识产权战略的成绩。在实践中,企业知识产权战略实施绩效通常是运用绩效评价指标进行评判的。评价指标设置的科学性与合理性直接影响对企业知识产权战略实施绩效评估的客观性和

---

[1] 西奥多·H. 波伊斯特. 公共与非营利组织绩效考评:方法与运用 [M]. 北京:中国人民大学出版社,2005:7.

真实性。对此，国内外均有相关研究成果。

一、国外成果介绍与评析

企业知识产权战略绩效评估属于广义的战略评估的范畴。国外对战略评估有较多的研究，可以为企业知识产权战略绩效评估提供理论指导。例如，美国斯坦纳（Steiner）与麦纳（Miner）提出的战略评价要素是：战略应有环境的一致性、目标的一致性、预期的收益性、资源的配套性和战略的风险性。日本战略学专家伊丹敬之（Itami Hiroyuki）则认为战略应从七个方面评估其效果：差异化、集中度、把握时机、利用波及效果、激发员工士气、具有不平衡性和实行巧妙组合等。❶

近年来，日本学者对企业知识产权战略绩效指标有较多的研究。例如，日本东京大学先端科学研究中心学者制定的《知识产权战略指标》包含了企业战略指标和定量指标。日本特许厅以日本企业为对象制定的《知识产权战略指标》则涵盖了相当广泛的范围。2004年，日本经济产业省产业政策局制定的《知识产权战略指标的中期成果报告》涉及的评价指标如研究人员比例、人均开发费用、研究开发效率、专利生产率、专利收益率、全要素生产率等。❷ 这些研究对我国企业知识产权战略绩效评估具有一定的参考价值。

二、国内研究成果介绍与评析

从国内研究来看，关于知识产权战略绩效评估也有一些成果，其中包括宏观性质的研究和确立具体评估指标体系的微观研究等内容。如有学者认为，知识产权战略绩效评估是"通过构建知识产权战略绩效评估系统，明确战略绩效评估的主体与客体，制定战略绩效评估指标体系及其标准，选择战略绩效评估方法，建立战略绩效评估模型，以测量知识产权战略发布实施以来静态的战略方案是否与动态的内外环境具有适应性和前瞻性，是否与总体战略具有一致性和促进性；考察各战略相关主体是否已经按照方案要求进行匹配性变革和充分性行动；考察各项战略措施的落实是否具有有效性；评价知识产权战略是否达到了预期的阶段性目标或者终极目标，以此来促进各相关实施主体积极有效地实施战略，保障战略措施与途径符合战略方向，保证战略的及时调整与完善，与客观环境和主观要求相一致，保证知识产权战略终极目标的顺利实现"，并认为知识产权战略绩效评估

---

❶ 马海群，文丽，周丽霞，等. 现代知识产权管理［M］. 北京：科学出版社，2009：326.
❷ ［EB/OL］.（2012-01-04）［2014-10-05］. http://www.meti.go.jp/policy/economicindustrial/press/0005290/2/040607tetsuzuki2.pdf.

"对于战略的因应性调整与战略的顺利实施以及提高战略的实施效率都有着十分重要的作用"。❶

有成果详细描述了企业知识产权战略考核评估的指标体系,这里不妨以列表形式加以分析(见表 19-1)。

表 19-1 企业知识产权战略考核评估的指标体系

内容	二级、三级指标
知识产权创造	**投入指标** 研究开发人员数量、研究开发人员在企业从业人员中的比重、研究开发经费及其同比增长率 **产出指标** 国内专利申请量、PCT 申请量、国内专利授权量、国内发明专利授权量、有效专利量、商标注册量、驰名商标数量、集成电路布图设计登记量、计算机软件著作权登记量、专利利税金额
知识产权运用	**实施指标** 企业专利实施量、专利实施率、技术转移合同量、商标出售合同量、著作权合同登记量、知识产权质押量等 **收益指标** 知识产权质押获贷金额、技术转移合同金额、商标出售合同金额、知识产权产值占 GDP 比重、注册商标产值增加值、版权产业产值、软件产业产值、知识产权产品减免税金等
知识产权保护	**行政执法指标** 行政执法专项行动次数、知识产权侵权受理量、知识产权行政机关专利侵权立案数、移送司法机关涉嫌知识产权犯罪数 **司法保护指标** 提起知识产权诉讼数量、通过知识产权诉讼获得赔偿金额 **其他形式保护指标** 知识产权纠纷和解数、知识产权纠纷仲裁数
知识产权管理	**培训教育指标** 知识产权外出交流人次、知识产权培训人次、知识产权出国交流人次 **组织建设指标** 知识产权专职管理人员数、知识产权兼职管理人员数 **信息管理指标** 专利信息数据库建设、知识产权信息情报分析报告数、专利地图数、专职专利信息人员数 **激励机制指标** 职务发明创造奖励比例、知识产权激励制度 **知识产权维护与风险防范指标** 知识产权预警与应急机制、企业知识产权维护管理

资料来源:关永红,李银霞.论企业知识产权战略实施绩效评估指标体系的构建(上)[J].中国集体经济,2011(7).(根据此文整理和补充。)

---

❶ 王肃.试论知识产权战略绩效评估的法制化[J].河北科技大学学报:社会科学版,2011(2):54-58.

上述企业知识产权战略实施绩效指标，显然是从企业知识产权战略的四个环节出发加以界定的，这无疑是评判企业知识产权战略实施绩效的比较具体的操作性指标。❶ 不过，从作为企业知识产权战略实施绩效的整体情况看，还需要引入一些综合性的指标，如企业知识产权战略意识水平的提高、企业知识产权战略实施对企业竞争力提高、企业知识产权战略组织协调效果等。

还有研究成果认为，企业知识产权战略评估体系包括企业知识产权战略适应性评估、战略实施评估和战略绩效评估三部分内容，具体评估标准和内容见表19-2：

表19-2　企业知识产权战略评估体系

层面	企业知识产权战略适应性	企业知识产权战略的实施	企业知识产权战略的绩效
评估标准	制定的战略应与企业实力相吻合，与企业经营目标一致	实施措施的可操作性和可控制性	战略预定目标的实现程度
评估内容	是否基于内外环境分析充分了解外部环境中的机会，发挥了企业优势	企业知识产权战略的组织和实际落实情况	企业知识产权战略实施的情况与预期目标的比较
现实情况说明	与这一阶段获得的或事件相关的资料的描述	企业知识产权战略实际执行情况的描述	战略制定后实际产生结果的数据资料
评估	根据内容将现实情况与目标加以对比		

资料来源：吴红．企业知识产权战略评估指标体系的构建［J］．科技管理研究，2010（1）．

上述成果主张，企业知识产权战略适应性评估主要是评估企业知识产权战略制定过程中对内外部环境的适应性和内部条件的匹配，分析制定出的企业知识产权战略是否与企业使命和目标相一致，是否能够在适应环境的基础上实现企业战略目标。基于此，选择外部环境的适应性和内部资源条件的适应性作为一级指标，其中前者对应的二级指标为竞争环境变化、行业竞争形势变革、消费者价值需求和战略目标与市场发展的一致性，后者对应的二级指标为与整体战略目标的一致性、与企业内部情况的适应性、战略方案中风险和困难的对策。本书认为，对企业知识产权战略适应性评估有利于在制定企业知识产权战略环节即保持与企业内外部环境的高度适应性，为有效实施知识产权战略打下坚实的基础。因此，评估企业知识产

---

❶ 类似的成果，参见：唐杰，周勇涛．企业知识产权战略实施绩效评价研究［J］．情报杂志，2009（7）．

权战略适应性是有益的。不过，毕竟上述指标具有一定的不确定性，而且企业所面临的内外部环境也处于不断变化之中，严格地说，企业知识产权战略适应性评估原则和思路更适宜于指导企业制定知识产权战略。

此外，国内还有学者从一般意义上知识产权战略的角度，设计了知识产权战略实施绩效评估指标体系，也具有一定的参考价值。根据其观点，企业知识产权战略实施绩效评估包括创造战略、管理战略、保护战略、实施战略和人才战略等一级指标。其中创造战略分创造源与创造数量与质量二级指标，管理战略分管理人员与建章立制二级指标，保护战略分保护机制与保护效果二级指标，实施战略分实施率和经济技术效果二级指标，人才战略分人才状况和中介体系二级指标。❶

第2节　企业知识产权战略绩效评估指标的确立

一、确定评估指标应遵循的原则

上述国内外研究成果对于我国企业知识产权战略实施绩效研究无疑具有重要参考价值。与前述企业知识产权管理绩效指标类似，企业知识产权战略实施绩效指标在制定方面应遵循一定的原则。本书认为，至少有以下几点：

一是指标的客观性和科学性。企业知识产权战略实施绩效指标是对企业实施知识产权战略的状况进行的评估，制定的指标应尽量客观地反映企业知识产权工作的现状，因此设置的指标应力求科学、准确、内涵与外延明确，对指标及其权重也应合理取舍。同时，基于指标体系视角，各指标之间应保持相互协调，在整体上形成合理的指标结构体系和内在的逻辑体系，避免指标之间的冲突和重复。

二是指标的经济性原则。评价指标来自企业的数据，指标分析涉及数据的收集和整理，在设计指标时应考虑到采集数据的可行性和经济性，防止因为采集数据的成本过大而使设置的指标变得没有意义。在我国企业知识产权信息披露制度不够健全的情况下，指标的选择更应考虑采集的经济性原则。

三是指标的全面性原则。企业知识产权战略涉及知识产权的创造、运营、保护和管理等诸多环节，并且与企业技术创新息息相关，因此在指标

---

❶　易玉．建立知识产权战略绩效评估指标体系的思考［J］．知识产权，2007（1）．

设置上应考虑能够覆盖企业知识产权活动的全过程，而不限于其中的部分环节。

四是指标的可比性原则。企业知识产权战略实施绩效指标应在计算口径和方法以及概念上保持统一性，具有明确的内涵，能够基于不同的评价目的而保持指标的协调。

五是指标多元化原则。企业知识产权战略实施绩效指标不仅应全面，能够反映企业知识产权工作全过程，而且应从具体与综合、定性与定量、主观与客观、稳定性与可预测性等方面放映企业知识产权战略实施绩效情况。像前述日本设计的企业知识产权战略实施绩效指标，从研究开发人员和知识产权人员角度设置了较多的定性指标，定量指标偏少，这样可能难以全面反映企业知识产权战略实施绩效。

从理论上说，企业知识产权战略实施绩效是知识产权制度在企业中运行的产物，受到企业外部知识产权制度环境、国家创新系统、产业结构等因素和企业知识产权意识、知识产权管理水平、技术和经济实力等内部因素的影响。当然，其最终体现在企业知识产权方面的投入和产出、企业市场竞争能力提高的程度等方面。再考虑企业知识产权战略的过程性、动态性特征，企业知识产权战略实施绩效指标的构建总体上应关注企业知识产权方面的投入和产出、企业知识产权战略的过程性以及经济效益和竞争能力提高问题，这样能更好地契合企业知识产权战略实施的目的。

二、企业知识产权战略实施绩效评估的内容

由于企业知识产权战略涉及知识产权的创造、运用、保护、管理各部分内容，并且与企业生产经营紧密结合，企业知识产权战略实施绩效评估就需要综合考虑知识产权在企业中的运用情况。

在实践中对企业知识产权战略实施绩效的评估，多选择拥有知识产权的数量和质量、知识产权维护、知识产权运用产生的效果、知识产权制度建设和文化建设等方面。有研究成果则认为，一般可以从企业知识产权整体状况、知识产权保护水平、知识产权运用状况以及企业的知识产权战略实施的有效性四个方面加以评估。其中，企业知识产权整体状况"包括专利等知识产权的创造所达到的水平，专利运用及布局的情况、知识产权的管理状况，以及与市场竞争对手相比较在同领域哪些技术方面存在优势，以及知识产权实施达到的效果等因素"；知识产权保护水平包括"企业拥有的专利等知识产权的权利保护范围，以及知识产权保护的力度、知识产权保护期限的合理性等因素"；知识产权运用状况"着重对专利产品开发、市场销售情况包括市场销售前景、潜在风险等因素进行考察"；至于企业的知

识产权战略实施的有效性则基于企业为促进其自身经济效益提高与发展而"着重考察企业在知识产权创造和运用方面取得的成效"。❶ 本书认为，上述观点基本上涵盖了企业知识产权战略实施绩效评估的主要内容，但在具体构建时，需要借助一定的评估指标加以衡量。根据前面的讨论，指标选择应考虑到指标的科学性、合理性和可操作性，确定合理的权重和计算方式。在评估企业知识产权战略实施绩效时，还应当从动态的角度评判企业实施知识产权战略对企业整体创新能力和竞争优势提升的贡献，而不能完全限于企业知识产权本身的状况，如知识产权的数量和质量状况、知识产权管理制度体系等，这是因为企业知识产权战略从根本上来说服务于企业战略，是企业发展战略的重要组成部分，其实施绩效也应表现为对企业发展的贡献。

当然，企业知识产权战略实施绩效评估也可以基于评估目的而有针对性地确定评估的范围、内容与相应的指标。例如，某企业主要针对实施知识产权战略对其创新能力提升的作用和影响，就可以针对创新意识、研发流程与知识产权的结合程度、知识产权获取数量与质量等方面加以评估。又如，有企业需要了解实施知识产权战略后在市场竞争中所处的地位和实现的层次，则可以将评估范围和内容集中于以下方面：目标企业的知识产权战略与其企业发展规划的一致性；目标企业的相应技术及其是否拥有知识产权，以及企业的知识产权保护状况；目标企业的知识产权布局情况，与市场竞争对手比较，有哪些优势或容易发生冲突和纠纷的知识产权权利。❷ 此外，还可以包括目标企业在知识产权方面的竞争优势和劣势，特别是核心专利技术竞争优势。

总而言之，通过企业知识产权战略实施效果的评估，要清晰地找到企业自身在市场竞争中所处的位置，为企业技术研发找到明确的方向，为企业专利布局提供合理的建议，为企业发展建立科学合理的目标，帮助企业有效地利用知识产权，维护自身知识产权合法权益，实现知识产权收益最大化和风险最小化，并获得可持续发展的竞争优势。

---

❶❷ 范·汤普森，吴锦伟. 企业知识产权战略实施效果评估初探 [N]. 中国知识产权报，2013-01-18（08）.

图表索引
Figue and Table Index

图 0-1 知识产权战略层次划分模型 / 16
图 0-2 知识产权与企业战略的关系 / 25
图 0-3 SWOT 分析框架 / 27
图 0-4 企业知识产权战略管理过程流程 / 35
图 0-5 企业知识产权战略管理的管理构架 / 35
图 1-1 企业专利战略系统 / 45
图 1-2 企业专利战略体系 / 46
图 1-3 企业专利战略监测分析层次 / 57
图 1-4 企业专利战略监测分析流程框架 / 58

表 2-1 基于 SWOT 分析的企业专利战略选择 / 81
表 19-1 企业知识产权战略考核评估的指标体系 / 378
表 19-2 企业知识产权战略评估体系 / 379

主要参考文献

一、专著

[1] 白光. 21世纪驰名商标发展战略 [M]. 北京：中国经济出版社，1999.

[2] 包晓闻，刘昆山. 企业核心竞争力经典案例（美国篇）[M]. 北京：经济管理出版社，2005.

[3] 包晓闻，刘昆山. 企业核心竞争力经典案例（欧盟篇）[M]. 北京：经济管理出版社，2005.

[4] 包晓闻，刘昆山. 企业核心竞争力经典案例（日韩篇）[M]. 北京：经济管理出版社，2005.

[5] 陈昌柏. 自主知识产权管理 [M]. 北京：知识产权出版社，2006.

[6] 陈昌柏. 知识产权战略 [M]. 北京：科学出版社，1999.

[7] 陈洁. WTO与知识产权法律实务 [M]. 长春：吉林人民出版社，2001.

[8] 陈明森. 市场进入退出与企业竞争战略 [M]. 北京：中国经济出版社，2001.

[9] 陈幼其. 现代企业战略管理 [M]. 上海：华东师范大学出版社，1996.

[10] 迟双明，柳传志. 决策联想的66经典 [M]. 北京：中国商业出版社，2002.

[11] 崔蕾. 品牌成长十六步 [M]. 北京：机械工业出版社，2005.

[12] 丁贵明，崔大鹏. 21世纪企业战略管理创新 [M]. 北京：学苑出版社，2006.

[13] 董静. 创新制胜：21世纪的企业创新管理 [M]. 上海：上海财经大学出版社，2007.

[14] 冯晓青. 企业知识产权管理 [M]. 北京：中国政法大学出版社，2012.

[15] 冯晓青. 知识产权法 [M]. 北京：中国政法大学出版社，2015.

[16] 冯晓青. 全球化与知识产权保护 [M]. 北京：中国政法大学出版社，2008.

[17] 冯晓青. 知识产权法利益平衡理论 [M]. 北京：中国政法大学出版社，2006.

[18] 冯晓青. 知识产权法前沿问题研究 [M]. 北京：中国人民公安大学出版社, 2004.
[19] 冯晓青, 杨利华. 知识产权法热点问题研究 [M]. 北京：中国人民公安大学出版社, 2004.
[20] 冯晓青, 杨利华. 知识产权法学 [M]. 北京：中国大百科全书出版社, 2008.
[21] 冯晓青. 知识产权法理论与实践 [M]. 北京：知识产权出版社, 2002.
[22] 冯晓青. 现代知识产权法 [M]. 长沙：湖南出版社, 1997.
[23] 郭修申. 企业商标战略 [M]. 北京：人民出版社, 2006.
[24] 韩秀成, 任宝贵. 攻防两用话专利 [M]. 北京：中国经济出版社, 1994.
[25] 何敏. 企业专利战略 [M]. 北京：知识产权出版社, 2011.
[26] 何敏. 企业知识产权管理战略 [M]. 北京：法律出版社, 2006.
[27] 何敏. 企业知识产权保护与管理实务 [M]. 北京：法律出版社, 2002.
[28] 何伟, 等. 现代企业战略学 [M]. 北京：中国人民大学出版社, 1990.
[29] 贺化. 全国地方知识产权战略实施推进工作指导手册 [M]. 北京：知识产权出版社, 2014.
[30] 胡佐超. 专利管理 [M]. 北京：知识产权出版社, 2001.
[31] 华鹰. 企业技术创新与知识产权战略 [M]. 北京：科学出版社, 2013.
[32] 黄贤涛, 等. 专利：战略·管理·诉讼 [M]. 北京：法律出版社, 2008.
[33] 黄晓庆, 魏冰. 创新之光：企业专利秘籍 [M]. 北京：知识产权出版社, 2013.
[34] 黄颖. 企业专利诉讼战略研究 [M]. 北京：中国财政经济出版社, 2014.
[35] 霍国庆. 企业知识管理战略 [M]. 北京：中国人民大学出版社, 2007.
[36] 蒋坡. 知识产权管理 [M]. 北京：知识产权出版社, 2007.
[37] 蒋运通. 企业经营战略管理 [M]. 2版. 北京：企业管理出版社, 2001.
[38] 国家知识产权局. 知识产权战略与区域经济发展 [M]. 北京：知识产权出版社, 2013.
[39] 金占明. 战略管理 [M]. 北京：清华大学出版社, 1999.
[40] 李德升, 等. 企业专利战略中的竞争情报机制与运用 [M]. 北京：人民邮电出版社, 2014.
[41] 李光斗. 品牌战：全球化留给中国的最后机会 [M]. 北京：清华大学出版社, 2006.
[42] 李明星, 台新民. 品牌创新与企业知识产权协同战略 [M]. 北京：知识产权出版社, 2010.
[43] 李平, 萧延高. 产业创新与知识产权战略：关于深圳实践的深层分析 [M]. 北京：科学出版社, 2008.
[44] 厉宁. 知识经济时代的国家专利发展战略研究 [M]. 北京：国家行政学院出版社, 2002.
[45] 林平凡, 等. 加入WTO企业战略与重组 [M]. 广州：华南理工大学出版社, 2000.
[46] 林秀芹, 刘铁光. 自主知识产权的创造、运用与法律机制 [M]. 厦门：厦门大学出版社, 2012.
[47] 刘春田. 知识产权法 [M]. 北京：中国人民大学出版社, 2002.

[48] 刘江彬，黄俊英．智慧财产管理总论［M］．台北：华泰文化事业公司，2004．
[49] 刘冀生，等．创新时代的战略管理：理论·实务·案例［M］．北京：企业管理出版社，2007．
[50] 刘平．企业战略管理：规划理论、流程、方法与实践［M］．北京：清华大学出版社，2010．
[51] 刘伍堂．专利资产评估［M］．北京：知识产权出版社，2011．
[52] 罗国轩．知识产权管理概论［M］．北京：知识产权出版社，2007．
[53] 吕薇，李志军，等．知识产权制度：挑战与应对［M］．北京：知识产权出版社，2004．
[54] 马海群．网络时代的知识产权信息管理［M］．北京：科学出版社，2003．
[55] 马海群，文丽，周丽霞，等．现代知识产权管理［M］．北京：科学出版社，2009．
[56] 马先征，张丛．企业专利战略运用［M］．北京：知识产权出版社，2011．
[57] 毛金生．企业知识产权战略指南［M］．北京：知识产权出版社，2010．
[58] 孟奇勋．专利集中战略研究［M］．北京：知识产权出版社，2013．
[59] 孟谭，等．企业知识产权管理规范实操手册［M］．天津：天津人民出版社，2014．
[60] 缪其浩．市场竞争和竞争情报［M］．北京：军事医学科学出版社，1996．
[61] 企业知识产权能力发展研究课题组．企业知识产权能力发展研究：以四川省知识产权管理示范企业为例［M］．北京：知识产权出版社，2013．
[62] 企业知识产权战略与工作实务编委会．企业知识产权战略与工作实务［M］．北京：经济科学出版社，2007．
[63] 戚昌文，邵洋．市场竞争与专利战略［M］．武汉：华中理工大学出版社，1995．
[64] 盛世豪，徐竹青．知识产权与竞争优势：区域知识产权战略研究［M］．北京：中国社会科学出版社，2005．
[65] 世界品牌研究室．世界品牌100强品牌制造［M］．北京：中国电影出版社，2004．
[66] 唐珺．企业知识产权战略管理［M］．北京：知识产权出版社，2012．
[67] 王兵．高新技术知识产权保护新论［M］．北京．中国法制出版社，2002．
[68] 王超．竞争战略［M］．北京：中国对外经济贸易出版社，1999．
[69] 王光甫，等．企业战略管理［M］．北京：中国财政经济出版社，2000．
[70] 王晋刚，张铁军．专利化生存：专利刀锋与中国企业的生存困境［M］．北京：知识产权出版社，2005．
[71] 王黎萤．知识产权战略管理［M］．北京：电子工业出版社，2011．
[72] 王黎萤．中小企业知识产权战略与方法［M］．北京：知识产权出版社，2010．
[73] 王铁男．企业战略管理［M］．哈尔滨：哈尔滨工业大学出版社，2006．
[74] 王维平．企业无形资产管理［M］．北京：北京大学出版社，2003．
[75] 王玉．企业战略的理论与方法［M］．上海：上海财经大学出版社，2000．
[76] 王玉洁，等．WTO规则与知识产权保护［M］．上海：上海财经大学出版社，2000．
[77] 王玉民，马维野．专利商用化的策略与运用［M］．北京：科学出版社，2007．
[78] 汪应洛．战略研究理论及企业战略［M］．西安：西安交通大学出版社，1990．
[79] 温旭，等．知识产权的保护策略与技巧［M］．北京：专利文献出版社，1996．
[80] 吴树山，曾培芳．江苏省实施知识产权战略的探索与实践［M］．北京：知识产权

出版社，2013.
- [81] 吴溯，等. 设计之战：移动终端工业设计的知识产权博弈 [M]. 北京：知识产权出版社，2014.
- [82] 吴伟仁. 国防科技工业知识产权实务 [M]. 北京：知识产权出版社，2005.
- [83] 夏伟. 中小企业创新与知识产权制度 [M]. 北京：法律出版社，2014.
- [84] 许伯桐，等. 现代企业知识产权保护 [M]. 北京：中山大学出版社，2007.
- [85] 徐红菊. 专利权战略学 [M]. 北京：法律出版社，2009.
- [86] 徐明华，包海波. 知识产权强国之路：国际知识产权战略研究 [M]. 北京：知识产权出版社，2003.
- [87] 徐锡菘. 日本财阀企业战略 [M]. 台北：大林出版社，1979.
- [88] 颜祥林，等. 知识产权保护原理与策略 [M]. 北京：中国人民公安大学出版社，2001.
- [89] 杨翰辉，等. WTO与中国知识产权制度的冲突与规避 [M]. 北京：中国城市出版社，2001.
- [90] 杨林村，等. 国家专利战略研究 [M]. 修订版. 北京：知识产权出版社，2006.
- [91] 杨铁军. 企业专利工作实务手册 [M]. 北京：知识产权出版社，2013.
- [92] 杨锡怀，王江. 企业战略管理 [M]. 3版. 北京：高等教育出版社，2010.
- [93] 叶陈毅. 无形资产管理 [M]. 上海：复旦大学出版社，2006.
- [94] 俞兴保，等. 知识产权及其价值评估 [M]. 北京：中国审计出版社，1995.
- [95] 袁真富. 专利经营管理 [M]. 北京：知识产权出版社，2010.
- [96] 袁真富，苏和秦. 商标战略管理：公司品牌的法务支持 [M]. 北京：知识产权出版社，2004.
- [97] 张爱华，赵明. 知识产权视野下的企业品牌战略 [M]. 北京：中国政法出版社，2013.
- [98] 张传忠. 品牌战略精要 [M]. 北京：经济科学出版社，2006.
- [99] 张贰群. 专利战法八十一计 [M]. 北京：知识产权出版社，2005.
- [100] 张建涛. 现代企业战略管理创新 [M]. 广州：中山大学出版社，2007.
- [101] 张明立，冯宁. 品牌管理 [M]. 北京：清华大学出版社，2010.
- [102] 张平. 技术创新中的知识产权保护评介：实证分析与理论探讨 [M]. 北京：知识产权出版社，2004.
- [103] 张文德. 企业知识产权诊断与策略 [M]. 北京：知识产权出版社，2007.
- [104] 张玉瑞. 专利战争 [M]. 北京：中国法制出版社，2007.
- [105] 张志成. 知识产权战略研究 [M]. 北京：科学出版社，2010.
- [106] 张志源. 现代企业战略管理 [M]. 北京：北京理工大学出版社，1993.
- [107] 郑成思. 知识产权论 [M]. 北京：法律出版社，2003.
- [108] 郑成思，韩秀成. 知己知彼 打赢知识产权之战 [M]. 北京：知识产权出版社，2000.
- [109] 郑寿亭. 企业专利管理与战略 [M]. 北京：专利文献出版社，1991.
- [110] 郑志海. 入世与知识产权保护 [M]. 北京：中国对外经济贸易出版社，2000.
- [111] 朱国军，杨晨. 专利运营能力支撑技术跨越研究 [M]. 北京：电子工业出版社，2009．

[112] 朱雪忠．企业知识产权管理［M］．北京：知识产权出版社，2007．

[113] 宗刚，等．无形资产的商标评估［M］．北京：中国物资出版社，1995．

[114] 保罗·A．萨缪尔森，等．经济学［M］．高鸿业，等，译．北京：中国发展出版社，1992．

[115] 本杰明·古莫斯-卡瑟尔斯．竞争的革命：企业战略联盟［M］．丘建，等，译．广州：中山大学出版社，2000．

[116] 斋藤优．发明专利经济学［M］．谢樊正，等，译．北京：专利文献出版社，1990．

[117] 丹尼斯·昂科维克．商业秘密［M］．胡翔，叶方怡，译．北京：企业管理出版社，1991．

[118] 高桥明夫．日立的专利管理：开拓企业未来的专利及其战略作用［M］．魏启学，译．北京：专利文献出版社，1990．

[119] J．戴维·亨格，托马斯·L．惠伦．战略管理精要［M］．3版．王毅，译．北京：电子工业出版社，2005．

[120] 大卫·蒂斯．技术秘密与知识产权的转让与许可：解读当代世界的跨国企业［M］．王玉茂，等，译．北京：知识产权出版社，2014．

[121] 富田彻男．市场竞争中的知识产权［M］．廖正衡，等，译．北京：商务印书馆，2000．

[122] 加里·哈梅尔，等．竞争大未来：企业发展战略［M］．王振西，译．北京：昆仑出版社，1998．

[123] 拉希德·卡恩．技术转移改变世界：知识产权的许可与商业化［M］．李跃然，张立，译．北京：经济科学出版社，2014．

[124] 凯文·G．里韦特，戴维·克兰．尘封的商业宝藏：启用商战新的秘密武器 专利权［M］．陈彬，杨时超，译．北京：中信出版社，2002．

[125] 马歇尔·菲尔普斯，戴维·克兰．烧掉舰船：微软称霸全球的知识产权战略［M］．谷永亮，译．北京：东方出版社，2010．

[126] 迈克尔·波特．竞争战略［M］．陈小悦，译．北京：华夏出版社，2005．

[127] 鸟本久寿弥太．专利战争：日美企业围绕技术所有权展开的殊死斗争［M］．张国生，译．北京：专利文献出版社，1989．

[128] 帕特里克·沙利文．智力资本管理［M］．陈劲，等，译．北京：知识产权出版社，2006．

[129] 斯大芬·C．格莱扼，等．商务专利战略［M］．李德山，译．北京：北京大学出版社，2000．

[130] 丸岛仪一．佳能知识产权之父谈中小企业生存之道：将知识产权作为武器［M］．文雪，译．北京：知识产权出版社，2013．

[131] 西奥多·H．波伊斯特．公共与非营利组织绩效考评：方法与运用［M］．北京：中国人民大学出版社，2005．

[132] D．福克纳，等．竞争大未来：企业发展战略［M］．李维刚，译．北京：昆仑出版社，1998．

二、期刊与报刊

[1] 曹勇，赵莉，张阳，罗楚郡．高新技术企业专利管理与技术创新绩效关联的实证研究［J］．管理世界，2012（6）．

[2] 崔静思．中集集团：善用知识产权的行业领导者［N］．中国知识产权报，2012-02-10（03）．

[3] 邓锡良．企业转制过程中的商标管理［J］．中华商标，1997（2）．

[4] 董丽，黄泰康，袁红梅．我国制药企业专利价值链管理模型及各环节存在的问题分析［J］．中国医药工业杂志，2012（11）．

[5] 杜晓君，罗猷韬，谢玉婷．专利联盟创新效应实证分析：以 MPEG-2、TD-SCDMA 和闪联为例［J］．研究与发展管理，2014（1）．

[6] 段瑞春．关于知识产权策略与提升核心竞争力的思考［J］．科技与法律，2003（3）．

[7] 冯晓青．企业技术创新中的知识产权管理策略研究：以知识产权确权管理为考察视角［J］．南京理工大学学报：社会科学版，2013（4）．

[8] 付音．网络时代企业保护商业秘密的特殊问题［J］．甘肃省经济管理干部学院学报，2003（3）．

[9] 高锡荣，罗琳．中国创新转型的启动证据：基于专利实施许可的分析［J］．科学学研究，2014（7）．

[10] 高霞．基于专利的我国 ICT 产业产学研合作创新实证研究［J］．中国管理科学，2012（S2）．

[11] 洪少枝，尤建新，郑海鳌，邵鲁宁．高新技术企业知识产权战略评价系统研究［J］．管理世界，2011（10）．

[12] 侯延香．基于 SWOT 分析法的企业专利战略制定［J］．情报科学，2007（1）．

[13] 胡桂昌．转制中的商标问题及对策［J］．中华商标，1999（4）．

[14] 贾丽臻，张换高，张鹏，檀润华，杨雯丹．基于专利地图的企业专利布局设计研究［J］．工程设计学报，2013（3）．

[15] 姜军，武兰芬．专利平台战略的空间竞争优势［J］．科学学研究，2007（1）．

[16] 姜璐，郭治安，沈小峰．协同学与社会学的结合：定量社会学简介［J］．社会学研究，1986（3）．

[17] 金明浩．区域知识产权战略实施协同机制体系构建及其实现路径［J］．南京理工大学学报：社会科学版，2013（2）．

[18] 李炳炎．我国特许经营发展现状与推进对策［J］．南京经济学院学报，2001（2）．

[19] 李伟，董玉鹏．协同创新过程中知识产权归属原则：从契约走向章程［J］．科学学研究，2014（7）．

[20] 李欣．企业品牌形象的塑造与管理研究［J］．科技与管理，2013（5）．

[21] 刘平，张静，戚昌文．企业专利战略的规划：基于项目管理方法的运用［J］．电子知识产权，2006（4）．

[22] 刘雪凤，高兴．促进我国自主创新能力建设的知识产权政策体系研究［J］．科学管理研究，2014（3）．

[23] 刘媛．中国企业品牌战略与决策［J］．现代营销，2012（12）．

[24] 刘志强，朱东华，靳霞．企业专利战略与技术监测理论研究［J］．情报杂志，

2006（7）.

［25］陆新明．专利战略定义研究［J］．知识产权，1996（5）．

［26］罗建华，翁建兴．论我国企业知识产权战略管理体系的构建［J］．长沙交通学院学报，2005（2）．

［27］倪蕙文．专利战略的类型及我国企业的对策［J］．上海工程技术大学学报：社会科学版，2004（1）．

［28］马海群．网络环境下的知识产权战略管理及对知识产权信息管理机制的推动［J］．新世纪图书馆，2003（3）．

［29］马秀弟．关于企业品牌管理的分析［J］．管理观察，2013（6）．

［30］毛昊，刘澄，林瀚．中国企业专利实施和产业化问题研究［J］．科学学研究，2013（12）．

［31］穆建军．权利要求书撰写应在专利侵权中发挥防线作用［J］．电子知识产权，2005（9）．

［32］欧万雄．市场竞争中的商标策略：献给参与国际大市场竞争的中华商标协会会员［J］．中华商标，1998（3）．

［33］欧阳春花，顾颖．基于技术创新成果知识产权价值管理研究［J］．科学管理研究，2014（1）．

［34］祁红梅，王森．基于联盟竞合的知识产权风险对创新绩效影响实证研究［J］．科研管理，2014（1）．

［35］漆苏．企业国际化经营的专利风险识别：基于企业行为的实证研究［J］．科学学研究，2013（8）．

［36］漆艳茹，刘云，侯媛媛．基于专利影响因素分析的区域创新能力比较研究［J］．中国管理科学，2013（S2）．

［37］钱孟姗．日本知识产权立国论评介［J］．科技与法律，2003（3）．

［38］秦竹萍．江苏省中小企业知识产权价值评估：基于知识产权质押融资的研究［J］．中国证券期货，2013（5）．

［39］单乐生，刘丹，肖宏文，黄瑞华．知识经济时代企业的专利战略研究［J］．情报杂志，1999（5）．

［40］沈云，王欢，王丽萍．论企业经营管理与专利技术的关系［J］．西南科技大学学报：哲学社会科学版，2003（3）．

［41］苏珊珊，王子元．浅谈我国企业如何有效使用知识产权策略［J］．中国发明与专利，2012（7）．

［42］孙华平，刘桂锋．科技型小微企业专利运营体系及融资模式研究［J］．科技进步与对策，2013（18）．

［43］谭思明．专利组合分析：一个有效的企业竞争战略决策工具［J］．情报杂志，2006（4）．

［44］唐国华，赵锡斌，孟丁．企业开放式知识产权战略框架研究［J］．科学学与科学技术管理，2014（2）．

［45］唐杰，周勇涛．企业知识产权战略实施绩效评价研究［J］．情报杂志，2009（7）．

［46］汪应洛，李垣，刘益．企业柔性战略：跨世纪战略管理研究与实践的前沿［J］．

管理科学学报，1998（1）.
[47] 王林. 企业电子商务活动中的知识产权保护［J］. 科技管理研究，2003（2）.
[48] 王肃. 试论知识产权战略绩效评估的法制化［J］. 河北科技大学学报：社会科学版，2011（2）.
[49] 王伟军，汪琳. 网络环境下企业的商业秘密保护［J］. 科技进步与对策，2002（7）.
[50] 王文丽. 企业品牌形象塑造研究［J］. 市场论坛，2012（10）.
[51] 王雪峰. 企业品牌形象塑造与提升的途径和方法［J］. 汽车工业研究，2012（7）.
[52] 王祖宇. 企业的专利战略应用［N］. 中国专利报，1998-04-15.
[53] 韦福祥. 品牌国际化：模式选择与度量［J］. 天津商学院学报，2001（1）.
[54] 吴汉东. WTO与中国企业专利发展战略［J］. 中南财经政法大学学报，2003（6）.
[55] 吴汉东. 知识产权战略：创新驱动发展的基本方略［N］. 中国教育报，2013-02-22.
[56] 吴小勇. 中国企业品牌国际化的路径研究［J］. 市场周刊，2012（6）.
[57] 夏露. 基于模糊理论的企业专利决策［J］. 统计与决策，2012（2）.
[58] 夏淑平，陈国清，朱雪忠. 通过企业并购实施并强化知识产权战略［J］. 科学学与科学技术管理，2002（8）.
[59] 萧延高，李平，刘炬. 基于动态能力的新兴技术企业知识产权管理思维变革［J］. 科技与管理，2006（5）.
[60] 许培源，章燕宝. 行业技术特征、知识产权保护与技术创新［J］. 科学学研究，2014（6）.
[61] 肖志刚. 企业知识产权管理体系构建［J］. 电子知识产权，2006（11）.
[62] 鲜洁. 自企业品牌重塑初探［J］. 时代金融，2012（9）.
[63] 汲剑磊. 品牌定位的九大策略［J］. 经营管理者，2008（5）.
[64] 谢顺星，窦夏睿，胡小永. 专利挖掘的方法［J］. 中国发明与专利，2008（7）.
[65] 杨晨，杨涛. 基于价值的企业知识产权创新研究［J］. 科学管理研究，2007（1）.
[66] 杨俊丽. 论竞争情报在企业品牌定位中的作用［J］. 情报科学，2012（5）.
[67] 杨中楷，徐梦真，韩爽. 基础性专利的几个基本问题［J］. 科学学与科学技术管理，2014（7）.
[68] 易玉. 建立知识产权战略绩效评估指标体系的思考［J］. 知识产权，2007（1）.
[69] 袁健红，刘晶晶. 企业特征对专利申请决策影响的实证分析［J］. 科学学研究，2014（11）.
[70] 袁胜军，符国群. 中国企业品牌战略选择：基于生物进化论的思考［J］. 同济大学学报：社会科学版，2012（5）.
[71] 于俊秋. 论我国企业品牌国际化的经营战略［J］. 内蒙古大学学报：人文社会科学版，2003（3）.
[72] 于丽艳，吴正刚，程晓多. 基于运作过程的企业知识产权战略协同研究［J］. 管理现代化，2012（5）.
[73] 张庆，冯仁涛，余翔. 专利授权率、经济绩效与技术创新：关于专利契约论的实证检验［J］. 中国软科学，2013（3）.
[74] 赵寰. 中国企业品牌全球化传播的问题与对策［J］. 新闻传播，2012（5）.

[75] 赵旭梅. 日本企业知识产权经营战略及其启示 [J]. 亚太经济, 2009 (5).

[76] 郑成思. 简论商标的价值评估 [J]. 中国专利与商标, 1997 (3).

[77] 郑志坚. 企业品牌形象的更新策略 [J]. 企业改革与管理, 2012 (8).

[78] 周辉. 基于专利联盟的企业专利战略研究 [J]. 科技情报开发与经济, 2012 (9).

[79] 周磊, 杨威. 基于专利引用的企业技术竞争研究 [J]. 科学学与科学技术管理, 2014 (3).

[80] 周丽. 我国知识产权质押融资面临的困境、挑战及对策 [J]. 电子知识产权, 2011 (7).

[81] 周文光. 吸收能力与流程创新绩效之间关系的实证研究：基于知识产权风险的调节作用 [J]. 南开管理评论, 2013 (5).

[82] 周勇涛, 朱雪忠, 文家春. 企业专利战略变化风险研究 [J]. 研究与发展管理, 2010 (2).

[83] 周详. 企业实施专利战略实证研究 [J]. 电子知识产权, 2006 (12).

[84] 朱国军, 杨晨. 企业专利平台、创新整合与核心能力形成机理 [J]. 中国科技论坛, 2012 (2).

[85] 朱国军, 杨晨. 企业专利运营能力的演化轨迹研究 [J]. 科学学与科学技术管理, 2008 (7).

三、英文资料

[1] KEN SHAO, XIAOQING FENG. Innovation and Intellectual Property in China: Strategies, Contexts and Challenges [M]. Edward Elgar Publishing, 2014.

[2] LEONARD BERKOWITZ. Getting the Most from Your Patents [J]. Research-Technology Management, 1993 (36).

[3] STEWART A T. Intellectual Capital: The New Wealth of Organizations [M]. New York: Crown Business Doubleday, 1998.

[4] WENDY LOMAX, MARTHA MADOR, ANGELO FITZHENRY. Corporate Rebranding Learning from Experience [EB/OL]. [2015-03-11]. http://eprints.kingston.ac.uk/6396/1/Lomax-W-6396.pdf.

[5] BELAY SEYOUM. Patent Protection and Foreign Direct Investment [J]. Thunderbird International Business Review, 2006 (48).

[6] BELLEFLAMME PAUL. Coordination on Formal vs. de Facto Standards: A Dynamic Approach [J]. European Journal of Political Economy, 2002 (18).

[7] CONNER K R, PRAHALAD C K. A Resource-Based Theory of the Firm: Knowledge Versus Opportunity [J]. Organization Science, 1996 (7).

[8] DANNY SAMSON. Intellectual Property Strategy and Business Strategy: Connections through Innovation Strategy [C]. Intellectual Property Research Institute of Australia Working Paper, No. 08/05, June, 2005.

[9] HELEN STUART, LAURENT MUZELLEC. Corporate Makeovers: Can a Hyena be Rebranded? [J]. Journal of Brand Management, 2004, 11 (6).

[10] HOLGER ERNST. Patent Portfolios for Strategic R&D Planning [J]. Journal of Engineering and Technology Management, 1998 (15).

[11] HOLGER ERNST. Patent Information for Strategic Technology Management [J]. World Patent Information, 2003 (25).

[12] JOSEPHINE CHINYING LANG. Management of Intellectual Property Rights Strategic Patenting [J]. Journal of Intellectual Capital, 2001 (20).

[13] JUDGE W Q, MILLER A. Antecedents and Outcomes of Decision Speed in Different Environmental Contexts [J]. Academy of Management Journal, 1991, 34 (2).

[14] KANG-HYUN. The Economic and Technological Impact of the Industrial Property System: the Experience of the Republic of Korea [EB/OL]. [2014-11-05]. http://www.kipo.go.kr.

[15] KELLER K L. Conceptualizing, Measuring, and Managing Consumer-Based Equity [J]. Journal of Marketing, 1993 (57).

[16] LAURENT MUZELLEC, MANUS DOOGAN, LAMBKIN. Corporate Rebranding: An Exploratory Review [J]. Irish Marketing Review, 2005, 16 (2).

[17] PERRY J. VISCOUNTY, MICHAEL WOODROW DE VRIES, ERIC M. KENNEDY. Patent Auctions: Emerging Trend? [J]. The National Journal, 2006 (27).

[18] PHILIP KOTLER. The Major Tasks of Marketing Management [J]. Journal of Marketing, 1973 (37).

[19] RICHARD J. GILBERT. Antitrust for Patent Pools, A Century of Policy Evolution [J]. Tech. L. Rev., 2004 (3).

[20] ROBERT H. PITKETHLY. Intellectual Property Strategy in Japanese and UK Companies: Patent Licensing Decisions and Learning Opportunities [J]. Research Policy, 2001 (30).

[21] SHAPIORO C. Navigating the Patent Thicket: Cross Licenses, Patent Pools and Standard Setting [J]. Innovation Policy and the Economy, 2000 (1).

[22] TEECE T J. Capturing Value from Knowledge Assets: the New Economy, Market for Know-How and Intangible Assets [J]. California Management Review, 1998, 40 (3).

[23] MANUEL TRAJTENGERG. Innovation in Israel 1968-1997: A Comparative Analysis Using Patent Data [J]. Research Policy, 2001 (30).

[24] WAGMAN G R, SCOFIELD S B. The Competitive Advantage of Intellectual Property [J]. SAM Advance Management Journal, 1999 (3).

后记

将"战略"引入企业管理领域，逐渐形成企业战略管理学科，使企业也成为战略实施的主体，大大丰富和发展了战略学的内容。在市场经济环境下，企业战略愈加重要。因为市场经济环境下企业面临的经营环境和竞争环境日益复杂多变，需要更多地考虑外部环境的变化以及企业行为与外部环境的适应性。如此，企业就必须高瞻远瞩，从长期发展目标出发规划其生产经营行为，从战略高度进行决策。20世纪70年代前后，西方管理学界对企业战略进行了大量的研究，出现了诸多观点和学说。实际上，关于企业战略的研究，与当时所处的时代背景，特别是国内外市场竞争环境有关。这里的企业战略，可以定义为企业为谋求市场竞争优势而利用自身资源和能力，充分利用外部资源并考虑外部环境变化，所采取的影响其发展全局的重大决策和筹划。

当前，知识产权在经济社会生活中的重要性使得知识产权战略在企业战略中地位日益重要，企业知识产权战略因此受到前所未有的重视，特别是发达国家企业已经将知识产权战略视为获取市场竞争优势的法宝。正是由于企业知识产权战略研究的重要性与紧迫性，笔者早在1998年前后即在这方面展开研究，并于2001年出版了我国企业知识产权战略领域的首部专著——《企业知识产权战略》。如今，形势的发展使得作者不敢懈怠，先后在2005年、2008年以及2014年对其进行了修订，本书即是该书的第4版。

阅读过前版的读者经对比后可能发现，本书第4版主要有如下变化和改进：

第一，精简了部分内容。本书篇幅总体上较之于第3版有明显删减，主要是为了突出重点，同时更新少部分数据资料和内容。

第二，增加了涉及企业知识产权战略的一些必要内容，如企业专利挖掘、专利布局与专利组合战略、企业专利运营战略、企业品牌战略、企业知识产权融资战略、企业著作权战略、企业知识产权战略柔性与动态适应能力、企业知识产权战略协同、企业知识产权战略绩效评估等，从而丰富与发展了企业知识产权战略的研究内容。

第三，充实了关于企业知识产权战略研究的最新成果，以保持该书的新颖性和权威性。

第四，适当优化了全书的篇章结构，同时进一步理顺了文字表达。总体而言，修订后的本书虽然在篇幅上比第3版有较大程度的减少，但在内容和体系上应有较大改进。希望该书继续获得读者们的喜爱。

本书第4版出版总算尘埃落定，在令人喜悦的同时，也不忘记为本书以及"企业知识产权战略丛书"其他几本专著完成撰稿付出努力的朋友、同事和家人。本书如能在促进我国知识产权人才培养、提高我国企业知识产权战略水平方面有所增益，将是对各方面支持和帮助的最好回答。

由于本书修订时间紧迫，加之水平有限，难免存在这样那样的不足和缺点，敬请读者批评指正。

冯晓青

2015年1月18日